Radioaktivität

Für meine Frau

Wolfgang Hingst

ZEITBOMBE
Radioaktivität

Orac

ISBN 3-7015-0077-0

Foto auf dem Schutzumschlag und Schutzumschlaggestaltung: Bronislaw Zelek
Gestaltung Innenteil: Thomas Frik und Margit Kogelmann
Lektorat: Barbara Köszegi
Technik: Imprima W. Menches
Satz: »werbegrafik« Wien 12
Druck- und Bindearbeiten: Wiener Verlag, Himberg b. Wien

Inhaltsverzeichnis

Radium — Die erste Konfrontation mit dem Dämon

In der Dunkelheit strahlt ihr Gesicht einen gelblich-grünen Schimmer aus. Das furchtbare Licht liegt um ihre Augen und Schläfen und kommt aus ihrem Mund...
Keine Szene aus einem Horrorfilm, sondern die Beschreibung der Realität durch einen entsetzten Augenzeugen. Die unheimliche Erscheinung war Anfang dieses Jahrhunderts zuerst in der Schweiz und in den USA beobachtet worden: bei Fabrikarbeiterinnen, die Zifferblätter und Skalen mit radiumhältiger Leuchtfarbe bemalt und beim Anfeuchten und Zuspitzen des Pinsels mit den Lippen Radium aufgenommen hatten. Die Leuchtmasse für die Zifferblätter von 800 Taschenuhren enthielt nach alten Berichten etwa ein Tausendstel Gramm Radium. Zunächst wurden die Arbeiterinnen von unerklärlicher Müdigkeit und von Gliederschmerzen geplagt. Dann wurde ihr allgemeiner Gesundheitszustand immer schlechter, bis schließlich mysteriöse Todesfälle folgten.
Erst 1924 schöpfte der New Yorker Zahnarzt THEODORE BLUM Verdacht, als ihm auffiel, daß einige junge Frauen, bei denen er Kieferkrebs feststellen mußte, am gleichen Arbeitsplatz tätig waren...
Theodore Blum nannte das neue Krankheitsbild *„Radiumkiefer"*.
Am 25. Mai 1928 schrieb der amerikanische Journalist FLORENCE PFALZGRAPH an MARIE CURIE, die zusammen mit ihrem Mann PIERRE CURIE 1898 das Radium entdeckt hatte: „In Orange, New Jersey, gibt es fünf Frauen, die allmählich an Radiumbrand sterben. Zwölf Frauen sind bereits gestorben. Diese Frauen waren in den Jahren 1917—1920 in einer Fabrik angestellt, wo sie Leuchtzifferblätter für Armbanduhren und Wecker bemalten. Die Farbe enthielt Radium und Mesothorium*), und die Frauen wurden gelehrt, die Farbpinsel in den Mund zu nehmen und sie mit den Lippen anzuspitzen, um die Farbe aufzutragen... Einige Jahre lang zeigten sich keine Anzeichen für eine Krankheit, jetzt aber, wie ich sagte, sind zwölf Frauen tot, und fünf sterben einen schrecklichen und schmerzhaften Tod... Ich frage mich, ob Sie bei Ihrer bewundernswürdigen Arbeit irgendetwas entdeckt haben, was diesen Frauen helfen könnte."
(Zitiert nach R. REID, Seite 240)
Marie Curie wußte keinen Rat.
Einige Zifferblattmalerinnen verklagten die „Radium Luminous Material Company", die von dem amerikanischen Arzt und Amateurmaler Sabin von Sochocky 1915 gegründet worden war. PETER PRINGLE und JAMES SPIGELMAN berichten darüber in ihrem Buch „Die Atom-Barone. Die unbekannte Geschichte des nuklearen Abenteuers" (Seite 124 f.): „Die Mädchen waren jung und verkrüppelt, hatten morsche Kiefer oder Wirbelsäulen und geschrumpfte Beine, und man mußte ihnen auf den Zeugenstand helfen. Während des Verfahrens im Frühjahr 1927 starben weitere Zifferblattmalerinnen. ‚Die Legion der Verdammten' wurden sie genannt... Sie hatten eine Schadenersatz-

*) Mesothorium ist ein Zerfallsprodukt von Thorium. Das früher als $MsTh_1$ bezeichnete Mesothorium ist Radium-228, und $MsTh_2$ ist Actinium (siehe H. LINDNER, Seite 116; vgl. Tabelle 5).

klage über 125 Millionen Dollar eingereicht, einigten sich aber schließlich auf 10.000 Dollar pro Person und eine Rente von 600 Dollar pro Jahr."

Auch sechs Jahrzehnte später könnte diesen armen Arbeiterinnen niemand helfen. Heute weiß man, daß Radium (Rn-226) zu den Stoffen mit höchster Radiotoxizität gehört. Toxizität bedeutet Giftigkeit. In den menschlichen Organismus aufgenommen, entfaltet Radium vor allem in den Knochen, der Lunge und im Magen-Darm-Trakt — in den „kritischen Organen" — seine zerstörerische Wirkung. Die Ursache ist radioaktive Strahlung. Sie wirkt dort aus nächster Nähe direkt auf Zellen und Gewebe. Dazu kommt noch die nicht weniger gefährliche Strahlung seiner radioaktiven Zerfallsprodukte. Die Radioaktivität des Radiums ist enorm: In einem Gramm finden pro Sekunde 37 Milliarden Zerfallsprozesse statt.

MARIE CURIE (1867—1934) und PIERRE CURIE (1854—1906) nannten die Strahlung des Radiums, abgeleitet vom lateinischen Wort „radius" (= Strahl) Radioaktivität. Sie hatten die dämonischen Eigenschaften des Elements als erste kennengelernt, nachdem sie aus mehreren Tonnen *Pechblende* in jahrelanger, außerordentlich mühevoller Arbeit über die fraktionierte Kristallisation von radioaktivem Bariumchlorid einige Zehntelgramm *Radiumchlorid* gewonnen hatten. Die Pechblende erhielten die Curies aus *Joachimsthal* in Böhmen, also aus der alten Donaumonarchie. Die dort geförderte Pechblende wurde an Ort und Stelle zerkleinert, mit Soda geröstet und dann mit heißem Wasser und verdünnter Schwefelsäure ausgelaugt. In der Lösung befand sich Uran, das vor allem zu *Farben* verarbeitet wurde. Die unlöslichen Rückstände kamen auf Halde. Von dort bezogen die Curies ihr Ausgangsmaterial.

Die Forscher hatten 1898 nicht nur das Radium, sondern auch das *Polonium* entdeckt. Marie Curie verzeichnete in ihrem 1911 und 1912 auch in deutscher Sprache erschienenen zweibändigen Grundsatzwerk *„Die Radioaktivität"* (I, Seite 145 f.), die Pechblende enthalte zu drei Viertel Uranoxyd (U_3O_8) und — neben einer ganzen Reihe anderer Verbindungen — *Barium und Wismut:* „Wir nannten den das Wismut begleitenden aktiven Körper *Polonium* und den Körper, der das Barium begleitete, nannten wir Radium, und wir vermuteten, daß diese beiden Elemente nach ihrem chemischen Verhalten den beiden Elementen analog seien, denen sie sich im Verlaufe der Behandlung anschlossen."

Daß eigentlich *Uran und Thorium* (vgl. Seite 28 f.) die Ursubstanzen des Radiums sein mußten, wurde ebenfalls frühzeitig erkannt. Im September 1910 stellte Marie Curie zusammen mit A. DEBIERNE Radium zum ersten Mal in reiner Form dar. Es zeigte sich als weißglänzendes Metall.

Die Wissenschaft hatte staunend Notiz genommen vom Eintritt in ein neues Zeitalter. Schon die Erkenntnisse über die Entstehung des Radiums veränderten die bis dahin gültige Anschauung vom Aufbau der Materie, nämlich die von der Unveränderlichkeit der Elemente, fundamental. Denn Radium — das zeigten die wissenschaftlichen Arbeiten schon zu Beginn dieses Jahrhunderts — entsteht aus dem Zerfall des Urans und des Thoriums. Ein Element konnte sich in ein anderes verwandeln.

In „Die Radioaktivität" hat M. Curie alle bis dahin gewonnenen Erkenntnisse über Radioaktivität zusammengefaßt. Man wußte schon, daß die vom französischen Physiker HENRI BECQUEREL (1852—1908) im Jahre 1896 entdeckte Radioaktivität aus mehreren Strahlungsarten bestand. H. Becquerel hatte bei Studien über phosphoreszierende und fluoreszierende Substanzen entdeckt, daß Uranverbindungen auch bei vollständigem Lichtausschluß photographische Platten durch schwarzes Papier hindurch belichten. So kam er zu dem Schluß, daß diese Uranverbindungen besondere Strahlen aussenden. Er nannte sie Uranstrahlen.

Man hatte sich nämlich gefragt, ob die kurz vorher (1895) von KONRAD WILHELM RÖNTGEN (1845—1923) entdeckten *Röntgenstrahlen* nicht eine Begleiterscheinung der *Fluoreszenz* seien. Die ersten Röntgenröhren hatten noch keine metallene Antikathode. Die Röntgenstrahlen entstanden an der von den Kathodenstrahlen getroffenen Glaswand, die dabei lebhaft fluoreszierte.
Daß es umgekehrt war, nämlich daß die Röntgenstrahlen die Fluoreszenz hervorriefen, sollten die Physiker erst später entdecken.
Man wußte schon, als M. Curie ihr Standardwerk „Die Radioaktivität" schrieb, daß die Strahlung sich aus *Alpha-, Beta- und Gammastrahlen* zusammensetzte, daß die Alphastrahlung eigentlich aus *Heliumkernen* bestand, daß Radium vor allem ein Alphastrahler war.
Radioaktive Körper, das war ebenfalls bekannt, waren eine Quelle von Energie, die sich durch Abgabe von *Strahlung, Wärme, Licht und Elektrizität* zeigte. Diese Energieabgabe wurde als eine „dem Atom zugehörende Eigenschaft" und als *„spontan"*, als aus sich selbst entstehend, beschrieben. Der Zerfall von einem Gramm Radium, so M. Curie, erzeuge eine Wärmemenge, die der Verbrennung von einer halben Tonne Kohle entspricht. In der Nähe der Radiumsalze komme es durch ihre eigene Strahlung und durch die Strahlung der *„Radiumemanation"* (Radon) zu *Ozonbildung*, zu einer *Ionisierung der Luft* (vgl. Seite 170).

DIE UNTERSCHÄTZTE GEFAHR

Es zeigte sich eine neue Dimension der Gefahr, die aber von M. CURIE seltsamerweise nicht auf den Menschen, sondern auf die Geräte bezogen wurde: „Sowohl die im chemischen Laboratorium angewandten Apparate als auch die physikalischen Instrumente werden alsbald sämtlich radioaktiv und beeinflussen photographische Platten durch schwarzes Papier hindurch. Der Staub, die Luft im Zimmer, die Kleidung werden radioaktiv. Die Luft des Zimmers wird elektrisch leitend und verhindert eine gute Isolierung der Apparate. Man hat also alle Ursache, ganz besonders darauf zu achten, daß die Verbreitung aktiven Staubes und induzierter Aktivität soweit wie möglich vermieden werden." (M. Curie, II, Seite 472)
Die Physiker dachten nicht im mindesten an die Gefahr für den Menschen, obwohl sie die zu Besorgnis mahnenden Wirkungen der Strahlung des Radiums auf der menschlichen *Haut* und aus *Tierversuchen* schon kannten. Sie waren der Faszination der neuen Erkenntnisse und Möglichkeiten kritiklos erlegen.
„Auch die radioaktiven Emanationen darf man in diesen Räumen nicht sich verbreiten lassen, da sie sowohl für sich allein wie durch die Bildung aktiven Niederschlags an den Zimmerwänden und den Gegenständen die Luft leitend machen. Die am meisten zu fürchtende Emanation ist die des Radiums, weil ihr aktiver Niederschlag einer sehr langsamen Umwandlung unterliegt und sein Zerfall eine Zeit von etwa 100 Jahren erfordern würde. Ist die Verbreitung von Radiumemanation in einem zu Messungen bestimmten Saale unvermeidlich, so muß dieser alsbald in energischer Weise gelüftet werden." (M. Curie, II, Seite 472 f.)
Das Wichtigste schien also die mögliche Beeinträchtigung der Meßergebnisse zu sein. Dabei findet sich im gleichen Band (Seite 273 ff.) folgende Eintragung, die eigentlich zu mehr Vorsicht hätte mahnen müssen. M. CURIE wollte aber auch hier nicht von Gefahren, nur von *„physiologischen Wirkungen"* sprechen: „Die Radiumstrahlen üben eine Wirkung auf die Epidermis aus, wie zuerst von WALKHOFF gefunden und dann von

GIESEL, BECQUEREL und CURIE bestätigt wurde. Läßt man eine Kapsel aus dünnem Zelluloid oder Kautschuk, in der sich ein stark aktives Radiumpräparat befindet, einige Zeit auf der Haut liegen, so erscheint an der betreffenden Stelle ein roter Fleck, entweder sofort oder nach Verlauf einer um so längeren Zeit, je schwächer die Wirkung gewesen ist und je kürzere Zeit sie gedauert hat; die lokale Veränderung der Haut hat das Aussehen einer Verbrennung und verläuft wie eine solche; in manchen Fällen bildet sich eine Blase. Nach langdauernder Exposition entsteht ein Geschwür, das nur sehr langsam heilt. Bei einem Versuch ließ P. CURIE ein verhältnismäßig schwach aktives Präparat zehn Stunden lang auf seinen Arm wirken; der rote Fleck erschien sofort, und später bildete sich eine Wunde, deren Heilung vier Monate erforderte; die Epidermis war lokal zerstört worden und hatte sich nur langsam und schwierig unter Hinterlassung einer sehr deutlichen Narbe zurückgebildet...

GIESEL hat beobachtet, daß den Radiumstrahlen ausgesetzte Blätter von Pflanzen gelb werden und zerbröckeln.

Auch eine Wirkung der Radiumstrahlen auf das Auge ist von GIESEL aufgefunden worden. Bringt man ein Radiumpräparat im Dunkeln in die Nähe des geschlossenen Auges oder der Schläfe, so hat man die Empfindung eines Lichtscheines. Diese Erscheinung ist von HIMSTEDT und NAGEL untersucht worden, die gezeigt haben, daß die sämtlichen Medien des Auges unter der Wirkung der Radiumstrahlen fluoreszieren, woraus sich die Lichtempfindung erklärt. Blinde mit intakter Retina empfinden die Wirkung des Radiums, während solche, deren Retina krank ist, sie nicht wahrnehmen.

Die Radiumstrahlen verhindern oder hemmen die Entwicklung von Mikroben, aber diese Wirkung ist nicht stark.

Sie wirken ferner energisch auf das Mark und das Gehirn. Nach einstündiger Wirkung treten Lähmungserscheinungen auf, und die Versuchstiere sterben gewöhnlich nach Verlauf einiger Tage. BOHN hat gezeigt, daß die Gewebe hauptsächlich im Stadium des Wachstums gegen die Wirkung der Strahlen empfindlich sind. *Die Radiumemanation ruft, in starker Dosis in die Lungen von Tieren eingeführt, Giftwirkungen hervor.*"
(Hervorhebung durch den Autor)

Aus diesem sehr aufschlußreichen Text geht hervor, daß man sich einerseits Illusionen über die Wirkung des Radiums in der Medizin machte, zum anderen aber die schon erkannten Gefahren — Einatmen von Radon — bagatellisierte. Diese Grundhaltung ist bei manchen Wissenschaftern bis heute zu beobachten.

Nicht einmal das dämonische Licht, das später in den Gesichtern der bedauernswürdigen Fabrikarbeiterinnen der Leuchtfarbenindustrie erschien, hatte die Wissenschafter warnen können. Sie sahen es nur aus dem Blickwinkel der Physik: das Phänomen der selbstleuchtenden Radiumsalze, deren ausgesandtes Licht manchmal so stark war, daß man mit seiner Hilfe im Dunkeln lesen konnte, jene spontan, in einem bisher nie gesehenen Licht leuchtenden Substanzen. Erst später wurde erforscht, warum es zu dieser *Radiolumineszenz* (siehe Seite 27 f.) kommt.

PIERRE CURIE kam 1906 durch einen Unfall ums Leben. Die Ärzte hatten zuvor seine häufigen Schmerzanfälle auf Rheumatismus zurückgeführt. Als Marie Curie 1934 an einer Blutkrankheit starb, konnte ein Zusammenhang mit der hohen Strahlenbelastung durch Radium kaum noch bestritten werden. Einer engen Vertrauten gestand Marie Curie zwar zu Lebzeiten ihren Verdacht, daß das Radium die wirkliche Ursache ihres grauen Stars sei. Öffentlich bestritt sie aber die Gefährlichkeit des Radiums bis zuletzt und unterstrich seine positiven Kräfte — z. B. zur Krebsheilung. Ähnlich wie FREDERIC JOLIOT, der mit ihrer Tochter Irène verheiratete Physiker, darauf beharrte, daß sein Leberschaden, an dem er zwei Jahre nach dem Tod seiner Frau starb, nichts mit seiner lebenslangen Arbeit mit radioaktiven Substanzen zu tun hatte. IRÈNE JOLIOT CURIE starb an Leukämie, einer der häufigsten Folgeerscheinungen ionisierender Strahlung. Heute wie damals haben wir es mit Verdrängungsmechanismen bei Menschen zu tun, die mit Radioaktivität beruflich hantieren. Sie schwächen die Gefahr, mit der sie leben müssen, weitgehend ab oder leugnen sie vollkommen. Auch nach *Tschernobyl* war dieses Phänomen zu beobachten. Viele Röntgenologen und Nuklearmediziner — die es eigentlich besser wissen müßten — halfen den Behörden fleißig beim Bagatellisieren. Meist geschieht das unter dem Vorwand, man dürfe keine Panik erzeugen. Diese Scheinheiligkeit hat ein schwedischer Umweltschützer zu Recht aufs Korn genommen: „Lügen die Behörden, weil sie Angst haben, daß wir Angst haben?" Das mauschelnde Mogeln der „Verantwortlichen" setzt sich in den gesetzlichen Strahlenschutzbestimmungen fort. Als ein frühes Dokument der bis heute feststellbaren Unzulänglichkeit auf diesem Gebiet ist eine Studie PIERRE CURIES aus dem Jahr 1904 anzusehen. Aufgrund von Experimenten an Meerschweinchen kam er zu dem Ergebnis, daß Schirme aus Blei und Holz, die im Laboratorium der Curies als Schutz gegen Strahlung dienten, zusammen mit guter Ventilation durchaus reichten... Nicht nur die Erfahrungen der CURIES und BECQUERELS hatten gezeigt, daß Radium Gewebe zerstört. Auch in zahlreichen Tierversuchen war die Aggressivität der Radioaktivität bestätigt worden: Beim Sezieren zeigten sich Gewebs- und Organveränderungen. PIERRE CURIE hatte 1904 selbst an Mäusen und Meerschweinchen festgestellt, daß radioaktive „Emanationen" — Radon und seine Zerfallsprodukte — Veränderungen bei den weißen Blutkörperchen bewirken und die Abwehrkraft herabsetzen. Trotz dieser Warnung blieb der Umgang mit Radium noch lange Zeit von Sorglosigkeit geprägt. Die Wirtschaft hatte sich des Radiums rücksichtslos bemächtigt. Es wurde als „Wunderelixier" vermarktet. Ein Boom mit unglaublichen Preissteigerungen war die Folge. 1905 kostete ein Gramm Radium etwa zehnmal so viel wie 1902. Es kam zu einem Wettrennen um die Rohstoffquellen in der ganzen Welt. Den Hauptprofit mit dem Radiumrummel machten die Leuchtstoff-Erzeugung und die Medizin. Überall entstanden Radium-Kurbäder. M. CURIE selbst (II, Seite 500) berichtet über *Fango,* eine „besonders aktive Erdart", einen kalk- und eisenhaltigen Ton, „der einen von warmen Quellen von Battaglia in Norditalien abgesetzten Schlamm bildet; er ist viermal so aktiv als der aktivste gewöhnliche Ton".

Radium wurde zur Krebsbekämpfung eingesetzt. Als Radium-226 in der Medizin modisch war, injizierte man es sogar Geisteskranken intravenös. Einige dieser bedauernswerten Menschen erkrankten später an Knochenkrebs.

Auch die Kosmetik bemächtigte sich des „Wundermittels". Es wurden radioaktive Kompressen, Tampons, Schlammerden, Badetabletten, Pulver, Zahnpasten und Salben angeboten. Hier ein Original-Werbetext:

> „Wie Frauen sich jung erhalten: Nur durch die Pflege Ihres Gesichts mit Juno-Radium-Creme. Sie verjüngt und belebt welke, schlaffe Gesichtshaut, beseitigt Falten und Runzeln, Mitesser und alle Teintunreinheiten. Von Prominenten und Künstlerinnen und Damen der Gesellschaft mit bestem Erfolg verwendet. Prospekt gratis und franko."

In Kosmetiksalons wurde versucht, Muttermale durch Bestrahlung mit Radium zu entfernen. Seit damals weiß man, daß es dabei zu bösartigen Veränderungen, zu Hautkrebs kommen kann.

In diesen flotten Jahren mischte man Radium auch ins Trinkwasser. Sicher starb daran nicht nur jener brasilianische Kaffeemagnat, in dessen Körper man bei der Obduktion 30 Tausendstelgramm Radium fand. Und natürlich gab's Damenstrümpfe, Halsketten und Broschen mit radioaktiven Leuchtstoffen...

Quacksalber-Mittelchen wurden angeboten — etwa ein Radiumsaft namens ,,Radiothor". Reiche Amerikaner vergönnten sich davon so manches Fläschchen. Die Ärzte hatten mit ihren Krebsleiden noch Jahrzehnte später zu tun. Es gab sogar Ärzte, die Radium benutzten, um grauen Star zu heilen.

Zeitbombe Radioaktivität

ATOMENERGIE: GESELLSCHAFTSPOLITISCHER SPRENGSTOFF

,,Für mich persönlich gibt es drei Punkte, die dazu beitragen, den Sinn des Lebens negativ zu bewerten: die Umweltverschmutzung, Atomkraftwerke und den Rüstungswettlauf. Kinder zu haben, wäre das Schlimmste, das mir passieren könnte. Ich sehe eigentlich keinen positiven Lebenssinn.''
Das antwortete eine 18jährige Schülerin auf die Frage: Wozu leben? 49 Kärntner Schüler und Schülerinnen zwischen 17 und 18 Jahren waren im Rahmen eines Forschungsprojekts des Interuniversitären Forschungsinstituts für Fernstudien der Universität Klagenfurt befragt worden.
Als sich HARTMUT GRÜNDLER am 16. November 1977 vor der Hamburger Petri-Kirche aus Protest gegen den maßlosen Ausbau der Kernenergie selbst verbrennt, wird ihm von der Atomlobby und ihren Helfern ,,Querulant'' (BILD-ZEITUNG) und ,,Psychopath'' nachgerufen.
Auf einer Gedenktafel ist zu lesen: ,,Hartmut Gründler verbrannte sich hier. Er wollte sein eine Fackel des Protestes gegen den gewissenlosen Ausbau von lebenszerstörender Atomenergie. Wir sind betroffen. — Initiative kirchlicher Mitarbeiter und gewaltfreie Aktion Hamburg.''
HARTMUT GRÜNDLER selbst hat gesagt: ,,Nach Erschöpfung aller anderen Mittel, auch dem des Hungerstreiks, greife ich nun zur letzten und äußersten Form des Protestes. Ich will um der seit Jahren geschändeten Würde des Menschen willen sterben...'' Und in einem Brief hatte er geschrieben: ,,Ich bin gar nicht grundsätzlich gegen Atomenergie, sondern einzig für redliche Information und redliche öffentliche Diskussion.''
HOLGER STROHM, gelernter Techniker, wegen seines Umweltschutzengagements fristlos gekündigter Organisations- und Industrieberater, heute Berufsschullehrer in Hamburg, erinnert in seinem wichtigen Buch ,,Friedlich in die Katastrophe. Eine Dokumentation über Atomkraftwerke'' mit Bitterkeit an diesen Tod: ,,Jeder, der Hartmut Gründler kannte, wußte, daß er in hohem Grade verantwortungsbewußt war. Eine Eigenschaft, die Politikern und Redakteuren anscheinend unheimlich vorkommt.''
Nicht nur — manche — Politiker und Redakteure waren und sind am Kesseltreiben der Unredlichkeit beteiligt. Der ,,Wissenschaftliche Beirat der Bundesärztekammer'' gab am 9. Oktober 1975 von Köln aus in einer ,,Stellungnahme zum Thema Gefährdung durch Kernkraftwerke'' unter anderem bekannt: ,,Abschließend und zusammenfassend stellt der Ausschuß fest, daß die Strahlenbelastung der Bevölkerung bei dem Betrieb von Kernkraftwerken unter Normalbedingungen mit einem zu vernachlässigenden Risiko verbunden ist, so daß weder im Hinblick auf das Schicksal des einzelnen noch vom sozialhygienischen Standpunkt aus von einer Gefährdung gesprochen werden kann.'' Damals wie heute geht es solchen Ärzten nicht um Wissen, sondern um Interes-

sen. Auch — oder gerade nach Tschernobyl. Hüben wie drüben, in West und Ost noch immer die alte Leier vom ,,vernachlässigbaren Risiko", vom ,,Restrisiko", von ,,Unbedenklichkeit". Der Nachtwächterstaat schickt wie eh und je seine Traummännlein auf die Reise.

Nur der ,,sozialhygienische Standpunkt", der hat sich ein bißchen geändert. Denn mittlerweile herrscht an den ach so gefahrlosen Zäunen der Atommeiler Bürgerkrieg, mußten rund um Tschernobyl über 100.000 Menschen zwangsevakuiert werden.

Technologien, welcher Art auch immer, dürfen — das hat sich hoffentlich herumgesprochen — nicht nur an ihrer Wirtschaftlichkeit gemessen werden. Sie müssen, um allgemein akzeptiert werden zu können, vorerst drei Bedingungen erfüllen:

- Internationale Verträglichkeit
- Sozialverträglichkeit
- Umweltverträglichkeit.

Der Begriff Sozialverträglichkeit, der mit dem Begriff Umweltverträglichkeit korrespondiert, wurde zuerst von Klaus Michael Meyer-Abich geprägt. Meyer-Abich, Physiker und Professor für Naturphilosophie in Essen, ist derzeit Senator für Wissenschaft und Forschung der Hansestadt Hamburg. Zusammen mit Bertram Schefold, Wirtschaftsprofessor an der Frankfurter Universität, hat er 1986 ein Buch vorgelegt, das der Kernenergienutzung gesellschaftspolitische Unverträglichkeit bescheinigt: ,,Die Grenzen der Atomwirtschaft". Das Buch stellt eigentlich den Endbericht eines fünfjährigen Forschungsprojektes der Vereinigung Deutscher Wissenschafter (VDW) dar, das 1980 vom damaligen Forschungsminister Volker Hauff in Auftrag gegeben wurde.

Die beiden Autoren vergleichen darin Voraussetzungen und Folgen zweier Energiesysteme für die Bundesrepublik: Kernenergie auf der einen und Sonnenenergie (plus Energiesparen) auf der anderen Seite. Ihre Schlußfolgerungen:

- Der Verzicht auf Kernkraft ist ohne jeden Komfortverzicht möglich.
- ,,Unter Gesichtspunkten der Sozialverträglichkeit und der Wirtschaftlichkeit kommen wir zu dem Ergebnis, daß Sonnenenergie und Energieeinsparung auch in Mitteleuropa besser als die Atomenergie geeignet sind, um fossile Energieträger zu ersetzen."

Technischer Fortschritt bedingt also nicht die Atomwirtschaft, er macht sie überflüssig. Dieser Analyse konnte selbst Carl-Friedrich von Weizsäcker — einst prominenter Atomkraftbefürworter — nicht widerstehen, der im Vorwort schreibt, er habe sich nunmehr auch ,,für Sonnenenergie als hauptsächliche Energiequelle, unterstützt durch technisch ermöglichte Energieeinsparung" entschieden und gegen die Kernenergie.

Dem Weg der Vernunft hält die Atom-Lobby eine neue Kreuzzugs-Ideologie entgegen. Typische Aussage eines ihr verschriebenen Physik-Professors: ,,Die Kernenergie wird die Menschheit nicht vernichten, viel schwerwiegender ist die Frage, ob die menschliche Vernunft die Gehirnwäsche in Sachen Kernenergie überstehen wird, die von leichtfertigen Sensationsjournalisten und von Kräften, die den Einsatz von Kernenergie aus durchsichtigen wirtschaftlichen und politischen Gründen verhindern möchten, betrieben wird."

Werner Gitt, Professor und Direktor bei der Physikalisch-Technischen Bundesanstalt in Braunschweig, erklärt die Nutzung der Kernenergie überhaupt zur ,,Schöpfungsidee Gottes" und steht damit unter der Patenschaft von Franz Joseph Strauss, der Ende März 1986 in einem Brief an den Landesbischof und die Kreisdekane der evangelisch-lutherischen Kirche in Bayern sowie an die katholischen Diözesan-Bischöfe schrieb: ,,Ein gläubiger und verantwortungsbewußter Christ kann mit guten Gründen der Überzeugung sein, daß auch ein Kraftwerk ein Teil des göttlichen Auftrags ist:

‚Macht euch die Erde untertan!‘ Gerade die Fortschritte der Technik geben einer großen Zahl von Menschen die Möglichkeit zu einem menschenwürdigen Leben." Dazu HERBERT GRUHL, 1969 bis 1978 CDU-Abgeordneter im Deutschen Bundestag und Sprecher seiner Partei in Umweltfragen: „Das wird man jetzt in der Ukraine sehen können!"

Neben dem lieben Gott vertrauen die „Atom-Ayatollahs" (LE MONDE) vor allem auf die Macht der Gewohnheit und der Konditionierung. REINHARD FURRER, der deutsche Physiker und Astronaut, hat in einer Fernsehsendung (ARD, 11. Juni 1986) den nachdenkenswerten Satz gesagt: „Konditionierung und Gewohnheit lassen ein Risiko leichter eingehen." Er meinte die Weltraumfahrt, aber der Satz gilt für Risiken aller Art. Eine der von der Atom-Lobby am meisten genutzten Methoden zur Konditionierung ist die Verharmlosung der Gefahr.

Sogar ein Wissenschafter vom Rang CARL-FRIEDRICH VON WEIZSÄCKERS ist dieser Konditionierung einst verfallen. In seinem Vortrag „Die friedliche Nutzung der Kernenergie — Chancen und Risiken" sagte er am 9. März 1978 im Wissenschaftszentrum Bonn: „Die Sicherheit der Kernenergie ist vor allem ein Problem der Sicherung gegen Gewalt. Hier sind vor allem technische Verbesserungen zu suchen. Langfristig mag die Vereinigung mehrerer Techniken in einem Gelände, wie jetzt schon beim deutschen Entsorgungszentrum geplant, die Form nuklearer Parks annehmen."

Wackersdorf und Gorleben als idyllische Parks, mit einladenden Nischen zum Verweilen — eine wahrlich barocke Vorstellung.

„MORITURI ALLER LÄNDER, VEREINIGT EUCH!"

Der Satz stammt von GÜNTHER ANDERS, dem großen alten Unbestechlichen, dem in Wien lebenden Philosophen, einem der Begründer der Internationalen Anti-Atombewegung. Sein Briefwechsel mit dem amerikanischen Hiroshima-Piloten CLAUDE EATHERLY gehört zu den wichtigsten menschlichen Dokumenten dieses Jahrhunderts.

Morituri — das waren im alten Rom die Todgeweihten, die Gladiatoren. GÜNTHER ANDERS sieht die ganze Menschheit atomar bedroht. Sie sei eine „einzige große Opfermasse". Sie müßte, schreibt er, „eigentlich wie ein Mann gegen diese Bedrohung aufstehen". Es gehe nicht um einen „Selbstmord der Menschheit", sondern um Mord.

In einem Interview für PSYCHOLOGIE HEUTE (8/1986) hat G. ANDERS das so erklärt: „Kernkraftwerke sind — wie Tschernobyl nun aufs furchtbarste und endgültig bewiesen hat — Anlagen, die, auch wenn sie nicht wie Bomben oder Raketen den Tod von Tausenden bezwecken, diesen doch in Kauf nehmen. Da ihre Fürsprecher das nun, nach den zahlreichen früheren, immer schon vertuschten Unglücksfällen endgültig wissen, ist die Fortführung der Errichtung und Verwendung dieser Kraftwerke reiner Mord, Genozid, sogar Auslöschung der Zukunft. Die Gleichsetzung von Atomwaffen und Atomkraftwerken ist legitim; der Ausdruck ‚friedliche Nutzung der Kernkraft‘ ist eine Lüge. In anderen Worten: Wir sind die Angegriffenen, die Menschheit als Ganze ist angegriffen und hat sich zu verteidigen...

Da uns — und nicht nur, was wahrhaftig schon reichen würde, uns Menschen, sondern allem irdischen Leben — die Vernichtung als Möglichkeit droht, halte ich, wie erfreulich es auch sein mag, daß Menschen an Gewaltlosigkeit glauben, jede Gewalt gegen die Bedrohung mit dem Untergang für erlaubt."

Ich möchte dazu etwas Persönliches sagen: Ich nehme zwar auch nicht an, daß das Überreichen von Blümchen an Polizisten, die im übrigen nur als Werkzeug der Atomlobby mißbraucht werden, oder das Spielen von Haydns „Schöpfung" am Zaun von Wackersdorf etwas an der Situation ändert und uns den Weg in die Plutoniumwirtschaft sparen wird. Ich glaube auch nicht, daß die Literatur an den tatsächlichen Machtverhältnissen etwas ändern kann. Aber ich denke, daß sich Vernunft in einigen Köpfen durchsetzen wird, Köpfen, die zu Menschen gehören, die etwas verändern können, mit friedlichen Mitteln verändern können. Natürlich ist das kein Kinderspiel, denn alles steht auf dem Spiel. Auch Atomkraftbefürworter sind, wie man am Beispiel CARL-FRIEDRICH VON WEIZSÄCKER sieht, lernfähig. Auch sie gehören zu den Morituri. Sie müssen es nur erkennen.

Gewaltlosigkeit ist kein Besitz, kein Glauben, sondern Hoffnung.

Die Erkenntnis der Ursachen der Radioaktivität hat dem Menschen unglaubliche Einblicke in die Grundbausteine der Materie ermöglicht. Gleichzeitig hat sie die Gefahr der totalen Vernichtung heraufbeschworen, militärisch und zivil. Wie können wir da herauskommen und die positiven Möglichkeiten der Technik und des Fortschritts der Naturwissenschaften nutzen? Indem wir alles nicht in den Dienst der Ökonomie, sondern in den Dienst des Menschen und seiner Umwelt stellen.

Trotz der Erfahrungen der CURIES, der Röntgenpioniere, der Leiden der vielen Opfer der Strahlenwut in diesem Jahrhundert, trotz Hiroshima und Nagasaki, trotz Windscale, Harrisburg und Tschernobyl, trotz der zahllosen Warnungen angesehener Wissenschafter hantieren ein paar Unbelehrbare mit der Radioaktivität wie Zauberlehrlinge. Die Belastung durch zivilisatorische Radioaktivität wächst ständig. In „Prognosen und Schätzungen über die Umwelt um die Jahrtausendwende" hat MARCEL DROBIL vom Bundesinstitut für Gesundheitswesen in Wien 1981 geschrieben: „Radioaktive und andere toxische Substanzen werden weltweit im Lebensmilieu zunehmen und eine steigende Gefahr für die menschliche Gesundheit darstellen." Dieser Satz ist immer noch gültig. Die Belastung hat bereits jene Grenze erreicht und bei vielen Menschen auch überschritten, ab der mit schweren gesundheitlichen Schäden gerechnet werden muß.

Ich werde diese Aussage in diesem Buch anhand von seriösen Literaturangaben belegen. Die Atomlobbyisten werden versuchen, alles mit dem Wort „Panikmacherei" abzukanzeln: Natürlich, schon wieder ein böser Journalist, ein „selbsternannter Experte". Da halte ich es mit GÜNTHER ANDERS, der die scheinheilige Besorgtheit der gefährlichen Verharmloser nicht fürchtet: „Habe keine Angst vor der Angst, habe Mut zur Angst. Auch den Mut, Angst zu machen. Ängstige deinen Nachbarn wie dich selbst." Freilich, so GÜNTHER ANDERS, müsse diese Angst furchtlos, belebend und liebend sein, eine „liebende Angst, die sich um die Welt ängstigen soll, nicht nur vor dem, was uns zustoßen könnte". So gesehen, dürfen wir auch ruhig „emotional" sein. Das ist besser als die Gefühllosigkeit und die Hybris jener, die uns eiskalt in die „friedliche Katastrophe" manövrieren.

Die Warnung von Tschernobyl ist zwar dort und da angenommen worden. Auch die Sozialdemokraten in der Bundesrepublik und in Schweden wollen jetzt den Ausstieg aus der Atomenergie. Aber die Großen im Atomclub, die Reaktionäre in aller Welt machen verbissen weiter, in Ost und West. Alles sei nur „menschliches Versagen" gewesen, die Technik sei schon in Ordnung, zudem verbesserbar. Aber: Taugt der Mensch für die Atomtechnik? Diese beklommene und beklemmende Frage, die HORST BIEBER in seiner Glosse „Überall ist Cattenom" (DIE ZEIT, 29. August 1986) stellte, die wird nicht beantwortet. Ihre Beantwortung führt nämlich zu dem wissenschaftlich längst erwiesenen Faktum, daß eine bestimmte Fehlerquote unvermeidlich ist.

Die sogenannten Experten, die immer so auf Wissenschaftlichkeit pochen, vergessen, daß sie selbst meist nur eine Disziplin überblicken — von „blinden Flecken" in ihrem Sehvermögen einmal abgesehen. Sie begreifen nicht, daß es um eine Gesamtphilosophie geht, um ein Weltbild, nicht um einen kleinen Ausschnitt, den man herausseziert. Das Recht auf ein Weltbild ist ein Grundrecht. Ich lasse es mir nicht nehmen. Ich nehme es auch keinem anderen.
Mit dem Ästhetiker BAZON BROCK, der kürzlich über die Inkompetenz der sogenannten Experten spottete, meine ich, daß sich die Situation nach Tschernobyl schlagartig verändert hat. Fragen wir in Zukunft lieber die Künstler, die Intellektuellen, die Geisteswissenschafter, die Autodidakten, die ihr Leben dem studium generale verschrieben haben...

Natürliche Radioaktivität

DIE WELT DER ATOME

Atome sind die kleinsten Teilchen der Elemente. Elemente (siehe Periodensystem, Tabelle 1, Seite 22 f.) sind Stoffe, die nur aus einer Art von Atomen bestehen. Die Elemente unterscheiden sich voneinander durch Größe, Masse und spezielle chemische Eigenschaften. Der Durchmesser eines Natriumatomes ist z. B. doppelt so groß wie der eines Schwefelatoms. Der Durchmesser der kleinsten Atome liegt unter einem Nanometer (ein Nanometer = 1nm = 1 Milliardstel Meter). Beim kleinsten Atom, dem Wasserstoffatom (Durchmesser = 0,1 nm), würden 10 Millionen Atome aneinandergereiht 1 Millimeter ergeben. Die Welt der kleinsten Teilchen, aus denen das Weltall besteht, ist eine unvorstellbar kleine Mikrowelt.

Die Masse eines Wasserstoffatoms, des leichtesten Atoms, beträgt 1,6 Quadrillionstel Gramm. Um nicht Zahlen mit mehr als 20 Nullen hinterm Komma schreiben zu müssen, gibt man die relative Atommasse bezogen auf das Wasserstoffatom an. Kohlenstoff z. B. hat ziemlich genau die 12fache Masse von Wasserstoff. Seine relative Atommasse ist daher 12.

Schon bei den vom britischen Physiker ERNEST RUTHERFORD (1871—1937), dem Vater der Atomphysik, seit 1911 durchgeführten Versuchen zeigte sich, daß das Atom zum größten Teil leer ist. Nach dem *Rutherfordschen Atommodell* umkreisen einen Kern, in dem nahezu die ganze Masse des Atoms konzentriert ist, in großer Entfernung Elektronen, Träger kleinster Elektrizitätsmengen. Würde man den Kern als eine Erbse darstellen, dann würden ihn die Elektronen im Abstand von einem Viertelkilometer umkreisen. Weniger bildlich gesprochen: Der Durchmesser des Atoms ist rund 10.000 mal größer als der des Kerns. Die Kern-Bausteine sind hingegen unvorstellbar dicht zusammengepackt. Würde man in diesen Dimensionen einen Würfel von einem Kubikzentimeter zusammenfügen, hätte er eine Masse von mehreren Millionen Tonnen.

Was die Welt im Innersten zusammenhält

Der Atomkern besteht aus *Protonen* und *Neutronen.* Sie werden als Nukleonen bezeichnet. Einzige Ausnahme: Der Kern des Wasserstoffatoms besteht nur aus einem Proton und besitzt im normalen Zustand kein Neutron. Beim Schweren Wasserstoff (Deuterium) besitzt der Kern allerdings 1 Neutron, beim Tritium 2 Neutronen. Die Protonen sind positiv geladen. Die Neutronen sind elektrisch neutral. Je größer die Atommasse (Massenzahl) im *Periodischen System der Elemente,* desto größer wird auch die Zahl der Neutronen. Sie spielen in bezug auf die *Kernbindungskraft* eine wichtige Rolle. Ohne Kernbindungskraft würden die positiv geladenen Protonen durch die elektrische Abstoßung auseinanderfliegen.

Die Anzahl der positiven Kernladungen (Protonen) ist mit der *Ordnungszahl* im Periodischen System identisch. Die Gesetzmäßigkeit im Periodensystem, die der russische

PERIODENSYSTEM DER ELEMENTE

Ordnungszahl: links oben

Massenzahl: rechts oben. Die wichtigsten *natürlichen radioak*
Plutonium sind nur die *natürlichen* Radioisotope angegeben.
künstliche radioaktive Isotope. Neptunium und Plutonium kom
siehe Seite 26

Durch die kosmische Strahlung können in Spuren auch noch we
Antimon usw.) vorkommen

* alle Isotope radioaktiv

Gasförmige Elemente: H, He, N, O, F, Ne, Cl, Ar, Kr, Xe,

Elemente in Flüssiger Form: Br, Hg

Periode	Hauptgruppen I	Hauptgruppen II	Nebengrupp III	IV	V	VI	VII	VIII
1 K-Schale	1 1,2 *3* **H** Wasserstoff (Hydrogenium)							
2 L-Schale	3 6,7 **Li** Lithium	4 *7,9* *10* **Be** Beryllium						
3 M-Schale	11 *22* 23 **Na** Natrium	12 24-26 **Mg** Magnesium						
4 N-Schale	19 39,*40* 41 **K** Kalium	20 40-*41* 42-44 46,48 **Ca** Calcium	21 45 **Sc** Scandium	22 46-50 **Ti** Titan	23 *50* 51 **V** Vanadium	24 50 52-54 **Cr** Chrom	25 55 **Mn** Mangan	26 56- **Fe** Eisen (Ferrum
5 O-Schale	37 85 *87* **Rb** Rubidium	38 84 86-88 **Sr** Strontium	39 89 **Y** Yttrium	40 90-92 94,96 **Zr** Zirkonium	41 93 **Nb** Niob	42 92 94-98 100 **Mo** Molybdän	43 *98* **Tc*** Technetium	44 98-1 1 **Ru** Rutheniu
6 P-Schale	55 133 **Cs** Cäsium	56 130,132 134-138 **Ba** Barium	57-71 Lanthan-reihe (Seltene Erden)	72 *174* 176-180 **Hf** Hafnium	73 *180* 181 **Ta** Tantal	74 180,182 184,186 **W** Wolfram	75 185 *187* **Re** Rhenium	76 184,*1* 187-1 1 **Os** Osmium
7 Q-Schale	87 *223* **Fr*** Francium	88 *223,224* *226,228* **Ra*** Radium	89-103 Actinium-reihe	104 257 259 261 **Rf*** Ruther-fordium	105 257 258 260-262 **Ha*** Hahnium	106 263 ohne Namen*	107 262 ohne Namen*	108 ohne Namen*

Elemente der Lanthanreihe (seltene Erden)	57 *138* 139 **La** Lanthan	58 136,138 140,*142* **Ce** Cer	59 141 **Pr** Praseodym	60 142,143 *144,145* 146,148 150 **Nd** Neodym	61 *145* **Pm*** Prome-thium	62 14 *147-14* 150,15 15 **Sm** Samarium
Elemente der Actiniumreihe	89 *227* *228* **Ac*** Actinium	90 *227,228* *230-232* *234* **Th*** Thorium	91 *231* *234* **Pa*** Protacti-nium	92 *234* *235* *238* **U*** Uran	93 *239* **Np*** Neptunium	94 *23* *24* **Pu*** Plutonium

…pe sind *kursiv* gedruckt. Bis zum …ricium an existieren ausschließlich …enhaft auch in der Natur vor;

…liche Radioisotope (z. B. bei Zinn,

(Über)gangselemente)				Hauptgruppen					
VIII	VIII	I	II	III	IV	V	VI	VII	VIII
									2 3,4 **He** Helium
				5 10,11 **B** Bor	6 12,13 *14* **C** Kohlenstoff	7 14,15 **N** Stickstoff (Nitro- genium)	8 16-18 **O** Sauerstoff (Oxy- genium)	9 19 **F** Fluor	10 20-22 **Ne** Neon
				13 *26* 27,*28* **Al** Aluminium	14 28-30 **Si** Silicium	15 31 **P** Phosphor	16 32-34 36 **S** Schwefel (Sulfur)	17 35,*36* 37 **Cl** Chlor	18 36,38 40 **Ar** Argon
59 **Co** Kobalt (…baltum)	28 58 60-62 64 **Ni** Nickel	29 63,65 **Cu** Kupfer (Cuprum)	30 64 66-68 70 **Zn** Zink	31 69,71 **Ga** Gallium	32 70 72-74 76 **Ge** Germanium	33 75 **As** Arsen	34 74 76-78 80,82 **Se** Selen	35 79,81 **Br** Brom	36 78,80 82-84 86 **Kr** Krypton
103 **Rh** …hodium	46 102 104-106 108,110 **Pd** Palladium	47 107 109 **Ag** Silber (Argentum)	48 106,108 110-114 *113*,116 **Cd** Cadmium	49 113 *115* **In** Indium	50 112 114-120 122,124 **Sn** Zinn (Stannum)	51 121 123 **Sb** Antimon (Stibium)	52 120,122 *123* 124-126 128,130 **Te** Tellur	53 127 **I** Iod	54 124,126 128-132 134,136 **Xe** Xenon
191 193 **Ir** …ridium	*190*,192 194-196 198 **Pt** Platin	79 197 **Au** Gold (Aurum)	80 196 198-202 204 **Hg** Quecksilber (Hydrargy- rum)	81 203,205 *206-208* *210* **Tl** Thallium	82 *204* 206-208 *210-212* *214* **Pb** Blei (Plumbum)	83 *209-212* *214,215* **Bi*** Wismut (Bismutum)	84 *210-212* *214-216* *218* **Po*** Polonium	85 *215* *218,219* **At*** Astat	86 *219* *220* *222* **Rn*** Radon
…9 …ohne …amen*									

151 153 **Eu** …uropium	64 *152* 154-158 160 **Gd** Gadolinium	65 159 **Tb** Terbium	66 *156*,158 160-164 **Dy** Dysprosi- um	67 165 **Ho** Holmium	68 162,164 166-168 170 **Er** Erbium	69 169 **Tm** Thulium	70 168 170-174 **Yb** Ytterbium	71 175 *176* **Lu** Lutetium
…5 232,234 *237-247* **Am*** …mericium	96 238-251 **Cm*** Curium	97 242-251 **Bk*** Berkelium	98 239-256 **Cf*** Cali- fornium	99 243-256 **Es*** Einsteinium	100 242- 259 **Fm*** Fermium	101 247- 259 **Md*** Mende- levium	102 250- 259 **No*** Nobelium	103 253- 260 **Lr*** Lawrenci- um

Chemiker DIMITRI IWANOWITSCH MENDELEJEW (1834—1907) und der deutsche Forscher JULIUS LOTHAR MEYER (1830—1895) schon 1869 fanden, ist also eng mit dem Atombau verbunden. Außerdem ist die *Kernladungszahl,* also die Zahl der Protonen, gleich der Elektronenzahl in der Atomhülle. Positive und negative elektrische Kräfte stehen normalerweise miteinander im Gleichgewicht, ebenso wie die Fliehkraft der mit enormer Geschwindigkeit um den Kern rotierenden Elektronen und die Anziehungskraft des Kerns. Das Rutherfordsche Atommodell sieht aus wie ein kleines Sonnensystem mit Planeten (Elektronen), die das Zentralgestirn (Kern) umkreisen. Dieses Atommodell kann aber — wie alle anderen Atommodelle auch — nur als Hilfe für die menschliche Vorstellungskraft dienen und sollte nicht mit der wirklichen Erscheinung des Atoms gleichgesetzt werden.

Heute wissen wir, daß Protonen und Neutronen aus noch kleineren Teilchen aufgebaut sind, die — nach einem Phantasienamen aus ,,Finnegan's Wake" von James Joyce — *Quarks* genannt werden, und daß die Elektronen zu einer Teilchenfamilie gehören, die man in der modernen *Subnuklearphysik* als ,,Teilchen ohne starke Kräfte" oder *Leptonen* bezeichnet.

In vielen Lehrbüchern findet man noch vermerkt, daß die *Kernbindungskraft* durch die Neutronen bewirkt wird. Sie ist aber auf sogenannte *Mesonen* zurückzuführen, deren Existenz der japanische Physiker HIDEKE YUKAWA (1907—1981) schon 1935 vermutet hatte. Nach Yukawa ,,werfen sich Protonen und Neutronen gegenseitig Mesonen zu" und bleiben auf diese Weise fest miteinander verbunden. Die Mesonen entpuppten sich später ihrerseits als zusammengesetzte Teilchen. Sie bestehen aus einem Quark und einem *Antiquark.* Zwischen den beiden wirken besonders starke Kräfte, die sie wie elastische Stahlfedern aneinanderketten. Die Quarks gehören zur großen Teilchenfamilie der ,,Teilchen mit starken Kräften" oder *Hadronen.* Leptonen und Quarks (Hadronen) sind die *Urbausteine der Materie.* Vier dieser Urbausteine — das Elektron, sein Neutrino, das u-Quark und das d-Quark spielen beim Aufbau der stabilen Materie die wichtigste Rolle. Aus den u- und d-Quarks sind die Atomkerne aufgebaut. Neben Quarks und Leptonen gibt es noch über 200 weitere Elementarteilchen, die meist nur eine geringe Lebensdauer und einen sehr geringen Anteil am Aufbau unserer materiellen Welt haben. Um es zu vereinfachen, bleibe ich in diesem Buch aber bei der Einteilung der Atombausteine in Protonen, Neutronen und Elektronen.

Das Schalenmodell des Atoms

Schon 1913 verknüpfte der dänische Physiker NIELS BOHR (1885—1962) das *Rutherfordsche Atommodell* mit den neuen Erkenntnissen der Quantenmechanik MAX PLANCKS (1858—1947). Nach diesem auch heute noch nützlichen und gebräuchlichen Modell laufen die Elektronen auf Kreis- und Ellipsenbahnen in sieben verschiedenen ,,Schalen". Sie werden von innen nach außen mit den Buchstaben K bis Q bezeichnet. Die K-Schale kann maximal 2 Elektronen, die L-Schale 8, die M-Schale wieder 8, die N-Schale 18, die O-Schale wieder 18 und die P-Schale 32 Elektronen aufnehmen. Im Periodensystem der Elemente entsprechen die Hauptgruppen-Nummern I bis VIII der Anzahl der Elektronen in der Außenhülle. Die Periodennummer 1—7 gibt die Zahl der besetzten Elektronenschalen an.

An chemischen Reaktionen sind in der Regel nur die Elektronen der äußeren Schale beteiligt. Elemente, die in ihrem chemischen Aufbau ähnlich sind, werden zu Gruppen zusammengefaßt, z. B. die *Alkalimetalle* Lithium, Natrium und Kalium. Sie sind weich, schneidbar und sehr reaktionsfähig. Das hängt damit zusammen, daß sich in der Außenhülle ihrer Atome nur ein locker gebundenes Elektron befindet — in einer Schale, in der 8 Elektronen Platz hätten. Die Alkalimetalle sind daher auch besonders leicht ionisierbar, da dieses eine *„Leuchtelektron"* (H. LINDNER, Seite 62) sich ohne weiteres mit einem anderen Elektron verbindet *(negative Ionisierung)* oder weil es leicht aus der Hülle herausgeschlagen wird *(positive Ionisierung).*
Bis zum Radon entsteht durch das Auffüllen der Schalen immer ein besonders stabiles Atom vom Typ der Edelgase Neon, Argon, Krypton und Xenon. Sie besitzen in ihrer atomaren Außenschale 8 Elektronen. Da diese Schale komplett ist, sind die Edelgase äußerst reaktionsträge. Alle anderen Elemente besitzen diese stabile Ordnung in ihren Schalen nicht und gehen daher Verbindungen ein, um ihre Hülle einem stabilen Zustand anzupassen. *Sie folgen einem Naturgesetz, das immer den Ausgleich und die Stabilität sucht.*
Das Edelgas *Helium* besitzt 2 Elektronen in der Außenhülle und ist daher ebenso stabil wie seine Verwandten höherer Ordnungszahl. Die L-Schale ist nämlich mit 2 Elektronen voll besetzt.

Stabile und radioaktive Atomkerne

Es gibt bis heute keine abgeschlossene Theorie des Atomkernbaues. Daher hat auch das Phänomen der Radioaktivität noch etwas Rätselhaftes. Es mutet ein wenig wie Zahlenmystik an, daß es für die Stabilität eines Kerns auch von entscheidender Bedeutung ist, ob seine Protonen- und Neutronenzahlen in ihrem Verhältnis zueinander gerade oder ungerade sind. Man kann die Atomkerne in vier verschiedene Typen unterteilen:

Tabelle 2

Systeme von Atomkernen (natürliche Isotope) (nach H. LINDNER)

Typ	Zusammensetzung
gg	Gerade Anzahl von Protonen + gerade Anzahl von Neutronen Beispiel: Sauerstoff, 8 Protonen + 8 Neutronen
gu	Gerade Anzahl von Protonen + ungerade Anzahl von Neutronen Beispiel: Beryllium, 4 Protonen + 5 Neutronen
ug	Ungerade Anzahl von Protonen + gerade Anzahl von Neutronen Beispiel: Silber, 47 Protonen + 60 Neutronen
uu	Ungerade Anzahl von Protonen + ungerade Anzahl von Neutronen Beispiel: Stickstoff, 7 Protonen + 7 Neutronen

Der Typ gg ist durch besondere Stabilität und Häufigkeit gekennzeichnet. 80 Prozent der Elemente, aus denen die Erdkruste besteht, haben gg-Kerne: z. B. Sauerstoff, Magnesium, Silicium, Calcium, Titan und Eisen. Von insgesamt rund 270 bekannten stabilen Kernen gehören weit mehr als die Hälfte zum gg-Typ. Weniger häufig sind die Typen gu und ug. Und vom Typ uu gibt es nur 4 stabile Kerne: Deuterium (H2) mit einem Proton und einem Neutron, Lithium (3 Protonen, 3 Neutronen), Bor (5 Protonen, 5

Neutronen) und Stickstoff (7 Protonen, 7 Neutronen). Von der Ordnungszahl 9 an sind alle uu-Kerne radioaktiv.
Stabile Kerne existieren in der Skala der heute bekannten *natürlichen Nuklide* (Kernarten) überhaupt nur bis zur Ordnungszahl 83, die zum Element *Wismut* gehört. Bis zum Wismut gibt es auch bei Elementen, die viele radioaktive Isotope besitzen — wie z. B. Thallium oder Blei zumindest ein stabiles, nicht radioaktives Isotop. Von der Ordnungszahl 83 an sind alle natürlichen und künstlichen Atomkerne radioaktiv. Von den rund 340 natürlichen Isotopen ist mehr als ein Fünftel *radioaktiv*.

Ein „Naturreaktor" in Afrika

Die Elemente von Neptunium an aufwärts entstehen durch vom Menschen beeinflußte Prozesse, etwa in Atomkraftwerken. Das war allerdings nicht immer so: *Neptunium* und *Plutonium* entstanden vor rund 2 Milliarden Jahren durch die spontane Kernspaltung eines „Naturreaktors" in Gabun (Westafrika), genauer in *Oklo,* zirka 500 Kilometer südöstlich von Libreville.
In der Uranlagerstätte von Oklo wurde 1972 eine ungewöhnliche Uran-Isotopenzusammensetzung im natürlichen Uran gefunden. Der Anteil von Uran-235 betrug nur 0,3 Prozent, während er in den anderen Lagerstätten bei 0,7 Prozent liegt. Die Ursache: Vor 2 Milliarden Jahren fand in Oklo unter speziellen Bedingungen eine Anreicherung auf etwa 3 Prozent statt. (Das natürliche Uran enthielt damals allerdings noch fast 3 Prozent Uran-235.) Zum Vergleich: Um moderne Leichtwasserreaktoren fahren zu können, braucht man Uranbrennstoff mit 3 bis 3,5 Prozent Uran-235, die man durch Anreicherung erhält. Das im Gestein vorkommende Wasser wirkte in Oklo als Moderator für die Abbremsung schneller Neutronen, die für die Kernspaltung von Uran-235 notwendig ist. In der Natur treten auch bei Uran-238 und Thorium-232 spontane Kernspaltungen auf, wobei Neutronen freigesetzt werden. Solche Ereignisse sind allerdings extrem selten: Auf über 20 Billiarden Alphazerfälle kommt nur eine spontane Kernspaltung. Aber für den Start des „Naturreaktors" in Afrika reichte das. Er war — mit Unterbrechungen — mehrere tausend Jahre in Betrieb. Dabei entstanden 6 Tonnen radioaktive Spaltprodukte: Isotope von Seltenen Erden, Ruthenium, Rhodium, Palladium, Wismut, Molybdän, Blei, Krypton, Xenon, Jod, Cadmium, Rubidium, Cäsium und Strontium. Und es bildeten sich *3 Tonnen Plutonium!*
Eine Wiederholung dieses Naturphänomens ist nicht mehr möglich, da sich der Anteil von Uran-235 überall auf 0,7 Prozent verringert hat, die für einen „Naturreaktor" nicht ausreichen. Es ist also unzulässig, in der Diskussion um die Radiotoxizität von Plutonium damit zu argumentieren, Plutonium komme ja „seit Weltbeginn" in der Natur vor. Der Mensch sei demnach mit keiner neuen Gefahr konfrontiert und sozusagen „angepaßt".
Schon knapp vor den Entdeckungen in Oklo hatten amerikanische Chemiker Spuren von natürlichem Plutonium in Kalifornien nachgewiesen (1971). Man kann also auch nicht, wie heute noch vielfach üblich, davon sprechen, daß Plutonium nur auf künstlichem Wege entstehen kann. Es ist in sehr geringen Mengen und in feiner Verteilung dort und da innerhalb der Erdrinde gebunden (B. MANSTEIN, Seite 182).

Kaltes Licht und elektromagnetische Strahlung

Ionisierende Strahlung ist unsichtbar. Wie hängt sie mit dem schon von den CURIES beobachteten Leuchten des Radiums zusammen? Dazu bedarf es einer grundsätzlichen Erklärung: Wenn Leuchtstoffe von außen her Energie aufnehmen, etwa durch Röntgen-, Gamma-, UV- oder ionisierende Strahlung, dann können die Elektronen ihrer Atome in kernferne Bereiche gehoben werden. Wenn sie nach äußerst kurzer Zeit wieder in den Grundzustand zurückkehren, wird überschüssige Energie als *Lichtquant* abgegeben. Man nennt diesen Vorgang *Quantensprung*. Dieses Leuchten eines Stoffes ohne Temperaturerhöhung wird als „kaltes Leuchten" oder *Lumineszenz* (Fluoreszenz, Phosphoreszenz) bezeichnet. Im Unterschied dazu leuchtet etwa eine Glühlampe als Folge einer Wärmeentwicklung durch elektrischen Strom. Der Wolframfaden erreicht eine Temperatur von ungefähr 2500°C.

Beim kalten Leuchten des Radiums, das schon die Curies faszinierte, kommt es zur sogenannten *Radio-Lumineszenz:* Der „Beschuß" durch die eigene Strahlung — in einem Gramm Radium finden pro Sekunde 37 Milliarden Zerfallsprozesse statt — ist so stark, daß die Atome des Elementes selbst, aber auch die Atome der Luft und des Behälters (z. B. Glas) Lichtquanten abgeben.
Dieses mit ionisierender Strahlung verbundene kalte Leuchten ist zu einem unheimlichen Begleiter des Atomzeitalters geworden. Als Nobelpreisträger GLENN THEODORE SEABORG das Element *Curium* aus Uran-238 herstellte — es strahlt 3000mal mehr Alpha-Teilchen ab als Radium — zeigte es sich ebenso wie bei einem Unfall des kanadischen Physikers LOUIS SLOTIN, dem beim Experimentieren mit einer Atombombe am 21. Mai 1946 die beiden Plutonium-Teile zu schnell zusammengerieten und eine kritische Masse bildeten. „Sofort erfüllte ein grell blendender bläulicher Schein den ganzen Raum", schrieb ROBERT JUNGK später in seinem Klassiker „Heller als tausend Sonnen — Das Schicksal der Atomforscher". LOUIS SLOTIN riß die beiden Hälften mit beiden Händen auseinander und unterbrach so die Kettenreaktion, bevor es zu spät war. Seine Mitarbeiter waren gerettet, er selbst starb wenige Tage später.
Augenzeugen des Atombombenabwurfs über Hiroshima beschrieben ein bläuliches Licht, einen gleißenden Blitz, ein „intensiv blauviolettes Licht", ein Licht „wie beim Elektroschweißen"...

Das sichtbare Licht nimmt im Spektrum der elektromagnetischen Strahlen nur einen sehr kleinen Teil ein. *Tabelle 3* (Seite 28) zeigt das gesamte Spektrum der elektromagnetischen Strahlen. Sie sind Energiebündel in Form von Quanten oder Photonen. Ihre Energie nimmt mit steigender Frequenz (= Schwingungszahl pro Sekunde) zu. Je kürzer die Wellenlänge, desto größer die Energie und um so stärker die biologische Wirkung und damit die Gefahr für alles Leben. Die bedrohliche Wirkung von UV-, Röntgen-, Gamma- und Höhenstrahlen hängt mit der *Ionisierung* zusammen, die bei der ultravioletten Strahlung beginnt. Die UV-Strahlung stammt von der Sonne, die *Gammastrahlung* ist eine Folge radioaktiver Prozesse und die *Höhenstrahlung* kommt aus dem Weltraum. Die auf die Erde gelangende UV-Strahlung hat eine Wellenlänge von mindestens 300 Nanometer. Kurzwelligere UV-Strahlen werden vom Ozon in der Atmosphäre — der Ozongürtel beginnt in etwa 45 Kilometer Höhe — zurückgehalten.

Tabelle 3

Elektromagnetische Strahlen

Strahlenart	Wellenlänge	Frequenz pro Sekunde (Hertz)	Energie in eV*)
Rundfunkwellen (Langwellen bis UKW)	Kilometer bis Meter	10^5—10^8	$< 10^{-1}$
Radar	Millimeter	10^9	$< 10^{-1}$
Wärmestrahlen	Mikrometer (Millionstel Meter)	10^{12}—10^{13}	$< 10^{-1}$
Infrarot	Mikrometer	10^{14}	um 10^0
Sichtbares Licht	720—380 Nanometer (Milliardstel Meter)	10^{15}	10^0
Ultraviolett	380—200 Nanometer	10^{15}—10^{16}	10^2—10^3
Laser	Nanometer	10^{17}	10^3
Röntgenstrahlung	Picometer (Billionstel Meter)	10^{18}—10^{19}	10^4—10^6
Gammastrahlen	100—1 Picometer	10^{19}—10^{21}	10^6—10^9
Höhenstrahlen	Attometer (100 Billiardstel Meter)	10^{26}	10^{14}

$10^0 = 1$, $10^{-1} = 0{,}1$, $10^{-2} = 0{,}01$ usw., $10^1 = 10$, $10^6 = 1$ Million, $10^9 = 1$ Milliarde, $10^{12} = 1$ Billion (1 Million Millionen), $10^{15} = 1$ Billiarde (1000 Billionen), $10^{18} = 1$ Trillion (1 Million Billionen), $10^{21} = 1$ Trilliarde (1000 Trillionen), $10^{24} = 1$ Quadrillion (1 Million Trillionen).

DER NATÜRLICHE ZERFALL VON ELEMENTEN

Die Erfahrung der CURIES, daß Radium alles rundum radioaktiv mache, führte kurze Zeit später zur Erkenntnis der Ursache der natürlichen Radioaktivität. Der englische Physiker ERNEST RUTHERFORD (1871—1937) entdeckte als erster, daß sich aus den Metallen Thorium und Uran radioaktive Gase bilden: Thoron (Rn-220) und Radon (Rn-222). Durch die gemeinsame Arbeit mit dem Chemiker FREDERICK SODDY (1877—1956) kam Rutherford schließlich auf den springenden Punkt: Aus radioaktiven Elementen bilden sich spontan und ohne Einfluß von außen unter Abgabe radioaktiver Strahlung andere Elemente und Isotope. *Isotope* sind Varianten eines Elements. Sie haben zwar die gleiche Ordnungszahl, aber unterschiedliche Atommassen. Radon mit der Ordnungszahl 86 hat zum Beispiel die Massenzahl 222, Thoron, ein Isotop des Radons, hat auch die Ordnungszahl 86, aber die Massenzahl 220. Das in der Erdkruste

*) Ein Elektronenvolt (eV) ist die Energie, die ein Elektron bekommt, wenn es eine Spannung von 1 Volt überwindet. Ein Mega-Elektronenvolt (Mega = 10^6 = 1 Million) ist die Energie, die ein Elektron besitzt, wenn es eine Spannung von 1 Million Volt überwindet.

reichlich vorhandene Uran-238 zerfällt über bestimmte Isotope von Thorium, Radium, Radon, Polonium, Blei und Wismut zu stabilem Blei-206, das nicht mehr radioaktiv ist. (Siehe *Tabelle 5,* unten)
Das ebenfalls in der Erdkruste vorhandene *Thorium-232* zerfällt über Isotope des Radiums, Actiniums, Radons (Thoron), Poloniums, Bleis, Thalliums und Wismuts zum ebenfalls stabilen Blei-208. (Siehe *Tabelle 5,* Seite 29)
In der *Actinium-Reihe* (weniger wichtig) zerfällt Actino-Uran (U-235) über *Actinium-227* zu *Radon-219 (=Actinon)* und weiter bis zum stabilen Blei-207.

Tabelle 4

Uran-Radium-Zerfallsreihe

Element (Isotop)	physikalische Halbwertszeit
Uran-238	4,5 Milliarden Jahre
Thorium-234	2,1 Tage
Protactinium-234	12 Minuten
Thorium-230	80.000 Jahre
Radium-226	1.600 Jahre
Radon-222	3,8 Tage
Polonium-218	3,05 Minuten
Blei-214	26,8 Minuten
Wismut-214	18,9 Minuten
Polonium-214	162 Mikrosekunden = 162 tausendstel Sekunden
Blei-210	21 Jahre
Wismut-210	5 Tage
Polonium-210	138 Tage
Blei-206	stabil

Tabelle 5

Thorium-Zerfallsreihe

Element (Isotop)	physikalische Halbwertszeit
Thorium-232	14 Milliarden Jahre
Radium-228	5,7 Jahre
Actinium-228	6,13 Stunden
Thorium-228	1,9 Jahre
Radium-224	3,64 Tage
Radon-220 (Thoron)	55,6 Sekunden
Polonium-216	0,15 Sekunden
Blei-212	10,6 Stunden
Wismut-212	60,6 Minuten
Polonium-212	0,3 Mikrosekunden = 0,3 tausendstel Sekunden
oder:	
Thallium-208	3,1 Minuten
Blei-208	stabil

Halbwertszeit: Das atomare Würfelspiel

Die *physikalische Halbwertszeit* ist jene Zeit, in der die Hälfte aller Atomkerne eines radioaktiven Stoffes zerfallen ist. Von einem Gramm Radium zum Beispiel ist nach 1600 Jahren nur mehr ein halbes Gramm übrig. Von diesem halben Gramm zerfällt innerhalb von weiteren 1600 Jahren wiederum die Hälfte. Und so geht es weiter.
Von der physikalischen ist die *biologische Halbwertszeit* zu unterscheiden. Unter der biologischen Halbwertszeit ist jener Zeitraum zu verstehen, in dem der Organismus beziehungsweise die kritischen Organe die Hälfte des aufgenommenen radioaktiven Stoffes ausscheiden. Die biologische Halbwertszeit ist natürlich für die Bewertung der Gefährlichkeit von radioaktiven Stoffen von größter Bedeutung. In der wissenschaftlichen Literatur wird auch die *„effektive Halbwertszeit"* angegeben. Sie wird unter Berücksichtigung der Verringerung der im Körper aufgenommenen Radioisotopmenge durch biologische Vorgänge (biologische Halbwertszeit) und des gleichzeitigen Zerfalls des Radioisotops (physikalische Halbwertszeit) errechnet. Physikalische und biologische Halbwertszeit geben für die effektive Halbwertszeit jeweils eine obere Grenze an. Die biologische Halbwertszeit ist, wie *Tabelle 6* (Seite 31) zeigt, oft wesentlich länger als die physikalische, z. B. bei Yttrium-90, Jod-131 oder Thorium-234. Das heißt, diese Radionuklide würden bei längerer physikalischer Halbwertszeit auch länger im Organismus gespeichert werden. Andererseits begrenzt etwa bei Kohlenstoff-14, Kalium-40 oder natürlichem Uran die gegenüber der extrem langen physikalischen äußerst kurze biologische Halbwertszeit die effektive Halbwertszeit. Die effektive Halbwertszeit liegt immer unter der kürzeren der beiden anderen Halbwertszeiten.

Von den inkorporierten radioaktiven Stoffen sind jene besonders gefährlich, deren physikalische und biologische Halbwertszeit in Jahres-Zeiträumen bemessen wird: z. B. Strontium-90, das jahrzehntelang in den Knochen gespeichert wird (effektive Halbwertszeit 8 Jahre), Radium-226, das ebenfalls vor allem in den Knochen gebunden wird und noch langsamer zerfällt, oder Plutonium-239, das Supergift (siehe Seite 187 ff.), mit einer das menschliche Maß völlig überschreitenden effektiven Halbwertszeit von 120 Jahren.

Im übrigen herrscht in bezug auf die biologische und daher auch die effektive Halbwertszeit in den Literaturangaben keine Einheitlichkeit. So werden etwa für *Strontium-90* als biologische Halbwertszeit für das Skelett von G. F. FUEGER 18.000 Tage (= ca. 49 Jahre) und für den Ganzkörper 36 Jahren angegeben, für *Cäsium-137* eine Bandbreite von 50 bis 165 Tagen (Säuglinge 12 Tage, ältere Kinder 57 Tage; Frauen kürzere Halbwertszeit als Männer), für *Plutonium-239: Keine signifikante Ausscheidung während des Lebens;* biologische Halbwertszeit Ganzkörper: etwa 200 Jahre, Skelett etwa 100 Jahre, Leber etwa 40 Jahre.

Die *physikalische Halbwertszeit* ist eigentlich ein statistischer Wert. Sie sagt nichts darüber aus, wann ein bestimmter Atomkern eines radioaktiven Elements zerfällt. Ein solcher Kern kann Milliarden Jahre alt sein und noch ebenso lange weiterexistieren. Er kann aber auch im nächsten Augenblick zerfallen. Warum das so ist, wissen wir nicht. Der einzelne Kern ist dem Zufall überlassen, einem atomaren Würfelspiel. Nur die Gesamtheit aller Atomkerne eines radioaktiven Elements unterliegt jener Gesetzmäßigkeit, die in der Halbwertszeit ihren Ausdruck findet.

Tabelle 6

Halbwertszeiten (HWZ) einiger Radionuklide (nach P. WEIHS, E. GRUBER, Seite 162 f., H. LINDNER, Seite 210; Österr. Strahlenschutzverordnung X/87 ff. und anderen)

KO = im Kritischen Organ; GK = Ganzkörper; MDT = Magen-Darm-Trakt; L = Lunge; K = Knochen; S = Schilddrüse; N = Niere; Lb = Leber

Radionuklid	physikal. HWZ	biolog. HWZ	effektive HWZ
Tritium	12 Jahre	19 Tage	19 Tage
Beryllium-7	53 Tage	400 Tage (KO: GK, MDT, L)	47 Tage
Kohlenstoff-14	5.730 Jahre	35 Tage	35 Tage
Fluor-18	2 Stunden	140 Tage (KO: MDT)	2 Stunden
Natrium-24	15 Stunden	19 Tage	15 Stunden
Phosphor-32	14 Tage	1.200 Tage (= 3,3 Jahre)	14 Tage
Schwefel-35	87 Tage	22 Tage	18 Tage
Kalium-40	1,28 Milliarden Jahre	37 Tage	37 Tage
Calcium-45	165 Tage	50 Jahre	163 Tage
Vanadium-48	16 Tage	50 Tage (KO: MDT, L)	12 Tage
Chrom-51	28 Tage	110 Tage	22 Tage
Zink-65	244 Tage	933 Tage 23 Tage (KO: GK, L, MDT)	111 Tage
Strontium-90	28 Jahre	11 Jahre (KO: K, L, MDT)	8 Jahre
Yttrium-90	64 Stunden	500 Tage (KO: MDT)	64 Stunden
Zirkon-95	65 Tage	180 Tage (KO: MDT, GK, L)	48 Tage
Niob-95	35 Tage	50 Tage (KO: MDT, GK, L)	21 Tage
Molybdän-99	66 Stunden (= 2,75 Tage)	150 Tage (KO: N, MDT)	2,7 Tage
Ruthenium-106	1 Jahr	20 Tage	19 Tage
Jod-131	8 Tage	138 Tage (KO: S, L, MDT)	7,6 Tage
Cäsium-137	30 Jahre	70 Tage	70 Tage
Barium-140	13 Tage	200 Tage	12 Tage
Lanthan-140	40 Stunden	35 Tage (KO: MDT)	38 Stunden
Cer-144	285 Tage	500 Tage (KO: MDT, K, L)	181 Tage
Praseodym-143	14 Tage	50 Tage (KO: MDT, L)	11 Tage

Radionuklid	physikal. HWZ	biolog. HWZ	effektive HWZ
Neodym-147	11 Tage	35 Tage (KO: MDT, Lb, L)	8 Tage
Promethium-147	2,5 Jahre	100 Tage (KO: MDT, K, L)	90 Tage
Samarium-151	93 Jahre	110 Jahre (KO: MDT, K, L)	50 Jahre
Europium-154	16 Jahre	4 Jahre (KO: MDT, N, L)	3,2 Jahre
Thulium-170	129 Tage	110 Tage (KO: MDT, K, L)	60 Tage
Wolfram-181	140 Tage	5 Tage (KO: MDT, L)	4,8 Tage
Gold-198	2,7 Tage	50 Tage	2,6 Tage
Blei-210	21 Jahre	531 Tage (KO: GK, N, L, MDT)	1,4 Jahre
Polonium-210	138 Tage	57 Tage	40 Tage
Radon-222	3,8 Tage	20—30 Minuten (KO: L)	
Radium-226	1.600 Jahre	55 Jahre (KO: K, L, MDT)	53 Jahre
Aktinium-227	21 Jahre	33 Jahre (KO: K, L, MDT)	13 Jahre
Thorium-234	24 Tage	110 Jahre (KO: MDT, K, L)	24 Tage
Uran-233	160.000 Jahre	300 Tage	300 Tage
natürl. Uran	4,5 Milliarden Jahre	30 Tage	30 Tage
Plutonium-239	24.000 Jahre	120 Jahre	120 Jahre
Americium-241	466 Jahre	890 Tage (KO: N, L, MDT)	2,4 Jahre
Curium-242	163 Tage	600 Tage (KO: MDT, Lb, L)	128 Tage

Die verschiedenen Arten ionisierender Strahlung

Bei näherer Betrachtung der Zerfallsreihen von Uran und Thorium (Tabelle 4 und 5) fällt auf, daß sich die Massenzahlen etwa bei der Uran-Radium-Reihe manchmal in Vierersprüngen verändern und manchmal gleichbleiben. Dieses Phänomen hängt mit der Verschiedenheit ionisierender Strahlung zusammen. Wie die Physiker schon zu Beginn dieses Jahrhunderts herausfanden, unterscheidet man vor allem drei Arten: Alpha-, Beta- und Gammastrahlung.

ALPHASTRAHLUNG

Die Alphastrahlung besteht aus einem schnell bewegten Atomkern des Heliums mit der Massenzahl 4. Das „*Alphateilchen*" besteht also aus 2 Protonen und 2 Neutronen. Diese aus dem Kern instabiler Atome herausgeschleuderten Heliumkerne sind der Grund für die Zweiersprünge der Ordnungszahlen und die Vierersprünge der Massenzahlen beim radioaktiven Zerfall. Ein typisches Beispiel aus dem Bereich der natürlichen Radioaktivität:

$$^{226}_{88}\text{Ra (Radium)} \longrightarrow {}^{222}_{86}\text{Rn (Radon)} + {}^{4}_{2}\text{He (Helium)} \ (= \alpha\text{-Strahlung})$$

Der gleiche Ablauf ist auch bei künstlichen Alphastrahlern zu beobachten:

$$^{239}_{94}\text{Pu (Plutonium)} \rightarrow {}^{235}_{92}\text{U (Uran)} + {}^{4}_{2}\text{He (Helium)}$$

Auf ihrem Weg durch Materie stoßen die Alphateilchen mit deren Molekülen zusammen und erzeugen Ionen, in diesem Fall elektrisch positiv geladene Atome. *Positive Ionen* entstehen, wenn einzelne negativ geladene Elektronen aus der Atomhülle herausgeschlagen werden und damit die positive Ladung des Atomkerns überwiegt. Da dieser Effekt auch bei der Beta- sowie bei der Neutronen- und Gammastrahlung auftritt, wird diese Strahlung zur *ionisierenden Strahlung* gerechnet. Sie setzt bereits bei der kurzwelligen Ultraviolettstrahlung (PSCHYREMBEL, Seite 566) ein.
In der Luft erzeugen Alphateilchen, die den Kern mit einer Geschwindigkeit von 10.000 Kilometer pro Sekunde verlassen, je Zentimeter Bahnlänge 20.000 bis 40.000 Ionen. Dabei wird soviel Energie verbraucht, daß die Teilchen sehr schnell abgebremst werden. Beim Alphazerfall des *Radiums* beträgt die Reichweite in der Luft nicht mehr als 3,38 Zentimeter. Grundsätzlich gilt, daß ein Alphastrahler eine umso größere Reichweite hat, je kleiner seine Halbwertszeit ist. Die mittlere Reichweite von Alphateilchen mit 2 MeV beträgt in Luft rund 1 Zentimeter.
Zur Abschirmung von Alphateilchen genügt zwar ein Blatt Papier. Dennoch sind diese Teilchen nicht etwa ungefährlich! Werden Alphastrahler in einen lebendigen Organismus aufgenommen, können sie das Gewebe durch unmittelbare Bestrahlung direkt und intensiv schädigen. Da genügt auch schon eine *Reichweite von einigen tausendstel bis zu einigen hundertstel Millimetern.* Das entspricht der mittleren Reichweite von Alphastrahlung im Muskelgewebe. Ähnliches gilt für die *Beta-Strahlung,* die zwar durch normale Kleidung abgehalten wird, aber in den kritischen Organen sehr wirksam ist.

BETASTRAHLUNG

Auch die Betastrahlung ist eine Teilchenstrahlung. Betateilchen haben aber nur ein Achttausendstel der Masse von Alphateilchen. Innerhalb der natürlichen Radioaktivität verwandelt sich beim Betazerfall im Kern eines instabilen Atoms ein Neutron in ein Proton und ein negativ geladenes Elektron um, das mit großer Geschwindigkeit aus dem Kern geschleudert wird. Dieses „Betateilchen" ($\beta-$, $e-$) wird Negatron genannt.

Dabei erhöht sich, bei gleichbleibender Massenzahl, die Protonenzahl des Atomkerns um 1. Es entsteht also ein Tochternuklid in Form eines Elements, das im Periodensystem der Elemente an der nächsthöheren Stelle steht. Typisches Beispiel aus der natürlichen Zerfallsreihe des Actiniums:

$^{227}_{89}$Ac (Actinium) ⟶ $^{227}_{90}$Th (Thorium) + Betastrahlung (β^-)
+ Antineutrino

Auch bei künstlichen Betastrahlern ist der Vorgang nicht anders.
Ein Beispiel:

$^{60}_{27}$Co (Kobalt) ⟶ $^{60}_{28}$Ni (Nickel) + Betastrahlung (β^-)
+ Antineutrino

Es kann aber auch zur Aussendung eines *positiv* geladenen Elektrons oder Betateilchens (β^+, e^+), eines *Positrons,* kommen. Dann entsteht aus einem Proton des Atomkerns ein Neutron.
Der Beta-plus-Zerfall tritt nur bei künstlicher Radioaktivität auf. Dabei nimmt bei gleichbleibender Massenzahl die Protonenzahl des Atomkerns um 1 ab. Es wird also ein Tochternuklid gebildet, dessen Ordnungszahl im Periodensystem zum nächstniedrigen Element gehört. Typisches Beispiel: Durch den Beschuß von Aluminium mit Alphateilchen entsteht Phosphor-30, der unter Abgabe von Positronen zu Silicium-30 wird.

$^{30}_{15}$P (Phosphor) ⟶ $^{30}_{14}$Si (Silicium) + Betastrahlung (β^+)
+ Neutrino

Der Beta-minus-Zerfall gleicht einen relativen Neutronenüberschuß im Kern aus, der Beta-plus-Zerfall einen relativen Neutronenmangel. Nach dem Betazerfall (β^+ und β^-) wird noch vorhandene Anregungsenergie als Gammastrahlung abgegeben. Die Betastrahlung erzeugt wegen der sehr kleinen Elektronenmasse in der Luft viel weniger Ionen als Alphateilchen: etwa 50 bis 100 pro Zentimeter Weglänge. Dafür ist die Reichweite bei gleicher Energie einige 100mal so groß (einige Meter). Die elektrisch nicht geladenen Neutrinos und Antineutrinos haben eine sehr kleine Masse und praktisch keine biologische Wirkung.

GAMMASTRAHLUNG

Die Gammastrahlung ist, wie die ihr ähnliche Röntgenstrahlung, eine besonders energiereiche Strahlung, die in Begleitung des *Alpha- und Betazerfalls* auftritt. Nach Abgabe von Alpha- oder Betateilchen befindet sich der Atomkern oft noch in einem angeregten, energiereichen Zustand. Dieser Energieüberschuß wird in Sekundenbruchteilen in Form einer elektromagnetischen Wellenstrahlung, eben der Gammastrahlung, abgegeben. Dieser Vorgang folgt wieder dem Naturgesetz des Ausgleichs: Der Kern tendiert zurück zum möglichst energiearmen, nicht angeregten Zustand. Ebenso verhalten sich auch die bei der Kernspaltung entstehenden Atomkerne. Manchmal entstehen Spaltprodukte, die nicht sofort Gammastrahlung abgeben. Man nennt sie *metasta-*

bil. Ein Beispiel: Das z. B. in der Nuklearmedizin häufig verwendete *Technetium-99m* (= metastabil) gibt erst nach durchschnittlich 6 Stunden Gammastrahlung ab und verwandelt sich so in nicht angeregtes Technetium-99. Im Unterschied zur Alpha- und Betastrahlung hat die Gammastrahlung ein außerordentliches Durchdringungsvermögen. In der Luft wird sie nur in geringem Maß geschwächt und breitet sich praktisch wie das Licht aus. Ihre Intensität nimmt mit dem Quadrat der Entfernung ab. Bei gleicher Energie ist die Reichweite noch einige hundert mal größer als die von Betastrahlen (einige hundert Meter).

Bei Gammastrahlern ist die Energie der Gamma-Quanten charakteristisch für die Art des Isotops. Sie sind quasi die „Fingerabdrücke" (E. SIEKER), an denen man die entsprechenden radioaktiven Elemente erkennen kann. Beta/Gammastrahler wie Jod-131 oder Cäsium-137 sind daher leicht identifizierbar. Viel schwerer ist das bei reinen Betastrahlern wie z. B. Strontium-90, Tritium oder Kohlenstoff-14. Man muß sie chemisch voneinander trennen, um sie einzeln zu erkennen.

ALPHA-, BETA- UND GAMMASTRAHLUNG IM VERGLEICH

Bis zum *Cer* geben radioaktive Elemente — egal ob natürliche oder künstliche — nur Beta-oder Gammastrahlung ab bzw. beide zusammen. Die natürlichen Alphastrahler beginnen mit *Cer-142,* die künstlichen mit *Cer-144.* Ab *Wismuth-210* bzw. *Blei-210* gibt es praktisch nur mehr Alphastrahler. Die Alphastrahlung tritt freilich meist in Begleitung von Beta- und Gammastrahlung auf.

Alphastrahler spielen vor allem in Atomwaffen (Plutonium) und Kernreaktoren (Plutonium, Uran) eine Rolle. Reine Betastrahler werden in der biochemischen Forschung zur Markierung von Stoffwechselprodukten eingesetzt: etwa Tritium, Kohlenstoff-14, Phosphor-32 und Schwefel-35 (J. KIEFER, Seite 13). Die reinen Betastrahler Strontium-90 und Yttrium-90 gelangten vor allem durch Kernwaffentests der 60er und 70er Jahre in unsere Umwelt, ebenso der Beta/Gamma-Strahler Cäsium-137. Seit Mai 1986 kommt in bezug auf diese Isotope auch der Fallout von Tschernobyl hinzu. Das gilt auch für den Beta/Gamma-Strahler Jod-131. In der nuklearmedizinischen Diagnostik und Therapie vielverwendete Isotope sind Jod-131 sowie der Beta/Gamma-Strahler Technetium-99m („m" bedeutet einen *metastabilen,* d. h. zwischenzeitlich stabilen, angeregten Kern) oder die Gammastrahler Chrom-51 und Thallium-201. Von den natürlichen Nukliden ist z. B. Kalium-40 ein reiner Beta-Strahler, Radium und Radon sind hingegen Alpha/Beta/Gammastrahler.

Die mittlere Reichweite von Alphateilchen mit etwa 2 Megaelektronenvolt beträgt in Luft rund 1 Zentimeter, bei Betastrahlung gleicher Energie einige Meter und bei Gammastrahlung einige hundert Meter.

Die Alphastrahler sind in der Regel biologisch aggressiver als die Beta- und Gammastrahler. Mit wenigen Ausnahmen sind sie in den beiden höchsten Radiotoxizitätsklassen zu finden.

RÖNTGENSTRAHLUNG

Die Röntgenstrahlung ist eine *elektromagnetische Wellenstrahlung.* Röntgenstrahlen entstehen zum einen durch die Abbremsung schneller Elektronen in Materie (Röntgenbremsstrahlung), z. B. wenn man in der Röntgenröhre die von der Kathode (Minuspol) ausgehenden schnellen Elektronen gegen einen Metallklotz lenkt. Als Anode (Pluspol)

wird wegen seines hohen Schmelzpunktes Wolfram bevorzugt. Die Röntgenstrahlung durchdringt fast alle festen Stoffe und löst bei unvorsichtigem Umgang — wie alle anderen ionisierenden Strahlen auch — schwere Gesundheitsschäden aus. Nur dicke Wände oder Bleipanzer — man denke nur an die Bleischürzen der Röntgenärzte — bieten ausreichend Schutz. Röntgenstrahlung kann auf einem mit fluoreszierendem Zinksulfid beschichteten Schirm oder auf Röntgenfilm sichtbar gemacht werden. Das Bild entsteht durch die unterschiedliche Absorption der Röntgenstrahlen in den durchstrahlten Stoffen. Beim Schirmbild wird der *Lumineszenzeffekt* genützt, d. h. die Transformation der Röntgenstrahlen in sichtbares Licht mit Hilfe von Leuchtstoffen.
Manche instabilen Isotope — also Isotope mit einem unausgeglichenden Verhältnis zwischen Neutronen und Protonen —, die im Kern *zu wenig Neutronen* enthalten (relativer Neutronenmangel), verwandeln sich in ein stabiles Isotop der nächstniedrigen Ordnungszahl, aber gleichen Massenzahl. Dabei wird ein Elektron aus einer der inneren Schalen der Atomhülle in den Atomkern eingefangen *(Elektroneneinfang).* Ein Proton wird zu einem Neutron. Da bevorzugt ein Elektron aus der K-Schale eingefangen wird, spricht man von *K-Einfang.* Die entstandene Lücke wird durch nachrückende energiereichere Elektronen aus weiter außen liegenden Schalen aufgefüllt (Elektronensprung). Da Elektronen weiter innen liegender Schalen energieärmer sind als solche auf weiter außen liegenden, geben die Elektronen dabei überschüssige Energie in Form von *Röntgenstrahlen* ab. Sie wird als *„charakteristische Röntgenstrahlung"* bezeichnet.
Dieser Vorgang steht eigentlich in Konkurrenz zum Beta-plus-Zerfall. Er ist ihm ähnlich, da ebenfalls ein Neutronendefizit ausgeglichen wird, indem sich ein Proton in ein Neutron verwandelt. Doch einmal, beim Beta-plus-Zerfall, geschieht das ohne Zuhilfenahme eines Elektrons aus der Schale, das andere mal mit dem „Trick" des Elektroneneinfangs.
Ein typischer natürlicher K-Strahler ist Kalium-40. Es zerfällt unter Abgabe von Röntgenstrahlung zu Argon-40. Ein typischer künstlicher K-Strahler ist Vanadium-49. Es zerfällt ausschließlich durch Elektroneneinfang (K-Einfang) zu Titan-49.

NEUTRONENSTRAHLUNG

Neutronenstrahlung kann auf künstlichem oder natürlichem Weg entstehen. In der Sekundärstrahlung aus dem Weltraum ist ein hoher Anteil von energiereichen Neutronen enthalten. Bei künstlichen radioaktiven Prozessen entsteht Neutronenstrahlung in Kernreaktoren und Zyklotronen (Teilchenbeschleunigern). Bei der Kernspaltung beschießt man Atome mit Neutronen und zertrümmert sie in mehrere — meist zwei — Stücke. Dabei entstehen zusätzlich 2 bis 3 Neutronen und Energie.
Zwei Beispiele:

$$1\ \text{Neutron} + {}^{235}_{92}\text{Uran} \rightarrow {}^{143}_{56}\text{Barium} + {}^{90}_{36}\text{Krypton} + 3\ \text{Neutronen} + \text{Energie}$$

$$1\ \text{Neutron} + {}^{235}_{92}\text{Uran} \rightarrow {}^{94}_{37}\text{Rubidium} + {}^{140}_{55}\text{Cäsium} + 2\ \text{Neutronen} + \text{Energie}$$

Die Neutronenstrahlung ist wie die Alpha- und Betastrahlung eine *Korpuskularstrahlung*. Ihre Partikel haben etwa ein Viertel der Masse von Alphateilchen.
In der modernen Vernichtungsmittelindustrie wird die Neutronenstrahlung speziell bei der Neutronenbombe eingesetzt. Die Neutronenbombe tötet vor allem durch die Radioaktivität in Form von Neutronenstrahlung. In einem Radius von 800 bis 1000 Meter zerstört sie alles durch Hitze und Druck. Außerhalb dieser totalen Zerstörungszone bleiben alle toten Gegenstände — Häuser, Fabriken, Autos, Panzer — unzerstört. Alles Lebendige in ihnen aber stirbt. Neutronenstrahlen durchdringen auch dicke Betonwände oder Panzerplatten mühelos. In Hiroshima und Nagasaki wurde durch den Atombombenabwurf auch Neutronenstrahlung frei. Die Folgen hat man später grausam anschaulich „Versaftung" genannt: „Einige Ärzte, fieberhaft die Krankheitsursache und nach Abhilfe suchend, sezierten Tag und Nacht Leichen der gerade Gestorbenen. Bei äußerlich Verletzten oder Unverletzten fanden sie eine Zerstörung des blutbildenden Gewebes, der Lymphknoten, der Milz und besonders des Knochenmarks, außerdem Schwellungen, Platzen und Zerfall der einzelnen Zellen der Eingeweide, der Geschlechtsorgane und der Drüsen. Die rechte Herzkammer oder das gesamte Herz fanden sie erweitert, die Lebergefäße gestaut, die Lunge aufgebläht oder voll Flüssigkeit." (E. und J. K. TASHIRO, Seite 43)
Die Neutronenstrahlung ist eine aus dem Atomkern emittierte Teilchenstrahlung. Bei der spontanen Kernspaltung in der Natur entstehen Neutronen nur beim Zerfall schwerer Kerne, etwa beim Zerfall der Radioisotope Uran-238, Uran-235 und Thorium-232. Allerdings ist die spontane Kernspaltung mit Neutronenemission extrem selten (siehe Oklo-Reaktor, Seite 26).
Neutronenstrahlung geben auch verbrauchte Uranbrennstoffe und deren hochradioaktive Wiederaufbereitungsprodukte ab. Sie wird durch spontane Kernspaltungen und Alphateilchen ausgelöst. Bekannte Neutronenquellen sind Curium-248, Californium-252 und -254 sowie Fermium-256. Californium-252 etwa zerfällt im wesentlichen unter Aussendung von Alphateilchen, mit einem Anteil von 3 Prozent treten aber auch spontane Kernspaltungen auf, wobei durchschnittlich 4 Neutronen frei werden. Die physikalische Halbwertszeit beträgt 2,65 Jahre.
Die stärksten Neutronenquellen sind Kernwaffen und Kernreaktoren.

HÖHENSTRAHLUNG (KOSMISCHE STRAHLUNG)

Auch die Höhenstrahlung ist ein Ergebnis kernphysikalischer Vorgänge. Die kosmische Strahlung wurde 1911 von VICTOR FRANZ HESS (1883—1964) entdeckt. Er stellte fest, daß die von radioaktiven Beimengungen (z. B. Radon) herrührende Ionisierung der Luft mit zunehmender Höhe wohl erwartungsgemäß abnahm, von 800 Metern an jedoch wieder intensiver wurde. Mit V-2-Raketen wurde schließlich die Verteilung der Höhenstrahlung bis 140 Kilometer erforscht. Es zeigte sich, daß sie oberhalb von 50 Kilometern konstant bleibt. Ebenso wie die Röntgen- und Gammastrahlung kann die Höhenstrahlung feste Körper durchdringen. Die *primären Teilchen* der Höhenstrahlung haben Energien, die jene von Kernprozessen auf der Erde bei weitem übersteigen. Sie liegen gegenüber 1 bis 10 Megaelektronenvolt (1 MeV = 1 Million Elektronenvolt) bei irdischen Vorgängen in der Größenordnung von bis zu 10^{14} (= 100 Millionen Millionen oder 100 Billionen) Elektronenvolt. Es handelt sich vor allen um *Protonen* (80—90%) und um Alpha-Teilchen, selten um *schwere Ionen* bis hinauf zum Eisen oder Zink. Ihre „Reisezeit" (bei Lichtgeschwindigkeit) bis in unser *Sonnensystem* wird auf ca. 10 Millionen Jahre geschätzt (J. KIEFER, Seite 372). Die Verteilung entspricht der Häufigkeit

der Elemente im Kosmos, die sich in der Zusammensetzung der Fixsterne widerspiegelt. Protonen und Alphateilchen stammen aus unserem Milchstraßensystem, die schweren Ionen von *Supernova-Ausbrüchen* im Weltraum. Die Ausbrüche entstehen, wenn Sterne, nachdem die wesentlichen Brennstoffe Wasserstoff und Helium erschöpft sind, in sich zusammenfallen. Dabei wird eine unvorstellbare Energiemenge frei, die die äußere Hülle des Sterns mit großer Geschwindigkeit in den Raum schleudert. Außer der galaktischen Strahlung gibt es noch die von unserer Sonne kommende *solare Strahlung,* die ebenfalls vorwiegend aus Protonen und auch aus Alpha-Teilchen besteht. Sie hängt mit den Gasexplosionen auf der Sonnenoberfläche zusammen und schwankt daher mit dem Rhythmus der Sonnenflecken (11 Jahre). Hinzu kommt noch ein starker Strom von *Neutrinos.* Neutrinos sind elektrisch neutrale Elementarteilchen, die z. B. bei der Beta-Strahlung abgegeben werden. Sie stammen von *Kernprozessen* in der Sonne und sind so winzig, daß sie riesige Materieanhäufungen beinahe ungehindert durchdringen können. Von einer Million Neutrinos, die quer durch die gesamte Erdkugel fliegen, wird nur eines absorbiert.
Die solare Komponente der kosmischen Strahlung weist eine bedeutend niedrigere Energie (ca. 40 Megaelektronenvolt) auf als die galaktische Komponente. Sie ist daher für die Belastung der Erdoberfläche nicht so wichtig, sondern nur in größeren Höhen, was für den Überschallflug von Bedeutung ist (J. KIEFER, Seite 373). Bei normalen Flügen in 10 Kilometer Höhe liegt die Belastung bei zirka 0,5 Millirem (siehe Seite 103) pro Flugstunde.
Als bei einem Space-Shuttle-Flug 1985 die Radioaktivität im Weltraum an Salzkrebseiern getestet wurde, zeigte sich, daß der Teilchenbeschuß von der Sonne über dem Äquator geringer war als über den Polkappen. Das hängt mit dem Magnetfeld der Erde zusammen, das die nicht eingefangenen primären und sekundären Teilchen zu den Polen führt und zusätzlich beschleunigt. Das großartige Naturschauspiel des Nordlichtes steht damit in Verbindung. Die kosmische Strahlung ist also auch abhängig von der geographischen Breite. Die primäre Höhenstrahlung spielt auf der Erdoberfläche nur eine untergeordnete Rolle. Hier sind die Produkte der in der Lufthülle ablaufenden Kernprozesse entscheidend. Diese *sekundären Teilchen* stammen aus dem Zusammenprall der primären Teilchen aus dem Weltraum mit den Atomen der Luft und den dadurch ausgelösten Kernprozessen.
Die energiereichen *Neutronen* der Sekundärstrahlung reagieren in den obersten Schichten der Atmosphäre mit dem *Stickstoff* der Luft, wobei *radioaktiver Kohlenstoff (C-14) und radioaktiver Wasserstoff (Tritium) entstehen:*

Stickstoff-14 + energiereiche Neutronen → Kohlenstoff-12 + *Tritium*
→ *Kohlenstoff-14* + Proton

Gebunden an Kohlendioxyd (H. LINDNER, Seite 203) ist C-14 in geringen Spuren überall anwesend, wird von Pflanzen assimiliert und vom Menschen über die Nahrung aufgenommen.
Auf die von vielen unterschätzte biologische Wirkung der kosmischen Strahlung auch auf der Erdoberfläche hat vor allem VICTOR E. ARCHER vom "United States Department of Health" hingewiesen. Auf seine Erkenntnisse gehe ich im Abschnitt „Auch natürliche Radioaktivität ist nicht unschädlich" (Seite 70 f.) näher ein.
Vor Beginn der Kernwaffenversuche waren auf der ganzen Erde etwa 60.000 Kilogramm Radiokohlenstoff (C-14) vorhanden. Zwischen Bildung und Zerfall bestand Gleichgewicht. Seither ist dieses Verhältnis empfindlich gestört. Für die starke Zu-

nahme des Radiokohlenstoffgehalts in Pflanzen seit 1953 waren die atmosphärischen Kernwaffenversuche verantwortlich. Der Maximalwert von 1963 lag um rund 100 Prozent über dem natürlichen Gleichgewicht. Ebenso hat sich die Menge an natürlichem Tritium (einige Kilogramm) durch die Tests auf das Zwanzigfache erhöht.
Am meisten (85 bis 90%) natürlicher Radiokohlenstoff befindet sich im Meer, in mehr als 100 Meter Tiefe, etwa 3 bis 4% im Humus, 2% in der Atmosphäre, der Rest in Organismen auf dem Land und im Meer. Stirbt ein Lebewesen, dann ist nur noch die physikalische Halbwertszeit von C-14 entscheidend: 5.730 Jahre. Dadurch ist eine ziemlich genaue *Altersbestimmung nach der Radiokarbonmethode* möglich.
Bei der Wechselwirkung von kosmischer Strahlung und der Luft unserer Atmosphäre entsteht auch das radioaktive *Beryllium-7.* Zu den durch die Höhenstrahlung hervorgerufenen „radiogenen" Nukliden gehört auch *Natrium-22* (J. KIEFER, Seite 374) und viele andere seltene, nur in ganz geringen Quantitäten vorkommende natürliche Radioisotope.

Alle in diesem Abschnitt behandelten Strahlenarten gehören zu den *ionisierenden Strahlen* (siehe Seite 50 ff.) mit entsprechend intensiver biologischer Wirkung. Alphastrahlen sind dicht ionisierend: Sie haben im Gewebe nur eine geringe Reichweite, schädigen aber die angrenzende Zellregion intensiv. Energiereiche Neutronenstrahlen sind ebenfalls dicht ionisierend. Beta-, Gamma- und Röntgenstrahlen gehören zu den dünn ionisierenden Strahlen. Sie schädigen weniger konzentriert als die Alphastrahlen, dringen aber durch ihre größere Reichweite tiefer ins Gewebe ein.

Künstliche Radioaktivität

KÜNSTLICHE KERNE

Nach der Entdeckung der Geheimnisse der natürlichen Radioaktivität um die Jahrhundertwende dauerte es noch mehr als 30 Jahre, bis das wahre Ausmaß und die ungeheuren Konsequenzen dieser Entdeckung zu Tage kamen. Erst Anfang der dreißiger Jahre kam es zu jenen Entdeckungen, die die Welt fundamental veränderten und die letztlich auch zur Atom- und Wasserstoffbombe führten.
1934 unternahmen FRÉDÉRIC JOLIOT (1900—1958) und seine Frau IRÈNE JOLIOT-CURIE (1897—1956), die Tochter von MARIE CURIE, einen Versuch, dessen Ergebnis nicht nur in der Fachwelt Aufsehen erregte. Sie hatten einen starken Alphastrahler — eine Radium-Quelle — in einem Aluminium-Gefäß untergebracht. Dabei zeigte sich zunächst, daß vom Aluminium *Neutronenstrahlung* ausging. Es entstand ein in der Natur nicht vorkommendes Radio-Isotop. Die Formel für diesen Vorgang war schon durch zahlreiche ähnliche Kernumwandlungen bekannt:

$$ {}^{27}_{13}\text{Al} + \text{Alphastrahlung}\ ({}^{4}_{2}\alpha) \longrightarrow {}^{30}_{15}\text{P} + \text{Neutronenstrahlung}\ ({}^{1}_{0}\text{n}) $$

Darüber hinaus aber zeigte sich Sensationelles: Das Aluminium sandte eine neuartige Betastrahlung aus. Es handelte sich um *Positronen,* positiv geladene Teilchen von der Masse der Elektronen. Diese Positronen waren kurz vorher in der *kosmischen Strahlung* entdeckt worden und erschienen nun erstmals in einem Laborversuch auf der Erde. Mehr noch: Als die Joliot-Curies den Alpha-Strahler aus dem Aluminiumgefäß herausnahmen, hörte zwar die Neutronenstrahlung sofort auf, die *Positronenstrahlung* aber ging weiter! Sie konnte nur von dem soeben entstandenen Phosphor stammen, der *auf künstliche Weise radioaktiv war.*
Die Halbwertszeit von Phosphor-30 liegt bei zweieinhalb Minuten. Bei dieser Form der Betastrahlung (β^+) verwandelt sich ein Proton unter Abgabe eines Positrons und eines Neutrinos in ein Neutron. Es entsteht ein Element der nächstkleineren Ordnungszahl, in diesem Fall Silicium-30 (siehe Seite 34). Positronen werden von radioaktiven Kernen ausgesandt, die einen relativen Überschuß an *Protonen* haben.

Kernumwandlung und Kernspaltung

Als erster erkannte dann der italienische Physiker und Nobelpreisträger ENRICO FERMI (1901—1954), daß sich Neutronen für die Beschießung von Kernen eignen, da für sie als elektrisch neutrale Teilchen der abstoßende Potentialwall des Kerns nicht maßgeblich ist.
Heute kann man von jedem stabilen Element (außer Wasserstoff) künstlich mehrere radioaktive Isotope herstellen, auch dann, wenn es kein natürliches Radio-Isotop dieses Elements gibt. So zum Beispiel radioaktives Eisen. Dazu sind aber natürliche Strahlungsquellen zu schwach. Die notwendige Energie der Teilchen für den Beschuß der Atomkerne wird in *Kernreaktoren* und *Teilchenbeschleunigern* erreicht.
Die künstlichen Radionuklide sind größtenteils Gamma- und Betastrahler. Heute sind

insgesamt *über 1.700 künstliche Radioisotope* bekannt. (Natürliche Radioisotope gibt es nur über 300.) Ein Beispiel, das in der *Strahlenmedizin und Strahlenchemie* eine Rolle spielt: Radioaktives Kobalt-60 kann durch Neutronenbeschuß in beliebig großen Mengen aus gewöhnlichem Kobaltmetall (Kobalt-59) gewonnen werden:

$$^{59}_{27}\mathrm{Co} + ^{1}_{0}\mathrm{n} \longrightarrow ^{60}_{27}\mathrm{Co} + \beta^{-} + \text{Gammastrahlung}$$

Kobalt-60 wird in der Strahlenmedizin eingesetzt und ist wesentlich billiger als Radium. Kobalt-60 wird aber auch in der *Landwirtschaft* eingesetzt. Seine Gammastrahlung ruft in den Chromosomen der Keimzellen von Nutzpflanzen sprunghafte Änderungen in den Erbanlagen, *Mutationen,* hervor. Es entstehen Pflanzensorten mit neuen Eigenschaften. Kobalt-60 wird dabei „kilogrammweise" (H. LINDNER, Seite 194) angewendet. Radioaktives Kobalt hat eine physikalische Halbwertszeit von 5,26 Jahren. Die Risiken solcher Experimente für das genetische Material und für die Umwelt liegen auf der Hand. Kobalt-60 wird außerdem gegen frühzeitiges Auskeimen (Kartoffeln und Zwiebeln) und für die Sterilisierung von Lebensmitteln eingesetzt (siehe Seite 177 ff.).
Künstliche Radioaktivität ist also eine Folge von Kernumwandlungen durch Menschenhand mit Hilfe spezieller Techniken. Die *ersten künstlichen Kernumwandlungen* — allerdings ohne bei den Folgeprodukten Radioaktivität zu erreichen — waren 1919 ERNEST RUTHERFORD gelungen. Er konnte damals nachweisen, daß von Polonium-214 ausgesandte *Alphateilchen* in den Kern eines Stickstoffatoms eindringen und darin quasi stecken bleiben. Der Kern, so stellte Rutherford fest, verwandelt sich darauf unter Abgabe eines Protons in einen Sauerstoffkern um. Die Formel dazu lautet:

$$^{14}_{7}\mathrm{N} + ^{4}_{2}\alpha \longrightarrow ^{17}_{8}\mathrm{O} + ^{1}_{1}\mathrm{p}$$

Man sieht, daß die Summe der Massenzahlen (Protonen + Neutronen) sowie die Summe der Ordnungszahlen (= Protonenzahlen) in der Kernumwandlungsgleichung übereinstimmen. Von gezieltem Beschluß kann bei diesen Vorgängen übrigens keine Rede sein. Auf etwa 100.000 Schüsse kommt nur ein Treffer.
Die erste *Kernumwandlung* mit künstlich hergestellten Geschossen, mit *Protonen,* gelang 1932 den britischen Physikern JOHN D. COCKROFT (1897—1967) und ERNEST THOMAS SINTON WALTON (geb. 1903). Sie beschossen Lithium mit Protonen und erhielten dabei Beryllium, das aber in weniger als einer Billionstel Sekunde wieder in zwei Heliumkerne zerfiel:

$$^{7}_{3}\mathrm{Li} + ^{1}_{1}\mathrm{p} \longrightarrow ^{8}_{4}\mathrm{Be} \rightarrow 2\,^{4}_{2}\mathrm{He}$$

Das so für unvorstellbar kurze Zeit entstehende Beryllium ist hochgradig radioaktiv.

Unerschöpfliche Energie

Heute weiß man, daß Beryllium auch im *Energiehaushalt der Sterne* eine große Rolle spielt, der bei jungen Sternen aus der Verschmelzung von Wasserstoffkernen zu Heliumkernen gedeckt wird. Bei dieser Verschmelzung werden aus einem Gramm Materie 630 Milliarden Joule Energie frei (R. KIPPENHAHN, Seite 22), 20 Millionen mal mehr, als man aus der gleichen Menge Steinkohle durch Verbrennen gewinnen kann. Wenn diese Energiequelle nach Milliarden Jahren (bei unserer Sonne wird das in 7 Milliarden Jahren der Fall sein) erschöpft ist, treten andere Energiequellen in Erscheinung: zum Beispiel die schrittweise Umwandlung von Helium in Kohlenstoff. Zunächst stoßen dabei zwei Heliumkerne zusammen und bilden ein Atom des Elements Beryllium mit der Massenzahl 8, also jenes Radio-Isotop, das Cockroft und Walton in ihrem Versuch begegnete. Beryllium-8 ist demnach im Weltall ein „natürliches" Radioisotop. Man nimmt heute übrigens an, daß letztlich *alle Elemente bis zum Eisen aus der Fusion von Wasserstoff und Helium zusammengebraut worden sind.* Beim Eisen hat die Natur eine Grenze gesetzt. Schwerere Kerne liefern nur dann Energie, wenn man sie zertrümmert, wie z. B. Uran durch Kernspaltung in Atomreaktoren. Schwere *Atomkerne mit relativem Neutronenüberschuß* können bei Anregung in zwei neue Atomkerne gespalten werden. Ihre Massen verhalten sich ungefähr wie 2:3. Ein Beispiel: Uran-235 verwandelt sich unter *Neutronenbeschuß* zu Uran-236 (Zwischenkern). Dieses angeregte Uran zerfällt zu Krypton-89 und Barium-144. Dabei werden zwei bis vier Neutronen und 200 Millionen Elektronenvolt frei:

$$^{235}_{92}U + ^{1}_{0}n \rightarrow ^{236}_{92}U \rightarrow ^{89}_{36}Kr + ^{144}_{56}Ba + 3\,^{1}_{0}n + 200\ MeV$$

In der Energie steckt nicht nur kinetische Energie in Form von Wärme, sondern auch ionisierende Strahlung, im wesentlichen *Gammastrahlung.* Außerdem kommt es zu einer *Kettenreaktion,* weil die drei frei werdenden Neutronen die Reaktion immer wieder auslösen, wobei wieder neue Neutronen entstehen.
Die Krypton-Barium-Spaltung von Uran-235 ist aber nur eine mögliche Variante. Es sind noch viele andere Spaltprodukte möglich, z. B. Cäsium-140 und Rubidium-94 oder Lanthan-145 und Brom-87. Die bei der Uranspaltung entstehenden Kerne sind radioaktiv (β^-- und Gammastrahlung) und zerfallen, bis sie stabile Zustände erreichen. Cäsium-140 zerfällt z. B. über Barium-140 und Lanthan-140 zu Cer-140. Rubidium-94 zerfällt über Strontium-94 und Yttrium-94 zu Zirkonium-94.
Zum besseren Verständnis des Vorgangs der Kernspaltung kann man das *Tropfenmodell* von George Gamow heranziehen. Ein in den Kern eindringendes Neutron verformt ihn zunächst zu einem Zwischenkern, der in die Länge gezogen und in der Mitte eingeschnürt ist. So entstehen zwei getrennte Ladungsschwerpunkte, die sich wegen ihrer gleichnamigen positiven Ladung gegenseitig abstoßen. Schließlich schnürt der Kern sich vollkommen ein und zerreißt in zwei Teile. Die Bruchstücke fliegen mit großer Gewalt auseinander. Besonders leicht zu spalten sind Kerne mit ungerader Massenzahl (gu-Typ, siehe Seite 25).

DER MENSCH ALS SCHÖPFER: DIE NEUEN ELEMENTE

Die deutschen Wissenschafter Otto Hahn (1879—1968) und Fritz Strassmann (1902—1980) stellten am 17. Dezember 1938 erstmals fest, daß bei Neutronenbestrahlung von Uran zwei Elemente entstanden waren: Barium und Krypton. Das war die *Entdeckung* der *Kernspaltung.*
Robert Jungk hat in seinem großartigen Buch „Heller als tausend Sonnen. Das Schicksal der Atomforscher" klargemacht, daß diese Entdeckung nicht aus dem Nichts

kam. Er hat die atemberaubende Entwicklung beschrieben, die unausweichliche Konsequenz, die zu diesem Tag führte.
FRÉDÉRIC JOLIOT-CURIE hatte es schon vorausgesehen, als er zusammen mit seiner Frau IRÈNE für die Entdeckung der künstlichen Radioaktivität den Nobelpreis erhielt. In dem, was er damals sagte, sind schon die unheimlichen alchimistischen Machtgelüste, das Streben nach absoluter Beherrschung der Natur, die Hybris der Physiker vom Schlage eines EDWARD TELLER erkennbar: „Wir dürfen mit Recht an die Möglichkeit denken, daß die Forscher, die nach ihrem Gutdünken Elemente aufbauen und zerschlagen können, auch Kernumwandlungen von explosivem Charakter verwirklichen werden... Sollte man es fertigbringen, daß solche Umwandlungen sich in der Materie fortpflanzen, so wird vermutlich die Befreiung enorm großer nutzbarer Energie stattfinden."
Während die Franzosen Alpha-Strahlen für ihre Experimente einsetzten, verwendeten die Italiener Neutronen als Geschosse, um ein Element nach dem anderen damit zu bombardieren. Bei den ersten acht Elementen wurde kein Resultat erzielt. Erst beim neunten, beim Fluor, begann der Geigerzähler zu ticken. Im Lauf dieser Versuche machten ENRICO FERMI und seine Mitarbeiter eine wichtige Entdeckung: Bei der Beschießung von Uran entstanden neue künstliche Elemente. Fermi nannte sie „Transurane".
In Wirklichkeit hatte er — ohne es zu ahnen — Uranatome gespalten. Für die Transurane war die Zeit erst 1941 reif (siehe unten), als man erkannte, daß die Neutronen eine ganz bestimmte — verringerte — Geschwindigkeit haben müssen, um aus U-238 Plutonium-239 entstehen zu lassen. Nur gebremste Neutronen mittlerer Geschwindigkeit werden von Uran-238 absorbiert (während nur sehr schnelle Neutronen das Uran spalten). Mit der Aufnahme eines Neutrons erhöht sich die Massenzahl des Kerns um eine Einheit. Es entsteht zunächst *U-239,* das aber nicht beständig ist (Halbwertszeit rund 23 Minuten) und sich unter Abgabe eines Elektrons in *Neptunium* (Halbwertszeit 2,3 Tage) verwandelt. Dieses Neptunium geht schließlich unter Beta-Zerfall in Plutonium über.
FERMI und HAHN hatten durch ihre Versuche wahrscheinlich schon Transurane erzeugt. Diese konnten aber wegen ihrer geringen Menge damals noch nicht nachgewiesen werden.

Nur das junge deutsche Forscherehepaar IDA und WALTER NODDACK zweifelte an Fermis „Transuranen". IDA NODDACK schrieb 1934, also vier Jahre vor der Entdeckung der Kernspaltung durch HAHN und STRASSMANN: „Es wäre denkbar, daß bei der Beschießung schwerer Kerne mit Neutronen *diese Kerne in mehrere größere Bruchstücke zerfallen,* die zwar Isotope bekannter Elemente, aber nicht Nachbarn der bestrahlten Elemente sind." (Zitiert nach R. JUNGK)
Diese Kritik nahmen weder FERMI noch das Forscherteam HAHN/MEITNER (LISE MEITNER, Wiener Physikerin, 1878—1968) ernst. War es doch nicht einmal mit großen Atomzertrümmerungsmaschinen in den Vereinigten Staaten (Van-de-Graaff-Generatoren, Zyklotrone), die Geschoß-Partikel bereits auf 9 Millionen Volt beschleunigen konnten, gelungen, in den Atomkern einzudringen. R. JUNGK schreibt: „Die Vorstellung, daß den Neutronen, die überhaupt keine elektrische Ladung tragen, gelungen sein sollte, was man mit den schweren Geschossen nicht erreicht hatte, war zu phantastisch, als daß man an sie glauben konnte. Es war, als hätte man einer Truppe, die einen Bunker seit langem vergeblich mit schwerstem Kaliber beschoß, vorgeschlagen, sie solle ihr Glück doch einmal mit Ping-Pong-Bällen versuchen. Besser noch wäre

es allerdings, die Neutronen mit ‚Saboteuren' zu vergleichen, die statt mit Gewalt mit Hilfe einer Art von Tarnkappe ins Innere des Atoms schlüpfen können."
Erst STRASSMANN öffnete HAHN schließlich die Augen. Er erkannte, daß die Franzosen auf dem richtigen Weg waren. Beide prüften schließlich in wochenlanger Arbeit die Experimente der Pariser „équipe" nach. Dabei zeigte sich, daß bei der Beschießung von Uran mit Neutronen tatsächlich ein Stoff entstand, der dem *Lanthan* sehr ähnlich war, wie die Franzosen behauptet hatten. Genauere Trennverfahren und Messungen führten jedoch zum höchst erstaunlichen Resultat, daß es sich in Wahrheit um *Barium* handelte. Von der Chemie her war alles klar, die physikalische Erklärung noch immer fraglich. HAHN und STRASSMANN schrieben damals: „Unsere ‚Radium'-Isotope haben die Eigenschaften des Bariums. Als Chemiker müßten wir eigentlich sagen, bei den neuen Körpern handle es sich nicht um Radium, sondern um Barium... Als ‚Kernchemiker' können wir uns zu diesem, allen bisherigen Erfahrungen der Kernphysik widersprechenden Sprung noch nicht entschließen." (Zitiert nach R. JUNGK)
Dieser Sprung war erst möglich, als die Wissenschafter kurz vor Weihnachten 1938 erkannten, daß der Urankern — wie es HAHN zunächst nannte — „zerplatzte" oder, wie sich später herausstellte, einschnürte und schließlich in zwei Hälften trennte. Der Ausdruck "nuclear fission", „Kernspaltung", geht auf den damals bei NIELS BOHR in Kopenhagen arbeitenden amerikanischen Biologen JAMES ARNOLD zurück, aufgrund der Ähnlichkeit des Vorgangs mit dem der Spaltung bei der Vemehrung von Bazillen.
In wäg- und sichtbarer Menge wurde *Plutonium* 1941 erstmals von GLENN THEODORE SEABORG und anderen als erstes aller künstlichen Elemente gewonnen. Seaborg war auch der erste, der *Americium* und *Curium* herstellte. Dabei verwendete er als Ausgangsmaterial Uran-238, das er mit Alphateilchen in einem *Zyklotron* bestrahlte. Zyklotrone sind Geräte zur Beschleunigung von Elementarteilchen und Ionen, um hohe Energie für Kernumwandlungen und Kernspaltungen zu erzielen. Curium ist besonders stark radioaktiv. Es strahlt 3000mal mehr Alphateilchen ab als Radium und leuchtet wie dieses beständig. (Siehe Lumineszenz, Seite 27)
Das nach der Universität Berkeley in Kalifornien genannte Element *Berkelium* wurde erstmals 1949 durch Bestrahlung von Americium-241 mit Alphateilchen gewonnen — ebenso wie Americium im Zyklotron. Wenig später wurde auf ähnliche Weise *Californium* erstmals hergestellt. Es leuchtet noch stärker als Radium und Curium.
Bald darauf gelang auch der Nachweis von weiteren Elementen jenseits des Urans: Einsteinium, Fermium, Mendelevium, Nobelium und Lawrencium. Mit ihnen schließt die Aktinidenreihe im Periodensystem der Elemente ab. Die inzwischen hinzugekommenen Elemente *Rutherfordium* bzw. *Kurtschatovium* und *Hahnium* bzw. *Nielsbohrium* (siehe Tabelle 1, Seite 22 f.) werden als Transaktiniden bezeichnet. Einsteinium und Fermium gingen aus dem Californium hervor. Fermium kann auch durch Beschuß von Uran-238 mit Sauerstoffionen hergestellt werden. Mendelevium entstand durch Beschuß von Einsteinium-253 mit Alphateilchen, Nobelium aus Curium-246 durch Bombardement mit geladenen Kohlenstoff-Ionen. Weitere seither bekanntgewordene Elemente (Ordnungszahl 106 bis 109) tragen alle noch keine Namen und haben sehr kurze Halbwertszeiten (Sekunden). Die Elemente 107, 108 und 109 wurden erstmals zwischen 1981 und 1984 im *Linearbeschleuniger* UNILAC der Gesellschaft für Schwerionenforschung in Darmstadt nachgewiesen. Ihre Lebensdauer liegt in der Größenordnung von einigen tausendstel Sekunden.

Radioaktivität und menschliches Leben

MASSEINHEITEN FÜR RADIOAKTIVITÄT UND STRAHLENBELASTUNG

Die Aktivität

Die Aktivität gibt an, wieviele radioaktive Zerfälle pro Zeiteinheit stattfinden. Sie ist also ein Maß für die Intensität einer Strahlungsquelle, ebenso wie für die Zerfallsgeschwindigkeit. Als Maßeinheiten werden das Curie (Ci) oder das Becquerel (Bq) verwendet.
Ein Curie entspricht 37 Milliarden Zerfällen pro Sekunde. Es wurde von der Radioaktivität eines Gramms Radium-226 pro Sekunde abgeleitet. Da das Curie eine sehr große Einheit ist, wird in der Praxis häufig das Picocurie (pCi) verwendet.
1 pCi = 1 Billionstel Curie = 2,22 Zerfälle pro Minute.
1 Bq = 1 Zerfall pro Sekunde.
Je größer die Halbwertszeit eines Isotops ist, desto weniger Zerfälle finden pro Zeiteinheit statt, desto weniger strahlt es.

Expositionsdosis (Ionendosis)

Die Aktivität sagt noch nichts über die Wirkung der ionisierenden Strahlung aus, die korpuskularer oder elektromagnetischer Natur sein und je Teilchen oder Quant verschiedene Energie aufweisen kann. Die auffälligste Wirkung dieser Art von Strahlung ist die *Ionisierung,* also die Wechselwirkung energiereicher Strahlung mit Molekülen, die Veränderungen in der Elektronenhülle (Elektronenüberschuß bzw. -defizit) bewirkt. Die Anzahl der von radioaktiver Strahlung gebildeten Ionen kann als Maß für ihre *Intensität* dienen. Als Einheit der Ionendosis gilt das *Coulomb.* 1 Coulomb je Kilogramm (C/kg) ist diejenige Dosis von Röntgen- oder Gammastrahlen, die pro Kilogramm Luft 1 Coulomb (= 1 Ampèresekunde) an positiven oder negativen Ionen erzeugt.
In der Literatur findet man häufig noch die alte, nach dem deutschen Physiker und Nobelpreisträger WILHELM CONRAD RÖNTGEN genannte Einheit *Röntgen.*
1 Röntgen (R) = $2{,}58 \cdot 10^{-4}$ C/kg.

Energiedosis

In der Pharmazie wird unter Dosis eine bestimmte Medikamentenmenge verstanden. Bei der Strahlendosis geht es um die Menge der auf einen Körper oder ein Medium (feste Körper, Luft, Wasser) übertragenen Strahlenenergie. Das Maß für die *absorbierte Energiedosis* ist das *rad (radiation absorbed dose),* abgekürzt rd. Nach dem neuen Einheitssystem wird das rad durch die Einheit *Joule pro Kilogramm* (J/kg) ersetzt. 1 J/kg wird nach dem englischen Physiker L. H. GRAY (1905—1965) *1 Gray* (Gy) genannt.

1 Gy = 1 J/kg = 100 rd. 1 Gray ist diejenige Dosis einer beliebigen ionisierenden Strahlung, durch die einem homogenen Körper von der Masse 1 kg die Energie 1 Joule zugeführt wird.

Äquivalentdosis

Trotz gleicher Energiedosis in Gray sind verschiedene Strahlenarten biologisch verschieden wirksam. Um diese Unterschiede zu erfassen, wurde die Äquivalentdosis eingeführt. Für die in bezug auf das Leben besonders effizienten Strahlungen wurde ein Multiplikator eingeführt: der *„Qualitätsfaktor"*. Dieser Faktor drückt aus, wieviel mal wirksamer eine bestimmte Strahlung in bezug auf harte Gammastrahlung ist. Der Qualitätsfaktor harter Gammastrahlung wird in der Literatur übereinstimmend gleich 1 gesetzt, ebenso wie der Qualitätsfaktor der Röntgen- und Betastrahlung. Die *Qualitätsfaktoren für Alpha-, Protonen- und Neutronenstrahlung* werden in der Literatur sehr unterschiedlich angegeben. G. F. FUEGER (Seite 13) nennt für Alpha-Strahlung einen Qualitätsfaktor von ca. 4 bis 10, für Neutronen 10 bis 20, E. SIEKER u. a. (Seite 126) setzen für schnelle Neutronen 10, für langsame Neutronen 3, für Protonen-Strahlen 10 fest, für Alphastrahlung 20, B. MANSTEIN (Seite 463) für schnelle Neutronen und Protonen (bis 10 MeV) 10, natürlich vorkommende Alphastrahlen 10 und schwere Rückstoßkerne 20.
Im Fall der Bestrahlung der *Augenlinsen* mit Teilchenbestrahlung hoher Ionisationsdichte ist der Qualitätsfaktor, sofern er größer als 10 ist, zu verdreifachen.
H. LINDNER (Seite 207) gibt für schnelle Neutronen- und Protonenstrahlung und für Alphastrahlung 10 an. Bei Bestrahlung der besonders empfindlichen Augenlinsen mit schnellen Neutronen und Protonen muß man allerdings nach H. Lindner einen Qualitätsfaktor von 30 nehmen. Das zeigt erstens, daß sich der Qualitätsfaktor aus in der Praxis gewonnenen Werten *relativer biologischer Wirksamkeit* ergibt, die für jedes einzelne Organ verschieden sein können. In Einzelfällen werden für Neutronen sogar Qualitätsfaktoren bis zu 100 berechnet (J. KIEFER, Seite 346). Und das zeigt zweitens, daß diese Werte nicht ganz verläßlich und zum Teil auch wohl veraltet sind. P. WEISH und E. GRUBER (Seite 12) berufen sich auf Qualitätsfaktoren des RBE-Commitee (RBE = relative biological effectiveness) 1963, B. MANSTEIN (Seite 463) auf Empfehlungen des Internationalen Radiologenkongresses in Kopenhagen 1953!
Die Maßeinheit der Äquivalentdosis ist das *rem(roentgen equivalent man)*. Man erhält sie, indem man die Energiedosis (in Gray) mit dem Qualitätsfaktor multipliziert. Nach dem neuen, ab 1986 gültigen *Einheitssystem* ist die Maßeinheit das *Sievert* (Sv), so benannt nach dem schwedischen Strahlenforscher ROLF SIEVERT. 1 rem = 0,01 Sv. Die besondere Problematik dieser Berechnungen wird im Abschnitt „Rem—Krücke und Täuschung" (siehe unten) diskutiert. Für *Röntgen-, Beta- und Gammastrahlung,* die innerhalb eines bestimmten Energiebereichs (ca. 0,2 bis 1 Megaelektronenvolt) auf weiches Körpergewebe trifft, *entspricht 1 rem (0,01 Sv) ungefähr 1 Röntgen oder 1 rad.* Es ist daher bei vielen Expositionen unerheblich, welche Maßeinheit verwendet wird.
Die pro Zeiteinheit absobierte Energiedosis, Äquivalentdosis oder Ionendosis bezeichnet man als *Dosisleistung.* Die Einheiten rad und rem sollen aufgrund internationaler Abkommen abgeschafft werden. Dann wird man die physikalische Energiedosis und

die auf biologische Wirksamkeit bezogene Äquivalentdosis in Joule pro Kilogramm angeben: *1 Gray = 1 Sievert = 1 Joule pro Kilogramm*. Die effektive Äquivalentdosis wird berechnet, wenn man die Gesamtbelastung aus einer Teilkörperbestrahlung errechnen will: Man multipliziert dann die Dosis des betroffenen Organs in rem mit einem Gewichtsfaktor (Wichtungsfaktor) kleiner als 1. So ist die radioaktive Belastung des Organs mit der Ganzkörperbelastung vergleichbar. Für die *Lunge* ist dieser Faktor 0,12, für die *Keimdrüsen* 0,25, für die *Brustdrüse* 0,15, für das *rote Knochenmark* 0,12, für die *Schilddrüse* und die Knochenoberflächen 0,03, für die übrigen Organe 0,30 (J. KIEFER, Seite 385). Die effektive Äquivalentdosis ist also die auf die Ganzkörperbelastung umgelegte lokale Belastung von Organen oder Geweben.

Rem — Krücke und Täuschung

„Die Zahlenangaben, die mit ‚rad' (Oberflächendosis) und besonders mit ‚rem' (Körperdosis) verbunden werden, haben keine exakte Wissensgrundlage, sondern sind Schätzungen aus Einzelerfahrungen, die mit Hilfe unzulässiger Statistiken auf den nicht existierenden Standardmenschen und das Standardtier übertragen werden." Das ist eine der zentralen Aussagen in B. MANSTEINS Buch *„Strahlen"* (Seite 15). An anderer Stelle (Seite 47 ff.) begründet der Autor, warum er im Zusammenhang mit der Einheit rem die nach Angabe des Deutschen Atomforums ein „Maß für die Schädlichkeit einer Strahlung auf den Menschen" sein soll, von „Lüge" spricht. Die Berechnung der Äquivalentdosis als Produkt aus Energiedosis und Bewertungsfaktor (relative biologische Wirksamkeit) ist nach B. Manstein „heute überhaupt nicht mehr vertretbar".
Die Qualitätsbezeichnung „rem" beruhe, so B. Manstein, auf ganz groben Schätzungen und trage in keiner Weise den komplexen biologischen Vorgängen Rechnung, die Strahlenart, Strahlenenergie, chemische Bedingungen und Veränderungen umfassen. Der durch das moderne Zivilisationsmilieu entstandene *Einbruch ionisierender Strahlen in den Zellbereich* sei in dieser Massierung „etwas unerhört Neues". Die Elementarteilchen seien Urobjekte, über deren Verhalten im Augenblick der Untersuchung keine sichere Aussage gemacht werden könne. Komplizierte biochemische Systeme hätten einen Komplexitätsgrad erreicht, der die Erfassung von Einzelinformationen grundsätzlich unmöglich mache. Die *„Biologische Halbwertszeit"* könne beim Einzelwesen niemals exakt bestimmt werden, da das Abklingen der Radioaktivität und die Ausscheidungsrhythmen nur unvollkommen untersucht und bekannt seien.
Die ersten Daten für den *„Standardmenschen"* wurden 1949 festgesetzt und 1959 erstmals in die Empfehlungen der *Internationalen Kommission für Strahlenschutz* (ICRP) übernommen („Millirem-Konzept", Seite 62). Folgende Werte werden angegeben: Alter 20 bis 30 Jahre, Gesamtlebensdauer 70 Jahre = 25.500 Tage, Körpergewicht 70 Kilogramm, Körperoberfläche 1,8 m^2, Körpergröße 170 cm.
Für die Elemente, aus denen sich der Körper zusammensetzt, und für die Organe werden standardisiert Masse (Gewicht) und prozentueller Anteil am Körpergewicht angegeben, außerdem noch Luft und Wasserumsatz.
Da müssen selbst die Verfasser des „Millirem-Konzepts" (Rheinisch-Westfälische Elektrizitätswerke AG) zugeben: „Die Abschätzung der Strahlendosis durch eingeatmete oder mit der Nahrung aufgenommene radioaktive Stoffe setzt unter anderem die Kenntnis von Organgewichten und Stoffwechselvorgängen voraus. Diese Daten können auch bei erwachsenen Menschen unterschiedlich sein." Daß sie auf Embryos, Föten und Kinder überhaupt nicht anwendbar sind, ist ohne Schwierigkeit einsehbar.

B. MANSTEIN (Seite 79) erklärt mit Recht, daß die Physik für die Lösung dieser Probleme nicht zuständig ist. Lebendige Systeme seien niemals gleichmäßig, ein „künstlicher Mensch" (Roboter) sei als Grundlage nicht geeignet. Im Falle der Radioaktivität mit ihren biologischen, ökologischen und genetischen Auswirkungen fehle dem Begriff „rem" „die notwendige Wissensgrundlage". Die Atomwirtschaft, die mit diesem Begriff arbeite, verstricke die Menschheit in ein Großexperiment mit unbekanntem Ausgang. Ein solches Vorgehen sei aber für die „gesamte Organismenwelt einschließlich des Menschen unerlaubt und moralisch nicht vertretbar".
Dennoch werden auch in diesem Buch Daten im Rem-Maßstab genannt. Sie sollten nur als ein — möglicherweise falscher, jedenfalls aber unvollkommener — Anhaltspunkt dienen. Manche Wissenschafter bezweifeln, ob wir je zu sicheren Ergebnissen kommen werden.

DIE BIOLOGISCHE WIRKUNG IONISIERENDER STRAHLUNG

Radioaktivitätsstrahlen aller Art schlagen aus der Hülle von Atomen Elektronen heraus oder reichern sie mit Elektronen an. Dieser Vorgang wird *Ionisierung* genannt. Daneben werden Atome angeregt, wodurch ihre Eigenschwingung wächst. Durch Anregung und Ionisation werden Atomverbände (Moleküle) in ihrer Struktur und damit in ihrer Funktion verändert. Diese physikalischen Effekte haben daher auch massive Wirkungen im biochemischen Bereich. Sie sind zellschädigend und rufen bei Mensch und Tier unter anderem *Krebs, Mißbildungen und Erbschäden* hervor. Dabei sind Schäden durch akute von Schäden durch chronische Strahleneinwirkung zu unterscheiden.
Die biologische Wirkung ionisierender Strahlung hängt wesentlich von mehreren Faktoren ab: von der Art, Energie und Dauer der Strahlung, der Art der betroffenen Zellen und Gewebe, der Strahlenempfindlichkeit verschiedener Individuen und davon, ob Ganz- oder Teilkörperbestrahlung vorliegt.

Früh- und Spätschäden bei akuter Strahlenbelastung mit hohen Dosen

AKUTE STRAHLENKRANKHEIT

Kurzzeitige *Ganzkörperbestrahlung* mit harten Gammastrahlen kann beim Menschen ab etwa 200 Röntgen (entspricht etwa 200 rem oder 200 rad) zum Tod führen. H. LINDNER (Seite 209) gibt 5% Todesfälle an. Schon ab rund *100 Röntgen* kommt es zur *akuten Strahlenkrankheit.* Symptome: Müdigkeit, Übelkeit, Erbrechen, Mangel an Lymphozyten (kleinste weiße Blutkörperchen, die für die Immunabwehr von zentraler Bedeutung sind), Rötung und Schwellung der Haut, Blasenbildung, Fieber, Entzündung von Mund und Rachen, Nasenbluten.
Bei einer Strahlendosis von 200 Röntgen, meint L. RAUSCH (Seite 189), werden Todesfälle „nur ausnahmsweise" beobachtet. H. LINDNER (Seite 209) spricht von „ersten Todesfällen" bei 100 Röntgen. Die Literaturangaben über Strahlenempfindlichkeit schwanken beträchtlich. F. CAP (Seite 102) gibt eine *Änderung des Blutbildes und Hautrötung bei 20 bis 50 rem* an. Die *Untergrenze für eine nachweisbare Gewebeschädigung liege bei 20 rem Ganzkörperbestrahlung.*

Ziemlich einig sind sich die Autoren nur darüber, daß bei etwa *400 Röntgen* (L. Rausch: 425 rad) innerhalb von zwei bis vier Wochen die Hälfte der Betroffen stirbt und daß *600 Röntgen* den sicheren Tod bedeuten. In beiden Fällen ist vor allem das Versagen des Knochenmarks und damit des Blutbildungs- und des Immunsystems Ursache der Todesfälle. Außerdem kommt es zu einer weitgehenden Zerstörung der Stammzellen im Dünndarm, also jener den Dünndarm auskleidenden Zellen (Lieberkühnsche Krypten), die für Zellnachschub in Richtung der Darmzotten sorgen. Die Folge sind tödliche Darmkoliken.
Bei so hohen Strahlendosen habe eine Überlebenschance zunächst nur — so das „Deutsche Ärzteblatt" nach der Katastrophe von Tschernobyl —, wer sofort perfekte Intensivbehandlung in Spezialkliniken erhalte, mit „bilanzierter Flüssigkeits- und Kalorienzufuhr, maschineller Beatmung, Schmerztherapie und Knochenmarktransplantation". Die tödliche Krise setzt etwa 2 Wochen nach der Verstrahlung ein. Das ist der Grund, warum etwa eine Woche nach dem Super-Gau ein US-Experte für Knochenmarkverpflanzung in die Sowjetunion eingeflogen wurde. Der Erfolg der Therapie hängt auch davon ab, ob die Immunreaktion, die das Transplantat beim Empfänger hervorruft, unter Kontrolle gebracht werden kann. Nur 30% aller Knochenmarktransplantationen sind erfolgreich. Als Spender eignen sich am besten Verwandte. Nach der Operation hat der Patient nur in keimfreien „Lebensinseln" eine Überlebenschance. Illusionen über die Möglichkeiten der Medizin sind jedenfalls fehl am Platz. Bei einem Kongreß in Bologna kamen Experten kürzlich sogar zur Auffassung, die Unterdrückung des Immunsystems habe den Strahlenopfern in der UdSSR weitaus mehr geschadet als genützt. Gegenüber akuten Strahlenschäden ist die Medizin im Grunde völlig machtlos. Das gilt ebenso für die chronischen Spätschäden.
Zu den *Frühschäden* nach Ganzkörperbestrahlung mit hoher Dosis gehören neben Fieber, Geschwüren in Mund und Rachenbereich, blutigem Durchfall und Blutungen in und unter die Haut der Verlust der Kopfhaare nach einigen Tagen.

„VERSUCHSKANINCHEN" MENSCH

Die Folgen von Ganzkörperbestrahlungen dieser Größenordnung (ab 350 rem) sind bisher nur bei Strahlenunfällen, im Atomkrieg und im Tierversuch beobachtet worden. Bei der Aufzählung der Symptome und Daten wird in der wissenschaftlichen Literatur zwischen Tier und Mensch kaum ein Unterschied gemacht. Wie bei Tierversuchen üblich, wird auch beim Menschen von einer LD_{50} gesprochen, d. h. von einer *letalen Dosis,* bei der 50 Prozent der betroffenen „Population" sterben. Genauer muß es heißen $LD_{50\ (30)}$. Die Zahl in Klammer bedeutet 30 Tage, den „Beobachtungszeitraum". L. RAUSCH: „Man weiß nämlich, daß aus der akuten Todesgefahr erst heraus ist, wer vier Wochen überlebt hat."
Man kann der $LD_{50(30)}$-Tabelle von L. RAUSCH (Seite 64) auch entnehmen, daß „verschiedene Individuen einer Bevölkerung verschieden empfindlich auf Bestrahlung reagieren. Sonst würden nämlich alle nach der gleichen Dosis sterben..." Unterschiedliche Strahlenempfindlichkeit gegenüber Ganzkörperbestrahlung gebe es auch bei bestimmten Mäusestämmen. Die Weibchen seien resistenter als die Männchen (Seite 121). In der langen Chronik atomarer Unfälle wird über spektakuläre Wunder an Widerstandsfähigkeit gegenüber akuter Strahlenbelastung berichtet. WALENTIN FALIN, Vorstandsvorsitzender der sowjetischen Nachrichtenagentur „Nowosti" erklärte in einem SPIEGEL-Gespräch nach Tschernobyl: „Jeder Mensch hat eine unterschiedliche Empfindlichkeit gegenüber Radioaktivität. Ich sage jetzt ein bißchen mehr, als ich vermut-

lich darf: Der Präsident der Akademie der Wissenschaften, Anatolij Alexandrow, hat nach ärztlichen Einschätzungen zweimal in seinem Leben eine tödliche Menge Radioaktivität abbekommen, in einer Zeit, als man die reale Gefahr noch nicht erkannte. Sein Vorgänger im Institut für Kernenergie, Igor Kurtschatow, war in ähnlicher Situation und starb leider."
Als ein „Wunder" bezeichneten US-Strahlenmediziner, daß der heute 74jährige HAROLD MCCLUSKEY noch lebt. Er wurde am 30. August 1976 bei einer Explosion im Reaktor- und Plutoniumzentrum *Hanford* durch hochradioaktives *Americium-241* verstrahlt. Sein Körper nahm innerhalb kürzester Zeit die 500fache Strahlenmenge auf, die von einem Menschen im Verlauf seines ganzen Lebens ertragen werden kann (F. GRAUPE). Ärzte und medizinisches Personal konnten ihn nur mit Atemschutzmasken und Bleischürzen behandeln. Die radioaktiven Partikel, die Harold McCluskey in seinen Körper aufnahm, strahlen heute noch. Americium-241 hat eine physikalische Halbwertszeit von 432 Jahren. Dabei hatte McCluskey eine Zink-Verbindung (Zink-DTPA) injiziert bekommen, die ihn einen Teil des radioaktiven Materials in seinem Körper ausscheiden ließ...
Diese „Wunder" können nicht darüber hinwegtäuschen, daß das Überleben des Menschen auf dieser Erde durch Radioaktivität — auch ohne Atombomben — wesentlich mehr gefährdet ist als das vieler anderer Lebewesen. Bestimmte Bakterien halten z. B. das Hundertfache der für Menschen tödlichen Dosis aus. Aber auch Affen, Mäuse, Hühner, Ratten, Fische, Schildkröten, Krebse, Frösche und Molche sind weniger strahlenempfindlich als wir (P. WEISH, E. GRUBER, Seite 100).

Kritik an diesem Spiel mit Todeszahlen wird nur selten und recht zaghaft ausgesprochen. So schreibt z. B. L. RAUSCH: „An unseren Stellvertretern, die wir im Experiment oft recht leichtfertig dem von uns Menschen erdachten Wahnsinn in allen möglichen Varianten opfern — an zahlreichen Gattungen von Versuchstieren — hat man festgestellt, daß das Säugetier nach extrem hoher Strahlendosis schließlich innerhalb von Minuten an Krämpfen zugrunde geht."
Ratten und Mäuse wurden Dosen bis zu 15.000 Röntgen ausgesetzt. Bei akuter Bestrahlung mit derart hohen Dosen tritt nach sehr kurzer Zeit der Tod durch Versagen des Nervensystems ein. Grundsätzlich wird dieser „Wahnsinn", unsere Hybris im Hantieren und Experimentieren mit Atomenergie und Radioaktivität, von Technikern und Naturwissenschaftern, aber auch von Ärzten und manchen Biologen kaum diskutiert. Hat der Mensch sich selbst ebenso zum „Versuchskaninchen" gemacht wie das Tier? Gelten die Atombomben von *Hiroshima und Nagasaki* heute nur noch als abstrakte Maßeinheiten und ihre Opfer als statistisches Material?

Die japanische Ärztin ELKE TASHIRO und ihr Mann, der Journalist JANNES KAZUOMI TASHIRO, haben darauf eine nicht sehr ermutigende Antwort gegeben. Sie schildern, wie etwa ein Jahr nach dem Atombombenabwurf in Hiroshima von den Amerikanern ein medizinisches Zentrum der ABCC (Atomic Bomb Casuality Commission) eingerichtet wurde, daß man dort die überlebenden Opfer gründlich untersucht, Blut, Samenflüssigkeit und Knochenmark entnommen habe. Dann seien aber die Opfer genau so krank, genauso unwissend, wie sie gekommen waren, wieder nach Hause gebracht worden. Auf Fragen um Rat habe man immer die gleiche Antwort gegeben: Das Institut sei nicht dazu da, Therapie zu betreiben, sondern habe sich allein der Forschung zu widmen. Eine Betroffene sagte in diesem Zusammenhang über die Atombombe: „Ich glaube, sie warfen sie als ein Experiment. Sie wußten nicht, was dabei herauskommen würde — und halb zweifelnd, warf man sie als Experiment. Sie wählten Hiroshima als guten Platz für das Experiment in Japan.''*)

Das sollte man nicht vergessen, wenn man über Schäden kurzzeitiger Ganzkörperbestrahlung aus ,,naturwissenschaftlicher Distanz'' (L. RAUSCH) statistisches Material wälzt.

Wir haben an Menschen zu denken, die in den beiden betroffenen japanischen Städten nicht sofort tot waren, die den Anfang machten vom Sterben ohne Ende, den Anfang auch mit bald eintretendem Atomtod durch ,,Frühschäden''. ,,Sie schienen der Katastrophe entronnen zu sein — Menschen, die einen konventionellen Bombenangriff überlebt hätten. Doch innerhalb der nächsten Tage und Wochen erkrankten und starben die meisten. Sie litten unter Durst, Übelkeit und Erbrechen, lähmendem Schwächegefühl. Einige Tage später stellten sich, neben Fieber und Durchfall, durch die radioaktive Zerstörung ihrer blutbildenden Gewebe auch Zeichen für das Versagen ihres Blutgerinnungssystems ein: Bluthusten, Bluterbrechen, unstillbare Blutungen aus Nase und Mund, Blutungen aus Scheide und Darm, Blut im Urin. Durch Blutungen aus den Adern, die direkt unter der Haut liegen, entstanden rote und bläuliche Flecken am ganzen Körper. Fast alle, die in diesen Zustand gerieten, starben. Vom zwölften Tag an bemerkten Strahlenopfer, die bis dahin überlebt hatten, wie sich ihr Haar lockerte und ausfiel. Bei vielen begann die Strahlenkrankheit nach einigen Wochen ähnlich wie bei den früher Erkrankten. Auch diese Kranken bluteten innerlich und äußerlich, litten unter Fieber, Übelkeit und lähmender Schwäche, und sie wurden durch den Verlust ihrer Haare erschreckt, was zuerst für ein sicheres Zeichen des Todes gehalten wurde. Sie bekamen Entzündungen und Wunden in Mund und Rachen, und die Zahl ihrer weißen Blutkörperchen sank, weil das blutbildende Knochenmark geschädigt war. Das Fehlen der weißen Blutkörperchen verursachte einen Zusammenbruch ihrer natürlichen Abwehrkraft gegen Krankheitserreger. Bakterien und Viren, die beim Gesunden nur Ausschlag oder Schnupfen entstehen lassen, machten die Bestrahlten todkrank. Deshalb starben in diesem Stadium, neben denen, die innerlich und nach außen verbluteten, viele Radioaktivitätsopfer durch Ansteckung.'' (E. u. J. K. TASHIRO)

Schwere Bedenken gegen die Ergebnisse der ABCC-Untersuchungen wurden auch von wissenschaftlicher Seite geltend gemacht: So schreiben z. B. E. GRUBER und P. WEISH (Seite 112), die Verwendbarkeit der ABCC-Studien leide unter dem Umstand, ,,daß die Kontrollgruppen nicht unbestrahlt geblieben sind, sondern zum Teil erheblichen Fallout-Aktivitäten ausgesetzt waren (ARAKAWA, 1960).''

Die Leiden der Strahlenopfer lassen sich nicht in nüchtern-wissenschaftliche Form pressen. MINEO YAMATO berichtet über seinen Bruder, der sich im Zentrum Hiroshimas befand, als die Atombombe explodierte, der sich im einstürzenden Haus unter einen Tisch retten konnte und zunächst als gesund galt: ,,Nach zwei oder drei Tagen schwebte er in Lebensgefahr. Die Hälfte seiner Haare war ausgefallen. Der Arzt gab ihn auf, aber sein Bewußtsein war noch ganz klar. ,Mutter, hilf! Ich will nicht sterben!' weinte er und klammerte sich an ihre Hand. ,Ach weh mir!' Er trank viel Wasser. In der Stunde vor seinem Tod wand er sich hin und her, drehte vor Schmerzen den Kopf von einer auf die andere Seite. Ich konnte es kaum ertragen, bei ihm zu bleiben. Ich sah ihn so etwas herauswürgen wie die Innereien von einem großen Fisch oder Blutklumpen..., es war so qualvoll. Dann starb er. Da hatte er kein Haar mehr auf dem Kopf. Es war am 25. August, morgens um zwei Uhr... Er war 14 Jahre alt.''

Bei den Atombombenexplosionen in Hiroshima und Nagasaki entstand für einige Se-

*) Der aufgefangene Funkverkehr in der letzten Phase des Krieges ließ den Wunsch höherer japanischer Regierungsbeamter erkennen, den Krieg durch Vermittlung der Russen zu beenden (P. PRINGLE, J. SPIGELMAN, Seite 35).

kunden eine mörderische Anfangsstrahlung — die alles durchdringende Gamma- und Neutronenstrahlung (nach KIEFER, Seite 347, war der Anteil der Neutronenstrahlung in Hiroshima mehr als 10mal größer als in Nagasaki), die sich im Umkreis von über zwei Kilometern verheerend auswirkte und selbst dicke Betonmauern durchdrang. Hinzu kam noch die sofort nach den Atomexplosionen einsetzende Verseuchung der Luft, des Wassers, des Bodens und der Trümmer durch radioaktives Uran und Plutonium (auf Nagasaki fiel eine Plutoniumbombe) sowie ihre Spalt- und Zerfallsprodukte.
Jeder, der das Zentralgebiet innerhalb der nächsten Tage betrat, um zu helfen oder um Angehörige zu suchen, wurde selbst zum Opfer der Radioaktivität. Auch der durch Asche schwarze Regen, der eine halbe Stunde nach der Explosion einsetzte und etwa 90 Minuten anhielt, gab tödliche Strahlungsdosen ab. Wenn man von Spätfolgen spricht, muß man diesen infernalischen Hintergrund kennen.

STERBEN OHNE ENDE: KREBS, MISSBILDUNGEN, ERBSCHÄDEN

Die Atombombenopfer, die von der radioaktiven Strahlung getroffen wurden, aber zunächst überlebten, werden in Japan *Hibakusha* (gesprochen hi-back-scha) genannt. Hi heißt Leiden, baku Bombe und sha Mensch.
Jene Hibakusha, berichten ELKE und JANNES KAZUOMI TASHIRO, die bis Anfang 1946 nicht an den Folgen ihrer Verletzungen oder an den Frühschäden akuter Strahlenbelastung gestorben waren, schienen sich danach zu erholen. Doch das Leiden und Sterben ging weiter. Zuerst fiel auf, daß Wunden und Verbrennungen nicht normal vernarbten. Es bildeten sich Keloide, schmerzhafte, entstellende Narbenverwucherungen. Manche heilten nie ganz, aus einigen entstand viele Jahre später Hautkrebs. Versuchte man zu operieren, entstand auf der Operationswunde ein neues Keloid.
Zu den Spätfolgen akuter Ganzkörperbestrahlung gehört auch die langsam fortschreitende Erblindung durch Trübung der Augenlinse. Je näher sich die Betroffenen am Explosionszentrum befunden hatten, je direkter sie in den grellen Atomblitz geschaut hatten, desto schneller erblindeten sie.
Wenn das Knochenmark nicht total geschädigt war, kam es zur Abnahme aller Blutkörperchen, der roten und der weißen. Die typische Blutarmut nahm bei vielen Opfern auch nach Jahren noch weiter zu. Und es trat in zunehmendem Maß *Leukämie* auf. Bei der Leukämie vermehrt sich die Zahl der weißen Blutkörperchen unbegrenzt, weshalb sie auch als Blutkrebs bezeichnet wird. ,,Die Leukämiehäufigkeit stieg in Hiroshima und Nagasaki bis 1955 steil an. Die Häufigkeit wuchs mit zunehmender Bestrahlungsdosis und lag für die mit 30 rad oder mehr Bestrahlten in Hiroshima 1955 dreißigfach über dem Durchschnitt in Japan... Danach nahm die Zahl der Leukämietoten unter den Opfern ab, aber 1973 war sie immer noch fünfmal so hoch wie normal, und auch heute noch liegt sie deutlich über dem Durchschnitt." (E. und J. K. TASHIRO, Seite 47)
Die Tashiros berichten weiter, daß etwa 15 Jahre später, ab 1960, bei den überlebenden von Hiroshima und Nagasaki auch *Schilddrüsenkrebs, Brustkrebs, Lungenkrebs, Speicheldrüsenkrebs, Leberkrebs und Magenkrebs* weit häufiger als bei der Normalbevölkerung auftraten: Über unterschiedliche Manifestationszeit von Leukämie und den anderen Krebsformen wird in der wissenschaftlichen Literatur übereinstimmend berichtet, wie etwa in der kürzlich erschienenen Studie ,,Cancer in Hiroshima: 35 years after the bomb" von D. G. MILLER, Institut für Vorsorgemedizin der Strang Clinic in New York. J. KIEFER (Seite 348) schreibt zusammenfassend: ,,Leukämie ist die häufigste strahleninduzierte Krebsart. Sie fällt auch dadurch aus dem üblichen Rahmen, daß ihre

Latenzzeit nur zirka 10—15 Jahre beträgt, während sonst zirka 25 Jahre anzusetzen sind." Wobei mit „Latenzzeit" die Manifestationszeit gemeint ist. Die Bandbreite liegt nach J. Kiefer zwischen 20 Jahren (Schilddrüsenkrebs) und 40 Jahren (Hautkrebs). Zur Manifestationszeit der Leukämie gibt es allerdings verschiedene Ansichten. In der „Systemanalyse des Gesundheitswesens in Österreich" (Bd. 1, Seite 361) findet sich z. B. folgende Passage: „Die Untersuchungen der Atomic Bomb Casuality Commission (ABCC) ergaben, daß vier bis fünf Jahre nach den Atombombenabwürfen ein starker Anstieg von Leukämie in der überlebenden strahlenbelasteten japanischen Bevölkerung auftrat. Die Zunahme hat mindestens 20 Jahre angehalten, bevor sie abzuklingen scheint."

Wie kommt es zu dieser unterschiedlichen Darstellung der Leukämie-Manifestationszeit, mit einer Differenz von mehreren Jahren? Dazu ist zunächst festzustellen, daß in der Literatur zu diesem Thema erstaunlich wenig gesicherte Aussagen zu finden sind. Übereinstimmung scheint lediglich darin zu bestehen, daß jede Bestrahlung zu einer Verkürzung der Manifestationszeit führt und dabei höhere Ionisationsdichte (Alpha- und Neutronenstrahlung) wirkungsvoller ist als dünne Ionisationsdichte (Beta-, Gamma- und Röntgenstrahlung). Da es in Japan zum Teil zu Strahlung mit hoher Ionisationsdichte kam, könnte man die kurze Manifestationszeit damit in Zusammenhang bringen.

Viele Kinder, die im Mutterleib der Strahlung ausgesetzt waren, wurden tot, mißgebildet, *geistig oder körperlich behindert* geboren. Über die Hälfte aller Schwangeren, berichten die TASHIROS, die in Nagasaki bis zu 2,9 Kilometer vom Explosionsnullpunkt entfernt waren, hatten *Fehl- oder Totgeburten.* (Totgeburten kamen bei Hibakushaeltern aus Hiroshima noch jahrelang häufiger vor als bei der übrigen Bevölkerung.) Nach J. LANGMANN (Seite 101) hatte ein Viertel der überlebenden Kinder *Mißbildungen* des Zentralnervensystems wie *Mikrozephalie* und Schwachsinn. Von denen, die überlebten, starben viele noch im Kindesalter an Leukämie oder anderen Krankheiten, besonders an Krebs. Wenn die Mütter in der 18. Schwangerschaftswoche der Strahlung ausgesetzt waren, brachten sie geistig behinderte Kinder mit einem zu kleinen Kopf, mit einer Unterentwicklung des Gehirns und der Nerven auf die Welt: Mikrozephaliekinder. Heute leben noch etwa 50 von ihnen.

Zunächst wurde den betroffenen Eltern von den ABCC-Leuten gesagt, daß die Behinderung ihrer Kinder eine Folge von Unterernährung im Mutterleib und im Säuglingsalter sei. Erst acht japanische Schriftsteller und Journalisten (bis auf einen selbst Hibakusha) kamen durch umfangreiche Forschungen bzw. Nachforschungen seit dem Jahr 1965 der Wahrheit auf die Spur.

Die erschütternden und tragischen Berichte betroffener Eltern, die erst um die Anerkennung ihrer Kinder als Hibakusha und damit um Unterstützung kämpfen mußten, machen jede statistische Dokumentation zu billigem Getue. KUNIZO HATANKA, ein einfacher Friseur, der, völlig verarmt, die Amerikaner um Unterstützung für seine Tochter Yuriko bittet, schreibt in seinem Brief: „Mikrozephalie ist eine Art geistiges Zurückbleiben, aber normalerweise kann ein geistig zurückgebliebenes Kind auf sich achten, und manchmal sogar zur Schule gehen. Yuriko, die der Atombombe im dritten Schwangerschaftsmonat ausgesetzt war, kann nicht auf sich achten, und sie hat auch nicht die Intelligenz, um eine Schule zu besuchen... Wenn auch Japan und Amerika sich im zweiten Weltkrieg bekämpften — die einfachen Leute in beiden Ländern waren nicht schuld daran, noch weniger ein Kind im Bauch der Mutter." Und der Journalist MINORU OMUTA über Yuriko: „Mit ihrem kleinen Kopf, schielend und hinkend, erinnerte sie mich an einen kleinen Affen. Sie konnte einfache Aufforderungen verstehen,

aber außer ‚Mama‘ und ‚Papa‘ fast nichts sagen — nur ihre Eltern verstanden die eigenartigen Laute, die sie von sich gab..., sie mußten sie ständig beaufsichtigen." (Zitiert nach E. u. J. K. TASHIRO)
Als sich die Eltern von elf Mikrozephaliekindern 1965 zum erstenmal trafen, stellte sich heraus, daß die Kinder zusätzlich noch verschiedene Mißbildungen hatten: fehlende Zehen oder Finger, Schielen, Augenzittern und Mongolismus.
Daß ionisierende Strahlen *Mißbildungen* bewirken, ist seit langem auch aus *medizinischer Erfahrung* bekannt. Nach der Behandlung schwangerer Frauen mit hohen Dosen von *Röntgenstrahlen oder Radium* wurden bei der Nachkommenschaft Schädelmißbildungen, Mikrozephalie („Vogelkopf"), Blindheit, Gaumenspalten, Mißbildungen an Beinen und Armen sowie Spina bifida (Spaltbildung an der Wirbelsäule) beobachtet (J. LANGMANN, Seite 100). Dabei hängt die Art der Mißbildung von der Strahlendosis und vom embryonalen Entwicklungsstadium ab, in dem es zur Bestrahlung kam.

ZEITBOMBE ERBSCHÄDEN

Nach ELKE und JANNES TASHIRO haben Untersuchungen der Universität Nagasaki und frühe Studien der ABCC (im Gegensatz zu späteren) ergeben, daß die akute radioaktive Strahlenbelastung mit hohen Dosen nach den Atombombenexplosionen in Hiroshima und Nagasaki auch zu *Schädigungen der Erbanlagen* in den Keimdrüsen führte. Eine von 1949 bis 1953 durchgeführte Untersuchungsreihe kam zu dem Ergebnis, daß die Mißbildungsrate bei Hibakushakindern um 70 Prozent über der Mißbildungsrate in der Normalbevölkerung lag. Die meisten Menschen der zweiten Hibakushageneration, schreiben die Tashiros, sehen auf den ersten Blick gesund aus. Man soll sich aber nicht täuschen: Erhalte das Kind eine bestimmte schädigende Anlage nur von einem Elternteil, so werde diese sich bei ihm nicht zeigen, aber es habe diese Anlage und übertrage sie wieder auf Enkel, Urenkel und so weiter. Erst wenn sie mit ebenso Geschädigten Kinder hätten, würden bei diesen Fehlbildungen auftreten *(rezessive Erbschäden)*. Durch viele Untersuchungen sei bestätigt worden, daß *Chromosomenveränderungen* bei Atombombenopfern bedeutend häufiger vorkommen als bei weniger Strahlen ausgesetzten Kontrollgruppen. Bei Hibakusha, die zur Zeit des Atombombenabwurfs bis zu 30 Jahre alt waren, 34 mal so häufig. (Chromosomen sind die Träger des Erbgutes. Alle Zellen des Menschen enthalten 46 Chromosomenpaare.)
KIYOSHI SHIMINI von der Universität Hiroshima veröffentlichte 1971 mehrere Untersuchungsreihen, aus denen hervorging, daß unter den Atombombenopfern der zweiten Generation jeder fünfte der Untersuchten krank war. Und 1976 hat eine japanische Wissenschaftergruppe dem UNO-Generalsekretariat eine korrigierte Studie vorgelegt, aus der hervorgeht, daß bei Kindern von Überlebenden in Hiroshima und Nagasaki der Gesundheitszustand schlechter als üblich ist (B. MANSTEIN, Seite 358).
Unverantwortlicherweise wird von Atomlobbyisten, die die Ungefährlichkeit von Kernkraftwerken herbeireden wollen, auch das genetische Risiko der Radioaktivität verniedlicht — auch auf Kosten der japanischen Atombombenopfer. So findet z. B. H. VETTER (Seite 95), die genetischen Schäden würden in der Regel repariert oder es werde „das geschädigte Gen aus der Vererbungskette eliminiert" — wofür er keine Beweise anbietet. Außerdem sei das Auftreten rezessiver Schäden „ein Zufall, dessen Eintreten außerordentlich unwahrscheinlich ist". Und schließlich wären solche Defekte — den Beweis bleibt H. Vetter wieder schuldig — wenn sie dennoch auftreten sollten, in den meisten Fällen von „Zeugungsunfähigkeit begleitet". Schlußfolgerung laut H. Vetter: „Es ist daher durchaus begreiflich, daß unter den 54.000 Kindern der Überle-

benden in Hiroshima und Nagasaki, die auf das Vorliegen genetischer Defekte untersucht wurden, kein ‚Überschuß' an solchen Defekten — also nicht mehr als die 10%, die auch ohne Bestrahlung der Eltern aufgetreten wären — beobachtet werden konnte."

Abgesehen davon, daß 10% eine reine „Hausnummer" sind — was sagen alle Statistiken über den namenlosen Schmerz, die Diskriminierung, die Angst, keinen Arbeitsplatz zu finden oder nicht geheiratet zu werden, unter den Nachkommen der Hibakusha? Was sagen sie über das Elend jener Hibakushafamilien, in denen Kinder an Leukämie starben? Untergegangen im „statistischen Hintergrund"?

Und wer übernimmt die Verantwortung für die Zeitbomben im Erbmaterial, die wir den kommenden Generationen in Form von rezessiven Erbschäden hinterlassen?

Bei den Früh- und Spätschäden durch akute Strahlenbelastung mit hohen Dosen wird bereits in Umrissen deutlich, daß in erster Linie alles Lebendige betroffen ist, das sich in Entwicklung befindet.

Am strahlenempfindlichsten ist rasch wachsendes Gewebe (Embryos und Föten), Gewebe mit hoher Zellteilungsaktivität (Knochenmark, Leber, Haut, Keimdrüsen). Junge Individuen (Mensch und Tier) sind sensibler als Erwachsene, Säugetiere empfindlicher als Kaltblütler. Ob akute Strahlenkrankheit, Krebs oder Erbschäden — immer ist es die Zelle beziehungweise das genetische Material in der Zelle, wovon alles seinen Ausgang nimmt, wo Strahlenschäden zunächst wirksam werden.

Bei der akuten Strahlenkrankheit wird die ganze Zelle abgetötet. Beim Krebs handelt es sich um „Veränderungen am Informationsspeicher" der Zelle (L. RAUSCH), d. h. eine Störung der Steuerung, die den normalen Zellen sagt, wann sie ihre Teilungen einzustellen haben. Bei Erbschäden handelt es sich ebenfalls um Fehler oder Schäden im genetischen Material der Zelle.

Zellschäden

Jede Zelle unseres Körpers ist ein kleiner Kosmos. Sie enthält etwa 80% Wasser und zirka 100.000 Riesenmoleküle, in ihr ist Platz für 64 Trillionen Traubenzuckermoleküle. In der Sekunde laufen an die 10.000 chemische Reaktionen ab. Die meisten Zellen bestehen aus der Zellmembran, dem Cytoplasma (einem gallertartigen, wässrigen Medium) und dem Zellkern. Dieser Kern ist die Steuerzentrale aller Vorgänge in der Zelle. Ein Mensch mit 75 Kilo Körpergewicht besteht aus rund *60 Billionen Zellen*. Trifft ionisierende Strahlung auf eine Zelle, so kann nur der absorbierte Anteil biologisch wirksam werden. Bei der Röntgendiagnostik werden z. B. 90 bis 99% der eingestrahlten Energie wirksam, bei beruflich harter Gammastrahlung Ausgesetzten 50 bis 80%.

Ionisierende Strahlung verursacht an Zellen somatische und genetische Schäden. Bei der somatischen, also die gesamte Zelle treffenden Wirkung, entstehen durch das Aufbrechen chemischer Verbindungen beziehungsweise durch Ionisierung und Anregung in der Elektronenhülle der Atome giftige Stoffe, z. B. *Peroxyde* und *freie Radikale* (stark rekationsfreudige Molekülteile) im Wasser, das ja den Hauptbestandteil der Zelle bildet. Sie sind zellschädigend. Junge Zellen sind etwa 5000mal empfindlicher als alte. Damit argumentiert man auch in der Strahlenmedizin: Bei der Bekämpfung von Karzinomen mit radioaktiver Bestrahlung — heißt es — werden die jungen Krebszellen empfindlicher getroffen als die übrigen Körperzellen. Ein Glaubenssatz, der nicht unkritisch hingenommen werden sollte. Unter anderen hat ihm JÜRGEN KIEFER vom Strahlenzentrum der Justus-Liebig-Universität in Gießen widersprochen (siehe Seite 121 f.).

Es steht fest, daß die durch Strahlung ausgelösten Prozesse im Gewebe erst zum Teil erforscht sind. Aber man kann davon ausgehen, daß die radiochemischen Reaktionen Störungen im Stoffwechselprozeß der Zelle und bei der Steuerung der Zellfunktionen verursachen.
Die somatischen Strahlenschäden entstehen — ebenso wie die genetischen — immer im molekularbiologischen Bereich, d. h. in den Biomolekülen. Zu diesen Biomolekülen gehören alle jene organischen Stoffe, die am Aufbau und am Stoffwechsel der Organismen beteiligt sind. Ihre Veränderung durch radioaktive Strahlung führt ebenfalls zur Schädigung der Zelle, zum Beispiel zur Zerstörung von Enzymen — das sind hochmolekulare Eiweißstoffe, die den Stoffwechsel der Zelle steuern.

DER PETKAU-EFFEKT

Die *Zellmembranen* werden nicht nur durch hohe Strahlungsdosen geschädigt, wie in der Literatur meist behauptet wird. Der kanadische Wissenschafter A. PETKAU hat durch Forschungsarbeiten im Atomenergielaboratorium im Manitoba schon 1972 beim Bestrahlen von künstlichen Zellmembranen (Phospholipidmembranen) festgestellt, daß diese bei Langzeitbestrahlung mit niedrigen Dosen viel leichter brechen als bei Kurzzeitbestrahlung mit hohen Dosen.
RALPH GRAEUB hat in seinem aufschlußreichen Buch „Der Petkau-Effekt und unsere strahlende Zukunft" diese bis heute verschwiegenen oder nicht beachteten Arbeiten in die Auseinandersetzung eingebracht: „Bei kurzzeitiger Bestrahlung mit 26 rad pro Minute (d. h. mit einer großen Dosisleistung) aus einer großen Röntgenapparatur war die hohe totale Dosis von 3500 rad nötig, um die Zellmembranen zu zerstören. Bei gedehnter Bestrahlung mit nur 0,001 rad pro Minute (d. h. mit einer kleinen Dosisleistung) mittels eines im Wasser gelösten radioaktiven Salzes (Na-22Cl) war jedoch nur die totale Dosis von 0,7 rad zur Zerstörung nötig. Bei gedehnter Bestrahlung war also eine 5000mal kleinere totale Dosis zur Zerstörung notwendig... Damit war gezeigt, daß kleine chronische Strahlendosen in ihrer spezifischen Wirkung viel gefährlicher sein können als kurzzeitige hohe Dosen."
Die Wirkung hat man sich nach A. PETKAU so vorzustellen: Durch die Strahlung bildet sich im Zellsaft eine hochgiftige unstabile Form von Sauerstoff, das *freie Radikal* O_2^-. Zellmembranen erzeugen in der Zellflüssigkeit ein elektrisches Feld, das die negativ geladenen freien Sauerstoffradikale anzieht. Sie lösen dort Kettenreaktionen aus, die die Moleküle in den Membranen oxidieren. Schwächung oder Zerstörung der Zellmembranen sind die Folge. Da die freien Radikale auch mit sich selbst reagieren können (Rekombination zu gewöhnlichem Sauerstoff 0_2) und dadurch ihre Aggressivität verlieren, ergibt sich paradoxerweise, daß bei langzeitig wirksamen kleinen Strahlungsdosen, die weniger Radikale entstehen lassen, starke Schäden an den Membranen entstehen (R. GRAEUB, Seite 110 ff.).
Der *Petkau-Effekt* sei in den letzten Jahren durch zahlreiche wissenschaftliche Arbeiten auch in lebenden Systemen — Mikroorganismen, Tieren und Menschen — bestätigt worden, und zwar schon bei Dosen von etwa 10 bis 100 mrad, d. h. im Bereich der natürlichen Strahlung, des Fallouts und des Normalbetriebs von Atomanlagen.

Allgemeiner Stand des Wissens ist, daß eine Beteiligung der Zellmembranschäden bei der Krebsentstehung, bei der Herabsetzung der Immunabwehr und vorzeitigen Alterungsvorgängen nicht ausgeschlossen werden kann (R. GRAEUB, Seite 122). Konsequenz nach R. GRAEUB: Die natürliche Strahlenbelastung darf keinesfalls erhöht werden.

ANGRIFF AUF DIE STEUERZENTRALE ZELLKERN

Die *genetischen Strahlenschäden* setzen beim Informationsspeicher der Zelle, bei der Desoxyribonukleinsäure (DNS) in den Chromosomen des Zellkerns an. Die wendeltreppenförmigen Doppelstränge der DNS enthalten in verschlüsselter Form die Erbinformation für den Aufbau neuer Zellen durch Zellteilung. Die DNS der 46 Chromosomen einer menschlichen Zelle enthält etwa 5 Milliarden Nukleotidpaare (P. WEISH, E. GRUBER, Seite 102). Die Nukleotide bestehen aus nur vier Basen — Adenin, Thymin, Cytosin und Guanin —, die durch Wasserstoffbrücken zusammengehalten werden. In der gesunden Zelle werden Adenin und Thymin durch 2 Wasserstoffbindungen, Cytosin und Guanin durch 3 Wasserstoffbindungen zusammengehalten. Die spezifische Aufreihung dieser Paare bestimmt den genetischen Code, nach dem Zellfunktionen und Zellteilung gesteuert werden.

900 bis 1500 *Nukleotide* des DNS-Stranges bilden eine funktionelle Einheit, ein Gen. Ein Gen steuert jeweils die Biosynthese bestimmter Eiweißverbindungen in der Zelle, der Grundbausteine des Organismus. Durch ionisierende Strahlung wird der Informationsgehalt dieser Steuerungseinheiten verändert, verringert oder vernichtet. Die Biomoleküle werden chemisch verändert und inaktiviert. Im Fall des genetischen Strahlenschadens reicht dazu bereits ein einziges Strahlenquant, ein einziger „Treffer" in der Doppelwendeltreppe der DNS. Diese Veränderungen in der Struktur der DNS — vor allem Einzel- und Doppelstrangbrüche sowie Basenschäden — werden bei der Zellteilung weitergegeben. Sie sind erblich und werden als *Mutationen* bezeichnet. Mutationen sind bleibende Veränderungen im Informationsspeicher. Solche Schäden sind schon bei der ultravioletten Strahlung möglich. Während UV-Strahlung aber nur mit bestimmten chemischen Gruppen reagiert, greift ionisierende Strahlung die Biomoleküle wahllos an.

Die Veränderungen am DNS-Informationsspeicher der Zelle sind auch die Ursache für Krebserkrankungen und Erbschäden. Unter den Genen der DNS befinden sich auch sogenannte Protoonkogene, Brudergene der für die Krebsentstehung verantwortlichen Onkogene, die die Zelle zu unkontrollierter Teilung veranlassen. Wird nun in einem Protoonkogen durch *„Punktmutation"* das normal mit dem Cytosin verbundene Guanin durch ein — in der gesunden Zelle mit dem Adenin verbundene — Thymin ersetzt, dann wird das Protoonkogen zum Onkogen, also zum Krebsgen. Normalerweise wird dieser Schaden zwar repariert, in einigen Fällen entsteht aber Krebs. Ursache der Punktmutationen ist nicht nur radioaktive Strahlung. Andere mutagene und daher ebenfalls für Krebs, Mißbildungen und Erbschäden verantwortliche Faktoren sind Gifte in Chemikalien aller Art, aber auch in Pflanzenspritzmitteln, Lebens- und Genußmitteln, Medikamenten, Abgasen und im Tabakrauch.

Die Mutationen durch Umweltgifte müssen zu den *spontan* auftretenden Mutationen und beide zu den durch ionisierende Strahlung bewirkten Mutationen addiert werden.

Aber was heißt spontan? In der Literatur gibt es keine klare Antwort auf diese Frage. Wenn L. RAUSCH meint, spontan steht für „mehr oder weniger vollkommene Unkenntnis der Ursachen" (Seite 196), macht er es sich zu leicht. Seine Definition der „Spontanmutationsrate" als die „aus anderen Ursachen als der Strahlenwirkung auftretende Zahl der Mutationen" (Seite 81) ist irreführend, weil die Mutagenität der natürlichen Radioaktivität nicht berücksichtigt ist (siehe Seite 91). H. LINDNER versteht unter spontan „auf natürliche Weise von selbst auftretend" (Seite 209). Diese Definition ist akzeptabel, weil Mutationen durch natürliche Radioaktivität mit eingeschlossen sind. Fraglich bleibt aber, was „natürlich" ist. Natürlichkeit 1950 sieht anders aus als Natürlichkeit 1990. Wir wissen zwar, daß ionisierende Strahlung und chemische Karzinogene vor allem in Industrie-Ballungsräumen „potenzierende Wirkung" (P. WEISH, E. GRUBER, Seite 115) haben, aber — wie schon der Entdecker der mutagenen Wirkung ionisierender Strahlung, Nobelpreisträger H. J. MULLER, 1927 erkannte — spontane und induzierte Mutationen sind nicht zu unterscheiden. Es gibt keine ausschließlich für Radioaktivitätsstrahlung typischen Krebs- und Erbkrankheiten. Wir können bei diesen Krankheiten nur aufgrund von vergleichenden statistischen Studien sagen, ob die *Häufigkeit* bzw. die Wahrscheinlichkeit des Eintretens bereits bekannter Krebsformen bei einer bestimmten zusätzlich belasteten Gruppe größer ist als bei einer nicht zusätzlich belasteten Vergleichsgruppe. Man kann nur einen „Indizienbeweis" führen, ob etwa eine Krebserkrankung auf Strahlenwirkung, krebsauslösende Stoffe der Umwelt, Alter (75% aller Krebserkrankungen treten nach dem 60. Lebensjahr auf) oder familiäre Disposition zurückzuführen ist.

Die strahlenbedingten Veränderungen am Informationsspeicher in der DNS der Zelle nennt man *„stochastisch"*, das heißt zufallsbedingt bzw. zufallsabhängig. Sie sind nur statistisch berechenbar und nicht direkt nachweisbar. Bei den zelldynamischen Strahlenschäden hingegen, die die ganze Zelle treffen, nimmt mit zunehmender Dosis das Ausmaß und die Schwere des Folgezustandes zu. Es wird daher von *„nichtstochastischen"* Strahlenwirkungen gesprochen. Die Schäden sind — ab einer bestimmten Dosisschwelle — *direkt nachweisbar*, was nicht heißt, daß sie unterhalb dieser Schwelle nicht existieren. Verliert die Zelle ihre Fähigkeit, sich zu teilen, können keine Mutationen vererbt und daher weder Krebs noch Erbschäden hervorgerufen werden. Solche Zellen kann der Körper eliminieren. Pro Tag werden auch normalerweise mehrere Milliarden alte und verbrauchte Zellen durch neue ersetzt. Nur wenn der Schaden zu groß ist, um repariert werden zu können, aber zu klein, um zum Zelltod zu führen, bleibt er bestehen. Bei akuten Strahlenschäden treten sowohl nichtstochastische als auch stochastische Veränderungen auf.

Mikroorganismen (z. B. Bakterien) und höhere Organismen — also auch der Mensch — besitzen die Fähigkeit, *Strahlenschäden* in ihren DNS-Strängen zu *reparieren*. Es gibt dafür mehrere Systeme. Bei einem wird der defekte Abschnitt eines DNS-Stranges herausgeschnitten *(excision repair)* und neu aufgebaut. Dazu muß nach der gängigen Literatur der zweite DNS-Strang unbeschädigt sein. Sogenannte *Doppelstrangbrüche* werden als nicht reparierbar angegeben. Bei J. KIEFER (Seite 241) findet sich allerdings die gegenteilige Aussage: „In den letzten Jahren gelang es, auch Doppelstrangbruchreparatur nachzuweisen."

Da der Regenerationsvorgang Zeit benötigt, ist es von entscheidender Bedeutung, in welcher Zeit eine bestimmte Strahlendosis aufgenommen wird, und ob schon während der Reparatur ein weiterer Treffer erfolgt.

Denn je öfter das geschieht, desto weniger können die Schäden repariert werden.

Im somatischen Bereich können sich „subletal geschädigte" Zellen ganz oder teilweise

erholen, auch wenn die Teilungsfähigkeit erloschen ist. Die Funktionsfähigkeit lebenswichtiger Organe kann so erhalten bleiben.
Nach neuen Forschungen am Max-Planck-Institut für Strahlenchemie in Mühlheim an der Ruhr — dort wird mit isolierter, industriell hergestellter DNS gearbeitet — geht es beim „Radikal-Angriff" (DER SPIEGEL 22/1986) ionisierender Strahlung auf das Erbgut der Zelle vor allem um *Enzyme.* Schon winzige Fehler im genetischen Code können zur Produktion von „falschen Enzymen" führen, von fehlkonstruierten Eiweißkörpern, die den Stoffwechsel durcheinanderbringen. Da der DNS-Code-Fehler bei der Zellkernteilung (Mitose) mitvererbt wird, wächst auch die Zahl der Falschenzyme ständig, bis eine kritische Grenze erreicht wird. Je rascher sich ein Zelltyp teile, desto schneller breite sich der Gen-Defekt im Organismus aus — vielleicht der Grund dafür, daß Leukämie schneller entstehe als andere Krebsformen.
Die *Reparatur-Enzyme,* die solche Defekte wieder ausbessern können, sind nach Ansicht der Mühlheimer Forscher im Lauf der *Evolution* entstanden, als Antwort auf die allgegenwärtige natürliche radioaktive Strahlung. Im Kampf gegen künstlich erzeugte Radioaktivität, speziell gegen in den Organismus aufgenommene radioaktive Partikel, sehen sie aber die Reparaturhelfer als oft überfordert an. Vor allem die Alpha-Strahler produzieren im Gewebe auf engstem Raum *Radikale* — also hoch reaktionsfähige, aggressive Bruchstücke von Atomen oder Molekülen, auf die das körpereigene Reparatursystem nicht ausgelegt ist.

WENN DIE ZEITBOMBE TICKT

Die biochemischen Veränderungen nach akuter Ganzkörperbestrahlung mit hohen Dosen weisen große Unterschiede in der Manifestationszeit (L. RAUSCH) der Strahlenschäden auf. Sie können von einigen Stunden bis zu einigen Jahrzehnten reichen: von der akuten Strahlenkrankheit über die Leukämie, die meist nach etwa 5 Jahren manifest wird, bis zu den anderen Krebsformen, die erst nach 10 bis 20 Jahren auftreten. Das liegt, wie schon erwähnt, am Zelltyp, in dem der Fehler im genetischen Material „codiert" ist. Ob der Krebs früher oder später manifest wird, hängt unter anderem mit der Teilungsfähigkeit der Zellen zusammen.
Für vielzellige Organismen ist die Arbeitsteilung spezialisierter Körperzellen charakteristisch, die die verschiedenen Organe aufbauen. Sie sind daher gegenüber den Einzellern wesentlich strahlenempfindlicher. Dabei ist entscheidend, daß die Strahlenempfindlichkeit von Organen mit der *Teilungsaktivität* ihrer Zellen zunimmt. Denn eine Zelle im Teilungsstadium muß durch äußerst komplizierte Vorgänge ihr genetisches Material und ihren ganzen übrigen Apparat verdoppeln. Da müssen Milliarden „Schlüssel" richtig ins „Schloß" passen. Die Phase der Zellkernteilung (Mitose) selbst ist gegen Strahlung besonders empfindlich. Das Zentralnervensystem z. B., in dem nach seiner Ausreifung praktisch keine Teilung mehr stattfindet, ist besonders widerstandsfähig. Bei erwachsenen Säugetieren wird das Zentralnervensystem erst durch eine Dosis von 10.000 Röntgen „auffällig geschädigt" (WEISH, GRUBER). Die sich häufig teilenden Keimzellen (Eizellen und Spermien) oder die blutbildenden Zellen im Knochenmark sind hingegen besonders empfindlich. Zelldynamische Schäden in den Keimzellen führen zu Unfruchtbarkeit, Genmutationen und Chromosomenveränderungen hingegen zu *Erbschäden.*
Die Propagandisten der Atomlobby unterschlagen in diesem Zusammenhang zahlreiche Studien, die darauf hindeuten, daß für solche Zellschäden schon geringe Dosen ausreichen. Nach dem BEIR-Report II ist allein die *natürliche Radioaktivität* zu einem

Prozent an der Entstehung aller Krebserkrankungen beteiligt. Andere Untersuchungen sprechen von 1 bis 10%, bei Leukämie bis 20% (IFEU-Bericht 43/1986, Heidelberg). Eine Studie, die kürzlich in der angesehenen naturwissenschaftlichen Zeitschrift *Proceedings of the National Academy of Sciences* (83/1986, Seite 4839—43) veröffentlicht wurde, läßt gerade im Niedrigdosisbereich Böses erkennen: Die Forscher stellten an Zellkulturen fest, daß die erbschädigende Wirkung ionisierender Strahlung im niedrigen Dosisbereich rund 200mal größer war, als man nach bisher vorliegenden Erkenntnissen erwarten mußte (R. JÄCKLE).
K. Z. MORGAN, der ehemalige Vorsitzende der Internationalen Strahlenschutzkommission ICRP, hat 1978 („Cancer and low level ionizing radiation") unmißverständlich erklärt: „Seit 1960 gibt es eine überwältigende Fülle von Daten, die zeigen, daß es für Krebserzeugung durch Strahlung keine Toleranzdosis gibt."

Schäden bei chronischer Strahlenbelastung mit niedrigen Dosen

UNSCHÄDLICHE RADIOAKTIVITÄT? ABSCHIED VON EINEM TRUGBILD

Schon ein einziges energiereiches Teilchen (Strahlungsquant) kann bei einem Treffer in der DNS einer Zelle *bleibende Schäden* zurücklassen. Solche Schäden können zwar oft durch die Reparaturmöglichkeiten in der Zelle ausgebessert werden. Der Treffer kann aber auch bleibende Schäden zurücklassen. Der Defekt wird dann weiter vererbt. Manchmal genügt schon ein einziger Treffer durch ionisierende Strahlung, um eine normale Zelle in eine Krebszelle zu verwandeln. Sprunghafte Änderungen in der Zelle, Mutationen, die in Verbindung stehen mit Krebs, Mißbildungen und Erbschäden, entstehen nicht nur nach akuter Strahlenbelastung, sondern auch nach *dauernder Einwirkung niedriger Strahlungsdosen über längere Zeiträume.* Der Physiker H. LINDNER (Seite 209) nennt in diesem Zusammenhang folgende Schäden: Leukopenie (Verminderung der weißen Blutkörperchen), Leukämie (Blutkrebs), Anämie (Blutarmut), Hautschäden bis zum Krebs, Trübung der Augenlinse, Verminderung der Fruchtbarkeit, Knochenschäden, Lungenkrebs. Man schätzt, schreibt H. LINDNER, daß etwa *7 bis 80 Röntgen* die Anzahl der spontanen (auf natürliche Weise selbst eintretenden) Mutationen verdoppelt.
Die *Internationale Strahlenschutzkommission* gibt eine *„Verdopplungsdosis"* von *100 rem* an. N. J. SCHULL u. a. (Science 213, 1981) *156 rem.* E. SIEKER und seine Mitarbeiter nennen unter Berufung auf U. H. EHLING *30 rem* (Seite 133) und weisen auf die große Unsicherheit solcher Angaben hin, die sich auch in den weit auseinanderliegenden Zahlen spiegelt. Das zeigt sich an allen Aussagen zum Thema Verdopplungsdosis in den letzten Jahrzehnten. F. E. STIEVE hat auf dem Deutschen Atomrechts-Symposium vom 26. bis 28. Mai 1975 in Göttingen erklärt, daß die Genetiker sie zwischen *30 und 100 rad* vermuten. „Richtigerweise" — stellt dazu B. MANSTEIN (Seite 375) fest — „hätte Stieve die obengenannten Verdoppelungsdosen deutlich als Schätzwerte kennzeichnen müssen, zumal in der einschlägigen Literatur schon 10 rad als mögliche Verdoppelungsdosis angegeben werden."
Bei der derzeit von der Internationalen Strahlenschutzkommission und in den meisten Ländern erlaubten genetischen Dosis von 5 rad für die ersten 30 Lebensjahre

müsse die genetische Mutationsrate, so B. MANSTEIN, zwischen 5 und 50 Prozent liegen. Dabei sei die Unmenschlichkeit abzulehnen, die „Gesamtbelastung der Keimzellen nur bis zum 30. Lebensjahr auszurechnen", denn das bedeute eine „höhere Gefahr" für alle, die später Kinder bekommen. Dabei seien die Belastungen aus dem medizinischen Bereich, aus beruflicher Tätigkeit und anderen Quellen noch gar nicht einkalkuliert.

STERBEN WIR AUS?

Die Folgen des planlosen Herumpanschens im Konzept der Natur durch ständige Erhöhung der Radioaktivität lassen sich nicht abschätzen: Bei einer Verdopplung der Mutationsrate in einer 50-Millionen-Bevölkerung sind nach R. W. KAPLAN zusätzlich 1 Million Erbkranke und zwischen 3 und 10 Millionen Erbbelastete zu erwarten. Aber nur dann, wenn keine weitere Erhöhung der künstlichen Strahlungsrate erfolgt. Dabei hat der Genetiker F. KANDEWITZ schon 1957 in bezug auf das genetisch bedingte Absterben von 20% aller menschlichen Leibesfrüchte unter Normalbedingungen erklärt: „Damit befinden wir uns unfern einer Grenze, jenseits derer der Bestand unserer Art nicht mehr gesichert erscheint. Eine nennenswerte Erhöhung dieses Prozentsatzes muß daher zumindest für Völker mit langsamem Bevölkerungswachstum, wie etwa für uns Mitteleuropäer, die Gefahr des Aussterbens heraufbeschwören. Durch die weltweit ständig zunehmende Belastung mit radioaktiven Stoffen kann das genetische Material der Menschheit unwiderruflich geändert werden. Ein gehäuftes Auftreten von körperlichen oder geistigen Gebrechen kann sich unter Umständen erst nach vielen Generationen zeigen." Die Bremer Strahlenschutzexpertin INGE SCHMITZ-FEUERHAKE warnt daher zurecht:

> „Genetische Strahlenschäden stellen für den Fortbestand der Menschheit eine Zeitbombe dar, von der niemand weiß, wann sie ‚explodiert', noch welche Auswirkung sie haben wird."

Das genetische Risiko geht so weit, daß sogar der Beruf des Vaters, wenn er etwas mit energiereichen Strahlen zu tun hat, mit der Krebsanfälligkeit des Kindes zusammenhängen kann. M. REITZ und P. GUTJAHR berichten, daß Kinder von Radio- und Fernsehmechanikern überdurchschnittlich oft an einem ***Retinoblastom,*** einer bösartigen Netzhautgeschwulst, und Kinder von US-Bomberpiloten an Krebserkrankungen des Lymphsystems und des Nervensystems erkranken. „Es ist denkbar", erklären die Autoren, „daß im Sinn der ‚Zwei-Mutationen-Hypothese' nach KNUDSON in den Keimzellen Strahlenschäden gesetzt worden sind und eine geschädigte Zelle zur Befruchtung kam". In seiner ***„Zwei-Mutationen-Hypothese"*** nimmt A. G. KNUDSON für die Vererbbarkeit der Krebsanfälligkeit zwei Stufen an:

- Mutation in der Ei- oder Samenzelle: Die erste Mutation prägt die Anlage zur Krebsentstehung. Sie ist vererbbar. Betroffene Personen können, müssen aber nicht erkranken.
- Mutation in der Körperzelle: Krebs entwickelt sich erst, wenn neben der veränderten Erbanlage aus der Keimzelle noch eine zusätzliche Mutation in einer Körperzelle auftritt. Bei chronischer Strahlenbelastung mit niederen Dosen zählt also jedes Energiequant.

Genetische Schäden und Krebs durch Radioaktivität stehen in einem bestimmten Verhältnis zueinander, wobei die Erbschäden angesichts der Katastrophe, die wir über unsere Enkel und Urenkel heraufbeschwören, noch grauenhafter sind als der Krebs. Die *Internationale Strahlenschutzkommission* ICRP hat über das Ausmaß der Schäden folgende Angaben gemacht:

> Drei Viertel des Strahlenrisikos entfallen auf die Krebsentstehung und ein Viertel auf genetische Strahlenschäden (Mittelwerte über alle Altersgruppen und beide Geschlechter). Diese Relation gilt aber nur, wenn man zwei Folgegenerationen betrachtet. Bei zehn Folgegenerationen erweitert sich der genetische Anteil am Risiko auf 40 Prozent!

Nach P. WEISH und E. GRUBER (Seite 111) ist „ein Teil der spontanen Krebs- und Leukämiefälle auf die *natürliche Strahlung* zurückzuführen“, also auf Strahlung mit relativ niedriger Dosis. Die Autoren fügen einen Satz hinzu, der besonders unterstrichen werden muß: *„Zusätzliche Strahlenbelastung erhöht die Krebs- und Leukämierate.“* Das heißt, daß die Spätschäden aufgrund von natürlicher Strahlung durch zivilisatorische Radioaktivität aus dem technischen, militärischen und medizinischen Bereich verstärkt werden.
Die Parallele zur Entwicklung von Hautkrebs durch ultraviolette Strahlung ist nicht zu übersehen: Die Haut vergißt nichts. Die Zeitbombe tickt von der ersten Sonnenlichtstunde an. Jede weitere Stunde erhöht das Risiko. Als Manifestationsgrenzwert für die Entstehung von Hautkrebs bei Europäern werden von Dermatologen 60.000 bis 120.000 Sonnenstunden angegeben. Ein Grenzwert, den nicht wenige erreichen. In der Bundesrepublik Deutschland erkranken jährlich rund 100.000 Menschen an Hautkrebs.

> Nach dem Berliner Arzt und Enzyklopädiker W. PSCHYREMBEL (1982, Seite 1147) kann „ein Strahlenschaden durch Summation sehr kleiner, über große Zeiträume verteilter Dosen entstehen. Dabei ist die Integration über alle, selbst längste Zeiträume wichtig, da fast keine ‚Erholung‘ erfolgt! Somit gibt es auch keinen ‚unteren Schwellenwert‘ einer schädigenden Dosis.“

Das bestätigen auch P. WEISH und E. GRUBER ausdrücklich: *„Es gibt keinen Schwellenwert, unterhalb dessen ionisierende Strahlung unwirksam ist.“* (Seite 104) Interessanterweise haben sogar die Autoren einer von der Rheinisch-Westfälischen Elektrizitätswerke AG — dem größten europäischen Stromkonzern, der mehrere Kernkraftwerke (z. B. Biblis A und B) betreibt — herausgegebenen Werbebroschüre („Das Millirem-Konzept“, Seite 46) erklärt: „Akute Erkrankungen treten erst bei Dosen über etwa 100.000 Millirem auf, also nur bei den Betroffenen von Kernwaffenexplosionen, bei strahlenmedizinischer Behandlung oder bei beruflichen Strahlenunfällen. Bei den hier zur Diskussion stehenden kleinsten Strahlendosen sind sie nicht weiter zu berücksichtigen. Nach Bestrahlung mit niedriger Dosis sind mit einer gewissen Wahrscheinlichkeit Spätschäden möglich, und zwar als Krebserkrankung, die einige Jahre nach Bestrahlung auftritt, oder als erbliche Veränderung im Erscheinungsbild und in Körperfunktionen (Mutation) in der Nachkommenschaft.“

DIE ATOM-AYATOLLAHS*) BRAUCHEN EINE DOSISSCHWELLE

Manche Vertreter der „friedlichen Nutzung" der Kernenergie versuchen allerdings — aus naheliegenden Gründen — nachzuweisen, daß es eine Dosisschwelle gibt, unterhalb welcher radioaktive Strahlung unschädlich ist, so z. B. der österreichische Physiker F. CAP (Seite 102 ff.): „Die Existenz einer ‚Dosisschwelle' wird z. B. vom Nobelpreisträger BURNET bejaht, andere Wissenschafter verneinen sie... Für die Existenz einer Dosisschwelle gibt es mehrere Argumente. Verschiedene Orte auf der Erde weisen eine gegenüber dem Durchschnitt wesentlich erhöhte natürliche Strahlenbelastung auf (Lagerstätten von radioaktiven Mineralien, Höhenlage). Dazu gehört z. B. Kerala mit einer Strahlenbelastung von 500 bis 1.600 Millirem pro Jahr und Einwohner. Es läßt sich dort keine erhöhte Krebssterblichkeit feststellen, wohl aber eine größere Säuglingssterblichkeit; allerdings ist dieses statistische Ergebnis wenig beweiskräftig, da ja Faktoren wie Hygiene und ärztliche Versorgung bei der Säuglingssterblichkeit ebenfalls eine große Rolle spielen. Genaue Untersuchungen liegen im Fall der durch Atomwaffen zerstörten japanischen Stadt Hiroshima vor. Von 24.000 Japanern, welche einer Dosis von 130.000 Millirem ausgesetzt waren, starben 100 Personen mehr an Krebs, als es dem Durchschnitt entspricht (von 1945—1966). Bei Kindern, welche durch die Atombombe 250.000 Millirem erhielten, konnte über 25 Jahre hinweg keine signifikante Erhöhung der Krebssterblichkeit festgestellt werden. Bei den Japanern, bei denen die Strahlenbelastung unter 100.000 Millirem betrug, konnten über einen Beobachtungszeitraum von 30 Jahren keine Strahlenfolgen festgestellt werden."
F. CAP (Seite 104/241) beruft sich bei seiner Aussage unter anderem auf Daten der *Atomic Bomb Casuality Commission* (ABCC). Die ABCC-Gründung 1946/47 geht auf amerikanische Militärkreise zurück. Nach E. und J. K. TASHIRO wurde sie fast ausschließlich von der *Atomic Energy Commission* (AEC) finanziert. Die AEC — so die Tashiros — sei vor allem an der Auswertbarkeit der Ergebnisse der ABCC für militärische Zwecke interessiert gewesen. Vielen Opfern sei diese Einrichtung als Methode erschienen, für zukünftige Atomkriege so viele wissenschaftliche Daten wie möglich zu bekommen und diese vor der Weltöffentlichkeit, insbesondere vor der Sowjetunion, geheimzuhalten. Die weiteren bis heute wirksamen Folgen, so die Tashiros:

> „Abgesehen davon, daß noch keine Ächtung von Atomwaffen ansteht, wurden die sogenannten Unbedenklichkeitsgrenzen für Röntgenaufnahmen bei Patienten und für das Personal in Röntgeninstituten und Atomanlagen nach Richtlinien aus Hiroshima festgelegt. Außerdem wird die Gefahr radioaktiver Verseuchung der Umwelt mit ‚Beweisen' der ABCC verharmlost. Diese Verschleierung der radioaktiven Gefahren für die Menschheit sind wohl ein noch größeres Vergehen dieses Instituts als die Unmenschlichkeit, die hilfsbedürftigen Hibakusha nur zu durchforschen, nicht aber zu behandeln." (E. und J. K. TASHIRO, Seite 78)

Das bestätigen auch Untersuchungen (1968) von japanischen, amerikanischen und britischen Forschern. Der US-Strahlenforscher EDWARD P. RADFORD schlägt 1983 vor, die bisher gültigen Grenzwerte drastisch zu verringern. Neue Studien über Hiroshima und Nagasaki hätten gezeigt, daß dort allein die *Gefahr achtmal so groß gewesen sei*

*) Den Ausdruck „Atom-Ayatollah" dankt die Welt der angesehenen französischen Zeitung „Le Monde"

wie bisher von der ICRP angenommen. Der "human factor" sei zu wenig berücksichtigt worden. Manche Menschen seien zwei bis dreimal so empfindlich wie andere. Kinder seien besonders gefährdet. In der Umgebung von Kernkraftwerken sei Blutkrebs (Leukämie) mit Sicherheit auf radioaktive Substanzen aus diesen Anlagen zurückzuführen und liege bis neunmal höher als gewöhnlich. Die Toleranzwerte müßten daher Kindern und empfindlichen Erwachsenen angepaßt werden (vgl. auch R. GRAEUB, Seite 74 ff.).
In diversen Strahlenschutzverordnungen fehlen aufschlußreicherweise eigene Grenzwerte für Kinder — etwa für radioaktiv kontaminierte Milch. E. P. RADFORDS Untersuchungen ergaben, daß bei einer *Ganzkörperbestrahlung mit 1 rem bei 1 Million Menschen mit 800 Krebstoten gerechnet werden müsse.* Bereits *1 rem* locker ionisierender Strahlung (Beta, Gamma, Röntgen) genüge, um die *spezifischen Chromosomenaberrationen zu verdoppeln.*

In den zulässigen Dosen für strahlenexponierte Personen (5 rem pro Jahr Ganzkörper, bis zu 75 rem Teilkörper) und den Grenzwerten für die Gesamtbevölkerung (5 rem verteilt auf 30 Jahre = 1 Generation) spiegeln sich nach der Auffassung kritischer Wissenschafter die praktischen Erfordernisse der Nuklearindustrie wieder. Die *Internationale Strahlenschutzkommission* ICRP (International Commission on Radiological Protection) hat dazu erklärt: „Die Kommission ist der Ansicht, daß dieser Wert (5 rem pro Generation = 30 Jahre) einen vernünftigen Spielraum für die Atomenergieprogramme der absehbaren Zukunft schafft. Es sollte hervorgehoben werden, daß dieser Wert möglicherweise wegen der Unsicherheit in der Abschätzung der möglichen Schäden und der wahrscheinlichen Vorteile kein richtiges Gleichgewicht zwischen Schäden und Nutzen repräsentiert."

Diese Dosisfestsetzung ist also nicht an gesundheits-, sondern an energiepolitischen Zielen orientiert, am Wunsch der Atomindustrie nach unbegrenzter Expansion. Dem Gesundheitsverlust wird der „Profit auf das eingesetzte Kapital" gegenübergestellt, „wobei der wirtschaftliche Nutzen hochgradig privatisiert und der Schaden sozialisiert wird", wobei man — wenn überhaupt — nur die medizinischen Behandlungskosten erfaßt, die menschliche Seite des Problems aber völlig außer acht läßt. (Systemanalyse des Gesundheitswesens in Österreich, Bd 1, Seite 382 f.)
J. W. GOFMAN hat diese Art von „Strahlenschutz" zur Durchsetzung der Interessen der Atomenergie als „Lizenz zum Mord" bezeichnet.

Seit Tschernobyl ist alles anders

„Toleranzwerte" gewährleisten keine Sicherheit vor Treffern durch radioaktive Strahlung im Informationsspeicher der Zelle und damit vor genetischen Schäden. Es ist daher auch sinnlos, wenn man die durchschnittliche natürliche Strahlenbelastung in Mitteleuropa, die nach Tabelle 7 zwischen 110 und 168 Millirem liegt, gegen 1 Millirem Strahlenbelastung aus kerntechnischen Anlagen aufrechnet. Es geht vielmehr, wie schon dargestellt, um die Summenwirkung, um den *laufend zunehmenden Anteil der zivilisatorischen Strahlenbelastung.* Der ist — spätestens seit Tschernobyl — höher als die natürliche Strahlenbelastung. Die Angaben der Autoren in Tabelle 7 sind daher — übrigens nicht nur aus diesem Grund — überholt (siehe Abschnitt „Summe der Belastung", Seite 157 ff.).

Tabelle 7

Verschiedene Literaturangaben über natürliche und künstliche Strahlenbelastung in Millirem pro Jahr (Ganzkörper)

Autor, Lit.-Stelle (Gebiet)	Natürliche Strahlenbelastung (Kosmische und terrestrische Strahlung, inkorporierte radioaktive Stoffe, Baustoffe)	Künstliche Strahlenbelastung (Medizin, Kernwaffentests, Forschung und Technik, Kerntechnische Anlagen u. a.)	Gesamtbelastung
H. LINDNER, Seite 211 (Mitteleuropa)	ca. 135	ca 60	ca. 195
L. RAUSCH, Seite 35, 36 (BRD)	150	>50 (vor allem Röntgenbestrahlung)	>200
Millirem Konzept*), Seite 54 (BRD)	ca. 110	ca. 60	ca. 170
H. VETTER, Seite 108 (Österreich)	168	54	222

*) Entspricht dem Jahresbericht der Bundesregierung, Stand 1975; siehe auch A. G. HERMANN, Seite 20, und J. KIEFER, Seite 382.

Seit dem 26. April 1986 — also seit dem *Super-Gau von Tschernobyl* — müssen zur Strahlenbelastung in Mitteleuropa erhebliche Werte hinzugerechnet werden. Nach offiziellen Angaben in Österreich — ähnlich wie in der Bundesrepublik Deutschland — ist infolge von Tschernobyl mit einer zusätzlichen mittleren *Ganzkörperbelastung von 50 bis 60 Millirem* zu rechnen (E. RASINGER, Seite 33).*) M. BERGER und seine Co-Autoren (Seite 12) rechnen mit einer durchschnittlichen Strahlenbelastung von *70 Millirem.* K. IRLWECK (Seite 19) mit 80 bis 100 Millirem allein 1986. Zu ganz anderen Werten kommen der Bremer Physiker und Radioökologe HELMUT FISCHER zusammen mit den beiden Physikern OTFRIED SCHUHMACHER und MICHAEL URBACH (E. SIEBER u. a., Seite 159). Sie berechneten die Gesamtstrahlendosis aus der äußeren Belastung durch Cäsium-137 und aus der Aufnahme radioaktiver Stoffe über Nahrungsmittel. Ergebnis: „Die durchschnittliche Ganzkörperdosis des einzelnen beträgt in Süddeutschland infolge des Reaktorunfalles knapp 600 Millirem, in Norddeutschland

*) Anfang 1987 wurde von Seiten des Forschungszentrums Seibersdorf bekanntgegeben, daß die Mehrbelastung in Oberösterreich und Salzburg bei 100 Millirem liege. Im Bericht des Umweltbundesamtes „Tschernobyl und die Folgen für Österreich" (1986) werden für Erwachsene allgemein 90—100 Millirem angegeben (S. XIV).

knapp 100. Die Schilddrüsendosis beträgt überall etwa 300 Millirem." Die Autoren schätzen für *je 30 Millionen Betroffene in Norddeutschland 3.000 Krebsfälle und 1.000 Schilddrüsentumore, in Süddeutschland 20.000 Krebsfälle und ebenfalls 1.000 Schilddrüsentumore innerhalb der nächsten 30 bis 40 Jahre aufgrund dieser Belastung.*

Die Gesellschaft für Strahlen- und Umweltforschung in Neuherberg bei München kommt infolge von Tschernobyl zu folgenden Aussagen — bezogen auf den *Raum München:*

- Kinder im Alter bis zu 10 Jahren sind im ersten Jahr nach dem Super-Gau einer Ganzkörperstrahlenbelastung von 70 bis 150 Millirem ausgesetzt. Die Schilddrüsenwerte (fast ausschließlich durch Jod-131 in der Milch) liegen bei 300 bis 1.000 Millirem.
- Bei Erwachsenen ist mit einer Ganzkörperdosis von 50 bis 110 Millirem und einer Schilddrüsendosis von 60 bis 250 Millirem zu rechnen.
- Diese Belastungen im ersten Jahr machen etwa ein Drittel der zu erwartenden Gesamtbelastung durch Tschernobyl aus.

Ähnliche Werte sind auch in Österreich zu erwarten, jedenfalls in den durch den Tschernobyl-Fallout besonders stark belasteten Bundesländern Salzburg und Oberösterreich.

Die Atomenergie-Agentur der OECD hat im Dezember 1986 bekanntgegeben, daß Österreich von allen westlichen Nationen am schlimmsten getroffen wurde. Die durchschnittliche Belastung habe 643 Mikro-Sievert (64,3 Millirem) betragen, gegenüber 557 mSv in der BRD, 380 mSv in Schweden oder 208 mSv in der Schweiz.

In Österreich liegt die ,,Toleranzdosis" bei 167 Millirem zusätzlich zur natürlichen Strahlenbelastung. Nach E. TSCHIRF und anderen beträgt die natürliche (terrestrische und kosmische) Strahlung durchschnittlich 78 Milliröntgen (entspricht Millirem). In der Bundesrepublik Deutschland liegt die natürliche Belastung im Schnitt bei 80 Millirem. Als zulässige ,,Toleranzdosis" für die Ganzkörperbelastung sind 2mal 30 Millirem im Jahr zugelassen. Selbst wenn man von den, wie gesagt, veralteten Werten in Tabelle 7 — Gesamtbelastung 200 mrem — ausgeht, überschreitet die Gesamtbelastung daher die Toleranzwerte! Nach neuen Berechnungen (siehe Seite 157 ff.) sind die 200 mrem aber viel zu niedrig angesetzt.

Nach H. FISCHER u. a. sind die Grenzwerte in beiden Fällen weit überschritten. Diese Grenzwertüberschreitung gilt in der Bundesrepublik Deutschland auch für die Schilddrüsendosis (90 Millirem/Jahr), bezeichnenderweise nicht in Österreich, wo eine mehr als 10fach höhere Dosis erlaubt ist: 1.000 Millirem im Jahr. Auch wenn diese Werte im ,,statistischen Hintergrund untergehen", wie die Autoren meinen — man sollte sie auf keinen Fall einfach hinnehmen und die Situation von unverantwortlichen ,,Experten" und Politikern für ,,ungefährlich" oder ,,unbedenklich" erklären lassen. Oder wie der Karlsruher Leukämie-Spezialist HARALD THEML sagte: ,,Jeder Krebs mehr ist ein Krebs zuviel... Jedes Millirem hat eine onkogene Potenz." (Zitiert nach DER SPIEGEL 22/1986)

Vernebelungstaktik bei Krebs und Erbschäden

Auch aus der Feststellung, daß bei den Atombombenopfern in Japan erst ab 10 rad ein ,,Überschuß" bei Leukämie festgestellt werden konnte, ist kein Beweis für eine Dosisschwelle ableitbar. Sie sagt höchstens, daß es ab 10 rad statistisch gesichert ist, daß vermehrt Leukämie auftritt. Sie kann aber nicht ausschließen, daß radioaktive Strahlung

auch *unter* 10 rad Leukämie auslösen kann. Doppelt unfaßbar sind daher auch die Zahlenspielereien, die H. VETTER mit den japanischen Atombombenopfern anstellt. Ihre Zahl sei bis Ende 1978 mit einem „Überschuß“ von 91 Leukämien und 160 anderen bösartigen Erkrankungen „relativ klein“. Sie werde bis 1990 „kaum 600 übersteigen“. Diese Verniedlichung des Schreckens ist typisch für Kernkraftenthusiasten wie H. VETTER. Was tun sie nicht alles, um zu „beweisen“, daß die von ihnen immer wieder genannte Bestrahlung von 1 Millirem pro Jahr durch Kernkraftwerke harmlos und „völlig bedeutungslos“ ist.
Abgesehen davon, daß Tschernobyl und Harrisburg und zahllose weitere Unfälle (vgl. Seite 208 ff.) diese Ziffer ad absurdum geführt haben: Sogar H. Vetter muß zugeben, daß auch bei einem Millirem ein „Überschuß“ von Todesfällen „durch bösartige Erkrankungen“ zu erwarten ist. Ob dabei nun ein Toter auf 10 Millionen Menschen kommt — wie er meint (Seite 91) — oder mindestens ein Toter auf 1 Million Menschen — wie andere Autoren angeben —, ist makabre Zahlenspielerei.
Gesamtzahlen sagen außerdem wesentlich mehr, und sie liegen seit vielen Jahren wissenschaftlich fundiert vor. Für die Vereinigten Staaten (216 Millionen Einwohner) hat schon Nobelpreisträger LINUS PAULING 96.000 zusätzliche Krebs- und Leukämietote jährlich bei kontinuierlicher Belastung mit der (unabhängig von der natürlichen Strahlenbelastung) erlaubten Bevölkerungsdosis von 0,17 rad pro Jahr prognostiziert. J. W. GOFMAN und A. R. TAMPLIN geben das Risiko mit 32.000 zusätzlichen Toten an, fügen aber hinzu, daß das Spiel mit den verschiedenen Zahlen eigentlich sinnlos sei. Wichtig wäre nur, daß sich die Zahl der Opfer in der Größenordnung „von Zehntausenden bewegt, nicht nahe Null“ (1971, Seite 260).
Der erfahrene und international bekannte Physiker und Radiobiologe J. W. GOFMAN und der Biochemiker und Biophysiker A. R. TAMPLIN kamen übrigens zu ähnlichen Ergebnissen wie die ebenso anerkannten Wissenschafter des “Committee on the Biological Effects of Ionizing Radiations“ (kurz BEIR-Kommittee genannt) im BEIR-Report II*), 1980 (siehe Tabelle 8):

Tabelle 8

Zu erwartende zusätzliche Krebs- und Leukämie(todes)fälle durch kontinuierliche Niedrigstrahlung, bezogen auf die US-Bevölkerung

Strahlenbelastung pro Jahr	Todesfälle pro Jahr	Quelle
0,17 rad = 170 Millirem	32.000	J. W. GOFMAN, A. R. TAMPLIN: Poisoned Power, 1971, Seite 244
100 Millirem	2.000—9.000	BEIR-Report I, 1972, Seite 168
	Erkrankungen pro Jahr	
100 Millirem	32.400	BEIR-Report II (III), 1980, Seite 246

*) Auch BEIR III genannt, da der Report 1979 zurückgezogen und das Kapitel über die Krebsrisiken revidiert wurde, weil 5 von 22 Mitgliedern Einspruch erhoben hatten.

Im BEIR-Report II (Seite 246) heißt es, nach einer realistischen Einschätzung sei das "risk per rad", also das Risiko pro 1 rad bei rund 500 Krebs- und Leukämieerkrankungsfällen pro Million Männer und bei rund 1.000 Fällen pro Million Frauen anzusetzen. Bei einer Gesamtpopulation von 216 Millionen ergeben sich daraus 324.000 Fälle pro rad oder 32.400 pro 100 Millirad bzw. Millirem. Die Differenzen dieser Angaben zum BEIR-Report I werden folgendermaßen erklärt: „Diese Werte sind höher als die Risiko-Schätzungen von BEIR I, zum Teil weil das Auftreten von Krebs und Leukämie und nicht die Sterblichkeit kalkuliert wurde, zum Teil weil neue Daten ein höheres Risiko über die gesamte Lebenszeit anzeigten, als das 1972 zu erwarten war."
Wenn man aufgrund bitterer Erfahrung annimmt, daß die meisten durch Radioaktivität auftretenden Krebs- und Leukämieerkrankungen nicht geheilt werden können, kann man ohne weiteres schließen, daß die Prognosen von GOFMAN und TAMPLIN mit Sicherheit zutreffen: Mindestens 180 Krebs- und Leukämietote pro Million US-Bürger, Millirem und Jahr!
Auch bei den *genetischen* Schäden an den Keimzellen wird von den Verharmlosern der Gefahren radioaktiver Strahlung mit falschen Voraussetzungen gearbeitet. So schreibt etwa H. VETTER (Seite 95), daß unter den „54.000 Kindern der Überlebenden von Hiroshima und Nagasaki, die auf das Vorliegen genetischer Defekte untersucht wurden, kein ‚Überschuß' an solchen Defekten — also nicht mehr als die 10%, die auch ohne Bestrahlung der Eltern aufgetreten wären — beobachtet werden konnte".
Bezüglich der 10-Prozent-Rate beruft sich H. VETTER auf eine englische Arbeit aus dem Jahr 1974. Der amerikanische Embryologe J. LANGMAN schreibt hingegen 1980 (Seite 96 f.): „In einer kürzlich erschienenen weltweiten Übersicht über die Häufigkeit von angeborenen Mißbildungen, die etwa 20 Millionen Geburten umfaßt, zeigte sich, daß der Anteil der angeborenen Mißbildungen aufgrund von Geburtsurkunden 0,83% beträgt. Wenn man die Daten aus Krankenhäusern und Kliniken zugrunde legt, beträgt er 1,26 und nach einer gründlichen Untersuchung durch eine Gruppe von Pädiatern 4,50%... Man kann also davon ausgehen, daß 2 bis 3% aller lebend Geborenen bei der Geburt eine oder mehrere charakteristische Mißbildungen aufweisen, und daß sich dieser Anteil Ende des ersten Lebensjahres durch die Aufdeckung von Mißbildungen verdoppelt, die bei der Geburt noch nicht bemerkt wurden."
Man schätze heute, erklärt J. LANGMAN, daß 10% aller bekannten Mißbildungen beim Menschen auf Umweltfaktoren, 10% auf genetische und chromosomale Faktoren und 80% auf ein komplexes Zusammenspiel von verschiedenen genetischen Faktoren und Umwelteinflüssen zurückzuführen seien. Was bleibt da von H. VETTERS Behauptung? Außerdem ist bekannt, daß die wenigen registrierten Erbschäden bei den Nachkommen der japanischen Atombombenopfer auf eine biologische Barriere zurückzuführen sind, die ein Überleben von Keimen mit starken genetischen Schäden nicht möglich macht. Die Opfer wurden unfruchtbar oder es kam zu Fehlgeburten. Das gibt im übrigen H. VETTER für Dosen zwischen 5 und 15 rad selbst an (Seite 86). Nur wenn die Keimzelle überlebt, kann sie den Schaden weitergeben.

AUCH NATÜRLICHE RADIOAKTIVITÄT IST NICHT UNSCHÄDLICH

Die Mißbildungen auslösende (teratogene) Wirkung ionisierender Strahlung niedriger Dosis wurde von J. T. GENTRY und anderen Autoren schon 1959 in einer epidemiologischen Studie nachgewiesen. Die Wissenschafter zeigten, daß in Gegenden des Staates New York mit höherer *natürlicher* Radioaktivität durch Erdstrahlung die Zahl der Kinder mit Mißbildungen der verschiedensten Organsysteme signifikant größer war als in Gebieten mit normaler Umgebungsstrahlung. Die höchste Mißbildungsrate zeigte sich bei Kindern von Farmern und Landarbeitern, also dort, wo durch die Feldarbeit direkte Beziehungen zum Boden bestehen und zur erhöhten äußeren Strahlenbelastung noch eine innere durch Inkorporation radioaktiver Stoffe kommen kann. Ähnliches ergaben wissenschaftliche Untersuchungen in der indischen Provinz *Kerala,* wo drei Viertel aller Thoriumvorkommen der Erde zu finden sind. N. KOCHUPILLAI und andere Autoren ermittelten, daß in einer Gegend mit hoher Strahlenexposition verschiedene Formen von erblichem Schwachsinn rund viermal häufiger waren als in einem Gebiet mit normaler Strahlenbelastung. Und das in einem Land mit vier- bis fünfmal höherer Sterblichkeit als in Europa!

Zur äußeren Bestrahlung kommt noch die innere, z. B. durch Radon oder Kalium-40 (siehe Seite 83 ff.). G. G. NAYAR u. a. stellten 1970 fest, daß auf radioaktiven Monazitsanden gezogene Pflanzen ein „erkennbares Maß an genetischen Schäden zeigten". C. S. TAKAHASHI zeigte 1976, daß Skorpione in Morro do Ferro, Brasilien, die in einer Region erhöhter terrestrischer Strahlung leben (7—13 Röntgen pro Jahr) eine signifikant erhöhte Zahl von Chromosomenschäden aufwiesen als Skorpione einer Kontroll-Population in normalem Milieu.

Teratogene Wirkung signalisiert auch die Möglichkeit der Krebsentstehung. VICTOR E. ARCHER hat 1978 in der Arbeit *"Geomagnetism, Cancer, Weather and Cosmic Radiation"* (Health Physics 34) festgestellt, daß 40—50% aller Krebsfälle von natürlicher Strahlung verursacht sein könnten (Seite 245). Wem diese Ziffern als übertrieben erscheinen, der möge bedenken, daß die *spontane Mutationsrate,* ohne die es keine *Evolution* geben würde, zum Teil von der *natürlichen Strahlung* ausgelöst wird:

„Die überwiegende Zahl der Träger von Erbschäden wurde von der natürlichen Auslese an der Fortpflanzung gehindert, nur ein winziger Bruchteil der Mutation bedeutet einen Auslesevorteil für seine Träger. Die Evolution kann daher als ein verschwenderischer, aber gnadenloser Prozeß angesehen werden, der sich auf Kosten von Myriaden Opfern der natürlichen Strahlung vollzogen hat. Die Unschädlichkeit der natürlichen Strahlung kann aus der Existenz der Überlebenden dieses Prozesses nicht abgeleitet werden." (P. WEISH, E. GRUBER, Seite 142)

V. E. ARCHER hat in der zitierten Studie auf folgende Zusammenhänge aufmerksam gemacht: Ein Teil der *kosmischen Strahlung* (vgl. Seite 37) — Gammastrahlen und Atomteilchen wie Neutronen, Protonen, Mesonen und Elektronen — erreicht die Erdoberfläche. Die Berechnung der Dosis in *rem* bei der Kalkulation des Krebsrisikos habe bisher einige wichtige Punkte mißachtet: Schon J. P. WESELEY habe 1960 auf Zusammenhänge zwischen zu den Polen hin abnehmendem horizontalem Erdmagnetismus, damit steigender kosmischer Strahlung und angeborenen Anomalien gesprochen. Nach WESELY kommen am Äquator auf 1.000 Geburten 1,8 Mißbildungen, in Gebieten über 50° nördlicher Breite 5 (R. GRAEUB, Seite 118). Da genetische Störungen im Zellkern nicht nur für Geburtsschäden, sondern auch für Krebs verantwortlich seien, könne ein Zusammenhang auch für Krebs angenommen werden.

- Tatsächlich zeige eine Karte der isometrischen Linien der horizontalen geomagnetischen Ströme Nordamerikas Übereinstimmung mit den von Süden nach Norden zunehmenden Todesfällen durch Nierenkrebs und zahlreiche andere Krebsformen. Nur wenige Krebsformen würden einen anderen Verlauf zeigen, z. B. *Lungenkrebs.* Da sei das Bild vor allem durch Rauchen, Chemikalien und Radon, aber auch durch andere Faktoren bestimmt. Man schätze, so V. E. ARCHER, daß der Beitrag von *Radon* zum Lungenkrebs im *Nordteil der USA* (mehr Gebrauch von Kellerräumen, weniger Lüftung etc.) *zweimal so hoch sei wie im Süden.*

- Die Kosmische Strahlung werde in bezug auf die Krebsentstehung noch immer unterschätzt. Man nehme einen „unrealistisch niedrigen Wert für die biologische Wirksamkeit an", vor allem für Neutronen niedriger Energie, die es nahe der Erdoberfläche reichlich gebe.

L. RAUSCH gibt an (Seite 233), daß zirka *10 Prozent* der vorkommenden *genetischen Erkrankungen* von *natürlicher Strahlenbelastung* verursacht sind. 10 Millirem andauernde jährliche Belastung ließe eine zirka einprozentige Zunahme genetischer Erkrankungen erwarten. Es handelt sich also um ausgesprochen kleine Dosen. Durch die *Röntgendiagnostik,* so RAUSCH, seien *5 Prozent* aller genetischen Erkrankungen bedingt. Eine Dosisschwelle, unterhalb welcher ionisierende Strahlung unschädlich wäre, wird auch in der neueren medizinischen Literatur nicht angegeben. So erklärt z. B. der amerikanische Embryologe J. LANGMANN über die Beziehungen von angeborenen Mißbildungen und radioaktiver Strahlung: *„Beim Menschen ist die Dosis, die noch als ungefährlich angesehen werden kann, nicht bekannt."* (Seite 100 f.) Es konnte vielmehr, so J. LANGMANN, nachgewiesen werden, daß „relativ kleine Strahlungsdosen bei Männern Mutationen verursachen, die ihrerseits zum Auftreten von angeborenen Mißbildungen in den folgenden Generationen führen".

CHRONISCHE BELASTUNG AUS DEM EIGENEN KÖRPER

Für die Ganzkörperbestrahlung sind vor allem Neutronen- und Gammastrahlung maßgeblich. Bei in den Körper aufgenommenen radioaktiven Substanzen kommt es besonders auf die Alpha- und Betastrahlung an. Alpha- und Betastrahlung haben wegen ihrer starken Wechselwirkung mit der umgebenden Materie nur minimale Reichweiten. Diese Reichweite genügt aber im Inneren des Organismus. *Tritium, Kohlenstoff-14* und *Phosphor-32* (BEIR-Report II, Seite 105) können sogar direkt in die DNS und in Biomoleküle (Fette, Kohlenhydrate, Eiweiß usw.) eingebaut werden, wodurch die biologischen Effekte (einschließlich Mutationen) enorm ansteigen.

Die Anreicherung von Radioisotopen in bestimmten Organen — etwa Jod in der Schilddrüse oder Radium in den Knochen — ist für den Organismus weit schädlicher als die Ganzkörperbestrahlung mit der vergleichbaren Dosis. Radioaktives *Strontium-90* aus A-Bombentests und aus Tschernobyl wird lebenslang in den Knochen eingelagert. Während der Schwangerschaft wird dieses gespeicherte Strontium zusammen mit Calcium laufend aus dem Skelett der Mutter abgebaut und kann so den Embryo mit hohen Dosen belasten. P. WEISH und E. GRUBER weisen darauf hin, daß „derartige indirekte Strahleneffekte an der erhöhten Kindersterblichkeit in der Umgebung von mehreren Kernanlagen mitbeteiligt sind". Auch der deutsche Physiker K. BECHERT sieht eine Gefährdung der Bevölkerung in der Umgebung von Kernkraftwerken: durch radioaktives Jod-131 — in der Milch vor allem für Kleinkinder von großer Gefahr — und Krypton-85.

Das Strontium-Tochterprodukt *Yttrium-90 wird vor allem in den Keimdrüsen,* der *Hirnanhangdrüse* und der *Bauchspeicheldrüse angereichert.* Die starke Zunahme von Bauchspeicheldrüsenkrebs in Japan dürfte vor allem auf die hohe Konzentration von Yttrium-90 in diesem Organ zurückzuführen sein. Die *Bestrahlung der Keimdrüsen* kann zu Erbschäden bei späteren Generationen führen.

Strontium-90 wurde, ebenso wie *Cäsium-137,* vor allem durch den radioaktiven *Fallout* der Atombombenversuche in der Atmosphäre freigesetzt. Die Falloutbelastung führt auch zu Anreicherungen in der Nahrungskette. Sie wurde — lange vor Tschernobyl — wissenschaftlich bei der Kette Flechte — Rentier — Mensch oder bei der Kette Weidepflanze — Rind — Milch — Mensch gut nachgewiesen. Mehrere Studien belegten in diesem Zusammenhang auch die Anreicherung von Jod-129 und Jod-131 mit erheblichen Schilddrüsenbelastungen.
Moose und Flechten, denen Wurzeln fehlen und die ihren Mineralstoffhaushalt aus der Atmosphäre decken, nehmen Radionuklide mit ihrer ganzen Oberfläche auf. Da Flechten und Moose die Hauptnahrungsquelle der Rentiere sind, kommen außerordentlich hohe Konzentrationen zustande. Aus Schweden kam Ende September 1986 die Horrormeldung, daß Rentierfleisch 4.000 Becquerel Cäsium-137 enthielt — bei einem zulässigen Maximalwert von 300 Bq. In Norwegen wurde der Grenzwert von 600 auf 6.000 Bq angehoben. Offizielle Begründung: 80% der Herbstschlachtung hätten sonst vernichtet werden müssen. Das paßt ins traurige Szenarium nach Tschernobyl. In Schweden war die Belastung durch Tschernobyl stellenweise 50—75mal höher als durch den Fallout der A-Bombentests (ORF-Morgenjournal, 17. 8. 1986).
Jod-131 hat zwar eine kurze physikalische, aber eine lange biologische Halbwertszeit im kritischen Organ, in der Schilddrüse. Jod-131 kann Schilddrüsenkrebs verursachen.
Strontium-90 verhält sich chemisch ähnlich wie das knochenaufbauende Calcium und wird daher ziemlich dauerhaft in den Knochen eingelagert. Durch seine in bezug auf die menschliche Lebensdauer lange Halbwertszeit ist es besonders gefährlich und kann Knochenkrebs und, durch Schädigung des roten Knochenmarks, Leukämie erzeugen.
Strontium-90 wurde sogar in den *Zähnen von Kindern* in Dänemark, auf den Färöer-Inseln und Grönland gefunden. Es stammte aus dem Atombombentest-Fallout. Die Maximalwerte wurden 1963 erreicht. Auf den Färöer-Inseln lagen sie doppelt so hoch wie in Dänemark (24 pCi Sr-90 pro Gramm Calcium, A. AARKROG). Auch durch Tschernobyl wurde Strontium-90 freigesetzt.
Wer jemals ein krebskrankes Kind gesehen hat, wird mit mir übereinstimmen, daß für unsere Kinder auch kein noch so kleines Krebsrisiko verantwortbar ist. Nach M. REITZ und P. GUTJAHR (Seite 51) ist die Tendenz beim Kinderkrebs steigend. Jährlich sterben heute in der Bundesrepublik Deutschland von 100.000 Kindern neun an Krebs. 1934 waren es fünf. Krebs, so die beiden Autoren, „ist inzwischen bei Kindern der hoch entwickelten Nationen die häufigste natürliche Todesursache geworden". Es ist zumindest nicht auszuschließen, daß daran auch die wachsende Strahlenbelastung stark beteiligt ist.
Cäsium-137 ist mit einer biologischen und effektiven Halbwertszeit von 70 Tagen ebenfalls bedrohlich. Es verteilt sich ziemlich gleichmäßig im menschlichen Körper. Die Anreicherung in der Nahrungskette kann extrem hoch sein. In Fischen wurden 1000fach höhere Konzentrationen gefunden als im umgebenden Wasser. Was Cäsium-137 und sein radioaktives Nachfolgeprodukt Barium-137 anrichten, ist noch nicht genau abzuschätzen (B. MANSTEIN, Seite 202).
Neben vielen anderen Radio-Isotopen ist im Fallout auch das gefürchtete *Plutonium* zu finden (siehe Seite 187 ff.). Auch Plutonium-239 wird — wie Strontium-90 — vor allem in den Knochen eingelagert. Durch die bis 1975 in der Atmosphäre durchgeführten Kernwaffenversuche wurden 16 Millionen Curie Strontium-90 und 320.000 Curie Plutonium-239 (rund 3 Tonnen) freigesetzt (H. VETTER, Seite 88).

DER TOD KOMMT NICHT AUS TSCHERNOBYL ALLEIN

Nach den epidemiologischen Daten wird der Super-Gau von Tschernobyl auch außerhalb der Sowjetunion bis zum Jahr 2030 — je nach Schätzung — einige tausend bis einige hunderttausend Krebsopfer kosten. Das Unheimliche daran ist, daß niemand sagen kann, welche Menschen das Verhängnis treffen wird. Man wird nicht einmal behaupten können, daß dieser oder jener Krebs auf die zusätzliche Strahlung zurückzuführen ist. Der Tod im statistischen Dunkel.

Windscale

Im Oktober 1957 ereignete sich in der Atomanlage Windscale, Großbritannien, die der Erzeugung von Waffenplutonium diente, ein schwerer Unfall. Wie in Tschernobyl war der Graphitblock des Reaktors in Brand geraten. Erst 26 Jahre später gab die Britische Atomenergiebehörde unter dem Druck eines Reporters im Magazin „New Scientist“ das wahre Ausmaß der Katastrophe zu: Fast hundert Menschen starben seit 1957 in der Umgebung der inzwischen auf *Sellafield* umgetauften Anlage (heute Wiederaufbereitungsanlage) an den Spätfolgen dieses Unfalls und einer ganzen Reihe weiterer Unfälle, bei denen nicht nur die langlebigen radioaktiven Isotope Cäsium und Strontium, sondern auch das hochtoxische *Plutonium* ausgetreten war.
Nach neuesten Angaben waren in Windscale 1957 allein 20.000 Curie Jod-131 freigesetzt worden. In Tschernobyl waren es etwa 40 Millionen Curie (alle freigesetzten Radioisotope zusammen)! In Mitteleuropa lagen infolge dieser gigantischen Menge an Radioaktivität die Werte in den Wochen nach Tschernobyl durchschnittlich zwischen dem Zwanzig- und Dreißigfachen der natürlichen Strahlenbelastung. In Skandinavien wurde das Zweihundertfache, in Polen sogar das Fünfhundertfache des Grundpegels gemessen. Trotzdem werden die nach außen und innen aufgenommenen Dosen zum Niedrigstrahlenbereich gezählt. Akute Strahlenschäden, so hieß es von Seiten der Gesundheitsbehörden, seien nicht zu erwarten. Daher: keine Gefahr. Über die zu erwartenden chronischen Schäden wollte man nicht reden: Nur keine Panik! Das schadet der Wirtschaft...
Während die Regierung und die Nuklearlobby in Großbritannien dem Bürger einreden wollen, daß Atomkraftwerke, Atommülldeponien und Wiederaufbereitungsanlagen völlig ungefährlich sind, hat die private Krankenversicherung „BUPA“ das Leben in der Nähe solcher Anlagen auf eine 13-Punkte-Liste über Gesundheitsrisiken gesetzt. Als nachgefragt wurde, ob das wirklich so gemeint war, lautete die Antwort: „Ja, durchaus! Zwei Ärztezeitschriften haben eine neue Gesundheitsstatistik der Bewohner rund um die Wiederaufbereitungsanlage Sellafield veröffentlicht. Sie zeigt eine deutliche Erhöhung von Leukämie und anderen Krebserkrankungen.“ (Oktober 1986)

Die Nevada-Tests

Atombombentests im Pazifik wurden schon ab 1946 durchgeführt, zunächst auf dem Bikini-Atoll. H. VETTER (Seite 244) meint, die Amerikaner seien dann 1951 „der Bequemlichkeit halber" auf das Festland zurückgekehrt, in die Wüste *Nevada,* wo bereits im ersten Jahr nicht weniger als 16 oberirdische Versuche stattfanden. Verantwortlich war die amerikanische Atomenergiekommission (USAEC), die mit großen Vollmachten und gewaltigen Geldmitteln ausgestattet wurde. „Gewaltige Mengen an Spaltprodukten und an Plutonium" seien freigesetzt worden, weiß H. VETTER, die eine „meßbare radioaktive Verseuchung verursachten".
Verantwortlich war wieder einmal niemand. Als die Firma Eastman-Kodak 1951 zur Verpackung ihrer Filme Stroh verwendete, das sich als mit Spaltprodukten aus den Nevada-Tests verseucht herausstellte, und die Filme durch die Strahlung geschwärzt waren, wollte für den beträchtlichen Schaden niemand aufkommen. Als 1953 eine radioaktive Wolke bis in 10 Kilometer Höhe stieg und später über der Stadt Troy im Bundesstaat New York mit einem Gewitter niederging und die Geigerzähler verrückt spielten, wurden die Daten des Rainouts von der USAEC geheimgehalten. Später stellte sich heraus, daß 70 Curie pro km^2 abgeladen worden waren. Das sind 2,59 Millionen Becquerel pro m^2! Zum Vergleich: Nach Tschernobyl lagen die Quadratmeter-Aktivitäten durch Tschernobyl in Mitteleuropa maximal zwischen 25.000 und 35.000 Becquerel (G. HAAF, M. BERGER u. a.).
Es wird geschätzt, daß an den *oberirdischen Atombombentests in der Wüste von Nevada* von 1951 bis 1963 rund *200.000 Menschen* teilnahmen. Über 100 Tests wurden durchgeführt. 26mal stand der Wind ungünstig und trieb das radioaktive Material ins benachbarte Utah. *Durch den Fallout starben in den betroffenen Gegenden 2,44mal mehr Kinder an Leukämie als in anderen Staaten* der USA (M. REITZ, P. GUTJAHR, Seite 57). C. J. JOHNSON (1984) hat die Krebsfälle von Mormonenfamilien (meist Farmer), die in der Nähe des Nevada-Testgeländes in der Hauptwindrichtung im Südwesten von Utah wohnen, mit denen aller Mormonen in Utah verglichen und festgestellt, daß bei ihnen 109 Krebsfälle mehr auftraten. Die Familien waren vor allem durch die oberirdischen Tests von 1951 bis 1962, dann aber auch — in geringerem Ausmaß — durch die unterirdischen Tests 1962 bis 1979 belastet worden. Auch unterirdische Explosionen verursachen Atompilze und Fallouts. Und es gibt Fehlzündungen, die allerdings von der Behörde in Las Vegas verschleiert werden. *Leukämie* trat zunächst 5mal so häufig auf als erwartet, später 3 bis 4mal so häufig, *Schilddrüsenkrebs* und *Knochenkrebs* 8mal so häufig, *Brustkrebs* und *Melanome* doppelt so häufig, *Gehirntumoren* mehr als doppelt so häufig.
Radioaktiv verseucht wurde ein Gebiet von der Größe Belgiens, auf zehntausende von Jahren. Und die Tests gehen weiter. Das SDI-Programm liefert Nachschub. Heute haben sich die Bewohner des Dreiländerecks Utah, Nevada und Arizona zu einem „Komitee der Überlebenden" zusammengeschlossen. Die 25.000 Anwohner dieses Gebietes waren durch radioaktive Partikel beinahe aller Atombombentests verseucht worden. Heute weiß man, daß die außerordentlich hohe Rate an Leukämie und Kehlkopfkrebs damit zusammenhängt. SCOTT MAHESON, Gouverneur von Utah: „Wir sind mit einem ungeheuren Maß an Verantwortungslosigkeit konfrontiert. Die an den Tag gelegte Menschenverachtung ist bestürzend. Leider gilt das nicht nur für die Zeitspanne von 1951 bis 1962, sondern auch für heute. Keine Behörde will Rede und Antwort stehen." (Zitiert nach M. L. KALTENEGGER, Seite 141)

Zwischen 1951 und 1962 waren etwa *100.000 US-Soldaten* Zeugen der Atombombentests in der Wüste von Nevada (M. L. KALTENEGGER, Seite 138). Das Pentagon wollte beweisen, daß konventionelle Kriegsführung auch nach dem Einsatz von Atomwaffen möglich sei, wollte einer „Elite-Truppe" die Angst vor Atomwaffen nehmen — für den „Ernstfall". Im Lauf der Jahre wurde der Abstand zwischen Soldaten und Explosionspunkt immer mehr verringert. Außerdem verkürzte sich auch die Zeitspanne zwischen der Zündung und der Aufnahme von Manövern im Explosionsgebiet immer mehr. 1955 betrug sie nur noch wenige Minuten. Nur die die schauerliche Szene beobachtenden Wissenschafter und obersten Militärs waren mit Schutzkleidung ausgestattet. Der einfache Soldat wurde nach den Übungen einfach abgekehrt und in die Dusche gesteckt. Dabei wußten die Fachleute schon aus den Erfahrungen von Hiroshima und Nagasaki, welchen Gefahren sie die Soldaten aussetzten. Die in wenigen Sekunden von den Soldaten empfangene Strahlung betrug bis zu *6 rem.* Durch die Manöver im Explosionszentrum nahmen sie zusätzlich große Mengen *radioaktive Partikel* in ihren Organismus auf. Schon 1949 stand in einem *Memorandum der Atomenergiebehörde:* „Jede, auch die geringste Strahlung ist gesundheitsschädlich. Es gibt weder einen sicheren Schwellenwert für die Strahlendosis, noch kann irgendein Abstand zum Zündungsort als sicher angesehen werden." (Zitiert nach M. L. KALTENEGGER, Seite 140)
Die Bomben, die gezündet wurden, hatten immer niedliche Namen: "Easy", "Turk" oder "Apple II". Am 31. August 1957 wurde "Smoky" gezündet. 3.225 Soldaten der 82. Luftlande-Division lagen etwa 3.500 Meter von der Explosionsstelle entfernt. Kurz nach der Zündung der Bombe wurden sie mit LKW bis etwa 300 Meter an den Nullpunkt herangefahren — zum Abhalten von Manövern. Eine Studie aus dem Jahr 1979 — United States Center for Disease Control: Leukemia among persons present at an atomic nuclear test (Smoky) — belegt nüchtern die höhere „Mortalität" unter den betroffenen Soldaten. Da meint selbst H. VETTER, daß eine „Zunahme der Leukämiefälle unter amerikanischen Soldaten, die bei einem atmosphärischen Kernwaffenversuch anwesend sein mußten", als „gesichert angesehen werden muß". „Man hatte die Soldaten, um sie an ‚Schlachtfeldbedingungen' zu gewöhnen, möglichst nahe an die Explosionsstelle gebracht und sie anscheinend nur ungenügend gegen die Strahlung von außen geschützt. Bis jetzt wurden 8 Fälle festgestellt, obwohl unter den 3.224 Soldaten nur 4 bis 5 Leukämien zu erwarten gewesen wären. Personendosimeter hatten bei diesen 8 Fällen Ganzkörperdosen durch äußere Bestrahlung bis zu 3 rem angezeigt, was lange verschwiegen worden war." (Seite 100)
Wie groß die Belastung durch die inhalierten radioaktiven Spaltprodukte bei den Manövern war, könne, so H. Vetter, nicht annähernd geschätzt werden.
Erst im Jahre 1978 gingen 7.000 Ex-GIs vor Gericht und klagten die US-Regierung. Der Dank des Vaterlandes war ihnen gewiß. Das Weiße Haus setzte eine Kommission ein. Das war alles.
Erst 1984 schaffte der Rechtsstaat USA erste Ansätze für seine Rehabilitation. Ein kleiner Bezirksrichter in Salt Lake City, BRUCE JENKINS, erkannte zu Recht, daß in zehn Fällen die Radioaktivität durch die Atombombentests für diverse Krebserkrankungen verantwortlich sei, daß die Atomenergiekommission in den fünfziger und sechziger Jahren fahrlässig gehandelt habe, weil sie Bewohner dreier Staaten nicht genügend vor den Folgen oberirdischer Tests schützte. Nach Zeugenaussagen wurden die Explosionen aufgeschoben, wenn die Gefahr bestand, daß die Winde den Fallout in dicht besiedelte Regionen wie Las Vegas oder nach Südkalifornien getragen hätten. Auf die ländlichen, dünn besiedelten Gegenden östlich der Testbasis wurde keine Rücksicht genommen (R. GRAEUB, Seite 94).

Der amerikanische Arzt JOHN W. GOFMAN, der 1963 bis 1969 Kodirektor des Lawrence-Livermore-Laboratoriums, eines atomwaffen-Forschungszentrums war und 1971 zusammen mit A. R. TAMPLIN *"Poisoned Power"* schrieb — eines der ersten Standardwerke gegen den atomaren Wahnsinn, bezeichnete die Atomwaffentests in der Wüste von Nevada als *„kalkulierte Hinrichtungen". Wer Radioaktivität freisetze, so J. W. Gofman, plane den Tod mit ein.* Das Problem sei, erklärte Gofman schon in "Poisoned Power", daß in *einem großen Atomkraftwerk jedes Jahr soviele langlebige radioaktive Spaltprodukte erzeugt würden wie durch die Explosion von 1.000 Hiroshimabomben.* Ein Satz, der nach dem Super-Gau von Tschernobyl erst ganz begreifbar wurde.

Hanford: Plutonium für alle

Nicht zu vertuschen waren 1977 und 1978 erschienene Studien der britischen Epidemiologen ALICE STEWART (Birmingham University) und GEORG W. KNEALE sowie des amerikanischen Krebsforschers und Arbeitsmediziners THOMAS MENCUSO.
Die zentralen Aussagen der Autoren: *Das Risiko einer Krebserkrankung bei Menschen, die ständig kleinen Dosen radioaktiver Strahlung ausgesetzt sind, ist alarmierend.* Untersucht wurden die Arbeiter der *Plutoniumfabrik in Hanford* im Bundessstaat Washington. Mehr als drei Jahrzehnte lang, von 1944 bis 1977, wurden alle Krankheiten und Todesursachen von 35.000 Arbeitern genau untersucht.

Bei einem Symposium der Internationalen Atomenergie Agentur in Wien (1978) erklärte A. STEWART in bezug auf Hanford: „Ich würde sagen, daß die Strahlenindustrie mit ihren verschiedenen Branchen das größte Krebsrisiko darstellt. Das Krebsrisiko durch Strahlung ist meiner Meinung nach schwerwiegender als dasjenige der chemischen Industrie... Wir haben bis jetzt 743 Krebsfälle bei Männern gefunden. Einige davon sind noch am Leben. Nach unseren Schätzungen sind 35 davon eindeutig auf die außerordentliche Einwirkung radioaktiver Strahlung zurückzuführen. Die Schätzung nach der Strahlenkommission lauten nur auf 4 bis 5 Karzinome. Wir haben also 5 Prozent berufsbedingte Tumore festgestellt, während offiziell weniger als 1 Prozent zugegeben wird."

Nach den Betriebsaufzeichnungen aus Hanford lag die Strahlendosis der Arbeiter im Mittel unter der 5.000-Millirem-Grenze. Diejenigen, die an Krebs gestorben waren, hatten nach der Analyse der Autoren die höchsten Belastungen radioaktiver Strahlung erhalten.
Bei zwei Arten von Krebs — beim Bauchspeicheldrüsenkrebs und beim Multiplen Myelom der Knochen, einer vom Knochenmark ausgehenden Geschwulst — stellten die Autoren eine besonders signifikante Erhöhung fest. Das wurde von mehreren anderen Forschern bestätigt (siehe BEIR-Report II, Seite 455 ff.). Dagegen wendet H. VETTER folgendes ein: „Es war sofort aufgefallen, daß sich diese Gruppe von allen anderen bisher untersuchten bestrahlten Bevölkerungsgruppen dadurch unterschied, daß kein

Überschuß an Leukämiefällen beobachtet werden konnte, der sich normalerweise als zuerst auftretender später Strahlenschaden auch in dieser Gruppe vor allen anderen Tumoren hätte zeigen müssen; ferner war in Hiroshima und Nagasaki das Auftreten von Bauchspeicheldrüsentumoren ein ausgesprochen seltenes Ereignis gewesen."
Dann kommt wieder das übliche „Gegenargument": „Eine genaue Bestimmung der Strahlendosen, die diese Arbeiter im Laufe ihrer Tätigkeit empfangen hatten, erwies sich als praktisch unmöglich..." Kein Wort über die Ungeheuerlichkeit, daß das über die Arbeiter einer Plutoniumfabrik gesagt wird, die angeblich so gut überwacht werden!
Außerdem werden in den einschlägigen Studien (siehe BEIR-Report II, Seite 455 ff.) sehr wohl kumulative Dosen genannt.
Damit nicht genug, greift H. VETTER zur schon zum Standard-Repertoire gehörenden Ausrede auf andere umweltbelastende Gifte: „Die amerikanische Strahlenschutzkommission glaubt daher, daß falls diese beiden ‚Überschüsse' nicht sowieso ein durch die kleine Fallzahl bedingtes Zufallsergebnis waren, sie noch am ehesten durch andere karzinogene Stoffe, mit denen diese Arbeiter umzugehen hatten, hervorgerufen worden sein könnten."
Kein Wort darüber, daß *Plutonium* selbst eines der gefährlichsten Umweltgifte überhaupt ist, daß es als „kritische Organe" Knochen und Magen-Darm-Trakt bevorzugt und daher Bauchspeicheldrüsen- und Knochenkrebs sicher nicht weit hergeholt werden müssen. Es ist auch kein Zufall, daß die Regierung in Washington im Juli 1978 fünfzig Orte mit Atomanlagen zum Gesundheitsrisiko erklärte, Orte, in denen Leukämie und Krebserkrankungen öfter vorkommen als in anderen Gemeinden.

Die Nuklearwaffenindustrie sorgt für strahlenden Nachschub

Nach einer Studie von C. J. JOHNSON von der Colorado School of Medicine, Denver, unterhält die Nuklearwaffenindustrie in den Vereinigten Staaten 9 größere Fabriken, unterstützt von einem ganzen System von Zulieferfirmen. Die Atomwaffenentwicklung wird vor allem im Lawrence-Livermore- und im Los-Alamos-Laboratorium vorangetrieben. Im "Savannah River Plant" (du Pont) und in Hanford werden eine Reihe von spaltbaren Materialien sowie Tritium hergestellt. Die Wiederaufbereitung von Plutonium und die Herstellung von waffenfähigem Uran erfolgt in "Rocky Flats" (früher Dow, jetzt Rockwell Int.). In diesen 9 Forschungs- und Produktionsstätten werden große Mengen von Radionukliden erzeugt bzw. spielen im Produktionsprozeß eine Rolle. Vor einiger Zeit wurden interne Berichte über Kontrollmaßnahmen zur Überwachung der Freisetzung radioaktiver Gase und Partikel in einigen von diesen Fabriken und Laboratorien herausgegeben. In einem Fall wurde die Veröffentlichung durch einen Prozeß erzwungen. Diese Berichte dokumentieren die Freisetzung größerer Mengen von radioaktiven Gasen und Partikeln, auch im „Normalbetrieb".
Über die Auswirkungen dieser gefährlichen Substanzen auf die *Bevölkerung* im Umkreis dieser Produktions- und Forschungsstätten gibt es nur wenige Untersuchungen: Vorstudien über "Rocky Flats", "Los Alamos" und "Savannah River" und einen umfassenden Report (AMBIO 10, 176, 1981). Diese Untersuchungen machten aber deutlich, daß die *Krebsrate bei gegenüber der Radioaktivität empfindlichen Organen (kritischen Organen) signifikant erhöht war.*

Die „Hanford-Studie", in der A. STEWART und ihre Mitarbeiter die erhöhte Krebshäufigkeit der Arbeiter in der Plutoniumfabrik nachweisen konnten, wurde schon erwähnt. Die radioaktive Strahlung macht natürlich am gut bewachten Zaun der Anlage nicht halt. A. STEWART erklärte 1978 in Wien: „Zum einen wird ebenfalls die Krebshäufigkeit erhöht, und zum anderen steigt möglicherweise die Zahl der genetischen Defekte, vielleicht noch nicht in der nächsten, sondern erst in der dritten Generation."
Für die Bevölkerung im Umkreis von "Rocky Flats" sind die Analysen nicht weniger beunruhigend. So berichten z. B. M. REITZ und P. GUTJAHR (Seite 57): „Bei *Denver in Colorado* befindet sich eine Fabrikationsanlage für Atomwaffen. Vermutlich werden dort seit 1953 Spuren von Plutonium an die Umgebung abgegeben. Inzwischen ist in der Nachbarschaft der Anlage von *Rocky Flats* eine *erhöhte Krebsrate zu beobachten.* Das Krebsmuster zeigt große Übereinstimmung mit dem Krebsmuster der Überlebenden von Hiroshima und Nagasaki. Die Krebserkrankungen der besonders strahlenempfindlichen Organe liegen um 12,2% über dem Erwartungswert." (Hervorhebungen durch den Autor)
C. J. JOHNSON berichtete schon 1978 über eine signifikant erhöhte Leukämie- und Lungenkrebshäufigkeit in der Region der kerntechnischen Anlage *Rocky Flats,* die durch das Werk mit Plutonium und anderen Spaltprodukten kontaminiert worden sei. 1982 verstärkte und erweiterte der amerikanische Mediziner seine Aussagen in der Studie "Environmental and health effects of the nuclear industry and nuclear weapons".
Die *Arbeiter* in diesen Industrieanlagen sind natürlich ebenfalls Opfer des nuklearen Größenwahns. 1984 informierte die angesehene Zeitschrift *New Scientist* (11. Oktober, Seite 3—4) über interne Studien des US-Departments of Energy in zwölf verschiedenen Nuklearanlagen. In neun Anlagen fand man bis zu 50% höhere Leukämieraten, überdurchschnittlich viel Lungen-, Lymphdrüsen- und Hirnkrebs sowie bösartige Tumore der Verdauungsorgane. Bei 2.529 Arbeitern in verschiedenen Anlagen, die mehr als 5 rem pro Jahr erhielten, war die *Krebsrate dreimal höher* als normalerweise zu erwarten gewesen wäre (R. GRAEUB, Seite 119).

NIEDRIGSTRAHLUNG: DIE SCHLEICHENDE GEFAHR

Zusammenfassend: Eine Schadenschwelle kann bei ionisierender Strahlung niedriger Dosis nicht bewiesen werden. Die statistische Nachweisbarkeit der gesundheitlichen Schäden ist bei kleinen Gruppen von Betroffenen erst ab einer gewissen Grenze möglich. Der Nachweis wird auch durch die langen Beobachtungszeiträume (Jahrzehnte!) erschwert bzw. unmöglich gemacht. Daraus Unschädlichkeit zu konstruieren, ist nicht nur wissenschaftlich unzulässig, sondern auch verantwortungslos. In *Tabelle 9* sind die Wirkungen ionisierender Strahlung auf die Zelle und ihre Folgen beim Menschen nochmals zusammengefaßt (siehe Seite 80).

Tabelle 9

Wirkung von ionisierender Strahlung auf die Zelle und ihre Folgeschäden beim Menschen

Absorption von Strahlenenergie in der Zelle

Ionisierung und Anregung der Atome

Radiochemische Reaktionen
(Bildung von Radikalen aus dem Wasser der Zellen)
in Bruchteilen von tausendstel Sekunden

Molekulare Veränderungen
in Sekunden bis Stunden

Zelltod
in Stunden bis Tagen
Bei *hohen Dosen:*
Organschäden, akute Strahlenkrankheit, Tod des Individuums.
Ab Dosen zwischen 5 und 15 rad:
Sterilität, Mißbildungen und Tod beim Embryo und beim Fötus, Fehlgeburten (möglicherweise auch schon unter 5 rad)

Schädigung der Zelle

Reparatur

Somatische Früh- und Spätschäden (gutartig) in Jahren bis Jahrzehnten:
Defizite in der Organmasse oder Organfunktion bei mit hohen Dosen behandelten Strahlenpatienten; Linsentrübung; Schäden an Haut, Knochenmark und Keimzellen (mit Beeinträchtigung der Fruchtbarkeit); Veränderungen an Blutgefäßen und Bindegewebe

Mutation in der DNS der Zelle in Minuten bis Stunden

Schädigung der Keimzelle

Mutation in der DNS der Keimzelle in Minuten bis Stunden

schon bei niedrigen Dosen

Somatische Spätschäden (bösartig) = Krebs in Jahren

Genetische Spätschäden = Erblicher Krebs, Erbliche Mißbildungen, dauernde Sterilität in Jahrzehnten bis Jahrtausenden

Dosis-Wirkungsbeziehung *nicht* stochastisch
Schäden ab einer bestimmten Dosisschwelle *direkt* nachweisbar

Dosis-Wirkungsbeziehung *stochastisch* (zufallsabhängig)
Schäden nur *statistisch* erfaßbar

Keine Dosisschwelle,
unterhalb derer Strahlung unschädlich ist

Das *Dilemma statistischer Berechnungen von Spätschäden* durch radioaktive Strahlung zeigte sich auch nach Tschernobyl. Die Schätzungen, wieviele Krebstote es nach dem Super-Gau in der Ukraine weltweit geben werde, schwanken zwischen einigen Tausend und einigen Hunderttausend.

Der Bremer Atomphysiker JENS SCHEER etwa rechnet infolge des Reaktorunglücks mit mehr als 30.000 zusätzlichen Krebstoten, der schwedische Wissenschafter GUNNAR BENETSON mit 8.000 in den nächsten 30 Jahren (in Westeuropa). Der amerikanische Arzt ROBERT GALE aus Los Angeles (er führte in der UdSSR Knochenmarktransplantationen an Strahlenopfern durch) gibt die Strahlen-Krebsopfer in den nächsten 10 bis 50 Jahren mit 50 bis 100.000 an, der amerikanische Reaktortechniker RICHARD WEBB mit 600.000 bis 900.000 (weltweit).
Der amerikanische Experte JOHN W. GOFMAN errechnete für Österreich in den nächsten 10 bis 30 Jahren 280 zusätzliche Krebstote pro 10 Millirem. Bei einer laut Gesundheitsministerium zusätzlichen Belastung von 50 mrem (E. RASINGER, Seite 33) durch Tschernobyl wären das 1.440 zusätzliche Tote. Strahlenschützer des Forschungszentrums Seibersdorf nahe Wien meinten hingegen, es werde höchstens einige zusätzliche Krebsfälle geben, die in einer Krebsstatistik so gut wie nicht nachzuweisen seien (DIE PRESSE, 12. Mai 1986). Der Münchner Nuklearmediziner HERBERT BEGEMANN erklärte für die Bundesrepublik Deutschland: „In den neunziger Jahren müssen wir bei uns jährlich mit Tausenden zusätzlichen Krebskranken rechnen... Das dicke Ende kommt noch." (Zitiert nach STERN)

Wegen der widersprüchlichen Aussagen muß sich die Wissenschaft wohl oder übel den Vorwurf gefallen lassen, interessenbezogen, parteiisch, zweckgebunden zu argumentieren. Aber denen, die sich hinter der Statistik verschanzen, den Atomlobbyisten in Ost und West, die die Gefahren verharmlosen, muß dennoch die schärfste Kritik gelten. Jeder Krebs mehr ist ein Krebs zuviel. Jedes Millirem hat eine onkogene (krebsauslösende) Potenz, wie der Leukämie-Spezialist HARALD THEML aus Karlruhe es kürzlich formulierte. Auch dann, wenn die Krebserkrankung nur als kollektives Schicksal erkennbar ist, manifestiert sie sich in der Realität als Leid und Leiden eines konkreten Menschen.
Als in Österreich nach Tschernobyl bekannt wurde, daß viele werdende Mütter aus Angst vor Mißbildungen abtreiben ließen, meldete sich ein „Ärzteteam" unter Führung von KARL FELLINGER. Generallinie der Aussagen: Kein konkretes Risiko. Der Wiener Nuklearmediziner RUDOLF HÖFER, Chefberater des Gesundheitsministers, erklärte, man habe sich international auf folgende Faustregel geeinigt: „Bei einer Strahlenbelastung von über 10 rad wird werdenden Müttern zur Abtreibung geraten. Zwischen 1 und 10 rad bleibt die Entscheidung einem ausführlichen Gespräch zwischen Arzt und Patientin überlassen. Unter 1 rad wird von einer Abtreibung abgeraten."
Die Sicherheit der Herren Professoren ist beachtenswert, aber der gewiß löbliche Wille, Panik zu vermeiden, sollte den Durchblick auf die Wahrheit nicht verstellen. Und die Wahrheit heißt in diesem Fall Unsicherheit. So schreibt z. B. L. RAUSCH (Seite 195 f.) unter dem Titel „Strahlenschäden am Ungeborenen": „Was den quantitativen Einblick gerade bei niedrigen Strahlendosen sehr erschwert, ist, daß nicht nur bezüglich bösartiger Tumoren, von denen wir das schon wissen, sondern auch hinsichtlich Mißbildungen ein beträchtlicher Sockel ‚spontan' auftretender gleichartiger Ereignisse zu gewärtigen ist... Immerhin sind schon ohne Strahlenexposition (außer der natürlichen) 1,5 bis 6% aller bei uns geborenen Kinder mit schweren bis leichten Mißbildungen be-

haftet... Man ist dadurch mit der Erforschung der Wirkung kleiner Strahlendosen in einer vergleichbar schwierigen Lage wie bei der Onkogenese."

Und J. KIEFER schreibt unter „Praenatale Strahlenschäden" (Seite 327): „Die Tierexperimente lassen vermuten, daß für die Induktion von Mißbildungen keine Schwellendosis existiert." Das gelte, so der Autor, vor allem für frühe Entwicklungsstadien des Embryos, wenn die meisten Organe angelegt werden.

Nach Ansicht eines WHO-Expertenteams, das nach dem Tschernobyl-Gau zusammentrat, gibt es in den ersten Schwangerschaftswochen für die Bestrahlung im Mutterleib bei *„fetalen Dosen"* (fetal = den Fetus betreffend, Fetus = menschliche Leibesfrucht vom 3. Schwangerschaftsmonat an) *unterhalb von 10 rem* keinen Hinweis auf Mißbildungen bewirkende (teratogene) Effekte. Die letzten Forschungsergebnisse deuten allerdings auf eine fallweise entstehende *geistige Behinderung mit einer Wahrscheinlichkeit von 0,04% pro 100 Millirem fetaler Dosis in der 8. bis zur 15. Schwangerschaftswoche hin, ohne Hinweis auf eine Schwellendosis.* Dieses Risiko ist nach der 15. Schwangerschaftswoche geringer (Österreichische Ärztezeitung, 10. Juni 1986).

Die Befürchtungen der werdenden Mütter bestanden also doch zu Recht.

Die ersten bahnbrechenden Untersuchungen, daß Kinder im Mutterleib durch ionisierende Strahlung besonders gefährdet sind, wurden von der britischen Ärztin ALICE STEWART schon in den fünfziger Jahren durchgeführt. Damals war es noch üblich, Frauen in der Schwangerschaft zu röntgenisieren, wenn man beim Kind eine Risikolage vermutete. Es wurden oft ganze Serien von Röntgenaufnahmen gemacht. A. STEWART konnte mit ihren Arbeiten an der Universität Oxford, veröffentlicht 1958 im British Medical Journal Nr. 1, nachweisen, daß auch sehr niedrige Dosen (in der Summe) karzinogen sind und daß das Risiko von Kindern, bis zu ihrem 10. Lebensjahr an Krebs oder Leukämie zu sterben, verdoppelt war, wenn bei ihren Müttern während der Schwangerschaft 4 Röntgenaufnahmen (Bestrahlungsdosis pro Aufnahme 0,2—0,46 rad) des Unterleibs gemacht wurden.

Diese Arbeiten wurden 1962 durch epidemiologische Studien an fast 800.000 Kindern aus New York und New England bestätigt. Eine Untersuchung von A. STEWART und G. W. KNEALE — veröffentlicht 1970 in "The Lancet" Nr. 6 — ergab, daß pro Million Kindern, die kurz vor der Geburt eine Dosis von 1 rad (entspricht 0,01 Gray oder 1 rem) erhielten, in den ersten 10 Lebensjahren zusätzlich 300 bis 800 Kinder an Krebs starben.

E. BERGER und seine Koautoren (Seite 362) weisen darüber hinaus auf eine noch wesentlich höhere Strahlenempfindlichkeit im ersten Drittel der Schwangerschaft hin. Die Verdoppelungsdosis liege in diesem Fall „bei etwa 100 Millirad". Das entspricht 100 Millirem, also etwa der durchschnittlichen Jahresbelastung durch natürliche Radioaktivität.

Wie sehr die Experten bei der Einschätzung der Gefahren der Niedrigstrahlung „schwimmen", zeigte die Diskussion um die zulässige Milchbelastung nach Tschernobyl:

M. HEINDLER (Institut für theoretische Physik, TU Graz) u. a. errechneten im Juni 1986 für die Jodbelastung durch Milch: „Der Jahresgrenzwert für die Schilddrüsenbelastung der allgemeinen Bevölkerung ist mit 1.000 mrem festgelegt. Beim Erwachsenen wird er mit der Aufnahme von 526 nCi (Nanocurie) Jod-131 erreicht. Beim Kleinkind reichen 62,5 nCi — das sind 8 bis 15 Liter Milch, wie sie im Mai 1986 in Österreich verkauft wurde (4 bis 8 nCi Jod/Liter). Sind Menschen mit Jod unterversorgt, wie das z. B. in der Steiermark häufig ist, wird mehr Jod in die Schilddrüse aufgenommen und der Grenzwert schneller erreicht: bei Erwachsenen mit 224 nCi, bei Kindern mit 26,6 nCi — das sind nur 3 bis 7 Liter Milch. In Deutschland ist der Jahresgrenzwert für

die Schilddrüsenbelastung 90 mrem — ca. ein Zehntel des österreichischen Wertes: ein steirisches Kind hätte diese Grenze bereits mit 2,4 nCi — also mit der Aufnahme eines halben Liters Milch — erreicht.“ (Rem-Sparblätter, 1986, Seite 11)
Dabei waren in der BRD bis zu 500 Bq pro Liter zugelassen — das sind rund 13 nCi — gegenüber 10, später 5 nCi in Österreich (1 nCi = 37 Bq).

Zieht man alle verschiedenen Einflüsse in Betracht, kann man deutlich erkennen, daß die offizielle Beschwichtigungsformel, eine zusätzliche äußere Strahlenbelastung von etwa *50 Millirem pro Jahr* durch Tschernobyl bewirke „kein zusätzliches nennenswertes medizinisches Risiko“, reine Augenauswischerei ist. Kommt es doch vor allem auf die *innere* Strahlenbelastung an, die offenbar hohe Werte erreichen kann und zur äußeren Belastung addiert werden muß. Eine Belastung, die uns nach FRIEDRICH STEINHÄUSLER vom Institut für Allgemeine Biologie, Biochemie und Biophysik in Salzburg durch das „gefährliche“ Cäsium-137 „mindestens zwei Jahre ganz massiv zu schaffen machen“ wird.

Radioaktive Bestrahlung von innen

Radioaktive Bestrahlung von außen ist vor allem auf ionisierende Strahlen mit größerer Reichweite zurückzuführen: auf Gamma-, Röntgen- und Neutronenstrahlen. Ihre biologische Wirkung hängt in erster Linie von der Energiedosis und vom Abstand zur Strahlenquelle ab: *Die Belastung durch diese Strahlen nimmt mit dem Quadrat der Entfernung ab* (L. RAUSCH, Seite 89). Gefährlich kann diese Art von Strahlung im Alltag nur für jene werden, die beruflich laufend mit ihr zu tun haben. Auch in Hiroshima und Nagasaki, bei Unfällen in der Atomindustrie und bei Atombombentests haben diese Strahlen verheerende Wirkung gezeigt. Wenn die Energiedosis hoch genug ist, kommt es auch bei einmaliger Verstrahlung zur akuten Strahlenkrankheit.
Ganz anders verhält es sich mit der Bestrahlung von innen durch in den Körper aufgenommene radioaktive Partikel, die vor allem aus dem Fallout von Atombombentests und kerntechnischen Anlagen, aber auch aus der Anwendung strahlender Substanzen in Medizin, Technik und Forschung sowie aus der natürlichen Umgebung stammen.

A-BOMBEN-TEST-FALLOUT

Bis 1962 wurden Atombomben von mehr als 500 Megatonnen Sprengkraft oberirdisch getestet. Dabei kam es zur Freisetzung von rund 10 Tonnen radioaktiver Spaltprodukte. Dazu kamen pro Megatonne etwas mehr als 7 Kilo *radioaktiver Kohlenstoff* — erzeugt durch die schnellen Neutronen bei der Explosion — und *radioaktives Tritium*. Seit Beginn der Versuchsexplosionen 1952 stieg der Radiokohlenstoff bis auf 100% über den Normalpegel (B. MANSTEIN, Seite 27). Neben relativ kurzlebigen Nukliden wie *Jod-131* befanden sich unter den radioaktiven Spaltprodukten auch langlebige Isotope wie *Strontium-90* und *Cäsium-137*. Sie wurden, über Wind und Wetter auf den Boden und in die *Nahrungskette gelangt, im menschlichen Organismus angereichert*. Es kam zu einer ständig wachsenden Zunahme des aufgenommenen und damit auch gespeicherten Strontiums und Cäsiums bis 1964, dem Jahr des Stopps der oberirdischen Atombomben-Tests.
In *Tabelle 6* (Seite 31) sind die Halbwertszeiten wichtiger Radionuklide und die kriti-

schen Organe angegeben, in denen sie deponiert werden, wobei die Zeitdauer von der effektiven Halbwertszeit bestimmt wird. Die kritischen Organe von Strontium-90 sind Knochen, Lunge und Magen-Darm-Trakt. Cäsium-137 wird im ganzen Körper, im besonderen auch in der Lunge und im Magen-Darm-Trakt angereichert. Die effektive Halbwertszeit von Cäsium-137 liegt bei 70 Tagen, d. h. es dauert etwa 2 Jahre, bis im Organismus gespeichertes Cäsium wieder zum größten Teil abgebaut ist. Die effektive Halbwertszeit des „Knochensuchers“ Strontium-90 beträgt 8 Jahre. G. F. FUEGER (Seite 11) gibt als biologische Halbwertszeit für *Radio-Strontium* rund 49 Jahre (Skelett) und 36 Jahre (Ganzkörper) an. Nach diesen Werten würde sich die effektive Halbwertszeit wesentlich erhöhen. Doch egal, von welchen Halbwertszeiten man ausgeht, Strontium-90 — einmal in den Körper aufgenommen — strahlt in dem betreffenden Menschen sein ganzes Leben lang und kann *Knochenkrebs* verursachen. Radio-Strontium ist ein Beta-Strahler, Radio-Cäsium ein Beta/Gamma-Strahler. Die Reichweite eines Betastrahlers von 1 Megaelektronenvolt Energie in der Luft beträgt rund 4 Meter. In Wasser liegt sie bei ca. 4 Millimeter. Das entspricht ungefähr der Reichweite in menschlichem Gewebe, das vor allem aus Wasser besteht. Während entsprechende Alphastrahler mit nur etwa einem Tausendstel dieser Reichweite (H. LINDNER, Seite 95, 97) nur die Zellen in unmittelbarer Umgebung belasten, gefährdet die Betastrahlung weit größere Bezirke des Gewebes. Chronische Belastung kann nach Aufnahme in den Körper nicht vermieden und „kaum erfolgreich behandelt werden“ (G. F. FUEGER).

Die *Inkorporation* strahlender Stoffe erfolgt — außer bei medizinischer Anwendung — über die Nahrung (Aufnahme in den Magen-Darm-Trakt), durch Inhalation (Aufnahme in die Atemwege), in Ausnahmefällen durch die verletzte, in Sonderfällen auch durch die unverletzte Haut.

Die Betastrahlung von Strontium-90 hat nur eine Energie von 0,55 Megaelektronenvolt (H. LINDNER, Seite 194), die des Cäsiums-137 eine von 0,51 MeV. Beim Cäsium kommen allerdings 0,66 MeV Energie aus der Gammastrahlung hinzu. Mehr als 1 Megaelektronenvolt Energie durch Betastrahlung erreichen z. B. Natrium-24, Phosphor-32 oder Kalium-42 bzw. Kobalt-60 durch Gammastrahlung.

Tritium (J. KIEFER, Seite 352) und *Radio-Jod* (G. F. FUEGER, Seite 9) werden auch *über die unverletzte Haut aufgenommen.*

Die mit Abstand wichtigsten Eintrittsorgane sind aber der *Magen-Darm-Trakt* und die *Lunge.* Von dort gelangen die Radioisotope ins *Blut* und in die *Lymphe* und dann in die *„kritischen Organe“,* in denen sie gespeichert werden. Dabei verhalten sich einige wie ihre ungefährlichen Verwandten im Periodensystem (Seite 22 f.). *Radioaktives Strontium* und *Radium* werden *wie Calcium* in die *Knochen* eingebaut — daher auch die lange biologische Halbwertszeit. *Radioaktives Cäsium* wird wie *Kalium* — und das natürliche Radioisotop *Kalium-40* — im *gesamten Körper* verteilt. *Radioaktives Jod* wird, wie stabiles Jod, in der *Schilddrüse* gespeichert. Daher kann man auch durch vorherige Absättigung der Schilddrüse mit inaktivem Jod (Jodidtabletten) die Speicherung des etwa bei einem nuklearen Unfall freigesetzten radioaktiven Jods in der sonst enorm belasteten Schilddrüse verhindern. Nach Tschernobyl entstand allerdings unter der Ärzteschaft ein Streit, ob das in Anbetracht der möglichen Nebenwirkungen diverser Jodpräparate anzuraten sei.

Radioaktiver Wasserstoff — *Tritium* — wird im *ganzen Körper* verteilt. Auch die *Haut* ist ein „kritisches Organ“ für Tritium.

Cäsium-137 und Strontium-90 gelangen, über die Nahrungskette angereichert (zum Beispiel durch Fallout oder Washout kontaminiertes Gras oder Heu — Kuh — Milch), in den menschlichen Organismus — mit äußerst nachteiliger Wirkung. Eine 10-

prozentige Erhöhung der Umweltkonzentration von Strontium-90 erhöht die Sterblichkeitsrate bei Embryos und Kindern unter 1 Jahr um 1,11%, die von Cäsium-137 um 1,45% (E. BERGER u. a., Bd. 1, Seite 371, gestützt auf eine amerikanische Studie von L. B. LAVE u. a., 1972).

Untersuchungen an Mäusen (W. A. MÜLLER) mit inkorporiertem *Strontium-90* ergaben, daß unerwartet hohe Strahlenbelastungen der *Keimdrüsen* (Gonaden) entstehen. Sie sind auf das Tochterprodukt Yttrium-90 zurückzuführen, das beim radioaktiven Zerfall von Sr-90 entsteht. Als Folge der Keimzellenbelastung ist die Schädigung bei der Nachkommenschaft weitaus stärker als normal — nicht nur bei Mäusen. Im Eierstock ist sie 2,5mal höher als im Hoden. Außerdem wird Y-90 in der *Bauchspeicheldrüse,* am stärksten aber in der *Hypophyse* (Gehirnanhangdrüse) angereichert, die den Hormonhaushalt steuert. Y-90-Beta-Teilchen haben übrigens gegenüber der Energie der Sr-Betateilchen von 0,55 Mev eine Enerige von 2,27 MeV! Die überaus starke Zunahme von Bauchspeicheldrüsenkrebs in Japan dürfte maßgeblich auf die hohe Anreicherung von Yttrium-90 in diesem Organ zurückzuführen sein (P. WEISH, E. GRUBER Seite 134).

Bei Strontium-90 sind ebenso wie bei Cäsium-137 die *Embryos und Neugeborenen besonders gefährdet.* In den Knochen der Mutter gespeichertes Strontium-90 wird während der Schwangerschaft mit dem Calcium laufend abgebaut und kann den Embryo mit viel höheren Dosen belasten als aus der von der Mutter aufgenommenen Menge zu erwarten wäre. Nach der Passage durch die Plazenta und die Anreicherung ist der Embryo von der Strahlung örtlich um ein Vielfaches stärker belastet als der Mutterorganismus (E. BERGER, u. a., Bd. 1, Seite 371).

Und das ist nur das Wenige, was man weiß...

Besonders nach Tschernobyl haben wir erfahren müssen, daß die Anreicherung der verschiedensten Radioisotope im Organismus, ihre Weitergabe in den Nahrungsketten und besonders die daraus resultierende Strahlenbelastung wenig erforscht sind. Völlig unzureichend ist vor allem das Wissen um die tatsächliche Belastung im Mutterleib sowie die Kombinationswirkung von ionisierender Strahlung und den übrigen Schadstoffen in der Umwelt.

Ein besonders gefährlicher Beta-Strahler ist *Phosphor-32.* Es wird in die DNS eingebaut und führt beim Zerfall zu Doppelstrangbrüchen (siehe Seite 59 f.).

Radioaktive Isotope verbinden sich leicht mit Wassertröpfchen und feinverteilten Staubpartikeln in der Atmosphäre und bilden sogenannte *Aerosole.* Besonders leicht gelingt das den festen Zerfallsprodukten radioaktiver Gase (z. B. Radon-222). Diese Aerosole werden in den Atemwegen deponiert; in der Nasalpassage, der Luftröhre,

Bei der Explosion von Atomsprengköpfen wird auch das besonders radiotoxische *Plutonium* frei. Plutoniumteilchen verbinden sich ebenfalls mit Wassertröpfchen und Staubteilchen der Atmosphäre und werden, so wie andere radioaktive Partikel, weiträumig und weltweit verfrachtet. *Plutoniumoxydteilchen* von 1 Mikrometer (Millionstel Meter) haben nur eine Aktivität von 0,5 bis 1 Picocurie pro Minute. Das heißt, es finden nur 1 bis 2 Zerfälle pro Minute und Teilchen statt. In den Flimmerhärchen der Bronchien und in den Lungenbläschen zurückgehalten übertragen diese *Alpha-Strahler* aber eine Energiedosis von *1.000 rad pro Stunde auf das umliegende Gewebe.* Und das bei einer effektiven Halbwertszeit von 120 Jahren! Intensive Schädigung ist die Folge. Plutonium verursacht schon in geringsten Mengen *Lungenkrebs.*

dem Bronchialbaum und im Inneren der Lungenflügel. Wo sie sich absetzen, hängt von der Größe der Aerosole ab (J. KIEFER, Seite 354). In den Bläschen der *Lunge* werden vor allem Teilchen mit einem Durchmesser von etwa *ein tausendstel Millimeter* abgelagert. Aerosole mit größerem Durchmesser werden in den oberen Bereichen des Atmungstraktes abgefangen, kleinere werden meist wieder ausgeatmet (F. BERGER u. a., Bd. 1, Seite 372 f.).

FALLOUT, WASHOUT UND EMISSIONEN VON KERNKRAFTWERKEN UND WIEDERAUFBEREITUNGSANLAGEN

Im „Normalbetrieb", bei Unfällen und Katastrophen wie in Tschernobyl wurden und werden von Atomkraftwerken und Wiederaufbereitungsanlagen ungeheure Mengen von radioaktiven Stoffen freigesetzt. Aus den Abluftfahnen der KKW- und WAA-Schlote wird ein gewisser Teil der Radioisotope entweder auf trockenem *(Fallout)* oder nassem *(Rainout, Washout)* Wege in die Umwelt gebracht. Im Fall Tschernobyl wurden vor allem *Jod-131* und *Cäsium-137* freigesetzt. Hinzu kamen noch zahlreiche andere strahlende Nuklide wie z. B. Xenon und Krypton. Die Xenon-Isotope haben nur eine relativ kurze Halbwertszeit (bis zu 12 Tagen). *Krypton-85* ist hingegen ein sehr langlebiges radioaktives Edelgas (Halbwertszeit 10,7 Jahre). Bezogen auf die Summe aller kerntechnischen Anlagen in dicht besiedelten Gebieten wird eine nicht zu unterschätzende Menge dieser Isotope auch im Normalbetrieb an die Umwelt abgegeben: über den Kühlwasserausläuf und über den Abluftkamin. Dazu kommen noch weitere langlebige Nuklide wie z. B. *Tritium, Kobalt-60, Strontium-90, Kohlenstoff-14 oder Jod-129.* Jod-129 fällt zwar nur in sehr geringen Mengen (bei der Aufbereitung) an, wird aber global verteilt und belastet die Umwelt mit einer Halbwertszeit von 17 Millionen Jahren extrem lang (J. KIEFER, Seite 377). Die langen Halbwertszeiten führen zu einem laufenden Anstieg der Konzentration. Man schätzt, daß allein durch Krypton-85 im Lauf von ungefähr zwei Generationen die normale natürliche Strahlenbelastung verdoppelt wird (E. BERGER u. a., Seite 376). P. WEISH und E. GRUBER (Seite 80) haben darauf hingewiesen, daß *Kohlenstoff-14* (Halbwertszeit 5.730 Jahre) aus Kraftwerken und Wiederaufbereitungsanlagen verbunden mit Kohlenmonoxyd, Kohlendioxyd, Methan und Äthan vollständig freigesetzt wird und die Schadwirkung von Krypton-85 und Tritium bis zum 400fachen übertrifft.

Auch das höchst radiotoxische *Plutonium* wird freigesetzt, vor allem bei Katastrophen, z. B. beim Brand des englischen Plutoniumreaktors in *Windscale* (er war übrigens ebenso graphitmoderiert wie der in Tschernobyl) und beim Super-Gau in der Ukraine. Natürlich gelangen alle diese radioaktiven Stoffe ebenso wie der Fallout von Atombombentests über die Nahrungskette und über die Luft (Aerosole) in den menschlichen Organismus und belasten ihn entsprechend ihrer Halbwertszeit und ihrer Strahlungsart.

Durch den Fallout des Super-Gaus in *Tschernobyl* wurden langlebige und kurzlebige Radionuklide über die gesamte nördliche Erdhalbkugel verteilt. Zu den langlebigen gehören vor allem Cäsium-134 und -137, Strontium-90, Technetium-99, Krypton-85 und Plutonium-239. Zu den kurzlebigeren Jod-131, Jod-132, Cäsium-136, Cer-141 und -144, Zirkonium-95, Ruthenium-103, Strontium-89, Niob-95, Barium-140, Tellur-132, Molybdän-99 und Neptunium-239. Über die gefährliche Belastung der Schilddrüse durch *Jod-131* wurde schon gesprochen. Darüber hinaus ist zu bedenken, daß diese Berechnung nur für *reines* Jod-131 gilt. Aus Fallout-Studien weiß man aber, daß Jod-131 meist *von anderen Jodisotopen begleitet* wird, die noch wesentlich problematischer

sind (von Jod-124 aufwärts). Die Strontium-90-Belastung durch den Fallout von Tschernobyl macht 1 bis 10 Prozent der Cäsium-137-Belastung aus. Milch, Milchprodukte und Wurzelgemüse sind jene Hauptnahrungsmittel, über die wir diese Isotope am meisten aufnehmen.
Mitarbeiter des Heidelberger Instituts für Umweltforschung haben Mitte Mai 1986 erklärt, daß die Belastung der Umwelt mit langlebigen radioaktiven Isotopen durch Tschernobyl größer war als durch alle Atombombenversuche zusammen. In Südbayern soll die Radioaktivität durch Tschernobyl sogar 10 bis 30mal höher liegen als durch die oberirdischen Atom-Bomben-Tests (ZDF, Aus Forschung und Technik, 25. 9. 1986). Das gilt für Cäsium-137, nicht aber für *Strontium-90* und *Plutonium*. Auch die damals in Österreich gemessenen Werte lagen wesentlich höher als nach Tschernobyl. Das bestätigen E. SIEKER und andere (Seite 151) für die Bundesrepublik Deutschland: Der Cäsium-137-Fallout durch Tschernobyl sei 6- bis 8mal höher, der Strontium-90-Fallout etwa 10mal niedriger als durch die A-Bombentests.
Daß die Cäsium-Belastung auch *vor* Tschernobyl nicht gerade schwach war, belegen unter anderen Messungen von eingefrorenen Lebensmitteln aus dem Jahr 1985. Nach einer Mitteilung des Ökologie-Institutes in Wien hatten Zwetschkenkerne eine Cäsium-Aktivität von 5,7 Nanocurie, die Früchte 1,5 nCi, Ribisl (Johannisbeeren) 1,3 nCi. Messungen der nuklearindustrienahen „Gesellschaft für Strahlen- und Umweltforschung" in Neuherberg bei München ergaben, daß nach Tschernobyl die Zufuhr an Radioaktivität weit über der aller Atomwaffentests zwischen 1954 und 1966 lag. Die Aktivität von Cäsium-137 habe etwa das Fünffache (München), die Aktivität von Strontium-90 nur ein Zehntel erreicht. Beide Isotope zusammen seien aber gut dreimal über dem kombinierten Wert für den früheren Fallout gelegen.
Routinemessungen von Cäsium-137 in Milch durch die WHO in Kooperation mit dem "International Reference Centre for Radioactivity" in Le Vésinet (Frankreich) ergaben, daß die Konzentrationen nach der Einstellung der oberirdischen Atomwaffenversuche 1969 bis heute kontinuierlich abnahmen, in Frankreich seit 1973 aber wieder langsam zunehmen ("Pollution and Health", Seite 16). Diese Belastung kann nur von kerntechnischen Anlagen aus Frankreich selbst stammen.
Berichte und wissenschaftliche Studien, die einen Zusammenhang mit *Krebs, Mißbildungen und erhöhter Kindersterblichkeit in der Umgebung kerntechnischer Anlagen* nachweisen, gibt es seit gut zwei Jahrzehnten in wachsender Zahl. Einer der ersten Pioniere war der Radiologe E. J. STERNGLASS (Universität Pittsburgh). In seinen epidemiologischen Untersuchungen stellte er die radioaktiven Emissionen verschiedener Kernkraftwerke, Forschungsreaktoren und Aufbereitungsanlagen in den Vereinigten Staaten den "US-Vital Statistics" entnommenen Fällen von Kindersterblichkeit, Krebs, Leukämie, Mißbildungen und anderen Krankheiten aus der Umgebung dieser Anlagen gegenüber und fand in „sehr vielen Fällen eine statistisch signifikante Übereinstimmung" (E. BERGER u. a., Seite 370). E. J. STERNGLASS fand heraus, daß die Häufigkeit von Leukämie und Krebs des lymphatischen und blutbildenden Systems bei der Bevölkerung um den Reaktor *Shippingport,* Pennsylvania, zwischen dem Jahr der Inbetriebnahme (1957) und 1967 um 70% angestiegen war. In der gleichen Zeit nahm aber die Krebsrate im ganzen Gebiet des US-Bundesstaates nur um 9% zu. In Midland, 2 km vom Reaktor entfernt, stieg die Krebssterblichkeit 1978 sogar um 180%. E. J. STERNGLASS entdeckte außerdem, daß die Milch im Gebiet von Pittsburgh, die von Weiden um den Reaktor kam, 50% mehr Strontium-90 enthielt als normale Milch. Die Zahl der Kinder, die an Leukämie starben, war in diesem Gebiet 1972 um ebenfalls 50% gestiegen.

Die „Nuklear-Ayatollahs", wie sie „Le Monde" nennt, ließen und lassen natürlich an dem kritischen Wissenschafter kein gutes Haar. Typisch dafür ist die Polemik von H. VETTER (Seite 97 ff.), die sich schließlich in statistischen Detailfragen erschöpft. Wie bei allen anderen kritischen Wissenschaftern, die ihre Überlegungen an der Volksgesundheit und nicht an der Wirtschaft orientieren, wird E. J. STERNGLASS „blinder Eifer und Fanatismus" (H. VETTER) unterstellt. Psychiater nennen das Projektion. Von allen Kritikern der Kritik wird übersehen, daß sie es nicht mit einem einzelnen zu tun haben, sondern mit einer stets wachsenden Gemeinschaft angesehener Gelehrter, die sich einfach nicht vor den Karren der Atomindustrie spannen lassen wollen.
In der *„Systemanalyse des Gesundheitswesens in Österreich"* steht dazu ein denkwürdiger Satz: „Das Hauptargument gegen E. J. STERNGLASS ist, daß die von ihm beschriebene Zunahme der Kindersterblichkeit mit den relativ geringen Ganzkörperdosen, die aus dem fallout oder Gasausstoß von Kernanlagen berechnet werden, nicht erklärt werden können. Dieser Einwand verliert jedoch mit unserer wachsenden Kenntnis der unerwarteten Anreicherungsmechanismen inkorporierter Radionuklide in den Organen, der hohen Wirksamkeit niedriger Nuklidkonzentrationen auf Zellmembranen (A. PETKAU, 1972) und dem Nachweis strahlensensibler Phasen der Keimesentwicklung (A. STEWART und G. W. KNEALE, 1970) mehr und mehr an Gewicht."
Dazu kamen seither noch zahlreiche weitere Studien: In den Jahren 1974/75 gelang es japanischen Forschern — S. ICHIKAWA, M. NAGATA und S. OKI — strahlengenetische Effekte direkt in der Umgebung eines Atomkraftwerkes nachzuweisen. Die Wissenschafter arbeiteten mit einer Pflanze *(Tradescantia ohiensis)*, die vor Inbetriebnahme eines Kernkraftwerkes in der näheren Umgebung ausgepflanzt wurde. Untersucht wurde vor und nach der Inbetriebnahme. Erfaßt wurden mehr als eine Million Staubgefäßhaare mit rund 34 Millionen Haarzellen. Etwa 5.000 Mutationen wurden festgestellt. Die Mutationsrate lag ungefähr 30 Prozent über dem spontanen (normalen) Wert. Das entsprach einer Dosis von mindestens 300 Milliröntgen. Nach offiziellen Angaben waren jedoch nur Gamma-Dosen von 9 Milliröntgen gemessen worden. Die Wissenschafter erklärten diesen Unterschied damit, daß die freigesetzten Radionuklide zum Teil an der Oberfläche der Pflanzen (durch die Spaltöffnungen) aufgenommen wurden und damit die viel höhere Beta-Dosis wirksam wurde (P. WEISH, E. GRUBER, Seite 135).
Den Pflanzen geht es also ähnlich wie dem Menschen: *Die Aufnahme von radioaktiven Substanzen in den Organismus, die die innere Strahlenbelastung zur Folge hat, ist außerordentlich wirksam.* Radioisotope werden von Pflanzen auch aus dem *Boden* aufgenommen (transferiert). 95% reichern sich in den obersten 5 Zentimetern Erde an, weshalb nach Tschernobyl darüber diskutiert wurde, diese 5 cm abzutragen.

NATÜRLICHE RADIOAKTIVITÄT

Bei der internen Belastung durch natürliche Radioisotope spielen hauptsächlich *Kalium-40* (zerfällt in das stabile Argon-40) und *Radon-222* mit seinen *Zerfallsprodukten* (siehe Tabelle 4, Seite 29) eine Rolle, in geringerem Umfang auch *Radium-226, Radon-220* (Thoron) und *Rubidium-87.* Die durch *kosmische Strahlung* entstandenen Isotope *Tritium, Beryllium-7, Kohlenstoff-14* und *Natrium-22* (J. KIEFER, Seite 374) sind für die Strahlung von innen durch Inkorporation weniger wichtig (im Unterschied zu den künstlich erzeugten). Kohlenstoff-14 gelangt über den Luftstickstoff in die Pflanzen und damit in den menschlichen Organismus.

Abgesehen von Störungen durch den Menschen ist der *„natürliche Haushalt von Radioaktivität“* (B. MANSTEIN) *im Gleichgewicht* und in seiner „eingespielten Form“ — im Gegensatz zu den künstlichen Isotopen — berechenbar. Alle natürlichen radioaktiven Isotope haben eine sehr lange physikalische, aber nur eine kurze biologische Halbwertszeit, d. h. sie reichern sich im Körper nicht bedrohlich an, schleichen sich nicht ein wie z. B. Strontium-90. Allesamt sind sie relativ schwache Strahler mit wenigen Zerfällen pro Minute.

Im Hinblick auf Dosis und Strahlenqualität ist die *Lunge* besonders exponiert. Das hängt mit der Inhalation der radioaktiven Gase *Radon und Thoron* zusammen, die sich leicht an *Aerosole* binden. Außerdem können diese Isotope und ihre Zerfallsprodukte auch in andere Teile des Körpers gelangen. Die Hauptrolle spielt *Radon-222,* das sich in gut abgedichteten Räumen — durch Energiesparprogramme überall gefördert und ausgebaut — in bedenklicher Konzentration anreichert (mehr darüber im Kapitel „Wohnen mit Radon“, Seite 134 ff.). Ohne Berücksichtigung der besonderen Radon-Konzentration in abgedichteten Räumen ist in „Normalgebieten“ (J. KIEFER, Seite 375) die interne Bestrahlung (Organdosis) durch *Kalium-40* auf Keimdrüsen, Lunge und rotes Knochenmark gegenüber den anderen natürlichen Nukliden die weitaus höchste — mit Ausnahme eben der Lunge, die durch *Radon-222* und *Radon-220* (im Verhältnis 30:4) viel stärker belastet wird wie durch Kalium-40. Außerdem spielt die Strahlenqualität eine Rolle: Bei Kalium-40 handelt es sich um einen Beta/Gammastrahler, bei Radon um einen Alphastrahler. Während Radon über die Lunge in den Organismus gelangt, wird Kalium-40 hauptsächlich über die Lebensmittel aufgenommen. Ein Mensch mit 70 Kilogramm hat eine natürliche Aktivität von rund 250.000 Picocurie, das sind rund 3.570 pCi pro Kilogramm: durch Kalium-40, Kohlenstoff-14 und Tritium. Im menschlichen Körper mit ca. 70 Kilo Gewicht finden also pro Tag rund 800 Millionen radioaktive Zerfälle statt. (1 Picocurie = 1 Billiardstel Curie = 2,22 radioaktive Zerfälle pro Minute.) *Ein Kilo Mensch ist etwa ebenso radioaktiv wie ein Kilo Kartoffeln* (3.500 pCi/kg). Die Aktivität der Kartoffel ist auf Kalium-40 zurückzuführen. Kalium-40 in der *Milch* hat eine Aktivität von 900 bis 1.700 pCi pro Liter. Zum Vergleich: In Österreich wurden in der ersten Mai-Hälfte 1986 — also unmittelbar nach Tschernobyl — bei etwa 20% der Milchproben mehr als 10 Nanocurie Jod-131 pro Liter gemessen. Das entspricht mehr als 10.000 Picocurie! Die Aktivität von *Trinkwasser* (Tritium und Kalium-40) liegt bei 2 bis 30 pCi/l, von *Meerwasser* (Tritium und Kalium-40) bei 300 pCi/l, von Bier bei 20 bis 390 pCi/l, von Salatöl bei 4.900 pCi/l, von Spinat bei 5.280/l, von Bohnen bei 11.800/kg. Bohnen enthalten besonders viel Kalium.

K. BÄTJER u. a. (Seite 76) geben folgende innere Strahlenbelastung an (nach O. HUBER: „Die Radioaktivität in der Biosphäre — Untersuchungen in der Schweiz“, 1973):

Tabelle 10

Natürliche innere Strahlenbelastung des Menschen in mrem/Jahr

	Keimdrüsen	Knochen	Lunge
Kalium-40	20	15	20
Kohlenstoff-14	1,5	1,5	1,5
Radium-226 (⅓ Folgeprodukte)	0,2	10	0,2
Thorium-228	0,3	10	0,3
Blei-210, Polonium-210	3	40	3
Inhalation von Radon und Folgeprodukten	1	1	100 (Lungenbläschen) 1.000 (Bronchien)
Summe	26,0	77,5	1.125,0

B. Manstein gibt die natürliche Belastung des Menschen in Millirad, also in Tausendstel rad an (Seite 18), die etwa Tausendstel rem (Millirem) entsprechen.

Tabelle 11

Die natürliche Belastung des Menschen von innen in mrad/Jahr

Teilkörperbelastung	Lunge	Knochen
Radon und Zerfallsprodukte	25—250	—
Radium-226 und Zerfallsprodukte	—	50
Ganzkörperbelastung		
Kalium-40	20	
Kohlenstoff-14	1,5	

Aus beiden Tabellen wird deutlich, daß Kalium-40 und Radium inklusive Zerfallsprodukte Knochen und rotes Knochenmark (siehe J. KIEFER, Seite 375) belasten, das gasförmige Zerfallsprodukt Radon hingegen die Lunge — in Teilbereichen (Bronchien) bis zu 1 rem und mehr.
Strahlen-Belastungen durch aufgenommene natürliche Radionuklide sind auch im „Millirem-Konzept" der Rheinisch-Westfälischen Elektrizitätswerke (Seite 23) angegeben:

Tabelle 12

Natürliche innere Strahlenbelastung in mrem/Jahr

	Keimdrüsen (entspricht etwa Ganzkörperdosis)	Zellgewebe am Knochen	Knochenmark	Lungenbläschen/Bronchien
durch Aufnahme				
von Luft	0,7	1,3	1,3	60/200
von Wasser	0,1	0,3	0,1	0,1
von Nahrung	28	51	30	22
Summe rund	29	53	32	80/220
Hauptverantwortliche Nuklide				
Kalium-40	21	24	25	21
Polonium-210	6	16	3	5/10
Radon-220 + F	—	—	—	6/40
Radon-222 + F	—	—	—	50/150
Radium-226	—	6	1	—

F = Folgeprodukte; — = unter 1 mrem/Jahr

Aus den mitunter doch recht unterschiedlichen Angaben geht immerhin hervor, daß vereinheitlichende *durchschnittliche* Angaben über die *innere Strahlenbelastung durch natürliche radioaktive Stoffe* nur bedingt aussagekräftig sind. Sie werden für Mitteleuropa mit durchschnittlich etwa *30 Millirem pro Jahr* angegeben.

Radioaktivität und Evolution

Jede Entwicklung ist letztlich auf zufällige Veränderungen im Erbmaterial — Mutationen — gegründet. Erst davon ausgehend sind Auslese und Anpassung überhaupt möglich. So entstand aus den einfachen Urorganismen die heutige Artenvielfalt. Die komplexen, sich ständig verändernden Einflüsse unserer Umwelt „bevorzugen jeweils nur einen schmalen Ausschnitt der aus richtungslosen, sprunghaften Spontanmutationen und Genkombinationen entstehenden Variationsbreite“ (P. Weish, E. Gruber). Die weniger gut angepaßten Individuen fallen mit großer Wahrscheinlichkeit der Selektion zum Opfer.
Man schätzt, daß etwa 10% der *Mutationen,* also Veränderungen im Informationsspeicher der Zelle (DNS), durch natürliche Radioaktivität ausgelöst werden. Durch die ständig ansteigende zivilisatorische Belastung hat sich dieser Faktor aber etwa verdoppelt, zumindest in den Industrienationen. Es ist fraglich, ob die *Reparaturmechanismen* in der Zelle diese Zunahme ausgleichen können. *Negativ sind die Mutationen so gut wie immer.* Es ist ja ganz allgemein so: Je komplizierter ein Organismus aufgebaut ist und je besser er an eine spezielle Umwelt angepaßt ist, desto geringer wird die Wahr-

scheinlichkeit, daß eine richtungslose Änderung der Erbanlagen durch Mutation einen Auslesevorteil bringt. Beim Menschen, seinen Haustieren und Nutzpflanzen hat eine verminderte Auslese ohnehin schon zu einem *Verlust an Vitalität* geführt. Jede zusätzliche genetische Belastung erhöht noch diesen Effekt. Die für eine genetische Belastung kritischen Zellen beim Menschen sind die *Spermatogonien* beim Mann — da aus ihnen laufend neue Spermien produziert werden — und die *Oozyten* (Eizellen) der Frau.
Hinzu kommen noch die in letzter Zeit ungeheuer zahlreich gewordenen chemischen Mutagene, die wir durch unsere Zivilisation in die Welt gesetzt haben. Und um das Maß voll zu machen, ist anzunehmen, daß sich ihre Wirkung und die ionisierender Strahlung potenzieren. Ziemlich eindeutig und aufschlußreich hat das L. RAUSCH (Seite 229) formuliert: ,,Weit über 99% aller strahleninduzierten Mutationen sind biologisch negativ zu werten... Dem steht, was manchmal falsch eingeordnet wird, nicht entgegen, daß man mit ionisierender Strahlung besonders ertragreiche oder gegen bestimmte Krankheiten resistente Pflanzen züchten kann. Was man dort tut, ist, etwas frivol ausgedrückt, daß man den lieben Gott imitiert und die Evolution nachmacht: Man erzeugt massenhaft Mutationen und produziert damit in großem Umfang biologisch minderwertigen Ausschuß. Nur gelegentlich macht man einen Treffer, der die Art in einer Weise verändert, die ihr in ihrer Umwelt bessere Überlebenschancen bietet... Wir können also zu Recht davon sprechen, daß praktisch alle strahleninduzierten Mutationen beim Menschen unerwünscht sind.''

Dabei wissen wir noch viel zu wenig, in welchem Verhältnis *dominante und rezessive Mutationen* stehen, also solche, die sich sofort in der ersten Generation, und solche, die sich erst beim Aufeinandertreffen zweier gleichartig geschädigter Erbanlagen bei beiden Eltern erst in späteren Generationen auswirken — was man z. B. bei überlebenden japanischen Atombombenopfern oder Tschernobyl-Geschädigten annehmen muß. L. RAUSCH meint in bezug auf dominante und rezessive Mutationen zu Recht: ,,Es sind die Letztgenannten, die uns wegen ihrer großen zeitlichen Reichweite besonders bedenklich machen.'' Da kann man dann in Jahrhunderten und Jahrtausenden rechnen...

Andererseits beschleunigt die Erhöhung der Radioaktivität in der Umwelt die Resistenzbildung bei zahlreichen Schädlingen, z. B. bei Insekten. So geraten wir schnell in einen Teufelskreis, der den Einsatz von immer mehr giftigen Chemikalien in der Landwirtschaft erfordert; diese beeinträchtigen wiederum die Entwicklungschancen des Menschen zusammen mit der erhöhten Radioaktivität. Der österreichische Physiker F. CAP hat kürzlich auf einen positiven radioaktiven ,,Impfeffekt'' hingewiesen: ,,Vorbestrahlte'' Mäuse hätten bei einer tödlichen Strahlendosis besser überlebt als nicht vorbestrahlte. Solche Hinweise sollen wohl darauf hinzielen, daß wir uns nur noch radioaktiv impfen lassen müssen, um mit den Gefahren unserer Nuklearzivilisation spielend fertig werden zu können. Eine Textstelle bei PETER WEISH und EDUARD GRUBER (Seite 144) gibt darauf hinreichend Antwort: ,,Die Tatsache, daß die organische Welt seit ihren Anfängen den Einflüssen der natürlichen Umweltstrahlung ausgesetzt war, verleitet zu der Ansicht, daß die Organismen sich an diesen Einfluß gewöhnt haben könnten, so wie auch gegenüber anderen schädlichen Agentien Resistenz auftreten kann. Von der energiereichen Strahlung werden über Ionisation und Anregung in der Zelle vielfältige strahlenchemische Reaktionen ausgelöst, deren zum Teil toxische Endprodukte auf unterschiedliche Weise in die zyklischen Stoffwechselvorgänge eingreifen können. Deshalb kann im Gegensatz zu einem einheitlichen Giftstoff (wie etwa einem bestimmten Bakterientoxin) keine spezifische Resistenz gegen ionisierende Strahlung ausgebildet werden.''

Und bei J. KIEFER (Seite 241) findet sich der Satz: „Zellen, die schon eine bestimmte Dosis erhalten haben, reagieren gegen eine weitere Erhöhung empfindlicher als unbestrahlte... Das bedeutet, daß geringe Dosen... eine Sensibilisierung gegenüber einer weiteren Strahlung bewirken."
Daß genetische Änderungen durch ionisierende Strahlung für den Menschen nur negativ sein können, kann man auch daran erkennen, daß an einem Großteil aller Krankheiten genetische Faktoren beteiligt sind. Eine steigende Zahl von Erbänderungen würde daher nicht nur das Auftreten von Krebs, sondern auch vieler anderer Krankheiten vermehren.

Verstärker der Strahlenwirkung und Strahlenschutzstoffe

Wie schon gesagt, bewirken auch geringe Strahlungsdosen eine Sensibilisierung gegenüber einer weiteren Strahlung. Es gibt also keine „Abhärtung", „Impfung" oder Gewöhnung an Radioaktivität. Weiters ist bekannt, daß gut mit *Sauerstoff* versorgte Zellen wesentlich strahlenempfindlicher sind als unversorgte Zellen und daß sie bevorzugt abgetötet werden. Sauerstoff wirkt also als *Strahlensensibilisator* (Näheres bei J. KIEFER, Seite 187 ff.) Umgekehrt führt die Abwesenheit von Sauerstoff im Gewebe zu Resistenzerhöhung. Diese Tatsache ist wichtig in der Strahlentherapie. Abhängig von Art und Sitz bösartiger Tumoren gibt es größere und kleinere Anteile, die nicht ausreichend mit Sauerstoff versorgt sind. Man hat sich auch bemüht, Chemikalien zu finden, die Sauerstoff in der Strahlentherapie ersetzen können.
In Tierversuchen wurde festgestellt, daß *Temperaturerhöhungen* in Tumoren um wenige Celsiusgrade deren strahlentherapeutische Angehbarkeit entscheidend verbessern können (L. RAUSCH, Seite 120).
Medikamente und andere Chemikalien können auf verschiedene Weise die Strahlenreaktion, speziell die Wirkung der freien Radikale verstärken, darunter einige *Antibiotika,* aber auch Genußgifte wie *Coffein.* Coffein wird auch als Substanz eingestuft, die den Reparatur-Mechanismus in der Zelle verhindert, wofür jedoch nach J. KIEFER (Seite 258) bisher kein Nachweis erbracht wurde.
In den 50er Jahren kam es zu intensiven Untersuchungen von *Strahlenschutzstoffen.* Man erwartete sich dabei Vorteile im militärischen Bereich, da — die Atomwaffentests in der Wüste von Nevada mit Einsatz von Soldaten sind dafür der beste Beweis — mit der Machbarkeit eines zumindest lokalen Atomkriegs gerechnet wurde. Um diese Studien ist es natürlich leiser geworden, da inzwischen auch die größten Nuklear-Enthusiasten wissen, daß man sich vielleicht gegen äußere Strahlung, aber nicht auf die Dauer gegen eine strahlenverseuchte Umwelt und gegen die „Einverleibung" radiotoxischer Stoffe schützen kann. Dennoch ist das Kapitel Strahlenschutzstoffe nicht uninteressant. In erster Linie sind das Stoffe, die die gefährlichen Radikale (z. B. OH-Radikale) abfangen, die sich bei radioaktiver Strahlenwirkung bilden.
Es wird natürlich von den Strahlentherapeuten prinzipiell versucht, eine Strahlendosis nur im Tumor zur Anwendung zu bringen und das umliegende Gewebe auszusparen. Dazu bietet eine Kombination von Chemotherapie und Strahlentherapie wichtige Ansätze. Der selektive Schutz von Normalgewebe durch Strahlenschutzstoffe macht den Einsatz höherer Dosen im Tumorgewebe möglich. Ihre Anwendung befindet sich in klinischer Erprobung. J. KIEFER (Seite 409) gibt einen Überblick über die wichtigsten bis-

her zum Einsatz gekommenen *Radiomimetika** und Stoffe für eine kombinierte Strahlenchemotherapie.

DIE STRAHLENBELASTUNG DURCH NATÜRLICHE RADIOAKTIVITÄT

Radioaktive Elemente sind in unserer gesamten Biosphäre enthalten: im Boden, im Wasser und in der Luft, daher über Nahrungsaufnahme, Wasseraufnahme und Atmung auch in Pflanze, Tier und Mensch.
Die natürliche Radioaktivität setzt sich aus zwei Komponenten zusammen: aus der terrestrischen und aus der kosmischen Strahlung. Beide Anteile sind miteinander verflochten und belasten uns von außen und innen.

Die strahlende Erde — terrestrische Strahlung

Die terrestrische Strahlung setzt sich aus zwei Anteilen zusammen. Zum einen stammt die Strahlung von jenen Radioisotopen, die in den äußeren Gesteinsschichten (Lithosphäre) von etwa 10 Kilometer Dicke konzentriert sind. Es handelt sich dabei um *Uran-238* und *Thorium-232* und ihre Zerfallsprodukte (Tabellen 4 und 5, Seite 29) sowie um die langlebigen *„Radiofossilien“* (J. KIEFER) *Kalium-40* und *Rubidium-87.* Uran-238 und Thorium-232 finden sich bevorzugt in bestimmten Mineralien (Monazit) und Gesteinen (Granit, Gneis), aber in geringen Konzentrationen auch in jedem Gesteins-und Bodenmaterial. Von außen wirken sie auf Pflanze, Mensch und Tier durch Gammastrahlung. Die Absorption der ionisierenden Strahlung dieser Radioisotope bewirkt übrigens eine dauernde Erwärmung der äußeren Gesteinsschichten und einen ständigen Wärmestrom nach außen. Zum anderen stammt die terrestrische Strahlung von jenen Radioisotopen, die bei den Kernprozessen der kosmischen Strahlung mit den Molekülen der Luft erzeugt werden. Zu den „kosmogenen“ Radionukliden im *Boden* gehören *Tritium, Kohlenstoff-14, Natrium-22* und *Beryllium-7,* die sich an Aerosole binden und über Niederschläge, Ablagerung und Diffusion auf den Boden und in die Gewässer gelangen.
Die Radioaktivität des *Meerwassers,* in dem viele dieser Nuklide enthalten sind (P. WEISH und E. GRUBER nennen H-3, C-14, K-40, Rb-87, Ra-226, Th-230 und -232, U-238), ist wesentlich geringer als die der Erdkruste. Die Strahlung aus dem Meer stammt zu 98% vom Kalium-40 und entspricht einer Belastung von 0,5 bis 1 Millirem pro Jahr (P. WEISH, E. GRUBER, Seite 18).
In der Erdkurste ist *Kalium-40* mit einem Anteil von 0,0118% im stabilen Kalium enthalten und belastet den menschlichen Körper mit 20 bis 30 Millirem im Jahr. Besonders hohen Kalium- und daher auch Kalium-40-Gehalt haben unter anderem *Feldspat* (14%) und *Kaliglimmer,* auch *Muskovit* genannt (20%).
Die pro Zeiteinheit absorbierte Energiedosis von *Uran, Thorium und ihren Zerfallsprodukten* in Granit und Gneis beträgt bis zu 90 Millirem pro Jahr, die in Sedimentgesteinen nur 20 bis 25 Millirem pro Jahr. Minerale mit einem hohen Gehalt an Uran und Thorium finden sich nur selten direkt an der Erdoberfläche. An der Südwestküste Indiens, in der Provinz *Kerala,* lagern Schätzungen zufolge *drei Viertel der gesamten*

*) Substanzen, die auf Zellen eine ähnliche Wirkung haben wie ionisierende Strahlen.

Thoriumvorkommen der Erde. In *Guarapari* in Brasilien sind Thorium und Uran neben Elementen aus der Gruppe der Seltenen Erden (Lanthaniden, siehe Tabelle 1, Seite 22 f.) in *Monazitsanden* gebunden.

In Brasilien und Indien wurden *maximale Aufnahmewerte von 1000 bzw. 2000 Millirem pro Jahr* berechnet — allerdings nur für eine sehr begrenzte Personengruppe. Die *Mittelwerte* liegen in *Brasilien bei 500 und in Indien bei 400 Millirem pro Jahr* (K. BÄTJER u. a., Seite 75). 1964 wurde von M. EISENBUD und anderen in der Umgebung von Guarapari 1 Meter über dem Erdboden eine Aktivität von 8 bis 10 Röntgen pro Jahr gemessen. Da es sich 1 m über dem Boden um Gammastrahlung gehandelt haben muß, sind die 8 bis 10 Röntgen gleichbedeutend mit einer möglichen Belastung von 8.000 bis 10.000 Millirem pro Jahr. Sollten auch die radioaktiven Gase Radon und Thoron beteiligt sein, wäre die Belastung noch höher.

Das entspricht den Angaben in der von der Rheinisch-Westfälischen Elektrizitätswerke AG herausgegebene Broschüre „Das Millirem-Konzept" (Seite 18). Dort heißt es, in den Monazitbezirken Brasiliens liege die Höchstdosis bei 12.000 Millirem pro Jahr, in Kerala bei 4.000 und in Granitbezirken Frankreichs bei 400 Millirem im Jahr, die mittlere Jahresdosis bei 500 in Brasilien, 1.300 in Indien und 300 Millirem in Frankreich. F. CAP (Seite 99) gibt für Kerala eine jährliche Strahlenbelastung von 200—2.600 mrem an.

In *Österreich* ist die terrestrische Strahlung in *Königswiesen,* in Oberösterreich, am höchsten. Königswiesen liegt auf dem Granit der „Böhmischen Masse". Am niedrigsten ist sie in *Apetlon,* Burgenland. Apetlon liegt auf Sedimentgesteinen und Sanden des „Seewinkels". In der Bundesrepublik Deutschland ist der Höchstwert für terrestrische Strahlung in bewohnten Gegenden ebenfalls im Urgesteinsgebiet (Granitböden) zu finden: in *Menzenschwand,* im Schwarzwald. Der *Mittelwert* liegt in der Bundesrepublik ebenso wie in Österreich bei ca. 43 Millirem pro Jahr.

Die im Erdboden vorkommenden natürlichen Radionuklide belasten den menschlichen Organismus über die *Nahrung:* Den bedeutendsten Anteil der natürlichen Radioaktivität in Nahrungsmitteln hat *Kalium-40.* Seine Aktivität liegt bei etwa 1 nCi/kg (1 Nanocurie = 1 Milliardstel Curie = 37 Becquerel = 37 Zerfälle pro Sekunde). Ra-226, Th-228, Pb-210 und Po-210 erreichen diese Aktivität nur in Ausnahmefällen. Sie liegt normalerweise um 1 pCi/kg (1 Picocurie = 1/1000 nCi = 2,22 Zerfälle pro Minute). Die Konzentration von *Rubidium-87* im Boden ist ungefähr um den Faktor 10 niedriger als die von Kalium-40. Rubidium wird als Alkalielement ähnlich wie Kalium und Cäsium im Körper aufgenommen, verteilt und ausgeschieden.

Die Aktivität von Rubidium in Bohnen liegt bei 100, bei Gerste bei 150 und bei *Milch* und *Fleisch* bei 100 pCi bezogen auf 1 Kilogramm Frischgewicht.

Der natürliche *Radiumgehalt* (Ra-226) in den Böden und daher auch in den Nahrungsmitteln ist „wesentlich geringer als der von Kalium und Rubidium" (E. L. SATTLER, W. STAHLHOFEN, Seite 54 f.). Während die Aktivität von Radium-226 in Lebensmitteln bezogen auf 1 kg Frischgewicht meist zwischen 0,3 (Milch) und 6 Picocurie (Eier) beträgt, erreicht sie bei *Paranüssen* bis zu 3.560 pCi.

Der erhöhte Radium- oder *Radon-Gehalt mancher Quellen* ist auf die Erosion unterirdischer Lagerstätten zurückzuführen. Radonhaltigen „Heilwässern" und Radonbädern wird heute in einem Teil der Literatur eine stimulierende „biopositive" Wirkung zugeschrieben. Das steht aber im Widerspruch zu der Erkenntnis, daß auch niedrige Dosen radioaktiver Strahlen nicht ungefährlich sind. Mehr dazu im Abschnitt „Radon — ein heilendes Gas?" auf Seite 127 f. Radium wird ebenso wie Uran und Polonium in den Knochen abgelagert.

Daß sich die erdgebundenen Radioisotope auch in Baumaterialien bemerkbar machen, ist naheliegend. Beachtlich sind die Werte vor allem bei Granitblöcken, Bimsstein, Schlackenstein, Klinkern und einigen anderen Baumaterialien. Im Kapitel ,,Wohnen mit Radon'' wird darauf ausführlicher Bezug genommen (Seite 134 ff.).

Radioaktivität aus dem Weltraum — kosmische Strahlung

Während die unterschiedliche Belastung durch terrestrische Strahlung mit der verschiedenen Beschaffenheit der Böden zusammenhängt (in Granit anders als in Sedimentböden), sind die Unterschiede bei der Belastung durch kosmische Strahlung auf die jeweilige Höhenlage über dem Meeresspiegel zurückzuführen. Wie schon im Abschnitt über Höhenstrahlung (Seite 37 f.) beschrieben, nimmt die kosmische Strahlung bis zu etwa 50 Kilometern Höhe kontinuierlich zu, um dann konstant zu bleiben. Durch die Höhenstrahlung werden die radioaktiven Nuklide *Tritium, Kohlenstoff-14 und Beryllium-7* gebildet. Sie setzen sich — ebenso wie die aus der Erde aufsteigenden Edelgase Radon und Thoron (sowie ihre Zerfallsprodukte) an *Aerosolen,* aber auch an feinsten Wassertröpfchen fest und gelangen durch Niederschlag und Diffusion auf die Erdoberfläche und ins Wasser, und in weiterer Folge über Atmung und Nahrungskette in den menschlichen Organismus.

> Die kosmische Strahlung (siehe Seite 37 f.) verursacht auf Meeresniveau eine Äquivalentdosis von 30 Millirem pro Jahr. Dieser Wert schwankt aber mit dem Luftdruck. Die *Zunahme der Höhenstrahlung mit steigender Seehöhe* ist auf die Absorption der Strahlung durch die Luft zurückzuführen. Sie beträgt etwa *1 Millirem pro Jahr und 50 Meter Höhenunterschied.*

Einige Beispiele: In Feldberg (Schwarzwald), rund 1.500 Meter über dem Meeresspiegel, liegt die Belastung durch Höhenstrahlung bei 60 Millirem pro Jahr, in Hamburg (Meeresspiegel) bei 30 Millirem. Auf der Zugspitze (2.962 Meter) führt die kosmische Strahlung schon zu einer Belastung von 90 Millirem pro Jahr.
E. TSCHIRF und P. VYCHYTIL haben für Österreich errechnet, daß die Höhenstrahlung in den Alpen etwa viermal so stark ist wie in der Ebene. In Apetlon (Seewinkel, Burgenland) macht die Dosierung der kosmischen Strahlung 3,3 Mikroröntgen pro Stunde aus, auf der Franz-Josefs-Höhe am Großglockner (2.362 Meter) 10,7 Mikroröntgen pro Stunde. Die *mittlere Belastung durch äußere Höhenstrahlung im Jahr* liegt in der *Bundesrepublik Deutschland bei 33 Millirem, in Östereich bei 35 Millirem.* Wasser bremst die Höhenstrahlung noch stärker ab als Luft. Schon 10 Meter unter dem Meeresspiegel ist sie um ein Drittel schwächer als an der Wasseroberfläche.

Summe der natürlichen Belastung

Die radioaktive Strahlenbelastung des Menschen aus natürlichen Quellen setzt sich aus drei Faktoren zusammen: aus Höhenstrahlung, Erdstrahlung — im wesentlichen von außen — und innerer Strahlung durch Nahrung und Atmung, die vor allem aus erdgebundenen, aber auch aus kosmischen Radioisotopen gespeist wird.

Die äußere Bestrahlung ist vor allem Gammastrahlung, die innere setzt sich aus Alpha-, Beta- und Gammastrahlung zusammen.
P. WEISH und E. GRUBER (Seite 24) haben die Summe der äußeren und inneren Strahlenbelastung des Menschen aus natürlichen Strahlenquellen (Quelle: FOCKE, 1959, LIBBY 1957 u. a.) in folgender Tabelle zusammengefaßt:

Tabelle 13

Natürliche Strahlenbelastung des Menschen in Millirem/Jahr

Strahlenquelle	Gesamtkörper	Knochen	Keimdrüsen
Äußere Bestrahlung:			
Höhenstrahlung	30	30	30
Gammastrahlung aus der Erde	ca. 45	ca. 45	ca. 45
Innere Bestrahlung:			
Kalium-40	20	12	20
Kohlenstoff-14	1,02	1,02	0,7
Radium-226	3	40	0,2
Radon und Zerfallprodukte	1,5	7	1
Summe	ca. 100	ca. 135	ca. 97

Leider fehlt bei den beiden Autoren eine Angabe über die Lungenbelastung. Das sollte aber nicht hindern, aus den Tabellen 10 bis 13 zusammenfassend ein Schema der inneren und äußeren Strahlenbelastung durch natürliche Isotope abzuleiten:

Tabelle 14

Innere Belastung:	
Gesamtkörper	20 bis 100 mrem/Jahr
Keimdrüsen	26 bis 97 mrem/Jahr
Knochen	50 bis 135 mrem/Jahr
Lunge	25 bis 1.125 mrem/Jahr
Äußere Belastung:	
Ganzkörper	ca. 75 mrem/Jahr

Die starken Schwankungen sind eine Folge verschiedener Berechnungen und Interpretationen der Belastung, aber auch mangelnden Wissens um die tatsächlichen Zusammenhänge und Prozesse im Organismus; eine Problematik, die BODO MANSTEIN in seinem Buch „Strahlen" überzeugend zusammengefaßt hat:
„Ganz allgemein ist zu sagen, daß im gegenwärtigen Zeitpunkt und mit den derzeitigen Erhebungsmethoden über die Einflüsse der natürlichen Radioaktivität keine sicheren Angaben gemacht werden können." (Seite 75) Das gelte, so Manstein, umsomehr für die künstlich hergestellte Radioaktivität: „Die Öffentlichkeit wird weiterhin getäuscht,

daß man die seit Jahrtausenden vorhandene natürliche Radioaktivität mit der künstlich erzeugten in Beziehung setzt. Viele Radioisotope sind neu gebildet, andere mengenmäßig erhöht worden. Ihr Elementcharakter und die Reaktion des Organismus auf ihre qualitativ unterschiedliche Wirkungsweise sind praktisch unerforscht. Die Ein- und Ausgangswege, die Ausbreitung durch Nahrungsketten bei Aufnahme in den Körper und die damit verbundenen Anreicherungen sind bei den zusätzlichen künstlichen Radioisotopen gänzlich anders als bei den bereits vorhandenen." (Seite 16)... „Daraus ergibt sich, daß wir mit der künstlichen Herstellung kein Rest, sondern ein Vollrisiko eingegangen sind!" (Seite 170)

STRAHLENBELASTUNG DURCH ZIVILISATORISCHE RADIOAKTIVITÄT

Die zivilisatorische Radioaktivität stammt aus zahlreichen verstreuten Quellen im Alltag — vom Rauchen bis zur Verwendung radioaktiver Farben —, aus der Nutzung atomarer und kalorischer Energie, aus dem militärischen Bereich, dem Uranbergbau, aus Medizin, Strahlenchemie, Technik und Forschung. Der oft strapazierte Vergleich der aus diesen Quellen stammenden Belastung mit der Belastung durch natürliche Radioaktivität ist unzulässig. Denn erstens resultiert die natürliche Umgebungsstrahlung zu mehr als 80 Prozent (B. MANSTEIN, Seite 67) aus der röntgenähnlichen Gammastrahlung, die nicht angereichert werden kann, was aber nicht heißt, daß diese ungefährlich ist. Und zweitens kennt man bei den in der Natur vorkommenden Radioisotopen keine so hohe Speicherung wie bei den künstlich hergestellten, die ja einen großen Teil der zivilisatorischen Radioaktivität ausmachen. (Nur beim Zigarettenrauchen, bei Baustoffen und Uranfarben spielt natürliche Radioaktivität innerhalb der zivilisatorischen Belastung eine Rolle.)

Von den künstlich hergestellten radioaktiven Stoffen gibt es heute über 70, die physikalische Helbwertszeiten von über 100 bis zu Millionen Jahren haben, darunter Rubidium-87 (Verhältnis des künstlich hergestellten zum natürlichen etwa 3:1), Zirkon-93, Technetium-99, Jod-129, Cäsium-135, Neodym-144 und Samarium-147 — alles Folgeprodukte der Kernspaltung. Bei den *Transuranen* (Plutonium, Americium und Curium u. a.) treten ähnlich lange Zerfallszeiten auf. Sie sind alle auch *Alpha-Strahler.* Die Alphastrahlung kann in ihrem die menschlichen Dimensionen übersteigenden Kreislauf in der Biosphäre nur sehr schwer nachgewiesen, in lebenden Systemen „praktisch überhaupt nicht verfolgt" (B. MANSTEIN, Seite 53) werden.

Bei größeren Tieren ist die Alphastrahlung nur in der Ausscheidung oder nach Tötung und Veraschung erfaßbar.

Daß die Strahlenbelastung der Bevölkerung seit der Jahrhundertwende durch den zivilisatorischen Anteil kontinuierlich zugenommen hat, wird von niemandem bestritten. Aus durchsichtigen Gründen meinen aber die Kernenergiebefürworter, die zivilisatorische Belastung sei im Schnitt längst nicht so hoch wie die natürliche. Abgesehen davon, daß es keine unschädliche Radioaktivität gibt, ist diese Argumentation auch unzulässig.

B. MANSTEIN (Seite 69) schreibt mit Recht, daß man natürliche und zivilisatorische Belastung bei gleicher Äquivalentdosis in ihrer Wirkung nur dann gleichsetzen könne, wenn man die komplizierten Systeme des Lebendigen bis zu den Zellfunktionen ignoriere und lediglich physikalische Größen berücksichtige: „Auf diese Weise versucht man, eine falsche Vergleichbarkeit herzustellen. In Wahrheit geht es doch darum, daß wir sowohl chemisch neue Elemente mit radioaktiver Komponente geschaffen, wie eine starke Vermehrung des radioaktiven Anteils altbekannter Elemente in der gesamten Biosphäre herbeigeführt haben."

Radioaktive „Kleinquellen"

STRAHLENALLERLEI

Die Begegnung mit zahlreichen radioaktiven Strahlenquellen im Alltag, die mit unserer Zivilisation zusammenhängen, wird heute zum Teil verniedlicht. Im „Millirem-Konzept" (Seite 30) ist von *„Kleinquellen"* die Rede, die mit „weniger als *2 mrem pro Jahr* relativ geringfügig zur allgemeinen Strahlenbelastung beitragen". Unter anderem heißt es dort: „Gelbe, braune und intensivrote Farbtöne der Glasuren von Fliesen und Keramiken werden häufig mit Uranverbindungen (Natriumdiuranat) hergestellt. In der Regel sind die Strahlenbelastungen hierdurch minimal. Großflächige Belegungen von Fußböden und Wänden können jedoch je nach Herkunft der Fliesen im Einzelfall zu Strahlenbelastungen bis zu 150 mrem pro Jahr führen." Abgesehen davon, daß auch bestimmte rotorange und blaugrüne Fliesen durch uran-, radium- oder thoriumhältige Glasuren zustande kommen, ist die angegebene Belastung viel zu niedrig angegeben. Der österreichische Physiker FERDINAND CAP (Universität Innsbruck) hat in den Jahren 1984 und 1985 an mehreren Stellen Wände und Kachelöfen mit solchen *Fliesen* entdeckt, die weit über diesem Wert lagen. Messungen — unter anderem in einer Bank und einem Restaurant — mit dem Strahlenspürgerät ergaben *Werte bis zu 17.000 Millirem pro Jahr.* F. CAP: „An einem Arbeitstisch in einem Innsbrucker Büro, dessen Wand orangerote Fliesendekorationen hatte, wurden mehr als *8.000 mrem/Jahr* gemessen. Das ist mehr als die für den Strahlenarbeiter zugelassenen 5.000 mrem/Jahr." (DIE-PRESSE, 16./17. Februar 1985)
Daß auch eine Reihe von weiteren „Kleinquellen" nicht ganz so harmlos sind, wie getan wird, liegt nahe. Die folgende Tabelle enthält einige der wichtigsten Verbrauchsgüter und Industrieprodukte, die Radionuklide enthalten können (Quelle: „Millirem-Konzept", Seite 30):

Tabelle 15
Radioaktive „Kleinquellen"

Produkt	Anwendung	Hauptsächlich verwendete Radionuklide
Geräte, die Leuchtfarben enthalten	Skalen und Zeiger bei Uhren, Kompassen, Luftfahrzeug-Instrumenten	Tritium, Promethium-147

Produkt	Anwendung	Hauptsächlich verwendete Radionuklide
Elektronische Bauteile und elektrotechnische Geräte	Elektronenröhren; Überspannungsableiter	Tritium, Kobalt-60, Krypton-85, Cäsium-137, Promethium-147
Keramische Gegenstände, Glaswaren und Legierungen	Uranfarben für Kacheln und Porzellane; optische Linsen; Magnesium-Thorium-Legierungen (Metall-Legierungen)	Natürliches oder abgereichertes Uran; natürliches Thorium
Düngemittel	Phosphatdünger, Superphosphat, Thomasphosphat, kalium- und stickstoffhaltige Phosphatdünger	Uran, Radium-226, Thorium, Kalium-40
Gas- und Aerosol-Detektoren	Rauch- und Feuermelder	Radium-226, Americium-241
Antistatika	Diverse Vorrichtungen für Verhinderung von Aufladungen	Radium-226, Americium-241
Vorrichtungen mit Tritiumgas-Leuchtröhren	Meßgeräte, Notbeleuchtungen	Tritium
Technische und wissenschaftliche Geräte	Dicken- und Dichtemeßgeräte	Kobalt-60, Krypton-85, Strontium-90, Cäsium-137, Promethium-147, Thallium-204
	Füllstandsmeßgeräte; Röntgenfluoreszenzanalysengeräte	Americium-241, Kobalt-60, Cäsium-137, Tritium, Promethium-147, Cadmium-109, Eisen-55
	Gaschromatographen	Plutonium-238, Tritium, Nickel-63
	Prüfstrahler	Kohlenstoff-14, Natrium-22, Kobalt-60, Strontium-90, Barium-133, Cäsium-137, Blei-210, Radium-226

Für *Leuchtfarben* wurden früher radiumhaltige Phosphore verwendet. Heute nimmt man für Leuchtziffern hauptsächlich Promethium-147 (Armbanduhren) und tritiumaktivierte Leuchtfarben. Ihre weiche Beta-Strahlung wird durch die Abdeckgläser zwar einigermaßen absorbiert. Dennoch reicht z. B. das Leuchtzifferblatt einer *Arm-*

banduhr, um seinen Träger mit *2 bis 6 Millirem pro Jahr* zu belasten (F. CAP, Seite 98). Im NCRP-Report 1977 (Seite 21) werden für mit Tritium aktivierte Uhren 0,2 bis 1,8 mrem und für mit Promethium-147 aktivierte 0,25 mrem pro Jahr genannt.
Wer täglich 2 Stunden in etwa 2 m Abstand vor dem Schirm eines Farb-Fernsehgerätes sitzt, empfängt nach F. CAP (Seite 98) im Jahr 1 bis 10 Millirem, nach M. HAIDER u. a. (1981) bei einem Aufenthalt von 3 Stunden pro Tag und 50 cm Abstand vom Schirm 0,7 Milliröntgen im Jahr. Im NCRP-Report "Radiation Exposure from Consumer Products..." (1977) werden als jährliche Durchschnittsdosis für die Gesamtbevölkerung 0,5 Millirem angegeben (Seite 5). Es handelt sich um Röntgenstrahlung.
Daß radioaktive Substanzen nahe an der Haut gefährlich sein können, zeigen zwei amerikanische Studien aus dem Jahr 1984. Durch den (beruflichen) Umgang mit radioaktiv kontaminierten *Goldringen* kann Hautkrebs entstehen. M. S. BAPTIST und andere untersuchten im Auftrag des "New York State Department of Health" 135 Personen, die durch ein Screening-Programm der Juweliere im Staate New York festgestellt wurden. 41 von ihnen hatten an der Berührungsstelle der kontaminierten Goldringe mit dem Ringfinger mehr oder weniger schwere Hautschäden. Bei 9 Personen mußte Hautkrebs (squamour cell carcinomas) festgestellt werden. Das Auftreten von Hautkrebs am Ringfinger war bei Männern 11mal und bei Frauen 45mal häufiger als normalerweise zu erwarten gewesen wäre.
Schon aus dem bisher Gesagten wird deutlich, daß es sich bei den „Kleinquellen" um sehr unterschiedliche Qualitäten von Strahlung handelt. Einmal ist sie auf natürliche Radioaktivität zurückzuführen (Uranfarben) ein andermal auf künstliche Radioaktivität (Leuchtfarben, Feuermelder, FS-Geräte, Goldringe). Beide zusammen lassen sich unter dem Begriff zivilisatorische Strahlenquellen zusammenfassen.
Zu den zivilisatorischen Belastungen aufgrund natürlicher Radioaktivität gehören auch *Handelsdüngemittel. Rohphosphate* können einen sehr hohen Gehalt an Uran und Radium haben. In die Bundesrepublik Deutschland werden jährlich rund 3 Millionen Tonnen Rohphosphat importiert. Sie enthalten etwa 150 Tonnen Uran, die zirka 100 Curie Radium-226 entsprechen. Für die mit der *Herstellung und Lagerung von Phosphatdüngemitteln beschäftigten Personen* bedeutet das eine *zusätzliche Strahlenbelastung von etwa 40 Millirad pro Jahr* (entspricht 40 Millirem), und für die *Bauern,* die diese Dünger verwenden, von *0,4 mrad pro Jahr* (H. VETTER, Seite 106).
Daß die Belastungen aus solchen Quellen mitunter recht beträchtlich sein können, zeigt unter anderem auch eine Studie von E. HENRICH und F. SCHÖNHOFER über die Umweltradioaktivität in Österreich seit Anfang der achtziger Jahre. Die höchsten *Kalium-40-Konzentrationen* wurden im *Neusiedlersee* — bis zu 1.228 Bq/m^3 (33,2 pCi/l) gemessen. Die Autoren führen diese Werte auf „Düngung und Abwässer aus der Lebensmittelindustrie (Zucker, Zitronensäure, etc.)" zurück.
Man sieht, es kommt bei der Beurteilung der zivilisatorischen radioaktiven Belastung, im Gegensatz zur natürlichen Belastung aus Erde und Kosmos, auf die individuellen Expositionen des einzelnen an. Es handelt sich weitgehend um *vermeidbare künstliche Strahlung.* Schon bei den „Kleinquellen" wird klar, daß Verallgemeinerungen und Durchschnittswerte nichtssagend sind und das Bild der Belastung nur verfälschen. Typisch der folgende Satz von H. VETTER (Seite 106): „Uhren mit Leuchtzifferblättern, deren Farbe Radium oder H-3 enthält, Porzellan, Glaswaren und Keramik, ja sogar künstliche Zähne, die Uran enthalten, um sie bei natürlichem und künstlichem Licht ähnlich wie natürliche Zähne fluoreszieren zu lassen, tragen etwa noch einmal 1 mrad/Jahr bei." Diese Aussage hat in dieser allgemeinen Form nicht einmal statistischen Wert.

Wie leichtfertig mit radioaktiven „Kleinquellen" umgegangen wird, zeigt das Beispiel von Personal-*Dosimetern,* die *Thorium* enthalten, um *Neutronenstrahlung* anzuzeigen. Eine Untersuchung zeigte, daß diejenigen Personen am meisten gefährdet waren, die mit der Verteilung, Sammlung, Wartung, vor allem aber mit der Beseitigung ausgedienter Geräte zu tun hatten. Für die letztgenannte Gruppe wurde eine mittlere Äquivalentdosis von *4 bis 210 Millirem jährlich für die Hände* gemessen. Die 150.000 *Träger von Dosimetern* bekommen laut NCRP-Bericht (Seite 27 f.) immer noch *1,3 Millirem Ganzkörperdosis pro Jahr* ab.

TEUFLISCHE FEUERMELDER

Bei Rauchgasmeldern auf radioaktiver Basis kann die Aktivität in unmittelbarer Nähe dieser Geräte deutlich nachgewiesen werden. Nach Auskunft von Strahlenschützern ist bei Daueraufenthalt in der Nachbarschaft solcher Alpha-Beta-Gammastrahler (Radon-226, Americium-241) ein Mindestabstand von 2 Metern einzuhalten, was in der Praxis — etwa in niedrigen Büroräumen — keineswegs immer einzuhalten ist. Heute wird nach W. D. ROSE (Seite 72 ff.) für Rauchgasdetektoren fast ausschließlich *Americium-241* verwendet. Das „nicht-lagerfähige" Americium-241 sei ein Abfallprodukt der Kern-Reaktoren. Eine Gruppe von Strahlenphysikern, der Anonymität zugesichert werden mußte, habe zu Feuermeldeanlagen auf radioaktiver Basis folgendes erklärt: „Das in diesen Strahlungsquellen verwendete Americium-241 hat sich im Kernreaktor aus Plutonium-241 gebildet und kann erst später nur unvollständig vom Reaktorplutonium abgetrennt werden. Obwohl gerade Plutonium-241 den Strahlenphysikern innerhalb der Plutonium-Isotopenreihe als Substanz mit der größten Sprengkraft, der größten Neutronenflußdichte und der supergefährlichsten Giftigkeit bekannt ist, wird es doch in den industriellen Strahlenquellen gegen jede Vernunft verwendet. Bei der Isotopentrennung des Americiums vom Reaktorplutonium verbleibt infolge mangelnder Plutoniumextraktion ein Anteil von Plutonium-239, -240, -241 und -243 fest an das Americium gebunden. Zudem kommt es im Laufe der ersten Monate und ersten Jahre zu einer Kernumwandlung, besonders von Plutonium-239 durch Alpha-Zerfall und von Americium-242 durch Neutroneneinfang und zur steten Abgabe von Plutoniumdioxyd (239-PuO_2) und von Plutoniumtrioxyd (239-PuO_3)... Außerdem wird die vorher neutrale Goldfolie radioaktiv (Au-198). Au-198 emittiert gleichzeitig Beta- und Gammastrahlung." Diese „Rauchmeldeanzeiger", so W. D. ROSE, seien zumeist eng den aktivsten Sammel- und Einzelarbeitsplätzen zugeordnet und im Deckenbereich der Arbeitsstätte angebracht, auf die sie Strahlung fast jeglicher Art abgeben. Der Autor kommt daher zu folgender Schlußfolgerung, die — betrachtet man Tabelle 15 (siehe Seite 99 f.) — nicht nur für Rauch- und Feuermelder gilt: „Durch den ungehemmten Einsatz von radioaktiven Substanzen (Radioisotopen), in diesem Fall von extrem giftigen Transuranen, ergibt sich eine ungeheuerliche Gefährdung der Menschen, und die Verursacher geben damit eine extreme Menschenverachtung zu erkennen."
Der nordrheinwestfälische Gesundheitsminister FRIEDHELM FARTHMANN — ein Professor gar — hat die Aussagen von W. D. ROSE heftig kritisiert und erklärt, die „Herleitung von Strahlengefahren" durch Americium-241 in Feuermeldeanlagen werde „von Fachleuten als schlichtweg abwegig bezeichnet". F. FARTHMANN verrät nicht, von welchen Fachleuten, und er fügt hinzu: „In den fraglichen Feuermeldern werden nur umschlossene Strahler eingesetzt, bei denen sichergestellt ist, daß keinerlei Stoffe, auch keine Stäube oder Gase, nach außen dringen können. Lediglich die Nutzstrahlung (Americium ist ein reiner Alphastrahler) tritt durch ein Goldfolienfenster nach außen."

STRAHLEND FLIEGEN

Die Belastung durch *Fliegen* ist für den Durchschnittsbürger eher gering. Ein einmaliger Flug von New York nach Wien bringt 3 bis 8 Millirem. Die kosmische Strahlung ist bei heutigen Flughöhen von 10.000 bis 11.000 Metern schon ganz beträchtlich. Man müßte 275 Stunden im Jahr fliegen, um die natürliche Belastung gegenüber jener auf der Erdoberfläche zu verdoppeln (J. KIEFER, Seite 381). Diese Belastung ist also nur für das Flugpersonal von Bedeutung. *Tabelle 31* (Seite 162) zeigt, daß für *Crew und Kabinenpersonal* eine mittlere jährliche Belastung von *160 Millirem* anzunehmen ist. Diesem Wert liegt die Annahme zugrunde, daß *720 Flugstunden* pro Jahr absolviert werden (BEIR-Report II, Seite 64). Die *Gepäckdurchleuchtung* trägt mit 0,022 mrem (NCRP, 1977) zur Gesamtbelastung der Fluggäste bei, die Personendurchleuchtung mit ca. 1 mrem pro Vorgang (NCRP, 1977, Seite 17; die Angabe stammt aus dem Jahr 1972 und ist möglicherweise veraltet). Und zum Drüberstreuen werden auch noch große Mengen radioaktiver Materialien per Flugzeug transportiert, vor allem *Radiopharmaka.* Sie belasten Passagiere (die gar nichts davon wissen) und Besatzung, besonders die Stewardessen. Für sie ist im BEIR-Report (II, Seite 53) eine *Jahresbelastung* aus dieser Quelle von *10 Millirem* angegeben (siehe auch Tabelle 31).

STRAHLEND RAUCHEN

Rauchen bringt zwar natürliche Radioaktivität in unseren Organismus, ist aber der zivilisatorischen Belastung zuzurechnen. Es geht vor allem um *Blei-210* und *Polonium-210.* Zerfallsprodukte der Uran-Radium-Reihe (Siehe Tabelle 4, Seite 29). Die beiden Radioisotope wurden schon 1965 im Tabak und im Zigarettenrauch festgestellt (Radiation Exposure from Consumer Products... NCRP, 1977). Polonium-210 wird zwar zum Großteil wieder ausgeatmet, aber ein Teil der unlöslichen Partikel bleibt in der Lunge und belastet sie mit hohen Dosen (A. E. MARTELL, 1974). G. PATRICK und C. STIRLING wiesen 1977 bei Ratten nach, daß etwa 1 Prozent der eingeatmeten radioaktiven Aerosole in der Lunge bleibt. Im selben Jahr stellten E. P. RADFORD und E. A. MARTELL fest, daß beim Menschen 1 Prozent des mit Zigarettenrauch aufgenommenen Bleis-210 im Bronchialepithel bleibt — die unlöslichen Teile für „einige Monate" (BEIR-Report II, Seite 311).

Vor allem durch die Forschungsarbeiten von E. A. MARTELL entwickelte sich schon Ende der siebziger Jahre eine nicht nur für Raucher erschreckende Perspektive: 1977 rauchten in den Vereinigten Staaten rund 50 Millionen Erwachsene (über 18 Jahre) Zigaretten. Der durchschnittliche Verbrauch lag bei 11.400 Zigaretten jährlich: annäherungsweise *eineinhalb Päckchen pro Tag.* Auf dieser Basis errechnete E. A. MARTELL eine durchschnittliche jährliche hypothetische Äquivalentdosis der US-Bevölkerung von *2.000 Millirem* und eine *reale Äquivalentdosis für Raucher von 8.000 Millirem pro Jahr* in jenen Bereichen der Lunge, in denen die radioaktiven Partikel unmittelbar auf das Bronchialgewebe einwirken. Dieser Argumentation haben sich auch die Autoren des BEIR-Reports (II, Seite 63) angeschlossen. Dabei ist zu bedenken, daß die 8.000 mrem pro Jahr nur für den Durchschnittswert von eineinhalb Päckchen pro Tag (30 Zigaretten) gelten. Bei starken Rauchern ist die lokale Belastung in der Lunge wesentlich höher!

Der amerikanische Radiochemiker EDWARD A. MARTELL vom „Internationalen Zentrum für Atmosphärenforschung" in Boulder, Colorado, hat also schon vor einem

Jahrzehnt auf eine Gefahr hingewiesen, die bisher in der öffentlichen Diskussion so gut wie überhaupt nicht zur Kenntnis genommen wurde.
Selbstverständlich sieht der Autor einen engen Zusammenhang zwischen den radioaktiven Zerfallsprodukten im Zigarettenrauch und Lungenkrebs. Polonium-210 strahlt Alpha-Teilchen ab, die das Gewebe mindestens zehnmal mehr belasten als Beta- oder Gammastrahlen. In den Atemwegen der Raucher binden sich die Polonium-Partikel vor allem an *Teerablagerungen* aus dem Tabakrauch und werden so noch länger festgehalten. Daß diese Teerablagerungen ebenfalls krebserregend sind, ist bekannt. Eine synergistische (wechselseitig sich verstärkende) Wirkung ist nicht auszuschließen. Bei *Radon* ist eine solche Wirkung anzunehmen.
Beim durchschnittlichen Radongehalt der Raumluft in Amerika rechnet A. E. MARTELL damit, daß durch das Zusammenwirken mit Zigarettenrauch in den Lungen der Hausbewohner eine doppelt so hohe Strahlenbelastung herrscht wie durch die radioaktiven Inhaltsstoffe des Tabaks allein zu erwarten wären. Bei hohem Radongehalt müsse man *auch für Passivraucher ernste Folgen* befürchten. Auch B. MANSTEIN (Seite 39) weist darauf hin, daß durch den Alpha-Strahler Polonium-210 „experimentell Lungenkrebs erzeugt werden konnte".
Der Beitrag des Rauchens zur radioaktiven Gesamtbelastung von hunderten Millionen Menschen ist also gewaltig. Da er der *zivilisatorischen Belastung* zuzurechnen ist, müßte Rauchen schon allein wegen der Überschreitung der zulässigen Organdosis der Lunge (Bundesrepublik Deutschland 90 mrem/Jahr, Österreich 500 mrem/Jahr) verboten werden. (Vgl. das Kapitel „Summe der Belastung", Seite 157 ff.)
1975 veröffentlichten J. B. LITTLE und seine Mitarbeiter in der Zeitschrift „Science" Studienergebnisse, wonach das Epithel der Bronchien in *25 Raucherjahren* durch die Einwirkung von *Polonium-210* mit etwa *20 rad* belastet wird. Nach der Uran-Radium-Reihe zerfällt das unlösliche Blei-210 unter Abgabe von Beta-Strahlung über Wismut-210 zu Polonium-210, von dem dann wieder dauernd Alphastrahlen abgegeben werden. Sie verursachen in den Zellen des umgebenden Gewebes 1.000 bis 10.000 Treffer.
Auf den Zusammenhang zwischen Lungenkrebs und dieser Alpha-Strahlen-Belastung durch Rauchen hat 1984 auch F. T. CROSS ("Battle Pacific Northwest Laboratory" in Richland) hingewiesen.
Eine Arbeit von G. F. CLEMENTE und anderen Wissenschaftern führte erst kürzlich vor Augen, daß — abhängig von Rauchergewohnheiten und Lebensalter — *Blei-210* in den *Zähnen* angereichert wird. F. CAP hat darauf aufmerksam gemacht, daß sogar die Zigarettenasche radioaktiv ist: Sie strahlt mit 80 pCi pro Liter.
„Rauchen macht schlank" heißt es auf einem Anti-Plakat unter einer Knochen-Hand, die lässig eine Zigarette hält. Jetzt wissen wir, daß daran nicht nur hochgiftige Chemikalien (u. a. auch Dioxin) beteiligt sind, sondern auch die Radioaktivität. Rauchen macht „strahlend" schlank...
Im Zusammenhang mit dem Thema Radioaktivität und Rauchen ist eine Übersicht der Ursachen des mittleren *Verlustes an Lebenserwartung* (widergegeben nach M. REITHER, Seite 39) interessant. Sie zeigt, daß die Radioaktivität in hohem Maß an der Reduzierung der Lebenserwartung beteiligt ist, wenn man ihr zu einem guten Teil auch das Rauchen und den Krebs zuordnet:

Ursache	Verlust an Lebenserwartung/Tage
Unverheiratet (männlich)	3.500
Zigarettenraucher (männlich)	2.250
Herzerkrankungen	2.100
30 Prozent Übergewicht	1.300
Krebs	980
Zigarettenraucher (weiblich)	800
Motorradunfälle	207
Alkohol (US-Durchschnitt)	130
Durchschnittliche Arbeitsunfälle	74
Beruf mit Strahlenexposition	40
Unfälle von Fußgängern	37
Natürliche Strahlung (BEIR)	8
Medizinische Röntgenstrahlen	6

Wer's noch immer nicht glaubt, daß Rauchen „strahlend schlank" macht, sollte einen Blick in den Leitfaden "International directory of Isotops" der Internationalen Atomenergie Agentur riskieren. Dort findet er auf Seite 11 unter "very highly toxic" — also *„höchst giftig"* folgende Radioisotope: Strontium-90, Yttrium-90, *Blei-210, Wismut-210, Polonium-210,* Astat-211, Radium-226, Actinium-227, Uran-233, Plutonium-239, Americium-241 und Curium-242!

Die „friedliche" Nutzung der Kernspaltung

DER SOGENANNTE NORMALBETRIEB

Die Belastung durch die zivile Anwendung der Kernspaltung setzt sich vor allem aus drei Bereichen zusammen: Aus den Emissionen der Kernkraftwerke und der Wiederaufbereitungsanlagen sowie aus dem anfallenden Abfall.

Betreiber und Befürworter von Atomkraftwerken argumentieren üblicherweise mit der Harmlosigkeit der über Schlot und Kühlwasserablauf abgegebenen Radioaktivität. Die Autoren des „Millirem-Konzepts" geben die „mittlere Strahlenbelastung der Bevölkerung (Ganzkörper)" von 10 „kerntechnischen Anlagen" in der Bundesrepublik Deutschland (Kahl, Gundremmingen, Lingen, Obrigheim, Stade, Würgassen, Biblis A, Biblis B, Neckarwestheim und Brunsbüttel) im Umkreis von 0 bis 3 Kilometern mit Werten zwischen 0,001 und 0,02 Millirem pro Jahr an (1976). Die Abwasserbelastung liege zwischen 0,01 und 0,2 Millirem pro Jahr („Millirem-Konzept", Seite 31). Die „mittlere genetische Strahlenbelastung der Gesamtbevölkerung" aus kerntechnischen Anlagen in der Bundesrepublik Deutschland betrage „weit weniger als 1 mrem pro Jahr".

F. Cap gibt an, die Strahlenbelastung eines Kernkraftwerks im Normalbetrieb liege zwischen 0,1 und 3 Millirem pro Jahr („Was geschah in Tschernobyl?", Seite 90). In der vom „Verband der Elektrizitätswerke Österreichs" vor der Volksabstimmung über das Kernkraftwerk Zwentendorf herausgegebenen Broschüre „Thema Kernenergie — Fragen & Antworten" heißt es: „Der Mittelwert der Strahlenbelastung am Standort eines Kernkraftwerkes beträgt rund 1 Prozent der natürlichen Strahlenbelastung, das sind ca. 1 bis 2 Millirem pro Jahr. Sie ist im Vergleich zur natürlichen Strahlung bedeutungslos. Vergleichen Sie: Die Belastung durch die natürliche kosmische Strahlung beträgt auf der Höhe des Meerespiegels 30 Millirem pro Jahr... Das Wohnen in einem Holzhaus statt in einem Betonhaus verringert die jährliche Strahlenbelastung um 20 Millirem. Eine einzelne Röntgenuntersuchung, z. B. die Schichtaufnahme der Lunge, bringt eine Strahlendosis von 1.000 bis 5.000 Millirem. Auch die aus dem Boden der Erde kommende terrestrische Strahlung ist von Ort zu Ort verschieden."

BODO MANSTEIN (Seite 81 ff.) hat gegen diese Mittelwert-Angaben für die Strahlenbelastung zu Recht eingewendet, daß sie die Öffentlichkeit über die wirkliche Gefährdung täuschen: „Würde ich die eine Hälfte der Bevölkerung in eine Sauna und die andere in einen Kühlschrank setzen, so lebten sie nach einer Mittelwertrechnung in einem behaglichen mittleren Klima. Man kann deshalb mit solchen Zahlenmanipulationen praktisch jedes Risiko verschwinden lassen." Schon durch den „Normalbetrieb" werden, so B. Manstein, der Umwelt „ständig zunehmend radioaktive Spaltprodukte zugeführt". Die Belastung durch Uranbergbau, Anreicherungs-und Aufbereitungsanlagen, Transporte und Lagerung des Atommülls seien in die Berechnungen nicht eingeschlossen. Viel zu wenig sei über die unterschiedliche Anreicherung in den Nahrungsketten, meteorologische Einflüsse, Austauschvorgänge und Verbreitung langlebiger Nuklide in Boden, Luft und Wasser bekannt. Es komme zu „überraschenden Konzentrationen an unerwarteten Stellen".

Die Nachrichten nach dem Super-Gau in *Tschernobyl* haben diese überraschenden Konzentrationen an unerwarteten Stellen mit grausamer Konsequenz bestätigt. Anfang Juni konnte man der PRAWDA entnehmen, daß aus *Gomel in Weißrussland* 60.000 Kinder in Sommer-Pionierlager geschickt, zahlreiche Bewohner in Spitäler eingeliefert und Brunnen geschlossen werden mußten. Gomel wurde zur „Gefahrenzone" erklärt, zum „schmutzigen Fleck" auf der Landkarte. Es liegt *150 Kilometer von Tschernobyl* entfernt... Schon Mitte Mai waren 26.000 Menschen aus dieser Region evakuiert worden. Wen wundert es da, wenn Eingeweihte wie der amerikanische Herzspezialist SIDNEY ALEXANDER von einer *„neuen Generation lebender Toter"* sprechen, die eine *Zeitbombe* in sich tragen, die wie bei den Opfern von Hiroshima und Nagasaki später zu Krebs führen kann?
Der *„Normalbetrieb"* basiert bei kerntechnischen Anlagen auf einer rein abstrakten Annahme. Immer wieder kommt es zu schweren *Störfällen und Unfällen* mit gewaltigen Belastungen für die Umwelt (siehe Seite 207 ff.), zu Unfällen, bei denen sich Industrie und Behörden — die ja durch die Genehmigungsverfahren mitverantwortlich sind — in „schnell herausgebenen Dementis einig sind, andererseits schon mehrfach der Täuschung überführt wurden" (B. MANSTEIN, Seite 89).
Und ist es nicht auch plumpe Täuschung, wenn ein Hersteller für seinen *Hochtemperaturreaktor* noch 1985 folgendermaßen wirbt: „Kernkraftwerke gehören zu den umweltfreundlichen Stormerzeugungsanlagen, weil sie beim Betreiben keinerlei chemische Schadstoffe emittieren..."?
„Chemische" Schadstoffe vielleicht nicht, aber dafür strahlende...

In einer Ende der 70er Jahre veröffentlichten *Studie der Arbeitsgemeinschaft Umweltschutz der Universität Heidelberg* wurde nachgewiesen, daß beim „Normalbetrieb" von Kernkraftwerken die *gesetzlich festgelegten Grenzwerte ständig um ein Vielfaches überschritten* werden. In der Umgebung des Kernkraftwerkes *Obrigheim* am Neckar wurden *Spitzenbelastungen von 310 Millirem* erreicht.*)

In den Jahresberichten der Landesbehörde wurden 1972/73 registrierte Werte zwischen 100 und 230 Millirem, nach den Autoren der Heidelberger Studie, verschleiernd auf natürliche Umgebungsstrahlung zurückgeführt. Als Messungen im Neckarfluß starke Anreicherungen von Wasserpflanzen und Fischen mit radioaktiven Stoffen ergaben, stellte die Behörde diese Messungen zum Teil ein. Als die Behörde in zwei Probegärten doch einen „stärkeren Einfluß des Kernkraftwerks" zugeben mußte, wurden die Messungen in den Testgärten ab 1974 von seiten des KKW Obrigheim selbst durchgeführt. Die Daten lägen, so die Heidelberger Analytiker, seither niedrig.
Auch das *Kernforschungszentrum Karlsruhe* (mehrere Versuchsreaktoren, Wiederaufbereitungsanlage für abgebrannte Brennstäbe) wurde von den Heidelberger Autoren als strahlender Umweltverschmutzer enttarnt. Über den Abluftkamin sei *Argon-41* jahrelang in drei- bis vierfach höheren Konzentrationen abgegeben worden, als die Grenzwerte zuließen. Durch ein *Atommüll-Lager* im Forschungszentrum sei die *Belastung 1973 auf bis zu 1.500 Millirem angestiegen.* Die *Niederschläge* im Umfeld des Atomzentrums seien praktisch *immer radioaktiv verseucht* gewesen. Es habe sich ergeben, „daß die im Regenwasser gemessenen Tritiumwerte um den Faktor 2.000, die in drei Luftproben gemessenen Tritiumwerte um den Faktor 5.000 bis 100.000 über den gesetzlichen Grenzwerten lagen". Das regelmäßige Herunterspielen dieser gigantischen Überdosen kommentierten die Autoren der Universitätsstudie so: „Es scheint zum festen Repertoire des Aktionsablaufes von Überwachungsbehörden zu gehören, im Falle einer Gefährdung diese zunächst und solange wie nur möglich zu leugnen." *Damals in Obrigheim und Karlsruhe — heute in Hamm-Uentrop.* Zu dieser Art von „Normalbetrieb" muß noch die Freisetzung großer Mengen von Radioaktivität bei *Störfällen* gerechnet werden. 1974, so die Heidelberger Autoren, sei es in Karlsruhe in der *Bitumieranlage* für radioaktive Schlämme zu einer Explosion mit nachfolgendem Brand gekommen, durch den eine 660- bis 1.700fach über den gesetzlichen Grenzwerten liegende Menge an Radioaktivität freigesetzt wurde. Im selben Jahr habe man radioaktive Abfälle — darunter hochgiftiges *Plutonium-239* — in großen Mengen auf einer nicht dafür vorgesehenen Mülldeponie abgelagert.

*) Schon in einem Gutachten der Reaktorsicherheitskommission aus dem Jahr 1978 hieß es über Deutschlands ältesten Reaktor in Obrigheim: „Gegen schwere anlageninterne Störfälle ist die Anlage nicht ausgerüstet." Ein neues Gutachten bescheinigt der Anlage „gewichtige Sicherheitsdefizite". Der Reaktor sei „heute nicht mehr genehmigungsfähig": Die Reaktorkuppel biete keinen Schutz gegen Flugzeugabsturz, nicht einmal Erdbeben von mittlerer Stärke seien beim Bau berücksichtigt worden, der Sicherheitsbehälter (Containment) sei nicht für großen Druck ausgelegt.
Nach einem bis vor kurzem geheimgehaltenen Gutachten des Technischen Überwachungsvereins (TÜV) sind auch die Reaktoren *Krümmel* und *Brunsbüttel* eminente Gefahren für ihre Umgebung: „Das TÜV-Papier... birgt für die Millionenstadt Hamburg und die umliegenden Ortschaften Zündstoff: Wenn es in Krümmel oder Brunsbüttel zu einem Super-Gau à la Tschernobyl kommt, dauert es womöglich nur gut drei Stunden, bis die tödliche Radioaktivität in Massen freigesetzt wird — eine Katastrophe für den Ballungsraum." (DER SPIEGEL, 24. November 1986)

Über den *Kamin* von Kernkraftwerken (Siedewasser- und Druckwasserreaktoren) gelangen in Folge von undichten Stellen in den Brennstabhüllen gasförmige Spaltprodukte aus dem Brennstoff in die Umwelt. Die Hauptaktivität stammt von den Edelgasisotopen *Argon, Xenon und Krypton* sowie ihren radioaktiven *Tochterisotopen,* unter anderen Cäsium-135 und -137 sowie Rubidium-87.
Außerdem werden auch *Jod-131, Tritium, Kohlenstoff-14 und radioaktive Aerosole* freigesetzt. Da das Material mit fortschreitender Betriebsdauer zunehmend spröde wird, kommt es zur Abgabe immer höherer Mengen von Radioaktivität auf diesem Weg.

Daß diese Gefahren nicht bagatellisiert werden dürfen, zeigte zuletzt ein Unfall im *Kernkraftwerk Ginna* bei Rochester im Staat New York Ende Januar 1982: Untersuchungen hatten ergeben, daß mindestens 39 der 72 US-Atomkraftwerke mit dem gleichen Problem versprödeter Rohre im Dampfgenerator zu tun hatten. Ähnliche Unfälle mußten befürchtet werden. Die Bonner Reaktorsicherheitskommission ordnete daraufhin an, alle vier mit Siedewasserreaktoren ausgestatteten Kernkraftwerke in der Bundesrepublik Deutschland (Würgassen, Philippsburg I, Brunsbüttel und Ohu) abzuschalten und mit geeigneteren Rohren auszustatten. Kostenpunkt: 1,2 Milliarden DM. Das österreichische 1:1-Modell eines Siedewasserreaktors, *Zwentendorf,* war seinerzeit ebenfalls mit der zu Sprödrißbildung neigenden Feinkornstahlsorte „WB 35" ausgerüstet (K. JENS, 1985).
Im *Kühlwasserauslauf* von Kernkraftwerken finden sich vor allem Tritium, Kobalt-58 und -60, Strontium-89 und -90, Zirkonium-95, Ruthenium-103 und -106, Jod-131, Cäsium-137, Barium-140 und Cer-144 sowie kurzlebige radioaktive Folgeprodukte.
Tritium kann mit keinem praktikablen Verfahren aus dem Abwasser entfernt werden und belastet daher voll die Gewässer, in Mengen zwischen 1.000 und 6.000 Curie pro Reaktorbetriebsjahr. Nach der Umweltbestandsaufnahme und -prognose von *„Global 2000"* (Seite 424) wird bei niedriger Wachstumsvariante das Tritium-Inventar der Welt von 354.000 Curie im Jahr 1985 auf 639.000 Curie im Jahr 1990 anwachsen.
Die *erhöhte Krebshäufigkeit in der Umgebung von Kernkraftwerken, Plutoniumfabriken, Aufbereitungs- und Wiederaufbereitungsanlagen* wurde bereits im vorigen Kapitel dargestellt. Im Lauf der letzten Jahre sind diese vorwiegend auf amerikanischem Material basierenden Studien auch durch Arbeiten aus Europa bestätigt worden.

Aus einer Studie des britischen Gesundheitsdienstes (1986) geht hervor, daß bei den Bewohnern im Umkreis des schottischen Atomkraftwerkes *Dounreay* die *Zahl der Leukämieerkrankungen zehnmal so hoch* ist wie im statistischen Durchschnitt Großbritanniens. Eine erhöhte Leukämierate wurde auch um die Wiederaufbereitungsanlage in *La Hague* in Frankreich festgestellt. Die Statistiken (von 1976 bis 1977) sind nach PETRA K. KELLY (Seite 129) über das Gesundheitsamt von Cherbourg zu erhalten.
Von der Wiederaufbereitungsanlage *Windscale* (heute Sellafield) werden laufend große Mengen radioaktiver Substanzen freigesetzt, unter anderem auch Plutonium (200 Kilogramm sind verbürgt). *Leukämie ist in diesem Gebiet zehnmal häufiger als normal.* Die *Irische See ist total verseucht.* Fremdenverkehr und Fischfang sind zusammengebrochen. In Sellafield*) wird das gleiche Verfahren (PUREX) angewendet, das auch für die WAA im bayerischen Wackersdorf geplant ist.

*) Mitte Dezember 1986 drohte der Sicherheitsbeauftragte JOHN RIMINGTON, das Werk in einem Jahr zuzusperren, wenn keine Umbauten vorgenommen würden.

Aus den Schornsteinen der Wiederaufbereitungsanlagen werden nicht nur gasförmige Radionuklide abgegeben, sondern auch radioaktive Aerosole, Strontium-90 und Cäsium-137. Unter den gasförmigen Radionukliden ist Krypton-85 das wichtigste. Es wird bei der Behandlung des verbrauchten Brennstoffs von Kernkraftwerken frei und derzeit noch vollständig an die Umwelt abgegeben, da es *keine Rückhaltemöglichkeiten* für verbindungsträge Edelgase gibt. (Erste Ansätze für die Rückhaltung gibt es nach Auskunft von CARSTEN SALANDER, Vorstandmitglied der DKW, die Wackersdorf errichten soll, erst im Labormaßstab.) Wegen der langen physikalischen Halbwertszeit von Krypton-85 (mehr als 10 Jahre) wird nach dem derzeitigen Stand langfristig mit einem starken Anstieg der Krypton-85-Konzentration in der Luft gerechnet. Man schätzt, daß allein durch Krypton-85 im Laufe von zwei Generationen die natürliche Strahlenbelastung verdoppelt wird (E. BERGER u. a., Seite 376).
Alles in allem sind *Wiederaufbereitungsanlagen um ein Vielfaches gefährlicher als Kernkraftwerke.* Unverantwortlicherweise arbeiten die Betreiber solcher Anlagen — Tschernobyl hin, Tschernobyl her — immer noch mit dem haarsträubenden Argument, die gefährlichen Radionuklide würden durch hohe Schlote — der Schornstein in Wackersdorf soll 200 Meter hoch werden — verdünnt an die fernere Umgebung abgegeben, um die nähere Umgebung zu schützen. Von der Summenwirkung haben die Nuklear-Ayatollahs eben noch nie etwas gehört. Und wohl ebensowenig von der Wirkung inkorporierter Isotope, die schon im Abschnitt ,,Radioaktive Bestrahlung von innen" (Seite 83 ff.) beschrieben wurde, oder von gefährlichen Radikalen und radioaktiven Aerosolen, die im Umkreis von hunderten Kilometern verteilt werden können (siehe Seite 164 ff.).

KINDERSTERBLICHKEIT: EINE SELTSAME STUDIE AUS BAYERN

Kein Wunder, daß die Nuklearindustrie und der mit ihr verbündete Beamtenapparat in Bayern, wo — nach dem Anschauungsunterricht in La Hague und Windscale kann man das guten Gewissens sagen — das Höllending einer Wiederaufbereitungsanlage entstehen soll, sich auch Gutachter anlachten, die ihre Beschwichtigungs- und Verschleierungsstrategie von der medizinischen Seite her unterstützen. So kann man in der vom Bayerischen Staatsministerium für Landesentwicklung und Umweltfragen (es bekennt sich auch nach Tschernobyl vorbehaltlos zur Atom- und Plutoniumindustrie) herausgegebenen Materialiensammlung *,,Kindersterblichkeit, kindliche Tumor- und Fehlbildungshäufigkeit in Bayern unter besonderer Berücksichtigung kerntechnischer Anlagen"* von THOMAS A. ANGERPOINTNER und ELFRIEDE MROZIK aus der Kinderchirurgischen Klinik im Dr. von Haunerschen Kinderspital der Universität München in der Zusammenfassung (Seite 1 f.) folgendes lesen: ,,Eine Beziehung zu bestehenden kerntechnischen Anlagen konnte weder für die Gesamtheit der Todesursachen noch für die einzelnen Untergruppen gefunden werden... Eine Beziehung zu bestehenden kerntechnischen Anlagen war weder bei der Gesamtzahl der malignen Tumoren noch bei der Untergruppe Leukämien nachzuweisen... Eine Beziehung zu bestehenden kerntechnischen Anlagen war bei den Fehlbildungen nicht erkennbar."
Nur eine Beziehung zwischen der Bayerischen Landesregierung und den kerntechnischen Anlagen ist nachweisbar.

Die Materialiensammlung von TH. A. ANGERPOINTNER und E. MROZIK enthält Daten für die Kindersterblichkeit in Bayern von 1973 bis 1980 aus verschiedenen Quellen. Ein zentrales Krebsregister existiert ebensowenig wie in den meisten anderen Ländern. Im Untersuchungszeitraum waren in Bayern folgende Atom-Anlagen in Betrieb: Die Forschungsreaktoren Garching und Neuherberg (Landkreis München) ab 1957 bzw. 1972, die Kernkraftwerke Niederaichbach (Landkreis Landshut, 1972 bis 1974), Isar I, Ohu (Landkreis Landshut) ab 1977 und Gundremmingen I (Landkreis Günzburg) 1966 bis 1977, das Versuchsatomkraftwerk Kahl (Landkreis Aschaffenburg) ab 1961 sowie die Kernenergieversuchsanlage der KWU Karlstein (Landkreis Aschaffenburg) ab 1960. Das Kernkraftwerk Grafenrheinfeld bei Schweinfurt wurde nicht berücksichtigt, da es erst 1982 in Betrieb genommen wurde.
Man sieht auf den ersten Blick, daß von all diesen Anlagen im Grunde nur zwei für eine statistische Untersuchung mit signifikanten Ergebnissen in Frage kommen: Isar I und Gundremmingen I. Niederaichbach, das „Pannen-Atomkraftwerk" schlechthin, war nämlich nur 18 Tage (sicherlich 18 Tage zuviel) in Betrieb! Die Unverfrorenheit, von dieser Basis aus weitreichende Schlüsse zu ziehen wie die beiden Autoren der Materialiensammlung, veranlaßte auch den Physiker PETER KAFKA vom Max-Planck-Institut für Physik und Astrophysik in München zu einem kritischen Kommentar. In seinem Artikel vom 23. Mai 1985 in der „Süddeutschen Zeitung" heißt es: „Die bayerische Staatsregierung läßt zur Zeit im Verein mit der Kernenergiewirtschaft eine Flut von ‚Informationsmaterial' über die Bevölkerung und die Schulen niedergehen, um die ‚Akzeptanz' für die Wiederaufbereitungsanlage Wackersdorf zu erhöhen. Eine wichtige Rolle spielt hierbei die angeblich erwiesene Unschädlichkeit kerntechnischer Anlagen..."
P. KAFKA bezieht sich dann auf eine Stelle bei TH. A. ANGERPOINTNER und E. MROZIK (Seite 65), die folgendermaßen lautet: „In keiner Region war eine zunehmende Fehlbildungshäufigkeit festzustellen. Die Fehlbildungshäufigkeit in den kreisfreien Städten und Landkreisen, in denen kerntechnische Anlagen waren, verhielt sich unterschiedlich. Zeigten der Landkreis München und der Landkreis Günzburg erhöhte Fehlbildungshäufigkeit, so lag der Landkreis Landshut... im statistischen Durchschnitt, und der Landkreis Aschaffenburg, wo sich zwei kerntechnische Anlagen befanden, zeigten eine erniedrigte Fehlbildungshäufigkeit. Diese Schwankungen zeigen, daß die Fehlbildungshäufigkeit nicht mit dem Vorhandensein kerntechnischer Anlagen in Zusammenhang gebracht werden kann."
Darauf P. KAFKA kurz und bündig: „Dieser Schluß ist falsch." Man müsse, so P. KAFKA, vor allem nach den vorherrschenden Windrichtungen fragen, was in der Materialiensammlung nicht berücksichtigt wurde. Ohu liege an der Nordostgrenze des Landkreises Landshut, so daß nicht dieser, sondern der angrenzende Kreis Dingolfing-Landau und eventuell weitere Kreise in östlicher Richtung zu untersuchen gewesen wären.
Tatsächlich sind im Kreis *Dingolfing-Landau* sowohl die „malignen Tumoren", also Krebs, signifikant über dem Landesdurchschnitt als auch die Fälle von Leukämie und von Fehlbildungen. Seltsam, daß den Autoren der Materialiensammlung dieser auffällige Zusammenhang entgangen ist. Ähnliches gilt für die Landkreise *Altötting*, wo erhöhte Leukämie-Häufigkeit und Fehlbildungshäufigkeit anzutreffen sind. Die Tumorhäufigkeit liegt nur ganz knapp an der Signifikanzgrenze. In der Kreisfreien Stadt *Passau* ist die Mißbildungshäufigkeit stark erhöht, in der *Kreisfreien Stadt Landshut* — nicht im Landkreis Landshut! — und im Landkreis *Deggendorf* östlich des Landkreises Dingolfing-Landau ebenfalls.

Doch weiter in der Argumentation P. KAFKAS: Von den bayerischen Atomanlagen, erklärt der Physiker, hätte vor allem eine, der alte Reaktor *Gundremmingen,* ganz besonders Aufmerksamkeit verdient, weil er im Untersuchungszeitraum „einer der ‚schmutzigsten' deutschen Reaktoren war". Gundremmingen I, im äußersten Westen Bayerns, im Landkreis Günzburg gelegen, wurde 1977 abgeschaltet. Von 1978 an nimmt die Mißbildungshäufigkeit in Bayern insgesamt stark ab. Zufall? Normale Schwankung? TH. A. ANGERPOINTNER und E. MROZIK geben auf diese Fragen ebensowenig Antwort, wie sie zu erklären versuchen, warum die Häufigkeit schwerer Fehlbildungen im südlichen Bayern viel höher ist als im nördlichen Teil. P. KAFKA äußert demgegenüber den Verdacht, Gundremmingen „könnte sehr wohl an der hohen Fehlbildungsrate Südbayerns beteiligt sein". Emissionen von Großkraftwerken, aus Industrien, Hausfeuerungen und Verkehr schädigen unsere Wälder bekanntlich über große Entfernungen — bis zu Hunderten von Kilometern. Die schädigenden Substanzen werden durch Radioaktivität (siehe Seite 163 ff.) noch aggressiver — nicht nur für den Wald. P. KAFKA hat also völlig recht, wenn er schreibt: „Schneidet man also mit den Linien Gundremmingen-Waldmünchen (an der Grenze zur CSSR) und Gundremmingen-Mittenwald (an der Grenze zu Österreich) etwa einen 90-Grad-Sektor aus der Landkarte Bayerns heraus, so kann man durch Rekonstruktion aus den Angaben der Studie in diesem Bereich eine Mißbildungshäufigkeit von etwa 1,9 Prozent finden, dagegen für den ebensogroßen Rest (aus der nördlichen Hälfte und der Südwestecke Bayerns) eine Häufigkeit von nur 1,1 Prozent."
Bei der hohen Zahl von über 30.000 (zwischen 1960 und 1980 geborenen) untersuchten mißgebildeten Kindern ein statistisch sicher hochsignifikantes Ergebnis. P. KAFKA übersah bei seiner trefflichen Analyse nur, daß zwei Orte mit extrem hohen Mißbildungsraten just in jener von ihm ausgenommenen „Südwestecke" Bayerns liegen: *Kempten,* mit der höchsten Fehlbildungsrate in Bayern, und *Memmingen.* Beide Orte weisen auch eine signifkant über dem Landesdurchschnitt liegende Leukämie- und Tumorrate bei Kindern auf. Bei Leukämie und Krebs liegen die Zahlen etwa 30fach über dem Niedrigstwert. Bei den Mißbildungen ist das Verhältnis im Fall Kemptens 1:18. Es ist auffällig, daß beide Orte an der Iller liegen, die unweit von Gundremmingen in die Donau mündet.
Daß Schadstoffe aus Industriezentren und ihre noch giftigeren Folgeprodukte (Fotosmog) über große Distanzen verfrachtet werden und maßgeblich am Waldsterben beteiligt sind, ist heute unbestritten. Auf ganz ähnliche Weise werden auch radioaktive Aerosole und Gase weiträumig verfrachtet und bilden zusammen mit den chemischen Luftschadstoffen den besonders aggressiven *Strahlensmog* (G. REICHELT, R. KOLLER, Seite 201).
Nach den Angaben der Meteorologen herrschen im Gebiet um Gundremmingen West- und Südwest-Winde vor, gefolgt von Winden aus *Nordost!* Gundremmingen ist nach neuesten Forschungen „mit hoher Wahrscheinlichkeit" als Verursacher der stark erhöhten Waldschäden im Donauried und am Nordabhang der Iller-Lech-Schotterplatten anzusehen (G. REICHELT, R. KOLLERT, Seite 75).
Daß Waldschäden und Menschenschäden zusammenhängen, ist nicht nur naheliegend. Mehrere Wissenschafter haben diesen Zusammenhang in den letzten Jahren hervorgehoben und vor den enormen Gefahren gewarnt. Bisher fehlen allerdings große epidemiologische Studien. Zum einen deshalb, weil wir es hier mit einer komplexen Materie zu tun haben, in der sich viele verschiedene Wissenschaften vereinigen müssen. P. KAFKA hat dazu treffend formuliert: „Epidemiologie ist eine sehr schwierige Wissenschaft, denn plausibel scheinende Schlußfolgerungen können wegen des Zusammenwirkens

vieler verschiedener, oft noch ganz unvermuteter Ursachen völlig falsch sein. Regional unterschiedliche Faktoren sind im Fall der Fehlbildungsursachen zum Beispiel Industrie, Verkehr, Altersstruktur der Eltern, Fallout der Atombombentests, Ernährung, Umsatz der Apotheken und Röntgenärzte, Wasser- oder Luftvergiftung durch Mülldeponien und Müllverbrennungsanlagen, Art der Baumaterialien — und vielerlei andere Dinge." Zum anderen fehlen einschlägige Studien auch daher, weil Politiker, Atomindustrie und die von ihnen abhängige „Großforschung" sich mit allen Mitteln dagegen sträuben, daß ein Zusammenhang zwischen Kernenergie und globaler Schadstoffbelastung von Umwelt *und* Mensch hergestellt wird. HERMANN VON HATZFELDT (G. REICHELT, R. KOLLERT, Seite 12) sieht als tiefere Ursache der Diskriminierung von Wissenschaftern, die einen solchen Zusammenhang zumindest nicht ausschließen wollen, die Verletzung eines „wohlgehüteten Tabus": „Nach herrschender Meinung ist die Kernenergie ‚sauber', d. h. umweltfreundlich. Ursprünglich sollte ihre friedliche Nutzung auch noch ‚sicher' und ‚billig' sein. Nachdem im letzten Jahrzent die Wirtschaftlichkeit und die menschliche Verträglichkeit der Kernkraft zunehmend in Zweifel gezogen wurden, muß jetzt der angebliche Vorteil ihrer Freundlichkeit für die Natur die Last der sonstigen Nachteile aufwiegen. Geht auch die letzte Bastion verloren, könnte dieser Einbruch wohlmöglich das endgültige ‚Aus' für die Kernkraftwerke bedeuten." Kein geringerer als der wackere „Wackersdorfer" und Atom-Fan Franz Josef Strauß hat das wieder einmal wie kein anderer erkannt: „Es ist eine Schizophrenie, wenn Naturschützer und Grüne hemmungslos gegen Kernkraftwerke polemisieren und gleichzeitig das Waldsterben beklagen. Durch ihre Verschleppungstaktik beim Ausbau der Kernenergie haben sie statt dessen zum derzeitigen Ausmaß des Baumsterbens beigetragen."

100.000MAL MEHR IONEN DURCH SCHNELLABSCHALTUNG

Erst jüngst hat der Bremer Kernphysiker und Radioökologe ROLAND KOLLERT (G. REICHELT, R. KOLLERT, Seite 133 ff.) vor der Unterschätzung radioaktiver Edelgase aus Kernkraftwerken gewarnt. Die Radioaktivität von *Argon, Krypton und Xenon* in der Abluft von Kernkraftwerken übersteige die aller anderen Radionuklidgruppen um mehrere Zehnerpotenzen. Es genüge nicht, allein das langlebige Edelgas *Krypton-85* zu berücksichtigen. Dadurch werde die lokale Luftionisation der künstlichen Radioaktivität aus einem Druckwasserreaktor um etwa das 50fache, aus einem Siedewasserreaktor etwa um das 220fache unterschätzt. Man müsse auch die kurzlebigen, energiereichen Edelgase in die Berechnungen miteinbeziehen.

Argon-41 entsteht in den Reaktorräumen aus dem *natürlichen Argon-40 der Luft* durch Neutroneneinfang. Die anderen Edelgase sind Produkte der Kernspaltung von Uran oder Plutonium. Sie entstehen in den Brennstäben des Reaktors und werden aus Haarrissen in den Brennstabhüllrohren in das Kühlwasser freigesetzt. Diese Risse bilden sich durch schnelle Temperatur- und Druckschwankungen, vor allem bei sogenannten *Reaktorschnellabschaltungen.* Solche Schnellabschaltungen werden vom elektronischen Sicherheitssystem eines Kernkraftwerkes routinemäßig bei bestimmten, kritischen Betriebsstörungen ausgelöst; bei Druckwasserreaktoren etwa fünfmal pro Jahr, bei Siedewasserreaktoren etwas häufiger. Nach R. KOLLERT kommt es durch solche Schnellabschaltungen in der bodennahen Luft in der nahen Umgebung von Kernkraftwerken (ca.

500 m Abstand) zu einer etwa 100fach stärkeren Luftionisation als durch natürliche Radioaktivität. *Unter ungünstigen Bedingungen* — stärkere Brennelementschäden, ungünstiger Standort, ungünstige Wetterlage — *kann die künstliche Spitzenionisation („Edelgas-Spikes") um Kernkraftwerke die natürliche Ionisation um das 100.000fache übersteigen!*
Durch diese erhöhte Luftionisation bilden sich verstärkt Oxidantien (Strahlensmog), deren schädliche Auswirkungen nicht nur in bezug auf den Wald bekannt sind.

GRENZWERTE: AN DEN BEDÜRFNISSEN DER INDUSTRIE ORIENTIERT

Nach den Angaben der Atomindustrie verlieren sich solche Belastungen im Dunkel der Mittelwerte. Laut „Millirem-Konzept" (Seite 65) ergibt sich am „ungünstigsten Aufpunkt (Kraftwerkszaun)" bei Berücksichtigung des gesamten Nuklidgemisches und einer Abgaberate von 89.500 Ci pro Jahr eine Ganzkörperbelastung von ca. 5 Millirem jährlich. Mit solchen Daten weiß sich die Nuklear-Lobby im sicheren Schutz der für sie in Europa geschaffenen Grenzwerte.

In der Bundesrepublik Deutschland ist eine Ganzkörperbelastung durch flüssige oder gasförmige Ableitungen aus Kernkraftwerken von je 30 mrem/Jahr, also insgesamt von 60 mrem/Jahr erlaubt. (Der Grenzwert der Jahresdosis für die Schilddrüse und andere Organe liegt bei 90 mrem.) In Österreich sind sogar 170 mrem pro Jahr zugelassen. Demgegenüber wurde in den USA unter dem Druck der öffentlichen Meinung die höchstzulässige Abgaberate radioaktiver Stoffe aus Kernkraftwerken schon Anfang der siebziger Jahre drastisch heruntergesetzt: Innerhalb einer Zone von 80 km um ein Kernkraftwerk darf die Dosis auf ein einzelnes Organ und den ganzen Körper infolge flüssiger und gasförmiger Ableitungen jeweils 5 mrem/Jahr nicht überschreiten.

Sogar im „Millirem-Konzept" (Seite 67) wird zugegeben, daß die Jodaktivität für ein Kleinkind, das Milch von in unmittelbarer Umgebung eines Kernkraftwerks grasenden Kühen erhält (300 kg/Jahr), bei 46 mrem pro Jahr liegt.
Es ist also ganz klar, daß bestimmte Bevölkerungsgruppen — vor allem im Umkreis kerntechnischer Anlagen — mit einer radioaktiven Belastung rechnen müssen, die sich bestenfalls im Rahmen der zulässigen Grenzwerte bewegt. Im Störfall, bei Unfällen darf's dann schon ein bißchen mehr sein...
Zu den Emissionen aus den Kernkraftwerken selbst kommen aber noch beträchtliche Belastungen aus den anderen Stufen der „friedlichen" Nutzung der Kernspaltung, die in ihrer Gesamtheit schwer abschätzbar sind:

- Oberflächen- und Grundwasserkontamination durch Abfallerze aus dem Uranbergbau (Radon, Radium)
- Freigesetzte Radioaktivität bei Extraktion von Uranoxyd und der Anreicherung von Uran-235

- Freigesetzte Radioaktivität auf den verschiedenen Transportwegen. (Nach B. MANSTEIN, Seite 100 ff., wurden in der Bundesrepublik 1974 von der Bahn 86.000 Transporte mit radioaktiven Stoffen durchgeführt, hochangereichertes Uran und Plutonium werden per Flugzeug befördert.)
- Radioaktive Abstrahlung bei der Brennelement-Herstellung
- Emissionen bei der Wiederaufarbeitung
- Beseitigung des Atommülls, die beim hochradioaktiven Abfall nach wie vor nicht sicher möglich ist

In all diesen Bereich kommt zur Routine-Freisetzung von Radioaktivität auch noch eine mögliche unkontrollierte Freisetzung durch Unfälle.

Radioaktivität aus Kohlekraftwerken

Die Atom-Lobby hat verdienstvollerweise mitgeholfen, für das erschreckend hohe Ausmaß von radioaktiven Belastungen aus allen Ecken und Enden das Bewußtsein zu schärfen. So schreibt z. B. der österreichische Physiker F. CAP (Seite 24 f.): ,,Allgemein zu wenig bekannt ist die Tatsache, daß auch bei der Verbrennung der Kohle bedeutende Mengen von Radionukliden frei werden. *Steinkohle* enthält die natürlichen Radionuklide Uran-238, Radium-226 und -228, Thorium-232, Blei-210 und Polonium-210, wobei je nach Herkunft der Steinkohle das eine oder andere dieser Elemente fehlen kann. Auch Braunkohle enthält Radionuklide. Die bei Kohleverbrennung freigesetzte Radioaktivität führt dazu, daß in manchen Großstädten (New York, London) die von der Internationalen Atomenergiebehörde festgesetzten Grenzwerte für die Strahlenbelastung überschritten werden. Messungen in der BRD ergaben, daß ein Kohlekraftwerk (1.000 MW) etwa 30 Millicurie an Blei-210 bzw. 4 Millicurie Radium-226 freisetzt. Die jährliche Strahlenbelastung durch diese Stoffe beträgt im ungünstigsten Fall in unmittelbarer Nähe des Kraftwerkes in Hauptwindrichtung ca. 19 mrem/Jahr. Unter gleichen Voraussetzungen beträgt die Strahlenbelastung durch ein Kernkraftwerk etwa 0,4 mrem/Jahr. Nach Untersuchungen der russischen Wissenschafter ILYN und KNISHNIKOV, der amerikanischen Professoren LAVE und COHEN, des Kanadiers INHABER, der Atombehörde in Wien und nach kürzlich in der Bundesrepublik Deutschland durchgeführten Messungen ist die Krebsgefährdung durch Radioaktivität der Asche und des Rauches sowie durch die emittierten chemischen Schadstoffe in der Umgebung von Kohlekraftwerken 70 bis 800 mal so groß wie bei Kernkraftwerken.''
Ein militanter Kernenergiebefürworter wie HERBERT VETTER ist in diesem Punkt schon wesentlich vorsichtiger, verliert aber ebenso wie sein Kollege F. CAP aus den Augen, daß es um die Gesamtbelastung durch Radioaktivität aus allen in Betracht kommenden natürlichen und zivilisatorischen Quellen geht — und nicht um Mogeleien mit dem ,,Schwarzen Peter'' nach der Devise, andere seien die größeren Dreckschleudern und Umweltverpester.
H. VETTER schreibt (Seite 107) in einem Exkurs über zusätzliche Strahlenbelastungen: ,,Ferner werden durch die Verbrennung von Steinkohle natürlich radioaktive Stoffe mit der Abluft in die Atmosphäre abgegeben; die daraus für die Gesamtbevölkerung entstehende zusätzliche Strahlenbelastung ist gering, kann aber für die in der Nähe des Kraftwerks lebende Bevölkerung höher sein als jene durch ein KKW mit der gleichen Leistung und an der gleichen Stelle.''
H. VETTER gibt für ein 1.000-Megawatt-Steinkohlekraftwerk folgende Werte an:

Tabelle 16

Mittlere Jahresabgabe in Millicurie (= 1/1.000 Curie) pro Jahr natürlicher radioaktiver Stoffe aus einem modernen 1.000-MW-Kohlekraftwerk

Uran-238	10	Blei-210	100
Uran-234	10	Polonium-210	150
Thorium-230	10	Thorium-232	5
Radium-226	10	Thorium-228	5

Zwischenfrage: Wie kommen Uran und andere natürliche Radionuklide in die Kohle? Normalerweise durch die von allen Pflanzen aufgenommenen natürlichen Isotope aus dem Boden, also aus dem Holz, das in Kohle umgewandelt wird. (Die Radioaktivität von Holz schwankt stark — je nach Bodenbeschaffenheit.) Daher ist Braunkohle, da sie jünger ist, in der Regel radioaktiver als Steinkohle. F. CAP (Seite 97) gibt für *Braunkohle* 15.700 Picocurie pro Kilogramm an. Braunkohlenasche hat eine Aktivität von etwa 20.000 Picocurie/kg. *Polnische Steinkohle* gibt nach Auskunft des Atominstituts in Wien 1.200 PicoCurie pro Kilogramm ab, die Schlacke (Asche) 11.500 Picocurie/kg. Ein Kilogramm Saar-Steinkohle hat nach Auskunft des TÜV-Rheinland eine Aktivität von 2.500 Picocurie. Im NCRP-Report 1977 werden für die USA *Kohle* zwischen 60 pCi/kg (Ost-Tennesee) und 400 pCi/kg (Kentucky) angegeben. Im Umkeis (16 Kilometer) um etwa achtzig 1.000-Megawatt-Kohlekraftwerke seien zirka 50 Millionen US-*Bürger* mit einer *Lungen-Dosis von 0,25 bis 4 Millirem pro Jahr* belastet. Umgerechnet auf die *Gesamtbevölkerung* ergebe sich eine Durchschnittsbelastung von *weniger als 1 Millirem im Jahr* (NCRP, Seite 32 ff.). Zieht man die synergistische Wirkung von Radioaktivität und „konventionellen“ Luftschadstoffen (z. B. aus Kohlekraftwerken!) ins Kalkül (siehe Kapitel „Radioaktivität und Waldsterben“, Seite 163 ff.), kann man Kohlekraftwerke nicht — wie häufig versucht wird — als *die* Alternative zur Kernenergie hinstellen. Die Dimension der Probleme ist zwar wesentlich kleiner. Aber diese Probleme können nicht einfach unter den Teppich gekehrt werden. P. WEISH und E. GRUBER (Seite 65) schränken ein, daß natürliche Radionuklide, z. B. *Radium-226,* nur dann in der Kohlenasche enthalten sein können, „wenn im Verlauf eines Grundwasserstromes ein abbauwürdiges Kohlenflöz einem Uranlager folgt“. Und weiter: „In extremen Sonderfällen, wie z. B. bei Verwendung einer speziellen Appalachenkohlensorte, können jährlich in der Kohlenasche eines 1.000-MW-Kohlenkraftwerkes bis maximal 2,5 g Radium gebunden sein. Der Radiumgehalt namhafter europäischer Kohlenvorkommen liegt aber unter der Grenze der Nachweisbarkeit.“

Es kommt aber weniger auf das Radium als auf das Uran an. Der Grazer Geologe und Paläntologe HELMUT FLÜGEL hat 1985 darauf hingewiesen, daß der Urangehalt pro Tonne Kohle in Österreich (Braunkohle!) zwischen 270 und 5.000 Gramm schwankt. Der gemessene Spitzenwert betrug 5,2 Kilo Uran auf eine Tonne Kohle.

Auf das Uran in der Kohle war man schon Ende der fünfziger Jahre gestoßen, und zwar bei der Suche nach neuen Rohstoffquellen. Eine Nutzung für Kernkraftwerke scheiterte aber an den starken Schwankungen des Urangehalts. H. FLÜGEL wies auch auf Untersuchungen in der Bundesrepublik Deutschland hin, die ergaben, daß die radioaktiven Emissionen aus Steinkohlekraftwerken durchaus mit jenen von Kernkraftwerken zu vergleichen seien. Für Braunkohlekraftwerke sind sie etwa zehnmal so hoch.

Sorgen bereitet auch die *Kohlenasche,* die auf Deponien oder — wie etwa im weststeirischen Revier — in aufgelassenen Stollen gelagert wird. Nehmen wir als Beispiel das 1.000-Megawatt-Kraftwerk Dürnrohr an der Donau (etwa 30 km westlich von Wien), wo mit polnischer Steinkohle gefeuert wird. Für die Asche, deren Radioaktivität wesentlich größer ist als die der Kohle, gibt es eine genehmigte Deponie auf dem Kraftwerksgelände. Nach Angaben der Betreiber (Verbundgesellschaft) verfügt das Kraftwerk über mehrstufige Elektrofilter. 99,6% der Asche werden abgeschieden und nur 0,4% gelangen in die Atmosphäre. Ein von der Universität Wien eingeholtes Gutachten bestätigt den Betreibern, „daß durch den Betrieb des Kohlekraftwerkes Dürnrohr keine radiobiologische Gefährdung für die Bevölkerung anfällt." Daß für die Betreiber die Welt dadurch dennoch nicht ganz in Ordnung war, zeigte ein Interview, das ich 1984 mit OTTO SOMMERBAUER von der Verbundgesellschaft führte:
SOMMERBAUER: „Wenn es zu dieser Deponie käme, müßte man die Radioaktivität ungefähr so vergleichen: Radioaktivität der Deponie zu Radioaktivität einer Autobahn."
WH: Also dieselbe Radioaktivität?
SOMMERBAUER: „Ja. Es kommt aber zu keiner Deponie. Wir stehen in aussichtsreichen Verhandlungen mit der Zementindustrie, daß die gesamte Flugasche nicht beim Kraftwerk gelagert wird, sondern direkt in die Zementindustrie geht."
WH: Dann steckt's aber wieder in den Baustoffen?
SOMMERBAUER: „Dann steckt's in den Baustoffen. Aber auch darin sehe ich keine Gefahr, denn die Radioaktivität der Flugasche ist gleich hoch wie jene des Zements."
Dazu erklärte damals der Lungenfacharzt KARL MERKEL, der auch als Berater im Forschungszentrum Seibersdorf wirkte: „Man versucht, Asche aus Kraftwerken als Zuschlagstoff zu Betonziegeln zu verwenden, und nun ist diese Asche radioaktiv. Solang man sie für Brückenbauten verwendet, geht's ohne weiteres. Aber wenn man diese radioaktiven Ziegel in Wohnhäusern verwendet und damit Wände errichtet, so bringen wir zusätzliche Radioaktivität in den Wohnraum hinein."
Ich frage damals Primarius MERKEL, ob die gesundheitliche Belastung dann schon kritisch sein könne. Er antwortete: „Ich würde meinen, daß bei Personen, die sehr empfindlich sind, eine erhöhte Krebsgefährdung, ein Krebsrisiko schon beachtet werden muß."
Die sowieso schon vorhandene Radioaktivität von Baustoffen (siehe Seite 134 ff.) wird also auf diesem Weg nochmals „angereichert". Bleibt nur die Frage offen, warum die Kraftwerksbetreiber trotz einer genehmigten Deponie die Asche nicht lagern, sondern an die Bauindustrie weitergeben. Und: Wer garantiert, ob sie nicht für Baumaterial im Wohnbereich verwendet wird?
Ich werde den Verdacht nicht los, daß man auch in diesem Fall wieder das bewährte Prinzip der „Verdünnung" anwenden will, um nicht ein Umweltproblem ersten Ranges auf einem Fleck zu kriegen: ein radioaktives Aschen-Endlager im Freien...
Um welche Dimensionen es sich hier handelt, kann aus einer Berechnung von Schweizer Fachleuten 1984 abgelesen werden: Ein 1.000-MW-Kohlekraftwerk produziert in einem Jahr rund 260.000 Tonnen Asche. Nach dem oben genannten Wert von 11.500 Picocurie/kg Asche hat diese Asche eine Aktivität von rund 3 Curie. Ein beachtlicher Wert, wenn man bedenkt, daß 1 Curie 37 Milliarden radioaktiven Zerfällen pro Sekunde entspricht.

Daß radioaktive Stoffe aus dem „Angebot" der Kohlekraftwerke direkt in den Organismus aufgenommen werden, wurde 1981 in einer Studie von A. BAUMANN und D. HORVAT vom Institut für medizinische Forschung und Arbeitsmedizin in Zagreb bewiesen. Die Autoren stellen bei einer exponierten Gruppe in einem Kraftwerk, in dem Kohle mit einem Urangehalt zwischen 14 und 100 ppm (ppm = part per million; hier 14—100 Gramm pro Tonne) verfeuert wird, im Urin *Blei-210* fest. Außerdem wurden numerische und strukturelle *Chromosomenaberrationen* gefunden, d. h. Abweichungen vom normalen Bild im Erbgut, die zu bleibenden genetischen Veränderungen führen können (siehe J. KIEFER, Seite 202 ff.).

Trotzdem ist es nur ein leicht durchschaubares Ablenkungsmanöver, wenn F. CAP (Seite 112) meint: „Kernkraftwerke sind umweltschützend, wenn sie anstatt von Kohlekraftwerken errichtet werden, und vermeiden Krankheit und Todesfälle." Oder (Seite 178): „Durch kombinierte Einwirkung von schädlichen Emissionen (z. B. Freisetzung von SO_2 und radioaktiven Stoffen bei Kohlekraftwerken) erhöht sich das Schadensrisiko. Kohlekraftwerke können die Umwelt bis 500.000mal mehr belasten als Kernkraftwerke." F. CAP beruft sich bei dieser Ziffer auf eine Publikation von O. BOBLETER und R. NIESNER aus dem Jahr 1973. Dies entspricht schon allein deshalb nicht dem neuesten Stand, weil in Kohlekraftwerken moderner Bauart doch enorme Mengen von Schadstoffen (Schwefel, Stickoxyd) ausgefiltert werden. Und in bezug auf die Kombinationswirkung chemischer Schadstoffe und Radioaktivität stehen die Atomkraftwerke ihren Kohle-Vettern nach neuesten Untersuchungen (G. REICHELT, R. KOLLERT) um nichts nach.
Natürlich entsteht auch in der Industrie, im Gewerbe und in den Haushalten bei der Verbrennung fester Brennstoffe, vor allem von Kohle, radioaktive Flugasche. Nur wird sie in diesem Fall oft ungefiltert in die Atmosphäre abgegeben. Bei luftaustauscharmen Inversionswetterlagen entstehen dann vor allem in Ballungsräumen bedenkliche Konzentrationen. Es entstehen unter Umständen Belastungen, die um vieles schwerer wiegen als jene von Kohlekraftwerken. Radioaktive Partikel gelangen dann vermehrt in die Lunge. Ein Teil von ihnen setzt sich in den Flimmerhärchen der Bronchien ab. Durch dieses „radioaktive Zwischenlager" entsteht das ganze Leben hindurch eine Dauerbelastung, die zu Zellschäden mit allen schon beschriebenen Konsequenzen führt.

Fallout und Washout aus A-Bombentests

Auch bei der Gefährdung durch radioaktiven Fallout ist zwischen der Belastung von außen und der Belastung von innen zu unterscheiden. Die Belastung von innen wurde schon in einem Abschnitt dieses Buches (Seite 83 ff.) beschrieben. Hier soll versucht werden, ein Bild von der Gesamtbelastung zu geben.
In der Beurteilung der Kernenergie-Befürworter haben die Belastungen durch radioaktive Niederschläge aus Atombombenversuchen eine ebenso untergeordnete Bedeutung wie jene durch den Fallout und Washout von kerntechnischen Anlagen. Dabei kann man allein im Fall *Tschernobyl* die äußere Belastung in Mitteleuropa 1986 mit durchschnittlich 80 bis 100 mrem (K. IRLWECK, Seite 19) nur sehr ungenau, die innere (da von verschiedenen Faktoren wie Ernährungsgewohnheiten, Alter etc. abhängig) überhaupt nicht angeben (G. F. FUEGER, Seite 6). Wie leichtfertig hier mit der Gesundheit anderer gespielt wird, zeigt eine Stelle bei H. VETTER (Seite 246), der engagierten Kriti-

kern wie E. STERNGLASS auch in bezug auf die Gefährdung durch Fallout „maßlose Verzerrung und Überhöhung" vorwirft: „Objektiv und nüchtern betrachtet hatten die Kernwaffenversuche die Strahlenbelastung der Menschen, der sie aus natürlichen Ursachen ohnehin ausgesetzt waren, nur um wenige Prozent erhöht; es war also sehr unwahrscheinlich, daß sie ernsthafte Störungen hervorrufen würden, zumal z. B. diagnostische Röntgenaufnahmen und -durchleuchtungen eine im Durchschnitt mehr als zehnfach höhere Belastung bewirkten."

H. VETTER gebraucht hier gleich zwei der üblichen Verharmlosungen der Atom-Lobby auf einmal: den Mittelwerttrick und den faulen Vergleich mit medizinischen Untersuchungen. Daß man sich diesen Untersuchungen freiwillig und im Interesse seiner Gesundheit unterzieht, macht offenbar in Vetters Weltbild keinen Unterschied.

Die Wahrheit über den Atombombentest-Fallout sieht anders aus: Am 1. März 1954 hatten US-Militärs auf dem Bikini-Atoll eine jener Super-Wasserstoffbomben gezündet, bei denen nur mit schnellen Neutronen spaltbares Uran-238 als Mantel eine Wasserstoffbombe umgibt. Dieser Uranmantel vervielfacht die Sprengkraft und den Ausstoß an radioaktiven Stoffen, also die Verseuchung.

Die Bombe war tausendfach stärker als die Hiroshima-Bombe. Der Kapitän eines japanischen Fischerboots mit dem schönen Namen *„Glücklicher Drache Nr. 5"*, das sich 25 Kilometer außerhalb der Sperrzone und 160 Kilometer vom Explosionszentrum aufhielt, berichtet später über den riesigen Feuerball, der am Himmel aufstieg, und seine Folgen: „Sein Licht war zuerst rot, dann gelblich-weiß, dann wieder rötlich... Dann, sieben bis acht Minuten später, hörten wir ein entferntes Geräusch wie von einer Lawine. In der Richtung des Lichts entwickelte sich eine riesige Wolke, die auf uns zukam. Um halb fünf fingen wir an, das Netz einzuholen. Um halb sechs war über uns eine dünne Wolkenschicht, um sechs Uhr eine dicke Wolkendecke. Gegen halb sieben fiel weißes Pulver (es war im Meerwasser nicht löslich) auf die Männer, die dabei waren, die Netze einzuholen. Eine weiße Schicht überzog bald das Deck. Es regnete kein Wasser..."

E. und J. K. TASHIRO (Seite 120 ff.) berichten dann weiter über das Schicksal der Bootsbesatzung: „Als sie am 14. März im Hafen von Yaizu ankamen, waren die 23 Männer schwer strahlenkrank. Man brachte sie nach Tokio, sieben von ihnen in das Krankenhaus der Universität, die anderen sechzehn in das staatliche Dai-Ichi-Krankenhaus. Der ‚Glückliche Drache Nr. 5' wurde im Hafen von Yaizu isoliert, der verseuchte Thunfisch konfisziert und als Strahlenabfall behandelt... Am 23. September 1954 starb Aikichi Kuboyama, der Funker des ‚Glücklichen Drachen'. Die anderen Besatzungsmitglieder blieben bis zum Mai 1955 im Krankenhaus, dann konnten sie zwar nach Hause entlassen werden, aber zunächst nur leichte Arbeiten übernehmen... ‚Ich hoffe, daß ich das letzte Opfer von Atom- oder Wasserstoffbomben bin', sagte Aikichi Kuboyama auf seinem Sterbebett."

Er hoffte, wir wissen es, vergebens.

Wieviel radioaktive Belastung die japanischen Fischer abbekommen hatten, läßt sich nur aus dem ebenso traurigen Schicksal der Bewohner der *Marshall-Inseln* rekonstruieren. Betroffen waren insgesamt 267 Menschen: Einwohner der Insel Rongelap, Ailingnae und Uterik sowie 28 auf Rongerik stationierte Amerikaner. Wenige Stunden nach der Explosion erreichte sie die gleiche radioaktive Wolke, die zuvor die japanischen Fischer verseucht hatte. Auch auf sie fiel der „Schnee", der Fallout der Bombe. Die Kinder, nichts ahnend, jubelten, spielten mit dem weißen „Pulver", das nach nichts roch, nach nichts schmeckte. Ebenso ahnungslos die Erwachsenen, die ihrer Arbeit nachgingen wie immer.

Als erste begannen nach ein paar Stunden die Kinder zu jammern. Die Haut an Händen und Füßen war verbrannt, juckte, blutete, Fieber stellte sich ein, Durchfall, Übelkeit, Ermattung. Als nach zwei Tagen ein Schiff der US-Marine in Rongelap eintraf, lagen alle Bewohner apathisch in ihren Hütten und warteten auf den Tod. Sie wurden evakuiert, ihre Habe blieb auf der Insel zurück. Ihre Haut wurde abgeschrubbt, um alle radioaktiven Teilchen zu entfernen, bis es so schmerzte, daß nicht mehr weitergemacht werden konnte. Militärärzte entnahmen Blut und Knochenmark. In den ersten Tagen fielen fast allen die Haare aus. Fehlgeburten und Totgeburten stiegen auf das Doppelte. Nach drei Jahren kehrten sie nach Rongelap zurück. Nach zehn Jahren traten die ersten Fälle von Schilddrüsenkrebs auf. Als japanische Ärzte Anfang der siebziger Jahre Untersuchungen vornahmen, hatten achtzehn der neunzehn Rongelapesen, die zur Zeit der Bestrahlung unter zehn Jahre alt gewesen waren, durch das in der Schilddrüse gespeicherte radioaktive Jod Schilddrüsengeschwülste. 24 Einwohner von Rongelap waren inzwischen in den USA an der Schilddrüse operiert worden und mußten nun für den Rest ihres Lebens Schilddrüsenhormon-Tabletten einnehmen.
Bei F. G. FUEGER (Seite 7) ist nachzulesen, daß die „Marshall-Insulaner durch Fallout mindestens 400 rad auf die Haut, vermutlich eher 1.600 bis 2.000 rad" abbekamen, daß sich bei jenen, die Schilddrüsendosen zwischen 30 und 95 rad erhielten, die „Inzidenz des Schilddrüsenkarzinoms um das Doppelte", bei jenen, die „zwischen 135 und 1.150 rad erhielten, um das Fünffache oder mehr" erhöhte.
Nach BEIR II (Seite 296) lag die Schilddrüsendosis für Erwachsene bei 220—450 rad und die eines vierjährigen Kindes bei 700—1.400 rad. Den meisten Kindern zwischen 15 und 19 Jahren habe man die Schilddrüse herausoperieren müssen.
Nicht nur durch Hiroshima und Nagasaki ist also der Pazifik zu der am schwersten atomar betroffenen Region der Welt geworden. Nicht nur die USA verseuchten das Gebiet. Seit 1966 führte *Frankreich* im Gebiet des *Mururoa-Atolls* über hundert Tests durch: mit Atombomben, Wasserstoffbomben und Neutronenbomben. Obwohl Staatspräsident *François Mitterand* 1981 — vor seiner Wahl — versprochen hatte, die Tests zu stoppen, werden sie bis heute fortgesetzt, und sei es mit Hilfe mörderischer Geheimdienstaktionen gegen friedliche Greenpeace-Demonstranten.
Großbritannien führte bis 1982 mehr als 50 Tests durch: auf der *Christmas Insel,* der *Johnston Insel* und in *Australien.*
China schoß 1981 atomare Testraketen in den Pazifikraum, die in der Nähe der *Salomon-Inseln* niedergingen.
Und bei jeder Explosion werden wieder neue langlebige Radio-Isotope freigesetzt, die diesen Raum auf Jahrtausende vergiften: Plutonium, Strontium, Cäsium, Kobalt, Krypton, Uran und viele andere. Das gilt übrigens auch für die seit dem Sperrvertrag 1963 unterirdisch durchgeführten Tests, weil radioaktive Stoffe durch Risse im Gestein oder weggesprengte Teile des Explosionsschachtes in die Atomsphäre gelangen.
Insgesamt führten die Atomwaffentests in der Atomsphäre bis 1975 zur Freisetzung von *16 Millionen Curie Strontium-90 und 320.000 Curie* (entspricht 3 Tonnen) *Plutonium-239* (H. VETTER, Seite 88).

Im „Millirem Konzept" wird für die Bundesrepublik als Strahlenbelastung durch Fallout aus Kernwaffenversuchen von innen und außen weniger als 1 Millirem im Jahr angegeben. Immerhin zeigt eine Grafik, daß die äußere Strahlenbelastung (für eine Person, die sich unabgeschirmt im Freien aufhält) 1961 von unter 10 Millirem pro Jahr 1963 auf fast 20 Millirem pro Jahr anstieg, um ab 1967 wieder unter 10 Millirem zu fallen. Doch so „harmlos", wie diese Werte klingen, ist das Ganze nicht!

Nobelpreisträger LINUS PAULING hat schon 1958 zusammen mit Tausenden Naturwissenschaftern — darunter zahlreiche andere Nobelpreisträger — in einem Memorandum an UNO-Generalsekretär DAG HAMMERSKJÖLD eindringlich vor der Gefahr gewarnt. Atombombentests in der Größenordnung von 30 Megatonnen seien die Ursache für die Geburt von 230.000 Kindern mit schweren körperlichen und geistigen Schäden und für 420.000 Todesfälle von Embryonen und Neugeborenen.

Zur Zeit besonders häufiger Atombombenversuche vor 1963 gab es erhöhte radioaktive Niederschläge in bestimmten Jahren und Zonen. C. E. MEHRING ("Protectio vitae", 1972) hat unter Heranziehung der Daten von 8 Millionen Krankenkassenmitgliedern, Statistiken über Erkrankungen und Todesfälle bei der deutschen Bundeswehr sowie aus Österreich, eine deutlich *erhöhte Krankheitsanfälligkeit* in diesem Zeitraum festgestellt. Die Zunahme zeigte sich nicht nur bei allgemeinen Krankenständen. Es waren auch die Verlaufsformen einzelner Krankheiten schwerer. Geschwulsterkrankungen hatten signifikant zugenommen. Ein „Risikofaktor" durch globale Verbreitung kleinster Radioaktivitätsdosen sei also nicht auszuschließen, erklärt B. MANSTEIN daher mit Recht (Seite 73).

C. E. MEHRINGS Analyse fand später unter anderem auch durch Untersuchungsergebnisse Bestätigung, wonach sich die Abwehrkraft von Lebewesen unter dem Einfluß von Niedrigstrahlung verschlechtert.

Kurz vor C. E. MEHRING (1971) hatten L. B. LAVE und andere eine statistische Studie von 61 urbanen Gebieten in den USA veröffentlicht. Ihr Ergebnis: Die allgemeine Sterblichkeit steht zur Fallout-Radioaktivität in engerer Beziehung als zur Luftverschmutzung. Schon bei einer Erhöhung der Umweltkonzentration um 10% bei Strontium-90 und Cäsium-137 ließ sich eine deutliche Zunahme der Sterblichkeit bei Embryos und Kindern unter 1 Jahr erkennen.

Die Verantwortlichen der Atommächte wußten von der Gefährlichkeit des Fallouts. Doch bis heute fühlen sich weder der Staat noch einzelne Personen verantwortlich.

Belastungen durch die Strahlenmedizin

Die tumorvernichtende Wirkung ionisierender Strahlen wurde bereits knapp nach der Jahrhundertwende klinisch genutzt. Die *ersten Strahlenbehandlungen* erfolgten 1896: in *Wien* durch den Dermatologen LEOPOLD FREUND und in Chicago durch den Physiker E. H. GRUBBE. Zur Tumorbekämpfung wurde *Radium* eingesetzt. Erst nach dem Ende des zweiten Weltkrieges wurden künstliche Radioisotope zur Krebsbekämpfung verwendet. Noch jünger ist die Verwendung in den Körper eingeschleuster Substanzen für Diagnose und Therapie (Nuklearmedizin). *Daß ionisierende Strahlung ihrerseits Krebs verursachen kann, wurde in den zwanziger Jahren „Allgemeingut des Wissens"* (L. RAUSCH), weil zahlreiche *Röntgenpioniere,* die sich in Unkenntnis der Gefahren starker Strahlung ausgesetzt hatten, Krebs bekamen, besonders Hautkrebs an Händen, Unterarmen und Gesicht. Sie pflegten nämlich ihre Hände in den Strahlenkegel zu halten, um festzustellen, ob die Apparatur das nötige Strahlungsquantum lieferte. Natürlich gab es ebenso unter den Patienten Opfer, aber nicht so eindeutig identifizierbar. Dabei war schon 1902 der erste Hautkrebs nach Röntgenbestrahlung beschrieben, 1911 die erste Abhandlung über Röntgenkrebs durch O. HESSE veröffentlich worden.

Die Situation verbesserte sich erst mit der Meßbarkeit ionisierender Strahlung (Dosimetrie). Auch im Bereich der medizinischen Anwendung der Radioaktivität sind es wieder Mittelwerte, die das Bild der individuellen Belastung des Menschen ins Abstrakte verschieben — womit das Risiko verharmlosbar wird. Insgesamt rechnet man in der *Bundesrepublik Deutschland* — ähnlich wie im übrigen Mitteleuropa — mit einer *Strahlenbelastung der Bevölkerung von zirka 50 Millirem* im Jahr durch die „Anwendung ionisierender Strahlen und radioaktiver Stoffe in der Medizin" („Millirem-Konzept", Seite 54). Dazu liefert die *Röntgendiagnostik* den weitaus größten Beitrag, gefolgt von der *Nuklearmedizin* (zirka 2 Millirem pro Jahr) und der *Strahlentherapie* (unter 1 Millirem pro Jahr).

STRAHLENTHERAPIE

Man erkennt hier natürlich sofort die Verzerrung durch die Durchschnittsberechnung: Krebs-Patienten werden nach L. RAUSCH (Seite 87) „in der Regel" mit auf bestimmte Körperbereiche begrenzten Dosen von 6.000 bis 8.000 rad bestrahlt, also Dosen, die als Ganzkörperbestrahlung absolut tödlich wären. (Die hundertprozentig tödliche Ganzkörperdosis liegt zwischen 600 und 750 rad.) Zur Bestrahlung werden vor allem Radium und Kobalt-60 verwendet. Außerdem werden Gamma-Strahlung und energiereiche Elektronen-Strahlung eingesetzt. Als Voraussetzung für den erfolgreichen Einsatz ionisierender Strahlen zur Krebsbehandlung wird die unterschiedliche Strahlenempfindlichkeit von Tumor und Normalgewebe betrachtet: Krebsgeschwülste als besonders teilungsaktive Gewebe seien besonders strahlensensibel und würden bei einer Strahlenbehandlung nachhaltiger geschädigt als das gesunde Gewebe.
Hohe Dosen sind notwendig, um Krebsgewebe abzutöten, Dosen, die auch am gesunden Gewebe um Tumoren oder Metastasen akute und chronische Schäden bewirken. Es ist daher das erklärte Ziel der modernen Strahlentherapie, diese unerwünschte Nebenwirkung auszuschalten. Man verwendet dazu *Strahlensensibilisatoren* (elektroaffine oder radioprotektive Stoffe) und Rapairhemmer (E. WANDL, Seite 17), die das Krebsgewebe für die Strahlung empfindlicher machen als das umliegende Gewebe. Oder man versucht, den Tumor auf chirurgischem Weg zu isolieren und direkt zu bestrahlen.
P. WEISH und E. GRUBER (Seite 37) haben dazu grundsätzlich festgestellt: „Selbstverständlich wirkt auch die therapeutische Bestrahlung karzinogen, die Erhöhung des Krebsrisikos nach Ablauf einer mehrjährigen Latenzzeit ist jedoch in diesen speziellen Fällen zu verantworten, wenn mit der Behandlung die bestehende Krebsgeschwulst in ihrem Wachstum gehemmt und damit eine lebensverlängernde Wirkung erzielt wird."
Ob eine solche Lebensverlängerung wünschenswert ist, muß ohnehin der Entscheidung jedes einzelnen Betroffenen selbst überlassen bleiben. Eine entsprechende Erklärung der Risiken gegenüber dem Patienten ist unerläßlich. Der große Unterschied zur allgemeinen Erhöhung der Radioaktivität, die uns allen aufgezwungen wird, ist jedenfalls, daß der Patient eine vorgesehene Strahlenbelastung im medizinischen Bereich auch ablehnen kann.
Die Strahlentherapie hat auch in jüngster Zeit immer mehr an Bedeutung und Umfang zugenommen. Man schätzt, daß derzeit schon 60% aller Krebspatienten bestrahlt werden.
Noch eindeutiger fällt die Risiko-Nutzen-Abwägung auf dem Gebiet der *Diagnose* zugunsten der Strahlenmedizin aus, die sich aus Nuklearmedizin und Röntgendiagnose zusammensetzt.

NUKLEARMEDIZIN

Auch auf dem Sektor der Nuklearmedizin sind die Belastungen nicht unbeträchtlich, vor allem natürlich in bezug auf die untersuchten Organe.
Im „Millirem-Konzept“ (Seite 28) können einer Tabelle folgende aufschlußreiche Werte entnommen werden:

Tabelle 17

Organdosen pro Untersuchung bei einigen nuklearmedizinischen Diagnosearten

Untersuchtes Organ	Präparat	Strahlenbelastung in Millirem		
		Organ	Keimdrüsen	Ganzkörper
Schilddrüse	J-131-Jodid	7.560 – 1.110.000	2 – 85	6 – 17
Schilddrüse	Tc-99m-Pertechnetat	50 – 2.860	2 – 126	1,5 – 125
Nieren	J-131-Hippuran	1 – 250	0,02 – 8	0,02 – 320
Leber	Au-198-Kolloid	1.900 – 23.400	4 – 280	130 – 780
Leber	Tc-99m-TSK, Phytat	160 – 5.100	1 – 180	16 – 240
Leber	Se-75-Methionin	2.500 – 16.000	930 – 5.900	800 – 8.320
Lunge	Tc-99m-MAA	42 – 2.100	1 – 50	2 – 160
Knochen	Tc-99m-Poly-Pyrophosphat	54 – 810	15 – 225	16 – 240

Man sieht aus dieser Tabelle, daß auch die unerwünschte Keimdrüsen- und Ganzkörperbelastung noch beträchtliche und — wie bei *Gold-198* oder *Se-75-Methionin* — besorgniserregende Ausmaße annehmen kann. Die Belastung durch injizierte, eingeatmete oder oral verabreichte radioaktive Markierungsstoffe beschränkt sich eben nicht nur auf die „kritischen Organe“ allein, in denen sie allerdings vorwiegend gespeichert werden. Unser Organismus unterscheidet aufgenommene Stoffe, wie schon beschrieben, nur nach ihrer chemischen Struktur und nicht danach, ob sie radioaktiv sind oder nicht.
Ob bestimmte Belastungen vertretbar sind, muß der Arzt mit dem Patienten entscheiden. B. MANSTEIN gibt für verschiedene Szintigramme im Vergleich zu röntgendiagnostischen Methoden etwas andere Gonaden-Belastungen an als die Autoren des „Millirem-Konzepts“. Interessierte finden sie in seinem Buch „Strahlen“ auf Seite 312.
Die *Szintigraphie* hat in letzter Zeit eine enorme Differenzierung erfahren. Das hat sich unter anderem auch beim *Gasteiner Internationalen Symposium 1986 „Radioaktive Isotope in Klinik und Forschung“* sehr deutlich gezeigt.
Das Szintigramm macht mögliche Gefahren sichtbar. In der Fülle der Anwendungen dominiert seit mehreren Jahren *Technetium-99m,* also das metastabile Technetium-99, daß sich unter Abgabe gut meßbarer Gamma-Strahlung nach durchschnittlich 6 Stunden in stabiles Technetium-99 verwandelt.

Große Hoffnungen werden in letzter Zeit mit der *Radioimmunszintigraphie* mit Tc-99m-markierten monoklonalen Antikörpern verbunden, vor allem auch in bezug auf die Früherkennung von Tochtergeschwülsten. Der deutsche Biologe GEORGES KÖHLER und sein englischer Kollege CÉSAR MILSTEIN erhielten 1984 für die Entwicklung monoklonaler Antikörper den Nobelpreis. Diese, im Labor den Antikörpern des menschlichen Abwehrsystems nachgebildeten Antikörper, können Krebszellen an ihrer charakteristischen Oberfläche „erkennen". Verbunden mit schwach radioaktiven Stoffen in den Körper eingeschleust, wird die Diagnose erleichtert.
Nuklearmedizinische Abbildungsverfahren, *Tomographien,* werden für die Diagnostik immer wichtiger. Computer-Tomographien, Gamma-Kameras, die während der Aufnahme um den Körper des Patienten kreisen, und *Kernspintomographen* (Magnet-Resonanz-Tomographen) haben die Möglichkeiten der Ärzte in jüngster Zeit beträchtlich erweitert. Die Kernspintomographen schließen eine Strahlenbelastung des Patienten praktisch aus, weil sie im Unterschied zu den Computertomographen nicht mit Röntgenstrahlen, sondern mit Magnet-Resonanz arbeiten. Auch werden keine radioaktiven Kontrastmittel benötigt. Das Herzstück der Kernspintomographen ist ein supraleitender Magnet. Das Magnetfeld ist 10.000mal stärker als die Erdanziehung. Die Signale werden einem Computer zugeleitet, der die gewünschten Schnittbilder errechnet und auf einem Bildschirm darstellt. Mit dem Kernspintomographen ist man konsequenterweiser den richtigen Weg gegangen — weg von den radioaktiven Belastungen.

RÖNTGENDIAGNOSE UND RÖNTGENTHERAPIE

Auch die Röntgendiagnose entwickelte eine beachtliche Eigendynamik. Noch vor kurzem hatte sie jährlich Wachstumsraten von 7%. Durch das „Rem-Sparen" nach Tschernobyl wird diese Entwicklung eventuell gebremst werden. Aber dazu liegen noch keine Daten vor. Röntgenstrahlen wurden und werden eher sorglos angewendet.
Sie gehören zur Routine — ob beim Zahnarzt oder beim Lungenfacharzt. In der Bundesrepublik Deutschland ist man zur Zeit bei durchschnittlich 1,7 röntgendiagnostischen Leistungen pro Kopf und Jahr angelangt (L. RAUSCH, Seite 39). Durch eine Verordnung vom Juli 1986 sollen jetzt vor allem unnötige Wiederholungs-Aufnahmen vermieden werden (DPA, 30. 7. 1986).
In den westlichen Industriestaaten ist aber im allgemeinen eine Zunahme der Röntgendiagnostik zu erwarten.
Schon 1975 kam eine amerikanische Studie zu dem Schluß, daß durch medizinische Strahlenquellen 4.250 Krebserkrankungen in den USA anzunehmen seien (M. REITZ, P. GUTJAHR, Seite 57). Rund *95% der medizinischen Strahlenbelastung* stammen aus der Röntgendiagnostik. Die Dosisbelastungen liegen pro Röntgenaufnahme zwischen *0,01 und 10 rem.*
Die Dosen in der Strahlentherapie sind zirka tausend- bis hunderttausendmal so hoch!
J. KIEFER (Seite 380 f.) nennt *Keimdrüsenbelastungen* von durchschnittlich 0,0005 Gy (=0,05 rem) bis maximal 0,01 Gy (=1 rem) bei *Beckenaufnahmen.* Nach dem Stand von 1977 müsse man in der Bundesrepublik Deutschland auf 1.000 Einwohner im Mittel mit 1.700 diagnostischen Röntgenuntersuchungen (einschließlich Zahnmedizin) jährlich rechnen. Die Organdosen erreichten bei Erwachsenen bis zu 0,04 Gy (=4 rem). Die Keimdrüsenbelastung liege im Mittel bei $4{,}8 \cdot 10^{-4}$ Gy (48 mrem).
Bei der *Thoraxuntersuchung* (43% aller Fälle) schwanke die Belastung zwischen 0,0001 Gy (=10 mrem) und 0,002 Gy (200 mrem). Im Mittel ergebe sich daraus ein Wert in der Höhe von fast 50% der natürlichen Strahlenbelastung mit einem statistischen Krebsrisi-

ko von *300 neuen Krebsfällen pro Jahr.* Dem müsse freilich der gesundheitliche Gewinn aufgrund der *Früherkennung* von Krankheiten gegenübergestellt werden. F. CAP (Seite 98) gibt für ein medizinisches Röntgen im Durchschnitt 20—100 mrem Strahlenbelastung pro Jahr an, für ein einmaliges Lungenröntgen 10 mrem, für ein Magenröntgen oder eine Mammographie 800—3.000 mrem. L. RAUSCH (Seite 270) rechnet für die Bundesrepublik Deutschland durch Röntgendiagnostik mit maximal *1.000 Krebstoten jährlich.* Auf Österreich umgelegt wären das immerhin noch etwa 100 Todesfälle im Jahr.

Nach U. EHLING schätzt L. RAUSCH (Seite 233) die *genetischen Strahlenschäden durch Röntgendiagnostik auf 5 Prozent.* K. Z. MORGAN hat 1974 („Röntgenblätter“) festgestellt, daß es besser wäre, auf 90% dieser Diagnostik zu verzichten. Er schätzte, daß jährlich 3.000 Amerikaner an Krebs sterben, der durch unnötige Strahlenbelastung ausgelöst wurde.

Nach P. WEISH und E. GRUBER (Seite 114) ist das Risiko, an Leukämie zu erkranken, für Kinder nach Bestrahlung im Mutterleib zehnmal größer als im Durchschnitt. A. STEWART und G. W. KNEALE (“Radiation dose effects in relation to obstetric x-rays and childhood cancers”, The Lancet 6, 1185—88, 1970) geben für Kinder unter 10 Jahren, von denen im Mutterleib 4 Röntgenaufnahmen mit einer Bestrahlungsdosis von 0,20 bis 0,46 rad pro Aufnahme gemacht wurden, eine Erhöhung des Krebsrisikos um 100% an, also eine Verdoppelung der spontanen Krebshäufigkeit. Früher waren solche Röntgenserien bei unklaren Kindslagen üblich. Später wurden Röntgenuntersuchungen des Unterleibs bei schwangeren Frauen grundsätzlich verboten.
Gut belegt ist die durch Röntgenstrahlung verursache Entstehung von Brustkrebs bei 600 Frauen, die im Wochenbett wegen Brustentzündungen mit Gesamtdosen bis zu 600 rad behandelt wurden. Durch die längere Manifestationszeit zeigte sich im Vergleich zu einer unbestrahlten Kontrollgruppe erst nach 20 Jahren ein deutlicher Unterschied bei den Todesfällen durch Brustkrebs. Nach etwa 18 Jahren beginnen die Fälle bei den bestrahlten Patientinnen enorm zuzunehmen, nach etwa 30 Jahren liegen sie etwa doppelt so hoch wie bei unbestrahlten Frauen (L. RAUSCH, Seite 213).
Nach therapeutischen Röntgenbestrahlungen von Patienten mit Wirbelsäulenerkrankungen wurden ähnliche Erfahrungen gemacht. Unter den Bestrahlten trat vorerst Leukämie auf, später folgten auch andere Krebsformen, etwa im Verhältnis 1:30 (P. WEISH, E. GRUBER, Seite 112 und B. MANSTEIN, Seite 306). Schon Anfang der fünfziger Jahre wurden in den USA 100 Millionen Röntgenaufnahmen der Zähne angefertigt. Für einen vollständigen Zahnstatus beider Kiefer wurden bis zu 315 Röntgen verabreicht! 20 bis 100 Röntgen sollen keine Seltenheit gewesen sein, und das in vielen Fällen bei jährlicher Wiederholung. Die hohen Dosen kamen zum Teil auch durch Defekte und Unwissenheit in bezug auf die Leistung der Apparate zustande.
K. Z. MORGANS Urteil: „Die meisten Ärzte und Zahnärzte haben keine Ahnung von Strahlenschutz und nicht die geringste Vorstellung, mit welchen Risiken eine Röntgenuntersuchung behaftet ist.“
B. MANSTEIN (Seite 202 ff.) kommt, auch unter Berufung auf Aussagen von ärztlichen Kollegen, für die Anwendung von Röntgenstrahlen in der Medizin zu folgendem Resümee:

- Der Trend geht in Richtung Massenabfertigung und hastige Arbeitsweise.
- Eingefahrene Verhaltensweisen führen zu unnötiger Strahlenbelastung der Patienten.

- Viele Röntgengeräte sind nicht in einwandfreiem Zustand (TÜV-Überprüfungsstand Mai 1977: etwa die Hälfte aller Apparaturen).
- Für Röntgenreihenuntersuchungen besteht nur eine ganz geringe Notwendigkeit.
- Bereits in Patientenakten vorliegende Röntgenaufnahmen werden nicht genutzt.
- Der Radiologe führt nur die Anordnungen anderer aus.
- Aufzeichnungen über die Patientendosis werden nicht geführt oder nicht aufbewahrt.
- Es wird versäumt, die Bestrahlung kritischer Gewebe, wie z. B. des aktiven Knochenmarks, der Augenlinsen, der Schilddrüse usw. zu vermeiden.
- Die Strahlenexposition der Bevölkerung durch medizinische Maßnahmen ist nicht Teil der Bevölkerungsgrenzwerte von durchschnittlich 170 mrem/Jahr.
- Jeder Arzt, der Röntgenuntersuchungen durchführt, müßte den Patienten darauf hinweisen, daß es sich bei den Röntgenstrahlen um kein indifferentes Mittel handelt, sondern um ein Mittel, das immer einmal zu somatischen oder genetischen Schäden führen kann.
- Nach Erfahrungen aus den USA scheint es sehr fraglich, ob die allgemein angenommenen Belastungswerte mit 40 bis 60 Millirad (entspricht Millirem) pro Jahr der Wirklichkeit entsprechen. (Das schließt aber die steigenden Belastungen durch Strahlentherapie und Nuklearmedizin mit ein.)
- Die Einführung eines Strahlenpasses ist dringend zu fordern.

Diese Aussagen beziehen sich zwar auf das Ende der siebziger Jahre. Sie sind aber nach wie vor aktuell.

Daß „hastige Arbeitsweise" und „unnötige Strahlenbelastung" bei Röntgendiagnosen nicht der Vergangenheit angehören, belegt der Brief eines Tirolers, der 1984 in die Intensivstation eines österreichischen Krankenhauses eingeliefert wurde und dort folgendes erlebte: „Ich war sehr erstaunt, daß dort hinsichtlich des Strahlenschutzes gegenüber den Patienten sogut wie gar nichts getan wird. Mehrmals am Tag wurden mit dem fahrbaren Röntgengerät bei den unmittelbar neben mir liegenden Patienten Aufnahmen gemacht. Während man Ärzten, Schwestern und sonstigem Bedienungspersonal eine Vorwarnung zum Verlassen sämtlicher Räume, die durch Glaswände geschützt sind, zukommen ließ und die Bedienerin des Gerätes eine dicke Bleischürze trug, wurden zum Schutz der Patienten keinerlei Maßnahmen getroffen. Es kam vor, daß man am Tag 2- bis 3mal in diesen Strahlungsbereich kam. Nach dem sogenannten ‚Schuß' wurde wiederum Entwarnung gegeben, daß das gesamte Ärzte- und Schwesternteam, welches zuerst fluchtartig sämtliche Räumlichkeiten verließ, diese wieder betreten konnte."

Vor allem Vorsorge und Reihenuntersuchungen — etwa der weiblichen Brust *(Mammographie)* oder der Lunge — werden unter den Fachleuten kontrovers diskutiert. Im Bezug auf die Mammographie kommt L. RAUSCH (Seite 280) zu dem Ergebnis, daß bei den jüngeren Jahrgängen das Risiko überwiege, bei den älteren der Nutzen: „Faßlicher ausgedrückt: Bei jungen Frauen werden durch eine Million Untersuchungen mehr tödliche Krebsfälle induziert als durch Früherkennung gerettet, bei älteren Frauen ist es umgekehrt."

Der Stahlenmediziner geht dabei von einer mittleren Dosis von 3 rad für eine Zweiebenenmammographie aus, und er betont, daß diese Einschränkung nicht gelte, wenn Verdachtsmomente oder Beschwerden eine Mammographie als individuell angezeigte Röntgenuntersuchung rechtfertigen.

DIE FRÜHEN OPFER DER STRAHLENWUT

Was mit absurdem Leichtsinn beginnt, wird nicht über Nacht seriös.

Das Spektakel begann schon ein Jahr nach der Entdeckung der Röntgenstrahlen, 1896, bei einer Elektroausstellung in New York mit Sonderschauen zur „Besichtigung des eigenen Körpers" und anderen kommerziellen Auswertungen. Leichtsinnige Anwendungen von Röntgengeräten in Schuhläden und bei Schaustellern blieben bis in unsere Zeit aktuell. Gleich nach dem ersten Weltkrieg, noch im Jahr 1918, hatte man die Ausschaltung der Eierstockfunktion mit Röntgenstrahlen eingeführt.

In *Israel* wurden nach der Staatsgründung eingewanderte Kinder wegen der Kopfläuse oft radioaktiv bestrahlt. Später erkrankten viele von ihnen an Leukämie oder Schilddrüsenkarzinomen (M. REITZ, P. GUTJAHR, Seite 57). Nach dem BEIR-Report II (Seite 294) wurden später 10.902 dieser Kinder untersucht. Sie hatten schätzungsweise eine Schilddrüsendosis von 6 bis 9 rad erhalten. Die Folge war ein *Ansteigen von Schilddrüsenkrebs um das Sechsfache.*

Geisteskranke, denen man „im Rahmen einer medizinischen Modeströmung" (L. RAUSCH, Seite 204) *Radium-226* intravenös gespritzt hatte, erkrankten weit mehr an Knochensarkomen (Knochenkrebs) als normalerweise anzunehmen gewesen wäre.

Geradezu irrsinnig hohe Belastungen mußten *Tuberkulosekranke* früher auf sich nehmen. Folge: Leukämie (B. MANSTEIN, Seite 305) und andere Krebsformen. Dazu L. RAUSCH (Seite 204): „In Lungenheilstätten war früher die Ruhigstellung der erkrankten Lungenseite durch sogenannte Pneumothoraxbehandlungen ein vielgeübtes Verfahren. Die Überprüfung und Neueinstellung des ‚Pneu' wurde zumeist unter Durchleuchtung vorgenommen. So mußten Patienten bis zu mehrere hundert Mal durchleuchtet werden. Später interessierte man sich bei den Frauen dieser Gruppe für Brustkrebs und fand ihn vermehrt."

1955 berichtete D. E. CLARK bei der Genfer Atom-Konferenz über „gutgemeinte", aber ohne Erfahrung durchgeführte Behandlungen mit Röntgenstrahlen: Aus mehr oder weniger unwichtigen Anlässen (Mandeln, Rachenwucherungen) habe man Jugendliche bestrahlt. Bei 15 von ihnen sei dadurch Schilddrüsenkrebs aufgetreten. Zwanzig Jahre später hatte sich diese Erkenntnis weltweit noch immer nicht durchgesetzt. Ärzte aus Cleveland kamen zu ähnlichen Ergebnissen. Besonders typisch und haarsträubend sind wohl die seit 1928 mit *Thorotrast* gemachten Erfahrungen. Thorotrast besteht aus einer Lösung von Thoriumdioxyd mit einem hohen Anteil des Alpha-Strahlers *Thorium-232.* Es wurde etwa 50.000 bis 100.000 Patienten als Kontrastmittel injiziert, zur besseren Darstellung innerer Organe bei Röntgenkontrollen. Da es außerdem die Eigenschaft hat, sich im Knochen anzureichern, hat man es unter dem Namen *„Peteosthor"* zur Behandlung der kindlichen Knochentuberkulose benutzt. An der Göttinger Kinderklinik (H. SPIESS) wurde 1957 festgestellt, daß bei 49 Kindern schon nach wenigen Jahren *Knochenkrebs* auftrat, an dem sie bald starben.

In weiteren Untersuchungen (1970—1974) fand H. SPIESS bei 204 Jugendlichen und 612 Erwachsenen, die solche Kontrastmittel erhalten hatten, in zahlreichen Fällen „Geschwulstbildungen an den Knochen, Zahnverfall, Nierenerkrankungen, Leberschrumpfungen sowie Augenkatarakte" (B. MANSTEIN, Seite 310). L. RAUSCH (Seite 204) schreibt zu Thorotrast: „Die beträchtlichen Strahlendosen durch den insbesondere in Milz, Leber und Knochen gespeicherten, zur Gefäßdarstellung (Angiographie) injizierten radioaktiven Stoff... führten vermehrt zu Leukämie und sonst sehr seltenen primären Lebertumoren."

Man wird den fatalen Eindruck nicht los, daß die meisten dieser Experimente in einem ähnlichen Klima stattfanden wie die *US-Strahlentests an Menschen* von Mitte der vierziger Jahre bis in die siebziger Jahre. Wie erst kürzlich bekannt wurde (Oktober 1986), waren Hunderten von Menschen radioaktive Substanzen (darunter Plutonium, Radium und Uran) verabreicht worden, um die biologischen Auswirungen der Radioaktivität studieren zu können. Nur von wenigen diesen Tests ausgesetzten Personen — es handelte sich um Geisteskranke, Todkranke, Alte und Häftlinge, aber auch um einen sechsjährigen Buben — liegt ein Dokument über die freiwillige Teilnahme an diesen Tests vor. Daß sie über die Gefährlichkeit dieser Versuche informiert wurden, darf ohnehin mit an Sicherheit grenzender Wahrscheinlichkeit ausgeschlossen werden.

RADON — EIN HEILENDES GAS?

Radon, das auch im Kapitel „Wohnen mit Radon" (Seite 134 ff.) eine Hauptrolle spielen wird, ist ein natürlich vorkommendes, gasförmiges radioaktives Element aus der Gruppe der Edelgase (siehe Periodensystem der Elemente, Seite 22 f.). Alle seine Isotope sind radioaktiv: Rn-214, Rn-219, auch Actiniumemanation oder Actinon genannt, Rn- 220, auch Thoriumemanation oder Thoron genannt, Rn-221, Rn-222, auch Radiumemanation genannt, Rn-223 und Rn-224. Wegen seiner hohen Radioaktivität zeigt flüssiges oder festes Radon ein gelbes oder orangerotes Leuchten (Lumineszenz!). Im folgenden geht es um das radioaktive Edelgas *Radon-222,* ein Isotop der Uran-Radium-Zerfallsreihe (siehe Seite 29). Thoron ist ein Isotop der Thorium-Zerfallsreihe und Actinon ein Isotop der Actinium-Zerfallsreihe (Actino-Uran = Uran-235).
Radon-222 hat von allen Radon-Isotopen die längste physikalische Halbwertszeit: 3,8 Tage. Es ist ein Alpha-Beta-Gamma-Strahler. Das kritische Organ ist die Lunge. Problematisch ist die *Strahlenbelastung der Bronchialschleimhaut und der Lungenbläschen* durch die *Zerfallsprodukte* des Radons: Radioisotope von *Polonium, Blei und Wismut* mit z. T. viel längeren Halbwertszeiten (z. B. Blei-210:21 Jahre). Sie werden mit *Aerosolen* eingeatmet und in der Lunge deponiert. Beim Zerfall geben sie *Alpha-Teilchen* ab, die zwar nur eine minimale Reichweite (vgl. Seite 33), aber große biologische Wirksamkeit besitzen und *Lungenkrebs* verursachen können.
Vor allem in *Uran- und Flußspatbergwerken mit schlechter Bewetterung* sowie in *Wohnungen mit schlechter Belüftung* in Gebieten mit uranhaltigem Gestein kann es zu hohen Konzentrationen von Radon kommen, verbunden mit einem entsprechend gesteigerten Lungenkrebsrisiko.
Mit dem Radium-Boom Anfang dieses Jahrhunderts entstanden auch die *Radiumbäder* in aller Welt, in Europa, Amerika und Japan. Sie kommerzialisierten ihr radioaktives Wasser zum Trinken und Baden. Außerdem wird das Einatmen von Radon in Stollen empfohlen (wie z. B. in einer aufgelassenen alten Goldmine in Badgastein seit 1949). Als therapeutische Wirkung wird vor allem die Besserung von rheumatischen Beschwerden und die Stimulierung des Stoffwechsels angegeben. Nicht nur diese Versprechen sind umstritten. Wie schon ausführlich beschrieben, geht die Mehrheit der kompetenten Wissenschafter heute davon aus, daß auch geringste Strahlenmengen gesundheitsschädigend wirken können. Nimmt man das nicht an, muß man sich wohl oder übel der Aussage von A. G. HERRMANN (Seite 60) anschließen, der sich dabei auf Untersuchungen von EISENLOHR und JEAGER (1974) beruft, „daß sich nach relativ kurzer Einwirkung kleiner Strahlendosen bei den Kurgästen keine gesundheitlich einwandfrei nachweisbaren Wirkungen einstellen".

Kernenergie-Propagandisten wie F. CAP tun sich bei dieser Frage natürlich schwer, weil sie ja an sich für eine Dosisschwelle, also für die biologische Unwirksamkeit im Niedrigdosisbereich plädieren. Durch das Liebäugeln mit der „belebenden" und „heiltherapeutischen", das „körpereigene Abwehrsystem stimulierenden" Wirkung radioaktiver Mineralwässer geraten sie allerdings mitten hinein in Zwielicht und Widersprüchlichkeit. Sie können sich auch auf wenig mehr als auf die Unterstützung mancher Kurärzte und Gesinnungsfreunde in Atom-Laboratorien und Forschungsanstalten verlassen. F. CAP (Seite 103) zitiert eine Untersuchung von Patienten und Beschäftigten im „radioaktiven Heilstollen von Badgastein", die am Institut für Biologie im Forschungszentrum Seibersdorf ausgewertet wurde, mit folgendem Ergebnis: „Die Stimulierung durch Strahlung erfolgt derart, daß durch kleine Schäden an der Desoxyribonukleinsäure (DNA) in der Zelle, wo die gesamte Information des Lebens gespeichert wird, eine Synthese von sogenannten Reparaturenzymen in Gang gesetzt wird. Die Reparaturenzyme bessern Schadstellen in der DNA aus, die durch Strahlung oder Chemikalieneinwirkung hervorgerufen wurden... Die Untersuchung der Blutzellen ergab in der Mehrzahl eine Steigerung der Reparaturkapazität bis zu 30 Prozent. Dieser Wirkungsmechanismus der Strahlung auf die DNA findet auch in der Tumortherapie Anwendung."

Abgesehen davon, daß der letzte Satz wissenschaftlich unhaltbar ist: In einem Brief an den Autor vom 27. Februar 1984 widerspricht sich der Innsbrucker Physiker selbst: „Die österreichische Strahlenschutzgesetzgebung ist so streng, daß rein theoretisch alle in Badgastein auf der Straße gehenden Personen ein Strahlenmeßgerät tragen müßten — nur dadurch, daß es sich in Gastein um natürliche radioaktive Isotope handelt, die in der Natur seit jeher ohne Dazutun des Menschen vorkommen, fallen diese radioaktiven Stoffe nicht unter das Gesetz. Daher fallen auch die in Ziegeln und im Beton vorkommenden natürlichen radioaktiven Stoffe nicht unter die Bestimmungen des Strahlenschutzgesetzes — wohl aber willentlich angebrachte radioaktive Fliesen. Die von Ziegeln etc. emittierten radioaktiven Gase könnten, da sie bei ihrem Zerfall feste radioaktive Stoffe in den Lungen der Bewohner ablagern, *gesundheitlich gefährlich werden.* Hier ist offenbar eine Lücke im österreichischen Strahlenschutzgesetz." (Hervorhebung durch den Autor)

Daran ändert sich auch nichts, wenn F. CAP sich auf Tierversuche beruft, aus denen hervorgeht, daß „kleinen Strahlendosen exponierte Tiere länger als ihre unbestrahlten Artgenossen lebten". Denn der von F. CAP zitierte L. RAUSCH schreibt in diesem Zusammenhang (Seite 185): „Eine verbindliche Deutung steht dort ebenso aus wie für zahlreiche Versuche an verschiedenen Tiergattungen, in denen eine beträchtliche Schutzwirkung einer niedrig dosierten Vorbestrahlung auf in bestimmten Abständen folgende massive Nachbestrahlung gefunden worden ist."

H. VETTER hat in einem Kapitel über radioaktive Abfälle auf besonders „elegante" Weise zu einem Plädoyer für radioaktive „Heilkuren" angesetzt (Seite 180):

„Wollte man zynisch sein, so könnte man der Region, in der hochaktiver Abfall einmal gelagert werden soll, fast wünschen, daß ein wenig Radioaktvität mit dem Grundwasser an die Oberfläche käme — ein vifer Bürgermeister und ein wortgewandter Public-Relations-Manager könnten daraus eine Attraktion für den Fremdenverkehr machen. Schließlich gibt es in Europa zahlreiche Kurorte, die ihren Reichtum und ihren Ruf eben diesem Vorgang verdanken: Seit Millionen Jahren hat Wasser Zutritt zu natürlich radioaktiven Erzen, transportiert deren alphastrahlende Tochterprodukte wie Radium und Radon langsam, aber stetig an die Oberfläche und wird von geschäftstüchtigen Kurbetrieben in Badewannen gefüllt, in Kurpackungen auf Bauch und Rücken gelegt und als heilsamer Sprudel per Flasche in alle Welt verschickt. Es sei dem Autor verziehen, wenn er aus Sorge um die österreichische Handelsbilanz den Namen jenes Kurortes verschweigt, in dem die Radonkonzentration der Atemluft seit Menschengedenken so hoch ist, daß bei strenger Anwendung der internationalen Strahlenschutzempfehlungen die Hauptstraße des Ortes zum Strahlenbereich erklärt werden müßte, zu dem Frauen und Kindern der Zutritt zu verwehren wäre. Erst kürzlich wurde im Mühlviertel ein neues Kurbad eröffnet, und zwar mit der durchaus richtigen Begründung, daß das Quellwasser des Ortes so schön radioaktiv sei."

Zweifellos ist die Belastung durch natürliche Radioaktivität in einschlägigen Kurorten höher als normalerweise. In Badgastein beträgt die durchschnittliche äußere Belastung der Bevölkerung jährlich 129 Millirad (= Millirem). Für die „Luft" in Gastein werden 107 Picocurie pro Liter, für die „Luft bei radioaktiven Quellen" 3.225 pCi/l, für Gasteiner Wasser (nur Radium-226) 100 pCi/l angegeben (F. CAP, Seite 96). E. POHL vom Institut für Physik sowie P. FISCHER vom Institut für Krebsforschung der Universität Wien, wohl die besten Kenner der Materie, erklären (Seite 319): „Die Therapie des Kurortes basiert auf einer täglichen Lieferung von 5 Millionen Litern heißen Thermalwassers von niederem Mineralgehalt und einer mittleren Konzentration von 40 nCi Radon-222 pro Liter. Darüber hinaus wurde seit 1949 eine frühere Goldmine mit einer Temperatur bis zu 41 Grad Celsius, einer relativen Luftfeuchtigkeit von 95% und einem mittleren Radon-222-Gehalt von 3 nCi pro Liter in das Behandlungsprogramm aufgenommen." 40 Nanocurie sind 40.000 Picocurie.

Ein Vergleich: Die Radioaktivität der Luft eines Ortes in Niederösterreich liegt zwischen 0,1 und 0,4 pCi/1 (entspricht 0,0001 bis 0,0004 nCi/1), die der Zimmerluft in Innsbruck zwischen 2 und 5 pCi/1, die normalen Wassers zwischen 2 und 20 pCi/1 und die des Meerwassers (nur Kalium-40) bei 300 pCi/1. Daraus ergibt sich, daß das Gasteiner Thermalwasser etwa 2.000- bis 20.000mal radioaktiver ist als normales Wasser, die Luft im Stollen etwa 1.000fach radioaktiver als normale Zimmerluft. Freilich fragt es sich dann immer, was da zerfällt und welche Konsequenzen daraus zu ziehen sind. Radon-222 ist wesentlich weniger radiotoxisch als z. B. Radium-226 (siehe „Trinkwasser", Seite 173 f.).

Die therapeutische Wirkung des radonhaltigen Wassers ist zumindest umstritten. Im amtlichen Informations- und Nachschlagewerk „Österreichisches Heilbäder- und Kurortebuch" sind zu diesem Punkt folgende Informationen zu finden:

- *Radon* wird aus dem Badewasser zum *Großteil eingeatmet.* Ein kleiner Teil (drei Prozent) wird durch die *Haut* aufgenommen (Seite 111, 114).
- Aufgrund seiner Lipophilie („Fettsucher") wird Radon bevorzugt in den *endokrinen Organen* (Hormondrüsen) und im *Zentralnervensystem eingelagert.* Darauf „*sollen* die endokrin stimulierenden Wirkungen und die schmerzlindernde Wirkung beruhen. Ursächlich dafür *scheint* der kurzdauernde ionisierende Effekt der energiereichen Alphastrahlung zu sein."
- *Schädigungen* durch Radon sind wegen der *kurzen Halbwertszeit* (biologische Halbwertszeit 20 bis 30 Minuten, physikalische Halbwertszeit 3,8 Tage) *nicht zu erwarten.* „Über die Einwirkung der Folgeprodukte liegen am Menschen noch keine ausreichenden Untersuchungen vor."
- „Zytologische Kontrollen des vermehrt mit den Gasteiner Kurmitteln in Kontakt stehenden Personals ergaben eine Abhängigkeit der *Chromosomenveränderungen* in Lymphozyten von Alter und Geschlecht, *nicht jedoch vom Radon.*"
- „Erste Untersuchungen über die Langlebigkeit und die Krebshäufigkeit sowie die Häufigkeit von Mißbildungen der Bevölkerung, die im Gasteiner Raum lebt, erga-

ben bisher keine ungünstigen Einflüsse gegenüber vergleichbaren Populationen."

- Die desensibilisierende und schmerzstillende Wirkung von Radon sowie sein kreislaufschonender Effekt werden „diskutiert". „Bislang ist aber noch nicht überzeugend gelungen, biopositive Wirkungen des Radons im Rahmen der Stollentherapie am Menschen nachzuweisen."

(Alle Hervorhebungen durch den Autor)

Zumindest über die Chromosomenveränderungen herrscht durch neue Untersuchungen mehr Klarheit als in den 70er Jahren. J. POHL-RÜHLING und ihre Mitarbeiter haben bei 122 in Badgastein lebenden und arbeitenden Menschen die akkumulierte Blut-Dosis gemessen. Sie lag pro Jahr — je nachdem, ob sie in den oder in der Nähe der Thermalbäder arbeiteten — zwischen 80 und 260 Millirad (Millirem) durch äußere Gammastrahlung und 0,8 bis 1.600 Millirad durch Alphastrahlung, die hauptsächlich aus der Inhalation von *Radon-222* und seinen Zerfallsprodukten stammt. Die Autoren haben auch die von dieser Strahlung ausgehenden Chromosomen-Brüche gezählt. Es zeigte sich ein sehr rasches Ansteigen dieser Schäden von 0,4 auf 2 von 100 Zellen vor allem durch äußere Gammastrahlung im Dosisbereich zwischen 100 und 200 Millirad pro Jahr. Die vorwiegend durch Alphastrahlung verursachten Chromosomen-Brüche bilden ein Plateau von 1 bis 2 Defekten auf 100 Zellen zwischen etwa 300 und 2.000 Millirad Dosis pro Jahr.

Die Autoren erklären, das Plateau der höheren Dosen ab etwa 300 Millirad „könnte durch Repair-Enzyme verursacht" sein. In diesem Punkt gebe es Übereinstimmung mit zahlreichen internationalen Studien, die erst ab 30 rad wieder einen steilen Anstieg der Chromosomen-Brüche in Abhängigkeit von der Dosis zeigen.

Nirgends steht aber, daß Dosen zwischen 300 Millirad und 30 rad gesund sind. Die Studie sagt höchstens, daß die *Schäden bis zu etwa 30 rad vom Reparatur-System unseres Organismus noch abgefangen werden können.* Das Risiko, daß Schäden nicht mehr oder falsch repariert werden, wird dadurch nicht aufgehoben. Es erfolgt eine „Stimulierung" der Reparatur-Enzyme, aber sozusagen als „Feuerwehr", als Rettung in höchster Not. Dazu haben P. WEISH und E. GRUBER (Seite 40) eine klare Aussage getroffen:

„Niedrigen Dosen ionisierender Strahlung wurde und wird bisweilen noch heute eine stimulierende ‚biopositive' Wirkung zugeschrieben. Mit dieser Begründung werden radonhaltige Wässer als ‚Heilwässer' bezeichnet und in Radonbädern verwendet (z. B. Badgastein, Marienbad, Joachimsthal). Eine kritische Betrachtung dieses Problemkreises (E. BRODA, 1973) hat ergeben, daß stichhaltige Beweise der behaupteten biopositiven Strahlenwirkung bis heute nicht erbracht wurden. Die diesbezügliche balneologische Literatur steht im Widerspruch mit der Erkenntnis, daß selbst niedrige Dosen ionisierender Strahlen gefährlich sind."

Und auch die Aussage BODO MANSTEINS (Seite 78) zum Thema natürlich radioaktiv angereicherter Mineralwässer läßt an Deutlichkeit nichts zu wünschen übrig: Sie seien ein „beliebtes Argument zur Entlastung der Ausstöße aus kerntechnischen Anlagen." Man „erhöhe bei ihrem Gebrauch in jedem Fall willkürlich die innere Strahlenbelastung des Körpers" und habe kein sicheres Maß für die Heilung — oder für eine sich erst „später vielleicht bemerkbar machende Schädigung". Die Aufnahme von Radon mit dem Kurwasser könne Ablagerungen des Alphastrahlers im Knochen zur Folge haben. Schon verhältnismäßig geringe Mengen von Radon (Einatmung im Bergstollen) riefen bei manchen Menschen einen „Strahlenkater" hervor: „Man muß vermuten, daß die angegebene stimulierende Wirkung dieser Kuren auf die Abwehrreaktion des Körpers zurückzuführen ist, die gewissermaßen als ein Spiegelbild des ‚Strahlenkaters' angesehen werden kann. Leider sträuben sich in den betroffenen Kurorten (u. a. Gastein, Marienbad, Kreuznach) Ärzte und Verwaltung gegen die Einsicht, daß auch niedrige Dosen von Radioaktivität schädlich sind."

RADIOAKTIVER ABFALL AUS SPITÄLERN UND MEDIZINISCHEN LABORS

E. HENRICH und F. SCHÖNHOFER vom Österreichischen Umweltbundesamt (Abteilung Strahlenschutz) haben 1985 eine eindrucksvolle und äußerst interessante Studie über die *Umweltradioaktivität in Österreich seit Beginn der achtziger Jahre* vorgelegt, eine Studie, um die uns das Ausland nur beneiden kann.

Aus der Wertung ihrer Meßergebnisse gehe hervor, so die Autoren, daß zwar an keinem Meßort die Grenzwerte überschritten wurden, daß aber in Anbetracht der enormen Verdünnung der radioaktiven Emissionen durch die Transportmedien Wasser und Luft in einigen Fällen sehr wohl auf *„bedenkliche Konzentrationen an der Emissionsquelle"* geschlossen werden könne. Und weiter: „Die Menge an künstlichen radioaktiven Stoffen aus dem *medizinischen Bereich*, die etwa in Gewässern vorkommen, sind zum Teil überraschend groß, was eine gewisse *Sorglosigkeit beim Umgang mit radioaktiven Stoffen widerspiegelt.*" (Hervorhebungen stammen vom Autor)

So liegt zum Beispiel die Gesamtmenge an *Jod-131*, die jährlich von Österreich an die Donau abgegeben wird, in der Größenordnung von 88 Giga-Becquerel (2,4 Curie).
Aus medizinischer Anwendung gelangen außerdem noch folgende Radioisotope in die Umwelt, vor allem in die Flüsse: *Chrom-51, Technetium-99m, Jod-123, Thallium-201, Gallium-67 und Indium-111.*
Bei der stationären Behandlung mit Radioisotopen in Spitälern ist die maximal verabreichte Aktivitätsmenge 150 mCi*) pro Patient. Die in flüssiger Form abgegebenen radioaktiven Substanzen werden über längere Zeit im Spital gelagert und dann mit den übrigen Abfällen entsorgt.
Diese Entsorgung ist freilich problematisch, wie sich bei der Regierungsklausur am 16. Septemer 1983 herausstellte. Dort heißt es: „Aufgrund eines Ministerratsbeschlusses vom 19. November 1974 wurde im Forschungszentrum Seibersdorf eine Sortier-, Komprimier- und Verbrennungsanlage sowie eine Zwischenlagerstätte für radioaktive Abfälle als Basis für eine gesicherte Vollentsorgung Österreichs auf dem Gebiet der radioaktiven Abfälle errichtet." Vorher hatte man von haarsträubender Lagerung dieser Abfälle in Spitälern und Laboratorien gehört. Der Beschluß aus dem Jahr 1974 brachte aber auch keine Lösung — und so blieb es bis heute. Weiter heißt es im Text der Regierungsklausur 1983: „Die Abfälle der Verarbeitungs- und Konditionierungsanlage werden in Seibersdorf zwischengelagert. Da diese Lagerkapazität begrenzt ist und eine Zwischenlagerung auf längere Sicht unzulässig und unvertretbar erscheint, beschloß die Bundesregierung die Vergabe einer Endlagerstudie..."

*) 1 mCi = 1 Millicurie = 37 Millionen radioaktive Zerfälle pro Sekunde = 37 Mio Bq.

Ein Endlager kann aber auch eine noch so schöne Studie nicht herbeizaubern. Motto im glücklichen Österreich, wo es bis heute kein Endlager gibt: Wenn du nicht mehr weiterweißt, laß eine Studie anfertigen.
Der radioaktive Abfall, der im Spital bleibt, ist aber nur die Spitze des Eisbergs. Von den mehr als 100.000 Österreichern, die jährlich mit radioaktiven Substanzen untersucht und behandelt werden, werden die meisten ambulant versorgt. (Es gibt ja auch viel zu wenig Strahlenbetten, die allerdings enorm teuer sind.) Alle Anwendungen unterhalb 5 mCi erfolgen ambulant. Der Patient wird im Anschluß an die Applikation des Medikaments heimgeschickt. Seine flüssigen und festen radioaktiven Ausscheidungen gelangen direkt in das Kanalsystem und danach in die Kläranlage. Nach der hohen Verdünnung im Kanalsystem erfolgt also wieder eine Konzentration. E. HENRICH und F. SCHÖNHOFER schreiben über die Belastung, die den Schluß zulasse, daß „bei den Emittenten selbst der Grenzwert für flüssige Abgaben mit dem Betriebswasser laut Strahlenschutzverordnung... möglicherweise überschritten wird": „Eine Abschätzung der jährlich durch die Hauptkläranlage (gemeint ist die Wiener Hauptkläranlage; Anmerkung des Autors) fließenden radioaktiven Kontaminationen ergibt etwa 40 GBq (1,1 Ci) *Technetium-99m* und etwa 28 GBq (0,76 Ci) *Jod-131;* die abgegebenen Mengen an Jod-131 liegen also weit (z. T. mehrere Größenordnungen) über denjenigen, die von Kernkraftwerken im Abwasser emittiert werden."
Wenn nicht grad einer der häufigen Störfälle auftritt, muß man dazusagen.
Der feste Anteil des Klärschlamms der Wiener Hauptkläranlage wird verbrannt. Täglich werden 140 bis 160 Tonnen entsorgt. Die radioaktiven Substanzen gelangen also zum Großteil wieder zurück in die Umwelt.
Ein Teil der radioaktiven Belastung unserer Gewässer kommt nach der Studie aus dem Ausland. March und Thaya weisen „überraschend hohe Konzentrationen an *Jod-131* und *Chrom-51* auf, die eindeutig auf Verfrachtung aus der Tschechoslowakei zurückzuführen sind. Sie stammt wiederum aus der medizinischen Anwendung. Chrom-51 dürfte auch bei hydrologischen Untersuchungen eingebracht werden. In den *Aerosolen* der Luft wurde in Wien und Klagenfurt unter bestimmten Witterungsbedingungen *Jod-131* nachgewiesen, das aus der Anwendung im *medizinischen Bereich* stammte.
Da die Meßstellen jeweils mehrere Kilometer von den möglichen Emissionsquellen entfernt liegen, bedeutet das, „daß an der Emissionsquelle selbst sehr wohl bedenkliche Konzentrationswerte auftreten können".
Das Auftreten von *Tritium* in Oberflächengewässern ist nach der Studie zum Teil auf *natürliche Quellen* zum anderen Teil auf *künstliche Quellen* zurückzuführen. Die in Österreich gemessenen Mengen sind im wesentlichen das Resultat der in der Atmosphäre durchgeführten *Atombombenversuche.* Ein kleinerer Teil setzt sich aus flüssigen Emissionen aus *Kernanlagen* und aus der *industriellen Verwendung* (z. B. *Uhrenindustrie*) von *Wasserstoff-3* (Tritium) zusammen. Eine *starke Erhöhung der Tritiumkonzentration im März 1983* könnte nach den Autoren der Studie auf eine unbeabsichtigte und *geheimgehaltene Freisetzung von Tritium* in der *Schweiz* zurückzuführen sein. Sie dürfte, so E. HENRICH und F. SCHÖNHOFER, mit einem Zwischenfall in *Volketswil* in Zusammenhang stehen, bei dem etwa 500 kCi, *das heißt 500.000 Curie Tritium in die Umgebung gelangt* sein sollen!

Hält man sich nochmals die Belastung durch Strahlen- und Nuklearmedizin für Mensch und Umwelt vor Augen, wird es an Nachdenklichkeit nicht fehlen. B. MANSTEIN hat in einer Art „Rechtsvertretung" für die Ungeborenen gesagt: „Ich bin der Ansicht, daß es in dieser Frage keinen Kompromiß geben darf und wir bereits durch die Medizin zuviel Risiko auf uns genommen haben." Dieser Satz gilt für die gesamte Nutzung atomarer Kräfte in unserer Zivilisation.

Belastung aus Forschung und Technik

Die durchschnittliche Strahlenbelastung der Bevölkerung in der Bundesrepublik Deutschland durch die Verwendung radioaktiver Stoffe in Forschung und Technik wird im „Millirem-Konzept" (Seite 54) mit weniger als *2 Millirem pro Jahr* angegeben. Davon komme auf „technische Strahlenquellen", „Industrieprodukte" und „Störstrahler" (Fernsehgeräte etc.) jeweils weniger als 1 mrem/Jahr.
Diese Mittelwerte sagen natürlich wie immer nichts über die tatsächliche Belastung von Menschen unter unmittelbarer Einwirkung durch Radioisotope in Wissenschaft, Forschung und Technik aus.
Auch auf diesem Sektor nimmt die Anwendung radioaktiver Substanzen stark zu, z. B. durch die rasante Weiterentwicklung der Meßtechnik, der Gamma- und Alpha-Spektrometrie, der Materialforschung durch Neutronenstreuung oder der Flüssigszintillationsmessung (E. HENRICH, F. SCHÖNHOFER, Seite 12). Zum Teil wurde auf die Anwendung schon im Abschnitt „Kleinquellen" (siehe Seite 99 ff.) hingewiesen.
Aus *Tabelle 31* (Seite 161 f.) ist abzulesen, daß die Belastung jener, die an *Elektronenmikroskopen* arbeiten, ziemlich hoch ist: 50 bis 200 Millirem im Jahr. Ähnliches gilt für Berufe wie die *Röntgenphotographie* (Radiographie), die zum Aufspüren von Fehlern bei Gußstücken oder Schweißnähten, zur Feststellung von Schichtdicken und für Mengenmessungen, zur laufenden Produktionskontrolle von Folien, Papier, Blechen, Schnittgut, Tabakmenge in Zigaretten usw. dient. Die mittlere Dosis liegt bei 320 Millirem im Jahr. In Einzelfällen kann die Belastung noch viel höher sein. Tabelle 31 zeigt aber auch, daß *Arbeiter aus Kernkraftwerken* und der ihnen zuliefernden *Brennstoff-Fabrikation* erheblich belastet sind.
Die mittlere Dosis liegt zwischen 160 und 320 Millirem im Jahr. Seit mehr als einem Jahrzehnt wird in Fachkreisen die Reduktion der zulässigen Jahres-Dosis für das strahlenbelastete Personal von 5 rem auf einen Grenzwert gefordert, der um den Faktor 2 bis 20 niedriger ist. Das hätte nach R. GRAEUB (Seite 83) unabsehbare Folgen — für die Nuklear-Wirtschaft: „Bei einer Reduktion um mehr als den Faktor 2 käme die Atomindustrie in größte Schwierigkeiten, weil Reparaturarbeiten an Atom- und Wiederaufbereitungsanlagen nicht nur verteuert, sondern unmöglich gemacht werden könnten. Schon jetzt mußten bei Reparaturen laut einem amerikanischen Senatspapier Hunderte von Schweißern zusammengezogen werden, um die Gefahr für den einzelnen zu vermindern, und trotzdem erhielten viele ihre Höchstdosen. Andere bekamen aus Unvorsichtigkeit sogar höhere Dosen als erlaubt."
Satelliten nutzen die Zerfallswärme von einigen tausend Curie *Plutonium-238* zur Stromerzeugung. Das macht sie zu *Zeitbomben im Weltraum*. Russische Satelliten, die gottlob in unbewohnten Gegenden vom Himmel fielen, hätten in Ballungsräumen Katastrophen angerichtet. Die radioaktiven Trümmer des russichen Satelliten „Kosmos 954" wurden 1977 in Canada über hunderte Quadratkilometer verstreut.

Nach einer amerikanischen Studie (1986) hat die UdSSR 30, die USA einen Nuklearsatelliten im Weltraum. Der russische Satellit „Kosmos 1402" verbrannte in der Atmosphäre. Sie wird nach den Schätzungen der Autoren der Studie bis zum Jahr 2000 mit rund 3 Tonnen radioaktivem Material (U-235, Plutonium u. a.) verseucht sein.
Die *Verwendung von Abfallprodukten aus Atomkraftwerken* ist nach P. WEISH und E. GRUBER (Seite 44 ff.) ein *erklärtes Ziel der Politik "atoms for peace"*, ein Schlagwort, das man aus gutem Grund auch als *"atoms for industry"* interpretieren könne. Die Kosten — auch für die Umwelt — sind allerdings hoch, weil die einzelnen Radioisotope (Strontium-90, Cäsium-137, Promethium) durch komplizierte chemische Trennverfahren aus dem hochaktiven Spaltproduktgemisch, das nahezu Isotope aller Elemente vom Atomgewicht 72 bis 160 enthält, herausgefiltert werden müssen. Andere müssen durch Neutronenaktivierung hergestellt werden: z. B. *Kobalt-60* oder *Iridium-192.*

Wohnen mit Radon

Auch die *Baumaterialien* der Häuser und der *Baugrund*, auf dem sie stehen, tragen zur Strahlenbelastung bei. Umfangreiche Studien ergaben, daß die „natürliche" Strahlenbelastung in Gebäuden normalerweise stärker ist als im Freien. Nach dem „Millirem-Konzept" (Seite 54) macht der Unterschied zwischen durchschnittlicher Belastung „bei ständigem Aufenthalt in Häusern" (ca. 57 mrem/Jahr) und „Aufenthalt im Freien" (ca. 43 mrem/Jahr) zirka 13 Millirem pro Jahr aus. Die Einzelwerte für die Belastung durch Wohnen werden für die Bundesrepublik Deutschland mit 11 bis 243 mrem pro Jahr angegeben (Seite 18).
Unterschiede ergeben sich aus den verschiedenen Baumaterialien, wechselndem Untergrund und differierender Bauweise (Wärmedämmung). Insofern ist die radioaktive Belastung durch Wohnen zu den *zivilisatorischen Formen* zu rechnen, obwohl sie natürlichen Ursprungs ist. Die natürliche Strahlung aus dem Baugrund und dem Baumaterial wird *„anthropogen verstärkt"*. Diese "manenhanced radioactivity" spielt auch bei einigen Berufen eine große Rolle, z. B. bei den *Uranbergarbeitern*, aber auch bei den *Rauchern*. B. MANSTEIN (Seite 75) beruft sich auf Messungen in rund 15.000 Wohnungen, bei denen man Werte zwischen „14 mrem pro Jahr (Fertighaus) und 310 mrem pro Jahr (Massivhaus)" gefunden habe.
F. CAP hat in dem schon erwähnten Brief an den Autor (27. Februar 1984) folgenden Hinweis gegeben: „Viele Baustoffe enthalten Spuren natürlicher radioaktiver Elemente. Die von diesen emittierten radioaktiven Gase diffundieren meist durch das Mauerwerk oder werden beim Lüften entfernt. Wird ein Haus mittels nicht gasdurchlässiger Isolierstoffe wärmegedämmt und werden zwecks Heizkostenersparnis alle Fensterfugen abgedichtet, so kommt es zu einer starken Anreicherung radioaktiver Gase in der Zimmerluft. In Österreich macht die hierdurch vom Menschen im Durchschnitt empfangene zusätzliche radioaktive Bestrahlung 100 und mehr Strahlungseinheiten (= 100 und mehr Millirem; Anmerkung des Autors) pro Jahr aus. In anderen Ländern ist, je nach dem verwendeten Baumaterial, die Belastung noch höher." Zu beobachten ist das z. B. in Schweden (Granit!), wo die ermittelten Werte das Fünffache der Werte in Österreich erreichen (UNSCEAR-Rapport: Ionizing Radiation: Sources and Biological Effects, 1982).
Die Eigenradioaktivität von Baustoffen wird hauptsächlich durch *Kalium-40*, Uran-238, Thorium-232 und ihre Folgeprodukte — unter anderen die radioaktiven Gase *Radon und Thoron* — verursacht. Es kommt dadurch sowohl zu einer äußeren Bestrah-

lung durch die in den Baustoffen vorhandenen Beta- und Gammastrahler wie auch zur Erhöhung der inneren Strahlenbelastung — hauptsächlich im Lungen- und Bronchialbereich — durch Inhalation von Radon, Thoron und durch deren *Zerfallsprodukte*, wobei der Anteil der Thoron-Gruppe an der Belastung nur 10 % des Anteils der Radon-Gruppe ausmacht.

EINE STUDIE AUS ÖSTERREICH

Der „vertrauliche" Endbericht über die Studie „Bestimmung von Radon in Wohnräumen" vom August 1985 — ein Gemeinschaftsprojekt des Österreichischen Forschungszentrums Seibersdorf, der Bundesversuchs- und Forschungsanstalt Arsenal und des Instituts für Biophysik der Universität Salzburg — kommt zu folgender Erkenntnis: „Die Inhalation von Radon... stellt nach neuesten Erkenntnissen auch in sehr niederer Konzentration, wie sie in Wohnräumen auftreten kann, eines der bedeutendsten Strahlenschutzprobleme der Bevölkerung dar... Radon als Strahlenschutzproblem war für Arbeiter in Bergwerken, Stollen etc. seit langem bekannt. Im Laufe des letzten Jahrzehnts erwies sich Radon in immer mehr Ländern als Problem, das zumindest Teile der Bevölkerung betraf und zwar da, wo uranhältige Abfälle aus der Uranindustrie als Baumaterial bzw. Füllmaterial für Wohnungen genutzt wurde oder wo beim Bau von Häusern *uran- oder radiumhaltiger Leichtbeton, Schlacke oder Phosphatgips* verwendet wurde... Analysen des Lungenkrebsrisikos durch umweltbedingte Faktoren ergaben, daß vermutlich etwa 3 bis 15 % der beobachteten ‚natürlichen Lungenkrebsfälle' auf die Radioaktivität der Atemluft — also auf Radon — in unseren Wohnräumen zurückzuführen sind." (Hervorhebung durch den Autor)
„Öfteres Lüften" wird empfohlen.
Im Rahmen der österreichischen Pilot-Studie vom August 1985 wurde in 171 Wohnungen mit 503 Räumen in der Umgebung von Wien mit Stichproben in Badgastein und Zwettl die Radonkonzentration in Wohn- und Schlafräumen sowie in den Kellern gemessen, und zwar mit Hilfe einfacher passiver Radondosimeter, durch die jeder einzelne „Treffer" eines radioaktiven Alpha-Teilchens auf einer in den Dosimetern enthaltenen Ätzfolie (Kunststoff) sichtbar gemacht werden kann.
Die Ergebnisse der Meßreihe zeigten, daß die Mittelwerte der Radonkonzentration in den Kellern mit 2,15 pCi pro Liter Luft doppelt so hoch waren wie in den Wohn- und Schlafräumen mit 1,03 pCi pro Liter. Als Ursache der höheren Konzentration in den Kellern wird die schlechte Durchlüftung der Keller und die Nähe zum Untergrundmaterial angegeben. Ein „nicht unbeträchtlicher Teil des Radon" dringe von dort in die Wohnräume ein. Aus entsprechenden Tabellen in der Studie (I, Seite 16 ff.) kann man entnehmen, daß das vor allem in Wohnungen im Waldviertel (2) und Badgastein (1) der Fall ist. Die Probenzahl ist relativ gering, berechtigt aber zu der Annahme, daß viele Häuser und Wohnungen im Granitgebiet ähnlich hohe Belastungen aufweisen werden (Beispiel aus dem Waldviertel: 14,45 pCi/l im Keller, 5,97 pCi/l im Schlafzimmer, 2,71 pCi/l im Wohnzimmer. Beispiel aus Badgastein: 9,18 pCi/l im Keller, 2,82 pCi/l im Schlafzimmer, 3,59 pCi/l im Wohnzimmer).
In einigen Ländern hat man daher Informations-Kampagnen für die bessere Durchlüftung der Keller durchgeführt. Entsprechende Lüftungssysteme werden angeboten. Die Abhängigkeit der Radonkonzentration in den Kellern von der Beschaffenheit des Untergrunds wird aus folgender Tabelle ersichtlich:

Tabelle 18

Radonkonzentration in Kellern (nach „Bestimmung von Radon in Wohnräumen", Wien, August 1985)

Untergrund	Mittelwert in pCi/l
Schotter	1,73
Lehm	1,97
Sand	2,71
Fels	5,93

Aus den Meßergebnissen in Einfamilienhäusern (I, Seite 30) geht hervor, daß die Radonkonzentration auch vom *Baumaterial* abhängig ist, wobei sich zeigt, daß bei Baumaterialien aus *Beton* und *Stein* die höchsten Radonkonzentrationen gemessen wurden (Tabelle 19).

Tabelle 19

Radonkonzentration in Abhängigkeit vom Baumaterial (Einfamilienhäuser) (Nach „Bestimmung von Radon in Wohnräumen", Wien, August 1985.)

Baumaterial	Mittelwert pCi/l
Hohlblockziegel (rot)	1,09
Vollziegel (rot)	1,16
Betonhohlblock	2,06
Betonziegel	2,22
Ytong	1,34
Steinmauer	2,02
Durisol	1,25
Holz	1,30

Vergleicht man *Mittelwerte verschiedener Länder* miteinander, so ergibt sich folgendes Bild:

Tabelle 20

Mittelwerte der Radon-Aktivität in Wohnräumen verschiedener Länder (nach „Bestimmung von Radon in Wohnräumen", Wien, August 1985)

Land	Mittelwert der Radonkonzentration in pCi/Liter (über alle Meßpunkte)
Österreich	1,4
Bundesrepublik Deutschland	1,4
Schweiz (Regionen mit zu erwartender höherer Rn-Konzentration)	1 – 2

Land	Mittelwert der Radonkonzentration in pCi/Liter (über alle Meßpunkte)
England	2 – 3
Canada	3,6
USA	0,3 – 2,4
Schweden (radonverdächtige Häuser)	13,4
Schweden (ganzes Land)	2,8

Die Konsequenzen für die gesundheitliche Belastung der Menschen durch das Leben mit Radon sind erschreckend, weil sie zeigen, daß sogar die Durchschnittsbelastungen bezogen auf die Gesamtbevölkerung völlig unvollständig und daher falsch sind. Aus den in der Studie ,,Bestimmung von Radon in Wohnräumen" 1985 gefundenen Mittelwerten der Wohn- und Schlafräume von 1,03 pCi/l ergibt sich nämlich eine *Äquivalentdosis der Lunge von 760 Millirem pro Jahr und eine effektive Äquivalentdosis von etwa 90 Millirem pro Jahr!* Eine mittlere Radonkonzentration von 1 pCi pro Liter Raumluft bei dauerndem Aufenthalt im Haus führt nach R. D. EVANS und seinen Mitarbeitern (1981) innerhalb von 60 Jahren bei 15 von 10.000 Personen zu *Lungenkrebs.*

F. STEINHÄUSLER hat 1983 (,,Die Strahlenbelastung in Gebäuden durch radioaktiven Niederschlag") die mittlere jährliche Äquivalentdosis (Basalzellen des Bronchialepithels) durch inhalierte Radon-Zerfallsprodukte in der Raumluft für die Bevölkerung der Stadt Salzburg grafisch dargestellt. Das Ergebnis ist noch wesentlich beunruhigender als das der Studie im Wiener Raum: Rund ein Drittel der Salzburger Bevölkerung ist einer Dosis von 20 bis 60 Millisievert ausgesetzt. Das entspricht 2.000 bis 6.000 Millirem im Jahr! Ein weiteres Drittel empfängt 10 bis 20 Millisievert (1.000 bis 2.000 mrem) und das letzte Drittel 0 bis 10 mSv.
In der Studie ,,Bestimmung von Radon in Wohnräumen" 1985 wurden auch 38 Proben von in Österreich im Handel erhältlichen *Baustoffen* in bezug auf ihre Abgabe von *Radon-222* und Radon-220 (Thoron) an die umgebende Luft(= ,,Exhalation") untersucht. Bei 23 dieser Proben pendelten die Werte der allseitigen Radon-Exhalation zwischen 0,03 und 2,07 $Bq/m^2 \times h$ (= bis zu 2 radioaktiven Zerfällen pro Quadratmeter und Stunde), bei 13 Proben lagen die Meßdaten der einseitigen Radon-Exhalation zwischen 0,26 und 1,77 $Bq/m^2 \times h$.

Problem Chemiegips

Zwei Proben nehmen eine Sonderstellung in jeder Hinsicht ein. Es handelt sich um *Chemiegips von Zwischenwänden* einer österreichischen Firma mit Werten von 160 bzw. 170 Bq/m^2xh. Kommentar der Autoren: Dies ist vermutlich auf die Verwendung von Industrieabfall Gips als Rohmaterial zurückzuführen."
In Tabelle 21 werden einige Daten der wichtigsten gemessenen Baumaterialien der österreichischen Studie (III, Seite 31 ff.) wiedergegeben:

Tabelle 21

Mittlere allseitige Exhalationsraten für in Österreich im Handel erhältliche Baumaterialien (nach „Bestimmung von Radon in Wohnräumen", Wien, August 1985)

Material	Radon-222	Radon-20 (Thoron)	
	in Bq/m² × h		
Isolierputz	0,67	—	
Ziegel	0,12	—	
Zement PZ 275 (H)	0,39	650	
Hohlblockziegel	0,08	—	
Zement PZ 375	0,27	440	
Leca-Hohlziegel	0,08	—	
Heraklith C Platten	1,57	—	
Hohlblockstein	0,10	—	
Planblock	1,82	—	zwei
Gips Zwischenwand	170	540 }	verschiedene
Gips Zwischenwand	160	— }	Stichproben
Wohnbetonziegel	2,07	—	des gleichen
Ziegel	0,21	—	Materials
Hochlochziegel	0,03	—	
Thermoblockmörtel	0,08	600	

Ein Vergleich mit Daten aus der Bundesrepublik Deutschland führt vor Augen, daß die Gipsproben dort zwar auch „Ausreißer" sind, aber die Werte um fast das Zehnfache unter den österreichischen liegen.
Die folgende Tabelle (22) gibt nach der österreichischen Studie (III, Seite 38) über die Vergleichszahlen in der Bundesrepublik Deutschland Aufschluß:

Tabelle 22

Mittlere Exhalationsraten für in der Bundesrepublik Deutschland im Handel erhältliche Baumaterialien (nach H. SCHMIER u. a., 1981; K. H. FOLKERTS u. a., 1984)

Material	Radon-222	Radon-220 (Thoron)
	in Bq/m² × h	
Bimsstein	0,47	403
Gips – Naturgips	0,18	442
– Chemiegips	18	—
Kalkstein	1,3	223
Schwerbeton	0,18	155
Blähbeton	0,43	86
Schlackenstein	0,64	119
Ziegel	0,18	36
Porphyr	2,1	295
Sandstein	0,93	2
Marmor	0,18	36

Das Problem *„Chemiegips"* ist nicht neu. Schon vor einiger Zeit hat die "International Radiation Protection Association" darauf hingewiesen, daß der durch Rauchgasentschwefelung erzeugte Gips („Chemiegips") nicht als Baumaterial verwendet werden sollte. Er nehme in der Bundesrepublik Deutschland bereits einen ersten Platz in der Strahlenbelastung der Bevölkerung ein, denn er enthalte zwei bis dreimal soviel Radon wie Naturgips. Nun, nach Tabelle 22 gibt „Chemiegips" sogar 100mal soviel Radon-222 ab wie Naturgips! Daß „Chemiegips" wesentlich radioaktiver ist als Naturgips, und daß er insgesamt eine beachtliche Radioaktivität entwickelt, geht auch aus einer Untersuchung im österreichischen Testmagazin „Konsument" (2/1982) hervor:

Tabelle 23
Radioaktivität von Baumaterialien (nach „Konsument" 2/82)

Material	Aktivität in nCi/kg		
	Kalium	Thorium	Radium
Naturgips	2	0,3	0,6
Chemiegips	2	0,4	13
Kiessande	7,5	0,4	0,4
Sand-Kalkstein	5	0,6	0,6
Zement	6	1,1	1,1
Ziegel, Klinker	18	1,7	1,7
Granit	33	2	3

Aus diesem Grund müssen Nachrichten aus österreichischen Tageszeitungen mehr als bedenklich stimmen, die „gesunde Geschäfte" zwischen den Betreibern von Kohlekraftwerken und Bauindustrie signalisierten (vgl. auch Seite 116): „Selbstverständlich ist im Umweltschutzbericht (der steirischen Landesgesellschaft STEWEAG, Anmerkung des Autors) dem Fernheizkraftwerk Mellach breiter Raum eingeräumt. Neben Entschwefelung und Entstickung ist nun auch das Umweltproblem Asche und Gips gelöst. Parafierte Verträge liegen vor, daß die Zementfabrik in Retznei die Abfälle von Mellach übernimmt und zur Zementherstellung verwendet." (Kleine Zeitung, 28. Juni 1985)
Und „DIE PRESSE" berichtete am 9. Mai 1985 über Aussagen des Direktoriums der Verbundgesellschaft: „Mit der Firma Perlmooser sei bereits Einigung über einen langfristigen Abnahmevertrag der gesamten anfallenden Flugasche zur Verwertung in der Zementindustrie erzielt worden. Es sei daher nur eine kleine Deponie notwendig. Über die Verwertung des anfallenden gipsähnlichen Produktes werde mit der Firma Wienerberger, die daraus Rohre herstellen will, und mit der chemischen Industrie verhandelt." Irgendwohin müssen die Abfälle eben... So wird unsere Umwelt zur Sondermülldeponie für radioaktiven Dreck.
Interessant ist, daß die *Thoron-Exhalationsrate* wesentlich höher liegt als die des Radons. Die Werte schwanken in Österreich zwischen 440 (Zement PZ 375 vom Österreichischen Zementforschungsinstitut) und 840 (DC Gießgips) Bq/m²xh. Im Vergleich zu in der Bundesrepublik Deutschland gefundenen Werten sind auch die Thoron-Exhalationswerte in Österreich „erhöht". Genauere Detailanalysen sollten den für die Gesundheit Österreichs Verantwortlichen den Einsatz wert sein.
Zum Vergleich sei auch eine Tabelle von B. MANSTEIN (Seite 468 f.) auszugsweise angegeben:

Tabelle 24

Radioaktivität von Baumaterialien (BRD, Stand 1977)

Material	Aktivität in nCi/kg		
	Kalium	Thorium	Radium
Naturgips	2,4	<0,5	<0,7
Technisch erzeugter Gips	<2	<0,5	14
Zement	<4	<1,4	<1,4
Fliesen, Wandkeramik	13 (5 bis 31)	1,9	1,7
Schiefer, Granit	40 (24 bis 96)	2,2	1,5
Tuffstein, Basalt, Lava	38 (11 bis 55)	1,4	1,1
Ziegel, Klinker	17 (4 bis 96)	2,6	2,2
Bimssteine	24 (13 bis 30)	2,3	2,2
Schlackensand und Schlackensteine	9 (3 bis 16)	2,8	2,2
Granit (Harz)	96,1	5,16	3,59
Tuffstein (Weibern)	52,7	2,59	2,28
Hochlochziegel (Südharz)	69,2	3,71	3,13

F. CAP (1986, Seite 90) nennt für „Ziegel" eine Radioaktivität von 20.000 bis 100.000 pCi/kg, für Granit 300.000 pCi/kg und für Dekorationsfliesen 5 Millionen pCi/kg (1.000 pCi = 1 nCi). Aus diesen Daten geht hervor, daß hier der vielgeschmähte Beton (Zement) in bezug auf Radioaktivität nicht im Spitzenfeld zu finden ist — außer man mischt ihm Flugasche aus Kohlekraftwerken zu oder uranhaltigen Sand, wie das in Schweden passiert sein soll (R. WEBER, SNR, 1985).
Auch der Schweizer Radon-Experte W. BURKART hat auf solche Mißstände hingewiesen (März 1984, Seite 9): „Im Ausland sind mehrere Fälle bekannt, wo die Verwendung von Bergwerksabfällen oder Abfällen aus der Phosphatgewinnung (Gips) zu hohen Radonabgaben aus Gebäudestrukturen führten." Damit sind vor allem auch die Vereinigten Staaten gemeint, wo auf Abraumhallen des Uranbergbaus und von Phosphatminen (Florida) sowie auf Mülldeponien der Leuchtfarben-Verarbeitung Wohnhäuser errichtet wurden (W. BURKART, S. CHAKRABORTY, Seite 458 ff.).

PROBLEM ENERGIESPAREN

Die höhere Exhalationsrate von Thoron dürfte mit seiner kürzeren Halbwertszeit zusammenhängen, die zwar mehr Zerfälle pro Zeiteinheit bedingt, aber eben nur für kurze Zeit (Halbwertszeit Thoron = 55,6 sec, Polonium-216 = 0,15 sec, Polonium-212 = 0,3 Mikrosekunden). So belasten *Radon-219* (Actinon, Halbwertszeit = 3,9 sec) und *Radon-220* (Thoron) die Atemluft wesentlich weniger als *Radon-222*. Dabei ist Rn-222 nur der „Träger". *Die eigentliche Belastung der Lunge entsteht durch seine Tochterprodukte,* die sich als Schwermetallionen an kleinste Staubpartikel (Aerosole) heften und beim Einatmen im Epithel der Bronchien absetzen. Zum Teil handelt es sich um längerlebige Alpha-Strahler (Blei-210, Halbwertszeit = 21 Jahre, Polonium-210, Halbwertszeit = 138 Tage). Sie schädigen die *teilungsfähigen Stammzellen des Lungenepithels (Basal-Zellen)* durch ihre große Energiemenge pro Zerfall sowie durch ihre hohe biologische Wirksamkeit (Alphastrahlen haben einen relativen Bewertungsfaktor von 20) in nachhaltiger Weise. Radon selbst trägt, wie gesagt, nur wenig zur Dosis bei. Die Hauptakteure sind seine Zerfallsprodukte. Sie sind die Ursache des hohen *Lungenkrebsrisikos*. Obwohl die Strahlengefährdung durch diese Zerfallsprodukte für Bergwerk- und Tunnelbauarbeiter schon seit langem epidemiologisch untersucht und daher gut bekannt ist, wurde die Gefahr durch Radon in Wohnräumen erst durch den Fortschritt der Meßtechnik vor kurzer Zeit erkannt.

Als *Gas* transportiert Radon die Radioaktivität teilweise aus weiter Entfernung in den Wohnbereich. Radon diffundiert durch alle nicht gas- und wasserdichten Materialien. Durch Abwasserkanäle und Zuleitungen kann es über relativ weite Strecken passiv transportiert werden. Die Radonkonzentration in der Innenluft wird vor allem durch die Konzentration des Radon-Vorläufers Radium im Untergrund und zu einem kleineren Teil im Baumaterial bestimmt und — sehr entscheidend — von der Durchlässigkeit der Wände und des Untergrundes. Durch den „Kamineffekt" steigt das Radon mit der warmen Luft aus dem Boden in den Keller und die darüberliegenden Räume auf, dringt durch alle Ritzen und Sprünge. *Ein Sprung in der Boden-Betonplatte des Kellerbetons läßt nach* W. BURKART *30 bis 40 % Radon durch.* Die Belastung steigt dann je nach der Reduktion der Luftaustauschrate — etwa durch wärmedämmende Maßnahmen. Durch vergleichende Messungen in benachbarten Häuserpaaren ("Matched pair"-Analyse) in der Schweiz, von denen nur das eine mit gut dichtenden Fenstern und Türen ausgestattet war, ließ sich ein Anstieg der Radonkonzentration im besser abgedichteten Haus um einen *Faktor von 1,8* in den Erdgeschossen nachweisen (BURKART, März 1984, Seite 17 f.). Diese Erhöhung um 80% führe zu einer zusätzlichen jährlichen Strahlenbelastung von etwa 310 mrem, falls sich Wohn- oder Schlafraum im Erdgeschoß befinden. W. JACOBI berichtet ganz allgemein, daß der Radon-Pegel früher — das heißt vor den energiesparenden Maßnahmen — um den einen *Faktor 2* niedriger war als heute. Und H. SCHMIER danken wir die Information (Seite 52), „daß eine Reduzierung der Lüftungsrate einer Wohnung um 10 % im Rahmen von Energiesparmaßnahmen eine Erhöhung der Radon-Konzentration um etwa 10% zur Folge hat."

Durch die Reduktion der Luftaustauschrate nach energiesparenden Maßnahmen kommt es auch zur Anreicherung von anderen gefährlichen Schadstoffen in der Luft: von Stickoxiden und Kohlenmonoxid aus Gaskochherden und Boilern, von Formaldehyd, in Spezialfällen von Asbestfasern (W. BURKART, März 1984, Seite 14), vor allem aber von *Zigarettenrauch*. Es ist anzunehmen, daß — ebenso wie im Freien — zumindest aus einem Teil dieser Schadstoffe unter dem Einfluß der Radioaktivität noch aggressivere Schadstoffe entstehen (vgl. „Radioaktivität und Waldsterben", Seite 163 ff.).

Entsprechende Studien wären dringend notwendig.

Daß *Rauchen* an sich auf die Belastung durch Radon und seine Zerfallsprodukte einen *„multiplikativen Effekt"* haben kann, wurde kürzlich von C. EDLING und seinen Mitarbeitern in Schweden dokumentiert. Das wundert eigentlich nicht, denn bei Uranbergarbeitern ist dieser Zusammenhang längst nachgewiesen. Auch eine zweite, etwas ältere schwedische Studie kommt zu dem Ergebnis, daß das Lungenkrebsrisiko von Rauchern in aus Stein (Granit und andere Urgesteine) gebauten Häusern wesentlich höher ist als in aus Holz gebauten.

Alle diese Informationen stimmen auch mit den neuen Forschungsergebnissen überein, daß *Polonium-210* im Tabakrauch stark an der Entstehung von Lungenkrebs beteiligt ist (vgl. Seite 103 f.).

EINE STUDIE AUS DER SCHWEIZ

Zu recht ähnlichen Ergebnissen wie die österreichische Studie über Radon in Wohnräumen kommt eine Schweizer Arbeit zu dem gleichen Thema, verfaßt von WERNER BURKART von der Abteilung Biologie und Umwelt des Eidgenössischen Instituts für Reaktorforschung in Würenlingen. Zusammengefaßt kommt W. BURKART zu folgendem Ergebnis:

- Uran, Thorium und ihre Zerfallsprodukte sowie Kalium-40 in Bauuntergrund und Baumaterial tragen ungefähr *drei Viertel* zur natürlichen Strahlenbelastung des Durchschnittsschweizers bei und sind somit die „bei weitem wichtigste Komponente der Strahlenexposition." Die Belastung erfolgt vor allem durch Inhalation von Folgeprodukten des Radons. Der deutliche Abfall der Meßwerte vom Keller über das Erdgeschoß zu den höheren Stockwerken weist auf die Dominanz geologischer Faktoren, also des Untergrundes (Granit und Gneis in den Ostalpen, Süd- und Südostalpen) hin. In *alpinen Bereichen* mit hoher terrestrischer Radioaktivität kann es zu Strahlenbelastungen kommen, die in der Größenordnung der Grenzwerte für beruflich strahlenexponierte Personen liegen. Es wurden, allerdings selten, Werte bis zu 46 pCi/l (1.700 Bq/m^3) Radon gemessen. Das entspricht einer effektiven Äquivalentdosis von 5.000 mrem/Jahr und einer Lungendosis von etwa 50 rem! W. BURKART hat dazu (November 1985) erläutert, daß etwa in St. Moritz die Häuser tief in den Boden gebaut und gut wärmegedämmt sind. Bei einem Durchschnittswert von 10 pCi/Liter bedeuten demnach 30 Jahre Wohnen unter diesen Bedingungen die gleiche Belastung wie bei einer beruflichen Strahlenexposition in einer modernen Uranmine. 1986 schreibt W. BURKART (Seite 57), daß in einem Teil der Häuser in den Granit- und Gneisalpen über eine Generation Lungendosen akkumuliert werden, die ein „signifikant erhöhtes Lungenkrebsrisiko" bedeuten.
  Während in Wohnräumen des Schweizer Mittellandes 1,5 pCi gemessen wurden, erreichte der Radonpegel in den Granitalpen vereinzelt bis zu 100 pCi pro Liter (W. BURKART, Seite 9). Die Werte für das am stärksten belastete Prozent der untersuchten Häuser lagen bei 39 pCi pro Liter und mehr.
- Der Wert von 4,6 pCi/l wurde recht *häufig überschritten.* Das entspricht einer Belastung von mehr als *500 mrem pro Jahr,* die nach der Schweizer Strahlenschutzverordnung als Grenzwert für die zivilisatorische Strahlenbelastung von Einzelpersonen innerhalb der Bevölkerung gilt (Seite 16).
  Durchschnittswerte aus Radon-Messungen in Einfamilienhäusern des *Mittellandes* ergaben lokale Lungendosen von über *2 rem* (= 2.000 mrem) und *effektive Äquivalentdosen* (siehe Seite 48) *von etwa 180 mrem pro Jahr.*
- Energiesparmaßnahmen, die die Luftwechselrate verringern, führen zu einer Erhöhung der Strahlenbelastung durch Radon und seine Töchter. Der Interessengegensatz läßt sich aber durch konstruktive *Maßnahmen* auch in bestehenden *Energiesparhäusern* weitgehend lösen. Folgende Maßnahmen werden empfohlen:
  — Installation von *Luftwärmetauschern,* die durch teilweise Rückgewinnung der für die Erwärmung der Luft aufgewendeten Energie höhere Luftwechselraten bei vertretbarem Energieverbrauch erlauben.
  — *Anstriche und Kunststoffbeschichtungen* zur Verhinderung der Radon-Diffusion

aus den Kellerwänden (derzeit in den USA und Österreich in Erprobung).
— Installation von Lüftungspumpen, durch die Radon abgesaugt wird (Kostenpunkt in der Schweiz: 1.000 bis 2.000 Franken; Stand Ende 1985).
— Festsetzung von Höchstwerten für Radon in der Innenluft nach dem Muster Schweden.

Die konstruktive Antwort auf das Radonproblem, so W. BURKART, bestehe nicht in vermehrtem Lüften, sondern im Durchführen ergänzender baulicher Maßnahmen.

- Schon bei einer Radonkonzentration von 1 pCi/Liter Luft entstehen lokale Dosen in der Lunge von mehr als 1 rem pro Jahr (= 1.000 mrem/Jahr). Nach den Studien über das *Lungenkrebsrisiko* bei Uranbergarbeitern ergibt sich ein Faktor von 6,5 Krebstoten pro Million und einer Dosiseinheit von 0,55 rem. Das bedeutet also rund *12 Krebstote pro 1 Million Menschen bei 1 pCi/Liter Luft.*
- Nach W. BURKART wird ein großer Teil der *Lungenkrebsfälle bei Nichtrauchern* von Radon und seinen Folgeprodukten verursacht.

1986 schreibt W. BURKART (Seite 57) unter Berufung auf W. JACOBI (1984): „Bei durchschnittlichen Radonpegeln von 45 Bq/m³ (1.2 pCi/1) werden etwa 10 bis 30 Prozent der Lungenkrebsmortalität bei Nichtrauchern der Strahlenexposition durch die Radonzerfallsprodukte zugeschrieben. Die jährlich durch die Innenluftnoxe Radon bedingten Lungenkrebsfälle in der Schweiz beliefen sich nach dieser Abschätzung auf 100 bis 200 Fälle."

Diese in ihrem Ausmaß ungeheuer besorgniserregenden Zahlen werden durch Ziffern aus den USA bestätigt: Das "Institute of Environmental Medicine" der New Yorker Universität gab kürzlich bekannt, daß *25 Prozent der Lungenkrebsfälle von Nichtrauchern durch radioaktive Edelgase und ihre Zerfallsprodukte verursacht werden.* Im Juni 1983 hieß es in "Access to Energy" 10, Nr. 10, daß pro Jahr 1.000 bis 10.000 Lungenkrebserkrankungen in den Vereinigten Staaten auf gasdichte Hausisolierungen zurückgehen.

W. BURKART (November 1985) berichtet auch von Messungen in 32 Einfamilienhäusern in der Region Südostbünden im Winterhalbjahr 1982/83. Sie ergaben Radongas-Mittelwerte von 20,7 pCi pro Liter im Keller, 6,9 pCi/l im Erdgeschoß und 4,8 pCi im ersten Stock. Daraus resultieren *900 mrem effektive Äquivalentdosis* und zirka *10.000 mrem lokale Dosis in der Lunge!*

Faustregel: Die effektive Äquivalentdosis ist etwa mit dem Faktor 10 zu multiplizieren, um die lokale Dosis für die Lunge zu erhalten.

STUDIEN AUS DER BUNDESREPUBLIK DEUTSCHLAND

Die Ergebnisse von vier Forschungsvorhaben des Bundesministeriums des Inneren hat H. SCHMIER vom Institut für Strahlenhygiene des Bundesgesundheitsamtes in Neuherberg in einem Vortrag zusammengefaßt, der am 30. Mai 1984 bei der Informationstagung „Strahlenschutz" im Wissenschaftszentrum Bonn gehalten wurde. Zusammengefaßt ist diesem Vortrag folgendes zu entnehmen:

- In ca. 6.000 willkürlich ausgewählten Wohnungen wurde mit Hilfe eines vom Kernforschungszentrum Karlsruhe entwickelten einfachen Dosimeters („Karlsruher Dosimeter") die Radonkonzentration ermittelt. Als vorläufiges Ergebnis wird festgestellt, daß die mittlere Radonkonzentration in diesen Wohnungen bei ca. 40 bis 50 Bq/m^3 liegt. Unter Verwendung der international gebräuchlichen Umrechnungsfaktoren entspricht das einem mittleren Beitrag der natürlichen Strahlenexposition der Lunge durch Radon und seine Zerfallsprodukte von *100 mrem jährlich* (effektive Äquivalentdosis).

- Die Beobachtung meteorologischer Daten zeigt, daß die Tagesmittelwerte der Radonkonzentration um den Faktor 10 unterschiedlich sein können. Wieviel Radon aus dem Boden herausdiffundiert (exhaliert) wird, hängt von der Bodentemperatur, der Bodenfeuchte und dem Zustand der Bodenoberfläche ab. Die Radonkonzentration in der freien Atmosphäre bei schlechtem Luftaustausch (Inversionswetterlagen) ist hoch.
- Der Beitrag von Radon (Rn-222) selbst zur Strahlenbelastung ist klein gegenüber dem seiner Zerfallsprodukte.
- Die Messungen zeigten — ähnlich wie in anderen Ländern, — daß die Radonkonzentration im Keller am höchsten war: In der zweiten Etage und darüber immer noch zirka doppelt so hoch wie im Freien. Sie ist in Hamburg, Bremen und Berlin niedriger als in Rheinland-Pfalz (fast 60 Bq/m^3) und Bayern (fast 50 Bq/m^3).
- Die Radon-Konzentration war in Großstädten niedriger als in ländlichen Gebieten.
- Für einen Mittelwert von 49 Bq/m^3 ergibt sich eine Lungendosis von *1.800 mrem* für den *Bronchialbereich* und *200 mrem für den pulmonalen Bereich* sowie eine *effektive Äquivalentdosis von 120 mrem pro Jahr.*
- Lösungsvorschläge:
  — Einführung von Richtwerten
  — Wohnungsfenster öffnen („auch aus allgemein hygienischen Gründen sinnvoll")
- Bei der Abschätzung des Lungenkrebsrisikos wird auf W. JACOBI verwiesen.

W. Jacobi vom Institut für Strahlenschutz in Neuherberg hat dazu im September 1985 folgendes publiziert: „Die heutige Aktualität hat im wesentlichen zwei Gründe. Erstens haben die Erhebungen in mehreren Ländern einen relativ hohen Mittelwert und eine unerwartet große Variationsbreite des Rn-Pegels in Häusern ergeben. Zweitens zeigen die epidemiologischen Befunde bei über *25.000 Bergarbeitern, insbesondere Uranbergarbeitern*, eine annähernd *lineare Zunahme der Bronchialkrebs-Häufigkeit mit der Radon-Exposition...*"

Bei einer Äquivalentdosis von 1.500 bis 2.000 mrem sei im Fall einer chronischen Exposition damit zu rechnen, daß 3 bis 10 % *der derzeitigen Lungenkrebshäufigkeit* durch die Inhalation von Rn-Zerfallsprodukten in Häusern initiiert werden. Gravierender noch sei der Befund, so W. Jacobi, daß in *0,1% der untersuchten Wohnungen die „Hauptquelle nicht die Rn-Exhalation der Baumaterialien, sondern die Rn-Zufuhr aus dem Boden unter den Häusern ist*" (Hervorhebung vom Autor). Strahlenschutzmaßnahmen sollten daher in erster Linie darauf abzielen, diese Extremwerte zu reduzieren, etwa durch Abdichtung von Fugen, Durchführungen und Rissen im Fundament und durch *Absaugen von Bodenluft unter der Bodenplatte sowie durch die Verbesserung der Hausbelüftung*. W. JACOBI plädiert auch für die Einrichtung von *Meß- und Beratungsstellen*, weil man Belastungen in einem Haus nicht vorhersagen, sondern nur durch Messungen identifizieren könne.

Auch E. G. BECK und P. SCHMIDT vom Hygieneinstitut der Universität Gießen zählen Radon und seine radioaktiven Zerfallsprodukte zu den größten Problemen in der „Innenraum-Welt". Nach bisher vorgenommenen Messungen betrage die durch sie verursachte mittlere jährliche Äquivalentdosis ca. 600 bis 1.300 mrem im Bronchialepithel und 150 bis 400 mrem im Alveolarbereich. Es sei zu vermuten, daß in *10% der Häuser in der Bundesrepublik* die Radioaktivität ausreicht, um *dreimal so hohe Dosen* zu verursachen. Das entspricht auch den Angaben der Strahlenschutzkommission (SSK) aus dem Jahr 1980 (W. ROSE, Seite 25). Eine Reduktion der Raumbelüftung auf die Hälfte, so die SSK ebenfalls 1980, lasse eine Verdopplung der Lungendosis durch Inhalation von Radonzerfallsprodukten erwarten.

Die Strahlenbelastung der Lunge ist aufgrund der neuesten Radon-Meßergebnisse in mehreren Staaten erheblich höher als die natürliche Strahlenexposition aller anderen Organe des menschlichen Körpers. In Gebieten mit hohem Anteil von Granit und Gneisböden — wie etwa in Österreich, der Bundesrepublik Deutschland, der Schweiz und Schweden, kann diese Belastung Größenordnungen annehmen, die ein akutes gesundheitliches Risiko darstellen, zumal auch in diesen Gebieten die zivilisatorische Strahlenbelastung ebenso weiter wächst wie anderswo.

Aus der Österreichischen Radon-Studie geht besonders deutlich hervor, daß der Untergrund, auf dem ein Haus steht, für die Radonbelastung dann der bei weitem maßgebliche Faktor ist, wenn er viel Uran und Thorium enthält. In einem Kellerraum im Waldviertel wurde gegenüber dem Mittelwert (2,15 pCi/l) der sechsfache Wert erreicht (14,45 pCi/l), in Badgastein der vierfache. Diese Relationen gelten offenbar auch für die Schweiz: Der Durchschnittswert im Mittelland liegt bei 1,5 pCi pro Liter Luft, in den Alpen bei 4,5 pCi pro Liter und mehr. In der Bundesrepublik Deutschland sind vor allem in Bayern und in Rheinland-Pfalz vergleichbare Verhältnisse zu finden.
In manchen Fällen erreichen die Lungendosen-Werte 10 bis 50 rem, die langfristig mit ziemlicher Sicherheit zu schweren gesundheitlichen Schäden führen. Der Höchstwert liegt mehr als dreimal so hoch wie die zulässige Lungendosis für beruflich strahlenexponierte Personen — und 10 mal (Österreich) bzw. 555 mal (BRD) höher als die höchstzulässige Dosis für die Bevölkerung (vgl. Tabellen 25 und 26).
Wenn auch für mitteleuropäische Verhältnisse nach den vorliegenden Studien gilt, daß der *Boden* Hauptverursacher der Radonbelastung in Häusern ist, so ist doch die Radon-Abgabe des *Baumaterials* nicht zu unterschätzen. Im ICRP-Bericht von 1977 heißt es dazu (Seite 31): ,,Nachdem der Zerfall von natürlichen Radionukliden in Baumaterialien in bestimmten Fällen Radon produziert, das an die Luft abgegeben wird, kann damit eine signifikante Lungendosis durch Radon und seine Töchter verbunden sein. Das gilt vor allem für geschlossene, wenig gelüftete Räume, wo Radon-Konzentrationen ein Vielfaches gegenüber jenen im Freien erreichen und zu einer Äquivalentdosis bestimmter Lungenpartien von *2 bis 3 rem pro Jahr* führen können.'' (AUXIER, 1973)
2 bis 3 rem: Das sind 2.000 bis 3.000 Millirem. Eine beträchtliche Belastung.

Radioaktivität am Arbeitsplatz

Der von der Internationalen Strahlenschutzkommission ICRP allen Maßnahmen des Strahlenschutzes am Arbeitsplatz übergeordnete Grundsatz lautet (ICRP 26, 1977): ,,Alle Strahlenexpositionen müssen so niedrig gehalten werden, wie es unter Berücksichtigung wirtschaftlicher und sozialer Faktoren vernünftigerweise erreichbar ist.'' Ein Satz, der auf den ersten Blick als ,,Gummiparagraph'' erkennbar ist. Schon beim zweiten Blick sieht man, daß sich der Strahlenschutz am Arbeitsplatz gefälligst nach wirt-

schaftlichen Faktoren zu richten hat. Nicht die menschliche Gesundheit ist vorrangig, nicht von der Volksgesundheit her wird radioaktive Strahlung begrenzt und definiert, sondern von der ökonomischen ,,Vernunft''. Die Drohung mit Arbeitsverlust, wenn man diese Art von Vernunft nicht akzeptiert, ist unüberhörbar.
So ist denn auch der Risikopegel für beruflich Strahlenexponierte auf ,,als hinreichend sicher geltende industrielle Tätigkeiten'' bezogen, z. B. in der chemischen Industrie. Dort liegt die durchschnittliche jährliche Zahl der beruflich bedingten Todesfälle bei zirka 70 pro Million. ,,Das ist'', schreibt L. RAUSCH (Seite 252), ,,wieder einmal ein Mittelwert. Das heißt, in Wirklichkeit gibt es alle Übergänge von besonders gefährdeten Arbeitnehmergruppen, bei denen das Risiko zehnmal so hoch sein kann, bis hin zu solchen, wie etwa Verwaltungsangestellten, bei denen das Risiko nahe bei null liegt.''
Und ebenso ist es bei der Radioaktivität am Arbeitsplatz. Auch hier hat man bequemerweise (bequem für die Arbeitgeber) ein ,,mittleres Risiko'' zu des Pudels Kern gemacht und aufgrund der Dosis-Risiko-Beziehung für stochastische Strahlenschäden ermittelt, daß eine jährliche Strahlenexposition von *500 Millirem* dem mittleren Risiko von zirka 70 Todesfällen pro Million je Jahr in der chemischen Industrie entspricht.
Was für die einen recht ist, muß für die anderen billig sein, auch beim Sterben durch Belastungen am Arbeitsplatz. Dieser Mittelwert ermöglicht ebenso bequem die Festlegung von Dosisgrenzwerten für den *Einzelfall*, die wesentlich über 500 Millirem pro Jahr liegen. International (ICRP, Publikation 9, Seite 10) sind folgende höchstzulässige Äquivalentdosen für ,,beruflich strahlenexponierte Personen'' üblich:

Tabelle 25

Höchstzulässige Äquivalentdosen für beruflich Strahlenexponierte

<table>
<tr><th>Körper/Körperteil/Organ</th><th colspan="2">maximale Dosis in rem/Jahr</th></tr>
<tr><td>Ganzkörper, Keimdrüsen, rotes Knochenmark</td><td>5</td><td></td></tr>
<tr><td>Haut, Schilddrüse, Knochen</td><td>je 30</td><td rowspan="3">wenn je 5 rem Ganzkörper-, Keimdrüsen- und Knochenmarkbelastung nicht überschritten werden.</td></tr>
<tr><td>Hände, Unterarme, Füße und Knöchel</td><td>je 75</td></tr>
<tr><td>Alle übrigen Organe (z. B. Magen-Darm-Trakt, Lunge, Niere)</td><td>je 15</td></tr>
</table>

Nach dem Österreichischen Strahlenschutzgesetz (1969) arbeiten Personen, die solchen Strahlungen ausgesetzt sind, in Kontroll- und Überwachungsbereichen, d. h. sie werden ständig ärztlich untersucht und müssen Strahlenmeßgeräte tragen. Außerhalb dieses Bereichs dürfen Personen nach der Strahlenschutzverordnung (X, 31) pro Jahr keiner höheren Strahlenbelastung ausgesetzt werden, als *einem Dreißigstel* der in *Tabelle 25* genannten Werte entspricht. (Auch der Reduktionsfaktor 30 entspricht den ICRP-Empfehlungen.)
In der Bundesrepublik liegen die Werte etwas anders. Zum vergleich sind die Maximaldosen für den Normalbürger in beiden Ländern in folgender Tabelle (26) angegeben:

Tabelle 26

Höchstzulässige Äquivalentdosen für die Bevölkerung in Österreich und der BRD

Körper/Körperteil/Organ	maximale Dosis in mrem/Jahr	
	Österreich	BRD
Ganzkörper, Keimdrüsen, rotes Knochenmark	167	2 mal 30 (je 30 über Luft und Wasser)
Haut, Schilddrüse, Knochen	je 1.000	je 90 (Schilddrüse) je 180 (Knochen, Haut)
Hände, Unterarme, Füße, Knöchel	je 2.500	je 90
Alle übrigen Organe	je 500	je 90

Auch in diesem Fall gilt natürlich die Regel, daß die Ganzkörper-, Keimdrüsen- und Knochenmarkdosis in keinem Fall überschritten werden darf. Es ist also bei Teilkörper- und Organbelastungen von der effektiven Äquivalentdosis auszugehen. Außerdem heißt es im Paragraphen 10 der Österreichischen Strahlenschutzverordnung in bezug auf die Maximaldosen bei Strahlenarbeitern ebenso wie bei Normalbürgern: ,,Die Strahlenbelastung durch natürliche Umgebungsstrahlung auf der Erdoberfläche sowie durch medizinische Untersuchungen und Behandlungen als Patient ist außer Betracht zu lassen.''

Bei der Berechnung der ,,Toleranzdosis'' (Ganzkörper) von 167 Millirem pro Jahr müssen also kosmische, terrestrische und medizinische Strahlenbelastung außer acht gelassen werden.

Das gilt auch für die natürliche Strahlenbelastung durch Baustoffe und aus dem Baugrund, die — under anderem durch Energiesparmaßnahmen — beträchtliche Ausmaße annehmen kann. F. CAP (Brief vom 27. 2. 1984) spricht daher mit Recht von einer ,,Lücke im österreichischen Strahlenschutzgesetz''.

Tabelle 26 zeigt, daß die Bundesdeutschen wesentlich niedrigere Grenzwerte für ihre Bevölkerung zulassen als die Österreicher. Zum ,,Ausgleich'' lassen die deutschen Behörden bei ,,Störfällen'' in Atomanlagen allerdings auch für die Bevölkerung höhere Dosen gelten.

Beruflich strahlenexponiert: Das sind Ärzte und medizinisches Personal, das sind Arbeiter im Uranbergbau, im Tunnelbau und im Phosphatabbau, das ist das Personal in Kernkraftwerken und anderen atomaren Anlagen. Sie alle sind unterschiedlichen Belastungen ausgesetzt — auch innerhalb der — im Vergleich zur Normalbevölkerung — viel höheren Grenzwerte. Der Pförtner in einem Kernkraftwerk bekommt allerdings ungleich weniger ab als ein ,,Nuklear-Springer'' bei einer dringenden Reparatur oder der Leiharbeiter ,,ganz unten''.

Diese Leute haben auch wenig davon, wenn man ihnen wie z. B. H. VETTER (Seite 109) vorrechnet, daß das Risiko, an *Krebs* zu sterben am Ende seines Berufslebens (65. Lebensjahr) um *5 Prozent erhöht* ist, wenn ,,ein Mann'' im Alter von 20 Jahren mit seiner dauernden beruflichen Strahlenbelastung beginnt und seine jährliche höchstzulässige Dosis von 5 rem voll ausschöpft. Bekommt er ,,seinen Krebs'', dann hilft es ihm auch

nicht, wenn er von diesen kalten Statistikern, von diesen Heruntermittlern erfährt, daß er nur zu einer ganz kleinen Minderheit der Vollbelasteten gehört. H. VETTER (Seite 110) bietet dazu eine Grafik auf, die zeigt, daß in Österreich (vorwiegend Osten) von 9.388 beruflich strahlenexponierten Personen aus Industrie, Forschungsinstituten, Krankenhäusern, radiologischen und zahnärztlichen Praxen im Jahr 1981 ganze 5 mit mehr als 5 rad äußerlich belastet wurden. Wobei er verschämt gar nicht darauf eingeht, daß Österreich nur ein paar ganz kleine Forschungsreaktoren betreibt.
Immerhin reichte die Belastung durch ionisierende Strahlung 1985 für vier von der Allgemeinen Unfallversicherungsanstalt anerkannte Arbeitsunfälle (2 in Wien, je 1 in der Steiermark und Vorarlberg) und 5 Fälle von Berufskrankheiten im Bereich „Gesundheits- und Fürsorgewesen" (Statistik 1985, AUVA 1986).
In der Bundesrepublik Deutschland arbeiteten nach B. MANSTEIN (Seite 313) schon Anfang 1976 ungefähr 100.000 Personen in Berufen mit höherer Strahlenbelastung. Wie stark verschiedene Berufe radioaktiv belastet sind und wie viele Menschen davon betroffen sind, zeigt auch *Tabelle 31* (Seite 161 f.) für die Vereinigten Staaten.

GANZ UNTEN: NUKLEARE TAGLÖHNER

Über den „Strahlenschutz" in Kernkraftwerken weiß H. VETTER (Seite 111) als gelernter Österreicher besonders gut Bescheid: „Überdurchschnittliche Strahlenbelastungen des Personals entstehen vorwiegend während der Perioden des Brennelementwechsels, und zwar besonders dann, wenn es notwendig werden sollte, den Sicherheitsbehälter oder das Reaktordruckgefäß zu betreten und dort Service- und Reparaturarbeiten durchzuführen. Hier kann es gelegentlich notwendig werden, trotz intensiver zusätzlicher Abschirmungsmaßnahmen einige Leute innerhalb weniger Tage oder Stunden der gesamten, für das ganze Jahr zulässigen Strahlenbelastung auszusetzen, was aber nichts anderes bedeutet, als daß sie für den Rest des Jahres keine andere als die natürliche Strahlenbelastung empfangen dürfen; in Ausnahmefällen werden dafür betriebsfremde Arbeitskräfte aufgenommen und nach entsprechender Einschulung für diese Aufgaben eingesetzt."
Was es mit dieser „Fürsorglichkeit" wirklich auf sich hat, weiß eine breite Öffentlichkeit seit GÜNTER WALLRAFFS Bestseller „Ganz unten" und einem SPIEGEL-Report über Fremdarbeiter in westdeutschen Atomkraftwerken. Der Einsatz von Leiharbeitern in der Nuklearfabrik in Hanau, den Wallraff enthüllte, sei — so war da zu erfahren — kein Sonderfall. Weit mehr als 10.000 Arbeitskräfte verdingten sich jährlich, zusätzlich zum Stammpersonal, für Wochen und Monate in den knapp 20 westdeutschen Kernkraftwerken und Nuklearfabriken als angemietete Arbeiter.
G. WALLRAFF beruft sich auf die Aussagen türkischer und deutscher Arbeiter. Er hatte selbst nicht in der üblichen einschlägigen Kostümierung vor Ort recherchiert (obzwar er sich schon beim Kernkraftwerk Würgassen beworben hatte), weil er es schließlich mit der Angst zu tun bekam: „Angst vor einem viel zu langsamen, von Strahlenkrebs zerfressenen Dahinsiechen."
Hier springt der SPIEGEL-Report (1/1986) ein. Kern der Aussage sind folgende Punkte:

- Gewerkschafter äußern erhebliche Zweifel hinsichtlich des notwendigen Informations- und Bewußtseinsstandes der eingesetzten Arbeitnehmer.
- Ein baden-württembergerischer Reinigungsunternehmer schickte Penner, Landstreicher und Alkoholiker statt zum „Schneeschippen" in den Bayerischen Wald zum Schrubben von radioaktiven Rückständen in Kernkraftwerke.

- Atomarbeiter erklären, daß die medizinische Untersuchung flüchtig, die Gefahrenbelehrung oberflächlich, die Schutzausrüstung mangelhaft sei.
- Der Nidderauer Schlosser HERBERT MICHEL wurde von der Firma „Manpower" als „nuklearer Schlackenschammes" an den Hanauer Atombetrieb „Alkem" vermittelt. Aufgrund eines Risses in einem Schutzhandschuh wurden im Oktober 1984 seine Hand und die rechte Körperseite radioaktiv verseucht. Bei der daraufhin von H. MICHEL verlangten Untersuchung wurde *Plutonium* im Blut festgestellt und Chromosomenveränderungen diagnostiziert. Bei „Manpower", so der Schlosser, habe er nie erfahren, daß er mit Plutonium zu tun haben werde.
  Der Höchstwert von 5 rem sei aber nicht überschritten worden, ein Grenzwert, der nach der deutschen Physikerin INGE SCHMITZ-FEUERHAKE „eindeutig zu hoch" angesetzt ist. Denn bei Personen, die dauerhaft mit einer solchen Dosis belastet würden, liege das Risiko, an Leukämie, Krebs oder Knochentumoren zu erkranken, bei 20 Prozent.
- Die Kernkraftkonzerne berufen sich bei ihrer Entgegnung auf statistische Durchschnittswerte: 21.409 strahlenexponierte Personen, die 1983 in den zwölf Leichtwasser-Kernkraftwerken waren, hätten im Mittel nur 0,4 rem erhalten.
- Dagegen setzt der Autor des SPIEGEL-Reports: „Die Statistik verschleiert, daß allein 1983 mehr als 5.000 Kernkraftwerker eine überdurchschnittlich hohe Strahlendosis abbekommen haben. Etliche wurden bis nahe an die umstrittene gesetzliche Höchstgrenze verstrahlt." Und:
- Experten hegen Zweifel, ob das System des Strahlenschutzes durch mitzuführende Meßgeräte ausreicht. Laut DGB erfassen die Dosimeter die Strahlung in Teilbereichen nur unzureichend. Es scheine nicht ungewöhnlich, daß Hilfskräfte die Dosimeter manipulieren, wenn sie befürchten, wegen zu hoher Strahlenbelastung den Job zu verlieren. Nach einem Augenzeugen gibt es im „besonders heißen Bereich" Stundenzuschläge von 30 oder 40 Mark. Die Existenz früherer Strahlenpässe könne verschwiegen werden.
- „Umverteilt" wird das Risiko vor allem bei der regelmäßigen Reaktorinspektion, wenn die Kraftwerke bis zu einem Vierteljahr stillgelegt werden. Dann wird der sonst hermetisch abgeriegelte Reaktor geöffnet, werden Brennelemente ausgetauscht und Rohrleitungen erneuert — riskante Arbeit für Hunderte von betriebsfremden Handwerkern. Man kann diese Arbeit nicht einmal ablehnen. Nach einem Urteil des Arbeitsgerichtes Gelsenkirchen besteht nämlich keine „signifikante Erhöhung des Krebs- und Leukämierisikos".

Über ganz ähnliche Zustände und Praktiken in Japan haben ELKE und J. KAZUOMI TASHIRO schon 1982 berichtet (Seite 176 ff.). Strahlenopfer der Atomindustrie seien oft Bauern aus der Umgebung von Kernkraftwerken, die von der Landwirtschaft allein nicht leben können. Andere stammten aus den Slums der Großstädte. Dort gebe es Firmen, die Arbeit für einige Tage oder wenige Wochen vermitteln: „Diese Anwerbefirmen bringen die Arbeiter mit Bussen zu den meist sehr abgeschieden gelegenen Atomkraftwerken. Über die Gesundheitsgefahren durch das ‚Entseuchen', das Säubern von radioaktivem Staub, werden sie nur pro forma aufgeklärt. Rechtlich sind sie völlig ungeschützt. Im Falle einer Berufskrankheit verweisen die Kernkraftwerksbetreiber auf die Anwerbefirma, die oft nur sehr kurze Zeit besteht oder aber sich durch Kleingedrucktes auf dem Tagesvertrag abgesichert hat. Außerdem machen sich die Strahlenspätschäden ja auch erst nach Jahren bemerkbar."

Das wahre Risiko, die Höhe der Bestrahlung blieben den Arbeitern verborgen, schreiben die TASHIROS. Die Taglöhner seien durch den für ihre Verhältnisse gut bezahlten und leichten Job problemlos zu ködern. Es komme vor, daß sie nach ihrem Einsatz in einem Atomkraftwerk, in dem sie ihre Jahresdosis abbekommen, weiter zum nächsten ziehen. Auch in Japan gelte als Höchstdosis 5 rem pro Jahr. Es komme auch vor, daß Arbeiter ihr Dosimeter oder das Alarmmeter einfach ausschalten.

Der sozialistische Abgeordnete YANOSUKE NARASAKI erklärte 1981, in den letzten elf Jahren seien 75 Beschäftigte von Atomkraftwerken gestorben. Bei den meisten von ihnen habe man die bekannten Symptome von Strahlenschäden festgestellt.

Mit 33 Kernkraftwerken und einer Wiederaufbereitungsanlage gehört Japan zu den Industrieländern mit intensivster Nutzung der Atomenergie. Als „nukleare Taglöhner" haben sich bisher weit über 100.000 Arbeiter bereitgefunden (SPIEGEL-Report, 1/1986, Seite 34).

Um welche Dimensionen es hier geht, macht das Schicksal des japanischen Rohrlegers KAZUYUKI IWASA deutlich, der im Atommeiler von *Tsuruga* durch radioaktiven Staub verseucht und danach arbeitsunfähig wurde, der den Betreiber klagte, obwohl ihm von diesem eine Million Mark für die Rücknahme der Anklage geboten wurde. Er sagte: „Atomenergie und das Leben der Menschen sind unvereinbar... Die Bewegung gegen Atomkraftwerke wird auch jene aufhalten, die die Atomrüstung vorantreiben, zum Beispiel unsere Regierungspartei... Das kurze Leben, das mir noch verbleibt, will ich nicht nur für mich leben, sondern für die vielen Arbeiter in den Atomkraftwerken. Deswegen gehe ich in die Berufung." (Zitiert nach E. und J. K. TASHIRO)

Im Zusammenhang mit Japan findet sich bei P. WEISH und E. GRUBER (Seite 84 f.) folgende aufschlußreiche Stelle: „Erfahrungsgemäß steigt mit dem Alter kerntechnischer Anlagen nicht nur ihre radioaktive Kontamination und damit der Strahlenpegel insgesamt, sondern auch ihre Reparaturanfälligkeit. Die Strahlenbelastung des Personals nimmt daher ständig zu.

Um das Betriebspersonal bei Reparaturen und Dekontaminationsarbeiten nicht in kurzer Zeit bis zu den gesetzlich zugelassenen Höchstwerten zu belasten — und damit seine Arbeitskraft zu verlieren — werden für solche radiologisch schmutzige Arbeiten ‚nukleare Taglöhner' angeworben, die in der Regel unzulänglich ausgebildet und unzureichend über die Strahlenrisiken informiert sind."

Natürlich herrschen auch in den *Vereinigten Staaten* ähnliche Zustände. Neben den nuklearen Taglöhnern arbeiten noch rund tausend hochdotierte Spezialisten, sogenannte *Nuklear-Springer*. Sie sind die "Red Astair" der Atomindustrie und werden zu den ganz gefährlichen Jobs geholt, die das Stammpersonal ablehnt. Für ihre lebensgefährliche Arbeit erhalten sie umgerechnet bis zu 70 DM Stundenlohn. Der Grenzwert ist auch in den USA 5 rem pro Jahr — und ebenso umstritten. So prüft die staatliche Aufsichtsbehörde NRC (Nuclear Regulatory Commission) in Washington derzeit, ob dieser Höchstwert nicht herabgesetzt werden sollte. Der Nuklearmediziner KARL MORGAN, der die gesetzlichen Vorschriften vor Jahren formulierte, tritt für eine Halbierung ein. In anderen Gutachten wird eine Reduzierung auf ein Zehntel, also auf 0,5 rem pro Jahr, gefordert — parallel zur Auffassung der deutschen Physikerin INGE SCHMITZ-FEUERHAKE etwa (SPIEGEL-Report 1/1986, Seite 37). Nach Ansicht der NRC gibt es keine wissenschaftlich gesicherten Erkenntnisse über die Langzeitwirkung von andauernden Strahlenbelastungen. Die bisherigen Erfahrungen mit den Springern ließen aber den Schluß zu, daß nach einigen Jahren Tätigkeit ihre Chance auf Krebserkrankungen signifikant steigt. Etliche Mediziner halten das für eine zu optimistische Einschätzung. (Diese Angaben wurden einem Artikel der Wiener „Wochenpresse" vom 3. Juni 1986 entnommen.)

Daß das Risiko hoch ist, ist schon lange nicht mehr nur eine Vermutung. Seit Jahren

wird es durch Studie um Studie bewiesen. Eine neue Untersuchung des US-*Energieministeriums*, für die der Gesundheitszustand von *146.000 Atomarbeitern* über Jahrzehnte regelmäßig überprüft worden war, belegt: *Nuklear-Arbeiter sterben „deutlich häufiger" an Leukämie, Lungen- und Gehirnkrebs, Magen- und Darmkrebs, Prostatakrebs und an der Hodgkinschen Krankheit*, die gekennzeichnet ist durch geschwulstähnliche Neubildungen an den Lymphdrüsen, die unbehandelt tödlich verlaufen. Diese Information stammt aus dem schon zitierten SPIEGEL-Report (1/1986, Seite 35).
In Europa sind die „sauberen" Praktiken der Kernindustrie im Umgang mit Strahlenarbeitern natürlich nicht nur in Deutschland üblich. E. BERGER u. a. (Seite 385 f.) berichten: „In der Vergangenheit wurden mehrere Fälle aus den Kernanlagen Doodeward (Holland), Winfrieth und Dounray (Großbritannien) bekannt, wo hunderte Betriebsangehörige und kurzfristig Beschäftigte, im wesentlichen Fremdarbeiter (‚nukleare Taglöhner'), bis an die Grenzen der gesetzlich maximal zulässigen Strahlendosis belastet wurden."

ÄRZTE UND MEDIZINISCHES PERSONAL

Entsprechend den Erfahrungen aus dem Bereich der Atomenergie-Industrie muß natürlich auch der Grenzwert für Ärzte und medizinisches Personal in Frage gestellt werden. Er beträgt ebenso 5 rem Ganzkörper-Dosis oder bestimmte Organdosen pro Jahr (siehe Tabelle 25, Seite 146). Dabei muß zugegebenermaßen die Risiko-Nutzen-Abwägung — ähnlich wie bei den Patienten — aus humanen Erwägungen anders aussehen als im Bereich der Atom-Industrie.
Über die Krebserkrankungen der frühen Röntgenologen und Radiologen (siehe Seite 120) wurde schon berichtet. Noch für 1922 schätzt man, daß in Deutschland insgesamt 100 Radiologen infolge übermäßiger Strahleneinwirkung gestorben sind. Die Belastungen wurden zwar durch die Gesetzgebung nach dem zweiten Weltkrieg und durch den technischen Fortschritt drastisch reduziert. Vergleichsuntersuchungen bei Augenärzten und Radiologen ergaben aber 1966 noch immer ein um den *Faktor 2,5 erhöhtes Leukämierisiko bei den Röntgenärzten* (B. MANSTEIN, Seite 307).
In der Regel handelt es sich im medizinischen Bereich um äußere Strahleneinwirkungen, die bei Diagnose und Therapie auftreten. Es kann aber auch zu inneren Strahlenbelastungen kommen. So haben kürzlich (März 1984) H. V. PILTINGSRUD und G. L. GELS vom Nuklearmedizinischen Laboratorium der Food and Drug Administration in Cincinnati (USA) nachgewiesen, daß in nuklearmedizinischen Laboratorien „signifikante und ziemlich unvorhersehbare Expositionsdosen von *Xenon-133* bei einzelnen Mitarbeitern auftreten können". Schon vorhergehende Studien der Autoren hätten bewiesen, daß die meisten Dosimeter auf die Strahlung von Xenon-133 gar nicht ansprechen. Es seien daher eigene Dosimeter anzuschaffen, die eine Überschreitung der Dosisgrenzen tatsächlich aufdecken.
In der Literatur wird kaum über das Berufsrisiko von Ärzten und medizinischem Personal berichtet. Die Ursache könnte in einer Art Heldenmythos zu finden sein: Der Arzt, der Wissenschafter, die Krankenschwester setzen ihr Leben ein für ihre Mitmenschen und die Wissenschaft. Die Betroffenen sollten sich die folgende Textpassage von J. KIEFER (Seite 390) aufmerksam durchlesen, die an wirtschaftlicher Deutlichkeit nichts zu wünschen übrig läßt, nahtlos anschließt an die bereits zitierte ICPR-Empfehlung 26 (1977), und Ärzte und medizinisches Personal in eine Reihe stellt mit „nuklearen Taglöhnern":

„Klar sollte sein, daß eine Strahlenanwendung nur dann in Frage kommt, wenn sie einen Nutzen bringt. Er kann technischer, medizinischer, aber auch wissenschaftlicher Art sein. Eine Quantifizierung ist im einzelnen sicher sehr schwierig und darf sich nicht nur auf in Geldwert festlegbare Größen erstrecken. Außerdem kommt es bei den Überlegungen darauf an, ob Kosten (im Sinne einer möglichen Schädigung) und Nutzen dieselbe Personengruppe treffen, wie es z. B. in der Regel bei medizinischer Strahlenbehandlung der Fall ist. Aus diesem Grunde unterscheidet man bei den Grenzwerten für die Strahlenbelastung auch zwischen beruflich exponierten Personen — *welche den Nutzen in Gestalt von Arbeitsplatz und Einkommen genießen* — und der allgemeinen Bevölkerung, die nur indirekt daran teil hat. Im ersten Fall legt man die Grenzwerte so fest, daß die Gefährdung vergleichbar ist zum Risiko als in ‚sicher' angesehenen Berufszweigen. Im zweiten Fall nimmt man Maß am ‚allgemeinen' Lebensrisiko." (Hervorhebung durch den Autor)

Das ist die Realität: Daran wird Maß genommen, wie Arbeitnehmer in einem ohnehin schon mit Giften reichlich gesegneten Industriezweig, der Chemie, ihre Haut zu Markte tragen. Da sollte sich niemand Illusionen hingeben: Die Wirtschaftlichkeit bestimmt, wie erhaltenswert Gesundheit und menschliches Leben sind. Sie hat den Nutzen — wir das Risiko.
Konsequenterweise muß man also auch für die Strahlenarbeiter im medizinischen Bereich die gleiche Forderung erheben wie für die Strahlenarbeiter in der Atomindustrie: Die Grenzwerte der Belastung müssen reduziert werden!

ARBEITEN MIT RADON: BERG- UND TUNNELBAU

Radioaktive Gase treten im Zyklus der Kerntechnik vor allem in drei Bereichen auf: beim Uranbergbau, beim Betrieb von Kernkraftwerken und bei der Wiederaufbereitung. Über die Belastung der Strahlenarbeiten in Kernkraftwerken wurde schon gesprochen. Jene in Wiederaufbereitungsanlagen ist — entsprechend der höheren Belastung der Bevölkerung im Umkreis — noch wesentlich größer. In diesem Abschnitt geht es vor allem um den *Uranbergbau*. Die Luft in den Stollen enthält *Radon-222*, das aus uranhaltigem Gestein entweicht, und ebenfalls radioaktive Schwebstoffe (Aerosole) mit Zerfallsprodukten des Radons. Sie sind die Ursache für das verstärkte Auftreten von *Lungenkrebs* unter den Uran-Bergleuten, aber auch bei Bergmännern im Tunnelbau (W. BURKART) und im Phosphatabbau.
Bekannt war die *„Schneeberger Krankheit"* schon im vorigen Jahrhundert: Bei den Bergleuten in den *Grubenrevieren Schneeberg und St. Joachimsthal* im Böhmischen Erzgebirge, nahe Karlsbad, trat vermehrt Lungen- und Hodenkrebs auf. (Die Kaiserlich-Königliche Berg- und Hüttenverwaltung von St. Joachimsthal stellten 1898 den Curies die *Pechblende* zur Gewinnung des ersten Radiums zur Verfügung.)
In diesem Bergbaurevier wurden über Jahrhunderte unter ungünstigen Arbeitsbedingungen, vor allem bei schlechter Bewetterung der Stollen und Grubenräume, Silber, Wismut, Kobalt und Nickel abgebaut und — gegen Ende des 19. Jahrhunderts —, noch bevor die Curies ihre bahnbrechende Entdeckung machten, Uran (Pechblende) für eine staatliche Uranfarbenfabrik. In dieser Zeit arbeiteten in den Gruben des Schneeberger

Reviers etwa 650 Bergleute. Von ihnen starben zwischen 1869 und 1977 in jedem Jahr durchschnittlich zwanzig an Lungenkrebs. Bis zu ihrem Tod waren sie oft mehrere Jahrzehnte im Bergbau beschäftigt gewesen (A. G. HERRMANN, Seite 60).
Es wurde schon darauf hingewiesen (Seite 140 f.), daß die Strahlenexposition in gut abgedichteten (wärmegedämmten) Häusern in den Granitalpen diejenige moderner Minen in einigen Fällen übertrifft. Das ist umso erschreckender, als der Lungenkrebs bei einer Vielzahl von Gruppen exponierter Minenarbeiter in den USA, Schweden, Kanada, England und der Tschechoslowakei zu den am besten studierten Berufskrankheiten überhaupt gehört. Nach W. BURKART (Seite 20) ergibt sich aus diesen Erfahrungen ein recht gut abgesicherter Risikofaktor von 6,5 Krebstoten pro Million, Jahr und einer in Bergwerken gebräuchlichen Dosiseinheit von 0,55 rem (= 1 WLM = 1 working level month; ein Monat = 170 Stunden; 1 WLM entspricht nach J. KIEFER, Seite 361, einer Alphadosis von ca. 0,01 Gy = 1 rem im Bronchialepithel). Nach F. E. LUNDIN JR. (1969) erkranken Uranbergleute viermal so häufig an Lungenkrebs wie die Normalbevölkerung. Raucher unter den Bergleuten erkranken aber in jedem Fall *30mal so oft an Lungenkrebs* wie die Nichtraucher. Das heißt, die Radioaktivität ist ein Verstärkerfaktor (siehe P. WEISH, E. GRUBER, Seite 114).
Außer den unterschiedlichen Rauchgewohnheiten wird das Lungenkrebsrisiko bei Bergarbeitern auch durch die „Präsenz chemischer Karzinogene in den Bergwerken" (W. BURKART, Seite 20) beeinflußt.
Trotz der bitteren Erfahrungen in europäischen Uranminen seit dem 19. Jahrhundert nahm man in den USA und Kanada im ersten Entwicklungsstadium der Atomenergie-Industrie auf die Gefährdung der Bergleute keine Rücksicht. Die Folgen waren verheerend. Erst in den fünfziger Jahren begann die Katastrophe heraufzudämmern: Man entnahm 75 Bergwerken 400 Luftproben. Die meisten wiesen eine Radioaktivität auf, die weit über die in Strahlenschutznormen festgesetzten Werte hinausgingen. Die Resultate wurden 1955 bekanntgegeben, aber unternommen wurde nichts. Erst 1967 wurde eine eigene Sicherheitsnorm für Bergleute festgesetzt. Zu spät, denn sogar nach offiziellen Berichten waren zwischen 1963 und 1968 in den USA 98 Bergleute an Lungenkrebs gestorben, bei weiteren 431 mußte im Lauf der nächsten Jahre mit einem solchen Tod gerechnet werden. Insgesamt gab es über 1.000 Erkrankungsfälle, über 400 allein in *Colorado*. In den Uranbergwerken dieses Bundesstaates mußten bis 1974 statt der aufgrund der normalen Krebshäufigkeit zu erwartenden 25 nicht weniger als 159 Lungenkrebsfälle festgestellt werden (H. VETTER, Seite 123). Über die Zustände am Beispiel Colorado schrieben JOHN W. GOFMAN und ARTHUR R. TAMPLIN: „Offenbar könnte der Schutz der Bergleute vor Lungenkrebs den Uranpreis erhöhen. So hilft der Tod von Bergleuten der Kernenergie, billig zu sein."
Die Gefahr war wieder einmal mit falschen Schwellenwerten heruntergespielt worden, unter Mißachtung des „menschlichen Faktors". Dazu schrieb B. MANSTEIN (Seite 94): „Es ist nämlich ein gewaltiger Unterschied, ob ich die Lunge als ungekammerte Gassäcke von ein bis zwei Quadratmetern in die Rechnung einbringe oder die wirklich atmende Oberfläche mit 80 bis 130 Quadratmetern und die Atmungsinseln (Alveolen) in Höhe von 150 Millionen bis 4 Milliarden berücksichtige."
H. VETTER (Seite 123) meint, daß die amerikanischen Gesundheitsbehörden inzwischen massiv eingeschritten seien und den Einbau von Ventilationseinrichtungen erzwungen hätten. Seither sei die Strahlenbelastung der Bergleute laufend gesunken und habe „heute ein akzeptables Niveau erreicht".
Was akzeptabel ist — das wurde in diesem Buch schon ausführlich beschrieben — wird von der Wirtschaftlichkeit bestimmt.

BILDSCHIRMARBEIT

Bei Datensichtgeräten oder Bildschirm-Terminals werden heute verschiedene Techniken zur Darstellung der Bildzeichen verwendet. Die wichtigsten Gruppen sind: *Kathodenstrahlröhren* — die am meisten verwendete Technik —, Plasmaschirme (noch nicht alle technischen Probleme gelöst), Leuchtdiodenanzeigen und Flüssigkristallanzeigen. Die beiden letzteren werden selten für größere als ein- bis zweizeilige Anzeigen verwendet.
Die Kathodenstrahlröhren arbeiten ähnlich wie Fernsehröhren, nur mit wesentlich niedrigerer Spannung. Wie die Röntgenröhren, die mit noch viel höheren Spannungen arbeiten, arbeiten auch diese Bildschirmröhren mit Elektronenstrahlen, die beim Auftreffen auf den mit lichtempfindlichen Substanzen (z. B. Phosphor) beschichteten Schirmen ein Bild entstehen lassen und dabei *Röntgenstrahlen* abgeben. Die lichtempfindliche Schicht wird beim Auftreffen der Elektronen ionisiert, Farb-TV-Geräte arbeiten mit Bildröhrenspannungen von 10 bis 25 Kilovolt, *Bildschirmterminals* mit etwa 11 Kilovolt. E. TSCHIRF (1985, Seite 21) vom Atominstitut der Österreichischen Universitäten gibt folgende Belastungen an:

Dosis an der Körperoberfläche in 50 cm Abstand zum Bildschirm:

Farb-TV-Röhre	1,5 mrem/Jahr
Bildschirmterminal	weniger als 0,1 mrem im Jahr

E. TSCHIRF (Seite 21 ff.) kommt zu folgendem Ergebnis: „Neuere Untersuchungen an modernen Bildschirm-Terminals erbrachten überhaupt keinen Nachweis von Strahlung. Eine Belastung von Personen, die mit Bildschirmarbeit befaßt sind, durch ionisierende Strahlung (Röntgenstrahlung) ist daher vollkommen auszuschließen... Die befürchteten Schädigungen der Nachkommenschaft bei Bestrahlung des keimenden Lebens im Mutterleib tritt mit großer Sicherheit erst bei Dosen über 10 bis 20 rem auf. Dieser Schaden ist daher ebenfalls auszuschließen."
E. TSCHIRF muß aber immerhin einräumen, daß nach den Empfehlungen der ICRP bei jeder Bestrahlung mit einem zusätzlichen Risiko für Leukämie und Krebs zu rechnen ist. Er rechnet folgendermaßen: „Dieses Risiko ist von der Dosis abhängig und kann zum Beispiel für Krebs mit 0,01% pro rem angenommen werden. Das ‚normale' Krebsrisiko beträgt für alle Menschen ca. 20%." Für dreißigjährige Bildschirmarbeit, so E. TSCHIRF, betrage das Risiko daher weniger als 0,00003% oder weniger als ein Siebenhunderttausendstel des normalen Risikos zusätzlich. Genetische Schäden lägen in der gleichen Größenordnung. Beziehe man das Risiko für Einzelpersonen auf eine Gruppe von 100.000 an Bildschirmen Beschäftigte, so würden bei Arbeiten an einem einfärbigen Terminal 0,001 Fälle von Krebs pro Jahr auftreten. Für Leukämie wären noch 20% der Krebsfälle hinzuzuzählen.
Das Risiko für Krebs und genetische Schäden wird von E. TSCHIRF nach bekanntem Brauch verniedlicht. Statt es als — wenn auch sehr kleinen Teil einer ständig zunehmenden Summe radioaktiver Belastungen aus allen Ecken und Enden anzuerkennen, wird so getan, als existiere sie überhaupt nicht. Wen wundert's, daß dann Mißtrauen entsteht, das zu Übertreibungen in die andere Richtung neigt?
Den „Heruntermittlern" hat sich auch der österreichische Arbeitsmediziner OSWALD

JAHN angeschlossen, wenn er schreibt (Seite 16): „Zur Frage der Röntgenstrahlung von Bildschirmen veröffentlichte CAKIR eine Liste der in Europa gebräuchlichen Modelle, die alle unter 0,2 mrem/Stunde in 5 cm Entfernung gelegen waren, so daß sich eine Menge von 300 mrem/Jahr bei Anwendung eines Bildschirms in 5 cm Distanz ergeben würde, die sich jedoch bei der normalen Arbeitsdistanz von 50 cm auf einige mrem reduziert. Dieser Wert ist ein Bruchteil der natürlichen Radioaktivität."
Immerhin kommt O. JAHN auf einige Millirem pro Jahr, während E. TSCHIRF weniger als 0,1 Millirem im Jahr angibt. Das ist schon eine Größenordnung, die zu denken geben sollte.
Wenn E. TSCHIRF die Schädigung „keimenden Lebens im Mutterleib" „mit großer Sicherheit" (also doch nicht ganz sicher) erst bei 10 bis 20 rem ansetzt, dann ist das nicht nur unbewiesen, sondern zielt ebenfalls in Richtung eines Herunterspielens der Gefahr. Es wird auch nicht einmal die Frage aufgeworfen, ob es bei der Bildschirmarbeit nicht zu einer *Summenwirkung von Röntgenstrahlen, Mikrowellen und statischen elektrischen Feldern* kommen könnte. O. JAHN meint lapidar, die Rolle der Mikrowellen könne „derzeit nicht sicher beurteilt werden", über die Auswirkung statischer elektrischer Felder seien „derzeit keine Ergebnisse vorhanden, die eine eindeutige Schädigung... erkennen lassen." Die Frage, so O. JAHN, ob der *graue Star* durch Bildschirmarbeit verursacht wird, existiere „bestenfalls in Form einer Vermutung, obwohl wiederholt Kapselkatarakte gemeldet sind." Kapselkatarakte kennzeichnen den grauen Star der Kapsel, eine Kapseltrübung, Katarakte sind eine bekannte Wirkung ionisierender Strahlung. Die Grenzwerte für die Belastung der Augen sind mit 15 rem pro Jahr für beruflich Exponierte und 500 Millirem pro Jahr für die Bevölkerung ohnehin viel zu hoch angesetzt.
Jüngste Meldungen aus *Schweden* bestätigen zumindest, daß äußerste Vorsicht geboten ist, nicht aber ein Unter-den-Teppich-kehren möglicher Gefahren. Anfang 1986 wurde gemeldet, daß das Karolinska Institut in Stockholm auf einen direkten Zusammenhang zwischen den Ausstrahlungen des Bildschirms und *Mißbildungen bei Embryos* im Tierversuch mit Mäusen gestoßen sei. *Polnische* Forschungsergebnisse, die gleichzeitig und unabhängig von den schwedischen veröffentlicht wurden, kamen zu dem gleichen Ergebnis. Am 11. April 1986 meldete das Schweizer Fernsehen SRG, daß die schwedische Studie auch durch *finnische* Forschungsarbeiten bestätigt wurde.
Dabei muß festgehalten werden, daß in allen Fällen nicht die Röntgenstrahlen-Belastung allein, sondern die Gesamtbelastung bewertet wurde, also ionisierende Strahlung plus Radiowellen, plus Mikrowellen, plus elektromagnetische Felder, plus Infrarotstrahlung, plus UV-Strahlung, plus Streß.
Die schwedische Arbeiterschutzbehörde hatte inzwischen erklärt, daß die bisherigen beruhigenden Versicherungen nicht länger haltbar seien. Die Gewerkschaften forderten, daß schwangere Frauen nicht mehr vor dem Bildschirm arbeiten dürfen. Dieser Forderung wurde auch wenig später nachgegeben. Es sei unbegreiflich, so die Kritiker, daß es in einem so computerdichten Land wie Schweden keine Grenzwerte für die Strahlung gebe. Man solle auf die bisher gängigen Computer mit den *Kathoden-Strahlungsschirmen* verzichten und auf die nächste Generation von Computern mit *Flüssigkristallanzeigen* warten, die keine oder kaum elektromagnetische Strahlung verursachen (G. GRAFFENBERGER, „DIE PRESSE", 3. Februar 1986).
Anderswo und natürlich auch in Österreich wurde man daraufhin emsig, bestellte neue Studien (denn wenn die Schweden, Polen und Finnen was erforscht haben, muß das ja noch lang nicht richtig sein) und beeilte sich, fürs erste einmal zu beschwichtigen: Österreichische Wissenschafter seien der Ansicht, daß sich die schwedischen Unterla-

gen auf veraltete Bildschirmgeräte beziehen, deren Bildröhren noch mit Hochspannung betrieben werden. Moderne Terminals seien, so wird erklärt, von der abgegebenen Sekundärstrahlung her als völlig ungefährlich zu bezeichnen („Die Presse", 8./9. Februar 1986).

In Österreich sind derzeit mindestens 300.000 Bildschirmgeräte im Einsatz. In anderen Ländern, z. B. auch in Schweden, sind im Verhältnis zur Zahl der Arbeitnehmer wesentlich mehr Geräte im Einsatz. Es ist klar, daß solche Ansammlungen nicht mehr kontrollierbar sind. Auf die damit verbundene Gefahr haben schon vor den Schweden Wissenschafter in *Kanada* hingewiesen. Unter Belastungsbedingungen und höheren Spannungen, heißt es in einer Studie aus *Ontario*, verursachten einige Bildschirme eine Strahlenbelastung von 3.000 Millirem pro Jahr.

Eine umfassende Information über den Themenkreis Bildschirmarbeit und Gesundheit bieten die in 2 Bänden gesammelten Berichte der Internationalen wissenschaftlichen Konferenz *„Work with Display Units"* in Stockholm vom 12. bis zum 15. Mai 1986.

U-BOOTE UND ANDERE STRAHLENDE ARBEITSPLÄTZE

Meist wird, wenn die Rede auf atomgetriebene Unterseeboote, Kriegsschiffe und Handelsschiffe kommt, die radioaktive Verseuchung der Weltmeere in den Vordergrund gestellt. Diese Sorge ist sicher berechtigt, denn Schätzungen zufolge entläßt allein die Kriegsmarine mit dem Kühlwasser rund 5.000 Ci flüssige Abfälle, etwa 3.400 Ci durch Leckagen (Aussickerungen aus Lecks) und 1 Million Curie aus Ionenaustauschern ins Meer. Die Brennelemente eines 60-Megawatt-Schiffsreaktors haben nach einer Betriebszeit von 1 Jahr eine Aktivität von 10 Milliarden Curie. Man kann sich vorstellen, was nach dem Untergang solcher Meerungeheuer passiert. 1963 sank im Atlantik das damals größte Atomunterseeboot *Tresher*, aber alle Bemühungen, es wieder zu finden, blieben erfolglos. Im nuklearen Antriebssystem war eine Aktivität von 1 Million Curie eingeschlossen. Seither sanken wiederholt auch größere Atomunterseeboote. Ihre Reaktoren bedrohen die Weltmeere ebenso wie ihre Raketenwaffen, die explodieren können oder langfristig die in ihnen enthaltenen Spaltstoffe — in der Regel *Plutonium* — freisetzen (P. WEISH, E. GRUBER, Seite 31 f.).

Neben den atomar betriebenen Flugzeugträgern besitzen die Großmächte jeweils mehrere hundert Atom-U-Boote. Über die Beseitigung der ausgebrannten Atomreaktoren dieser Flotte erfährt die Öffentlichkeit nichts. Und es geht — ebenso wie im „Normalbetrieb" — nicht nur um die Weltmeere, sondern in erster Linie um die Besatzung. Behauptungen über gesundheitliche Schäden bei der Mannschaft werden natürlich von den vereinigten Ayatollahs von Industrie und Militär als vollkommen „unzutreffend" eingestuft (K. BÄTJER u. a., Seite 128): „Die Bestrahlung des Personals aller Atom-U-Boote der amerikanischen Marine inklusive der ‚Nautilus' (von diesem ersten, im Jahre 1956 in Dienst gestellten Atomunterseeboot waren schwere Strahlenschäden bei der Besatzung berichtet worden; Anmerkung des Autors) ist ungefähr gleich hoch gewesen wie diejenige, die die Bevölkerung durch die natürliche und die medizinische Bestrahlung erhält. Während der unterseeischen Fahrt ist die Bestrahlung des Personals der Atom-U-Boote kleiner als die der Bevölkerung, da das Seewasser eine abschirmende Wirkung gegen die kosmische Strahlung hat."

Das Atom-U-Boot als eine Art Strahlenschutz — verkehrter geht's einfach nicht mehr. Wie „behutsam" die Verantwortlichen in bezug auf Strahlung mit den Soldaten umgingen, haben ja die A-Bomben-Tests in der Wüste von Nevada hinlänglich demonstriert... Außerdem steht im BEIR-Report II (Seite 66 f.), daß die 36.000 Arbeiter im

„nuklearen Antriebsprogramm“ der US-Marine im Schnitt mit zusätzlich 220 Millirem jährlich belastet werden (siehe Tabelle 31, Seite 161 f.).

JENSEITS VON EDEN: SUMME DER BELASTUNG

Bereits BODO MANSTEIN (Seite 304) hat darauf hingewiesen, daß die von der Internationalen Strahlenschutzkommission festgesetzte „Unbedenklichkeitsgrenze“ für künstliche Gesamtbelastung von 170 mrad/Jahr (entspricht 170 Millirem pro Jahr) nicht einzuhalten ist. Aus einer Studie der amerikanischen Umweltschutzbehörde aus dem Jahr 1970 gehe hervor, daß sie „in der Praxis bereits bis durchschnittlich 211 mrad/Jahr überschritten“ wurde und mit einem weiteren Anstieg gerechnet werden müsse. Der Hauptanteil gehe auf das Konto der Medizin.
Diese Entwicklung hat sich seither fortgesetzt. Das geht aus einer Fülle von in diesem Buch bereits vorgelegtem Material hervor. Dabei darf man niemals aus den Augen verlieren, daß die Mittelwerte (auch die oben angegebenen 211 mrad/Jahr sind ein Mittelwert!) von den Höchstbelastungen zu trennen sind, die oft um ein Vielfaches höher liegen als die Mittelwerte.
Dennoch sollten zunächst nochmals die Mittelwerte der Summe aus natürlicher und zivilisatorischer Strahlenbelastung diskutiert werden. Sie geben trotz aller Einschränkung ein Richtmaß, das die beängstigende Zunahme der Radioaktivität in unserer Umwelt und in uns ebenso zeigt wie die Höchstbelastungen.
In Österreich und in der Bundesrepublik Deutschland hat man sich die Sache bisher leicht gemacht. Auch in der neueren Literatur finden sich veraltete Angaben.
F. CAP (ÖZE, 6, 1986, Seite 90) hat eine ziemlich aktuelle Rechnung aufgemacht (Tabelle 27):

Tabelle 27
Natürliche und künstliche Strahlenbelastung in Österreich in Millirem pro Jahr (nach F. CAP, 1986)

Unvermeidbare natürliche Strahlung	
Kosmische Strahlung in 600 m Seehöhe von Gestein Eigenstrahlung des menschlichen Körpers	42 5—150 20— 35
Summe	67—227
Vermeidbare künstliche Bestrahlung	
In Häusern wohnen Fernsehen (tägl. 2 Stunden) Medizinisches Röntgen Atombombenversuche (1956—1970)	100—250 1— 3 30—100 8— 30
Summe	139—383
plus Tschernobyl (einmalig)	30— 60
Gesamtsumme	236—660

Nach Tabelle 7 (Seite 67) werden für die Bundesrepublik Deutschland von L. RAUSCH *mehr als 200 Millirem pro Jahr* als Gesamtbelastung angegeben. Gewöhnlich greift man aber nicht so hoch. Das „Millirem-Konzept“ (Seite 54) der Rheinisch-Westfälischen Elektrizitätswerke AG“ in Essen (1977) kommt nur auf zirka *170 Millirem pro Jahr.* Der Durchschnittswert von 170 Millirem pro Jahr ergibt sich auch aus einer Tabelle des Deutschen Bundestages (Stand 1974), die BODO MANSTEIN in seinem Standardwerk „Strahlen“ auf Seite 473 zitiert. Im Detail — etwa beim Fallout durch Atombombenversuche, bei der terrestrischen Strahlung oder bei den inkorporierten radioaktiven Stoffen — weichen die Daten allerdings beträchtlich voneinander ab. In *Tabelle 28* sind sie zusammengefaßt.

Tabelle 28

Mittlere genetisch wirksame Strahlenbelastung des Menschen in der Bundesrepublik Deutschland in Millirem pro Jahr

Belastungsquelle	Belastung			
	„Millirem-Konzept“		Dt. Bundestag	
1. Natürliche Strahlenbelastung	ca. 110		ca. 110	
Kosmische Strahlung in Meereshöhe	ca. 30		ca. 30	
Terrestrische Strahlung	ca. 50		ca. 60	
— bei Aufenthalt im Freien		ca. 43		
— bei ständigem Aufenth. in Häusern		ca. 57		
Inkorporierte radioaktive Stoffe	ca. 30		ca. 20	
2. Künstliche Strahlenbelastung	ca. 60		ca. 60	
Anwendung ionisierender Strahlen und radioaktiver Stoffe in der Medizin	ca. 50		ca. 50	
— Röntgendiagnostik		ca. 50		ca. 50
— Strahlentherapie		< 1		ca. 0,5
— Nuklearmedizin		ca. 2		ca. 0,5
Fallout von Atombombenversuchen	< 1		< 8	
— von außen im Freien		< 1		< 8
— durch inkorp. radioakt. Stoffe		< 1		ca. 0,5
Verwendung radioakt. Stoffe und ionisierender Strahlung in Forschung und Technik	< 2		< 2	
— Technische Strahlenquellen		< 1		< 1
— Industrieprodukte		< 1		< 1
— Störstrahler (Fernsehen)		< 1		< 0,7
Beruflich strahlenexponierte Personen (Beitrag zur mittleren Bevölkerungsdosis)	< 1		< 1	
Kerntechnische Anlagen (Beitrag zur mittleren Bevölkerungsdosis)	< 1		< 1	

Die genetisch wirksame Strahlenbelastung entspricht etwa der Ganzkörperbelastung. Zu ganz ähnlichen Berechnungen kommen auch andere Autoren in der Bundesrepublik, so z. B. der Gießener Mediziner MARBOD REITHER (1984, Seite 36): Als Mittelwert für die natürliche Strahlenbelastung des Menschen nennt er unter Berufung auf den Schweizer H. FRITZ-NIGGLI (1975) 93 Millirad im Jahr, und mit Bezug auf F. KAINBERGER (1982) 60 Millirem pro Jahr. Tschernobyl ist bei diesen Autoren natürlich nicht eingerechnet. Aber auch ohne den Super-Gau in der Sowjetunion entsprechen die genannten Daten nicht dem neuesten Stand.
Für die Schweiz sind in Tabelle 29 die Angaben der beiden Autoren H. FRITZ-NIGGLI und W. BURKART zusammengefaßt, die sich ziemlich genau mit den Werten vereinbaren lassen, die F. CAP (1986) für Österreich angibt.

Tabelle 29

Mittlere jährliche Strahlenexposition des Schweizers pro Jahr in Millirem

Belastungsquelle	Belastung	
	H. Fritz-Niggli	W. Burkart
I Natürliche Belastung		
Terrestrische Bestrahlung	65	65
Kosmische Bestrahlung	32	32
Körperinnere Bestrahlung	30	30
II Anthropogen verstärkte Belastung (zivilisatorisch)		
Radon und Zerfallsprodukte	120	170
III „Künstliche" Belastung (zivilisatorisch)		
Medizin	150	80
Beruf	0,3	0,3
Technik, Forschung	<1	<1
Kleinquellen	<1	1
Fallout	4	4
Summe	403,3	383,3

Die tatsächliche Bandbreite der Belastung liegt bei *Radon und seinen Zerfallsprodukten* nach W. BURKART zwischen 40 und mehr als 5.000 Millirem pro Jahr, die der *Medizin zwischen 0 und mehr als 2.000 Millirem pro Jahr!* Der Mittelwert wird dadurch nicht nur stark relativiert, wie auch W. Burkart erklärt, sondern es zeigt sich deutlich die Gefahr, daß die reale Belastung des einzelnen Menschen im Alltag heruntergemittelt und damit verharmlost wird.
Vergleicht man die Daten in Tabelle 29, kommt man zu folgendem Ergebnis: W. Burkart setzt die mittlere Belastung durch Radon und seine Zerfallsprodukte um 50 mrem/Jahr höher an als H. Fritz-Niggli, der seinerseits die mittlere medizinische Belastung um 70 mrem/Jahr höher ansetzt als W. Burkart. In der Gesamtsumme der mitt-

leren Jahresbelastung kommt H. FRITZ-NIGGLI auf *403 Millirem* und W. BURKART auf *383 Millirem*.
Diese aufschlußreichen Mittelwertberechnungen sollten, wie schon mehrmals betont, nicht über die reale Situation hinwegtäuschen, denn die kennt eben auch *Höchstwerte*. Ein konkretes Belastungsbeispiel der Gegenwart, bezogen auf einen Mitteleuropäer, der in einem strahlenexponierten Beruf arbeitet, Durchschnittsraucher ist und etwa in den Zentralalpen (Granit, Gneis) in einem Einfamilienhaus wohnt, wird in *Tabelle 30* gezeigt.

Tabelle 30

Strahlenbelastung eines beruflich strahlenexponierten Mitteleuropäers mit durchschnittlichem Zigarettenkonsum unter Einbeziehung einiger Maximalwerte

	Millirem pro Jahr	
	Lunge	Ganzkörper
Natürliche Strahlenbelastung		
Terristrisch/kosmisch/intern (nach F. Cap)		230
Wohnen |Radon| (nach W. Burkart)	5.000	
Zivilisatorische Strahlenbelastung		
Medizin (nach H. Fritz-Niggli)		150
Kernkraftwerke (inkl. Tschernobyl)		60
Fallout Atombombenversuche 1956—1970 (nach F. Cap)		30
Rauchen: 1½ Päckchen = 30 Zigaretten pro Tag |Polonium-210| (nach A. E. Martell)	8.000	
Berufliche Strahlenbelastung (höchstzulässige Ganzkörperdosis im Jahr)		5.000
Summe	13.000	5.470

Selbst wenn die höchstzulässig berufliche Ganzkörperdosis nicht voll ausgeschöpft wird, ist eine Ganzkörperbelastung von über 470 Millirem allein schon äußerst bedenklich. Mehr noch: Rechnet man die Lungenbelastung mit dem Wichtungsfaktor 0,12 (J. KIEFER, Seite 385) um, ergibt sich eine mit der Ganzkörperbelastung vergleichbare Organbestrahlung (effektive Äquivalentdosis) von 1.560 Millirem. Demgegenüber liegt die höchstzulässige Äquivalentdosis für die Bevölkerung bei 500 (Österreich) bzw. 90 Millirem (BRD) (vgl. Tabelle 26, Seite 147). Die Summe der Belastung, bezogen auf den ganzen Körper, kann also nach dem Beispiel aus Tabelle 30 bis zu 7.030 mrem pro Jahr ausmachen.

Die enorme Lungenbelastung — 500 mrem pro Jahr sind in Österreich, 90 mrem pro Jahr in der Bundesrepublik Deutschland die höchstzulässige Dosis — und die ebenso besorgniserregende Ganzkörperbelastung — 167 mrem pro Jahr sind in Österreich, 60 mrem pro Jahr in der Bundesrepublik Deutschland zulässig — trifft also allein in Mitteleuropa in den verschiedensten Kombinationen Millionen Menschen und bedroht sie mit Krankheit und Tod.

Beim Faktor Kernkraftwerke — in Tabelle 30 ist ein Durchschnittswert von 60 mrem pro Jahr angegeben — ist nach Tschernobyl von einer beträchtlichen Schwankungsbreite auszugehen. Durch die sehr unterschiedliche Verteilung der Niederschläge nach der Katastrophe sind die Bewohner einzelner Gebiete auf Jahrhunderte (Cäsium!) hinaus wesentlich stärker belastet als andere. Auch die Strahlenmedizin kann fallweise beträchtliche zusätzliche Belastungen bringen: 2.000 mrem und mehr.
Das Grundproblem ist, daß die Toleranzwerte nicht greifen, weil etwa Wohnen und Rauchen — obwohl sie zu den zivilisatorischen Belastungen zu rechnen sind —, mangels gesetzlicher Regelungen zur natürlichen Strahlenbelastung gezählt werden, die — wie die medizinische Belastung — nach den gesetzlichen Bestimmungen nicht mitgezählt werden darf. Es ist daher nötig, neue Normen zu schaffen, und — wie unter anderen B. Manstein gefordert hat — einen *Strahlenpaß* einzuführen. Noch besser wäre die drastische Reduzierung der Belastung. Mehr als 5.000 Millirem pro Jahr bedeuten nämlich (Siehe Tabelle 9, Seite 80) auf jeden Fall gesundheitliche Schäden. Ab Dosen zwischen 5 und 15 rad (5.000 bis 15.000 Millirem) kann es — direkt nachweisbar — zu Sterilität, Mißbildung und Tod beim Embryo und beim Fötus, zu Fehlgeburten kommen. Radioaktivitäts-Schäden, die schon bei natürlicher Strahlenbelastung anzunehmen sind, werden entsprechend vermehrt auftreten, zu Krebs und Erbkrankheiten führen. Eine unschädliche Dosis ist nach dem Stand der Wissenschaft nicht anzunehmen.
Im BEIR-Report II (Seite 66/67) findet sich eine für die Gesamtbelastung in industrialisierten Ländern äußerst aufschlußreiche Übersicht, die in *Tabelle 31* auszugsweise wiedergegeben ist. Aus dieser Tabelle ist ablesbar, daß z. B. beruflich Strahlenexponierte (Medizin, Kernkraftwerke, Röntgenphotographie, Brennstoff-Fabrikation, Schiffsbau, Leute an Elektronenmikroskopie und Flieger) beträchtliche mittlere Strahlenbelastungen abbekommen, von den Höchstbelastungen, die in den Durchschnittsrechnungen untergehen, ganz zu schweigen!

Tabelle 31

Jährliche Dosis von wichtigen und signifikanten Quellen radioaktiver Expositionen in den Vereinigten Staaten

Strahlenquelle	Expon. Gruppe: Gesamtbevölkerung (GB); Arbeiter (A)	Zahl	Ganzkörper-(G K) Teilkörper	Mittlere Dosis in Millirem pro Jahr	
				Exponierte	Gesamtbevölkerung (umgerechnet)
Natürl. Umgebung					
Kosmisch	GB	220 Mio.	GK	28	28
Terrestrisch	GB	220 Mio.	GK	26	26
Intern	GB	220 Mio.	Keimdrüsen	28	28
			Knochenm.	24	24
Röntgenstrahlen (Medizin)					
Diagnose	Erwachsene	105 Mio./J.	Knochenm.	103	77

Strahlenquelle	Expon. Gruppe: Gesamtbevölkerung (GB); Arbeiter (A)	Zahl	Ganzkörper-(G-K) Teilkörper	Mittlere Dosis in Millirem pro Jahr	
				Exponierte	Gesamtbevölkerung (umgerechnet)
Med. Personal (Dosimeterablesung)	A	195.000	GK	300—500	0,3
Zahnarzt (Diagnose)	Erwachsene	105 Mio./J.	Knochenm.	3	1,4
Zahnarzt (Personal) (Dosimeterablesung)	A	171.000	GK	50—125	0,05
Radiopharmazeutika					
Med. Diagnose	Patienten	10 Mio.	Knochenm.	300	13,6
Med. Personal	A	100.000	GK	260—350	0,1
A-Bomben-Tests					
(Atmosphäre)	GB	220 Mio.	GK	4—5	4—5
Nuklearindustrie					
Kernkraftwerke (Emissionen)	Bevölkerung innerhalb v. 10 Meilen	<10 Mio.	GK	<<10	<<1
Kernkraftwerke	A	67.000	GK	400*	0,1
Röntgenphotographie	A	11.250	GK	320	0,02
Brennstoff-Fabrikation	A	11.250	GK	160	0,01
Nukleares Antriebsprogramm der Marine	A	36.000	GK	220	0,04
Forschung					
Teilchenbeschleuniger	A	10.000	GK	unbekannt	<<1
Elektronenmikroskope	A	4.400	GK	50—200	0,003
Neutronen-Generatoren	A	<2.000	GK	unbekannt	<<1
Konsum-Produkte					
Baumaterialien	Bevölkerung in Ziegel- u. Steinbauw.	110 Mio.	GK	7	3—4
TV-Apparate	Fernseher	100 Mio.	Keimdrüsen	0,2—1,5	0,5
Vermischtes					
Fliegen (kosm. Strahlung)	Pasagiere	35 Mio.	GK	3	0,5
	Crew/Pers.	40.000	GK	160	0,03
Flugtransport radioaktiver	Crew/Pers.	40.000	GK	≈3	<0,001
Materialien	Passagiere	35 Mio.	GK	≈0,3	0,01

*) Berechnet aus der bei rund 40.000 Arbeitern gemessenen Dosis von 600—800 Millirem pro Jahr

Radioaktivität und Umwelt

DIE GLOBALE VERSEUCHUNG

Die ständig zunehmende Strahlenbelastung aus zivilisatorischen Quellen trifft nicht nur den Menschen. Sie bedroht die gesamte Umwelt, alles Lebendige. Denn auch bei gegenüber *akuter* Strahlenbelastung weniger empfindlichen Lebewesen (P. WEISH und E. GRUBER, Seite 100) ist ja nicht gesagt, daß sie durch *chronische* Belastung weniger oder gar überhaupt nicht gefährdet sind. Auch für sie gibt es keine Dosisschwelle, unterhalb der radioaktive Strahlung ungefährlich wäre. Auch Bakterien haben aus DNS gebildetes genetisches Material. Sogar bei verschiedenen Bakterienstämmen ist die *Strahlenempfindlichkeit* sehr unterschiedlich, ebenso die Effizienz der DNS-*Reparatursysteme*, die als eine *Anpassung an das Sonnenlicht* (UV-Strahlung) verstanden werden können (P. WEISH, E. GRUBER, Seite 94). *Micrococcus radiodurans* ist besonders strahlenresistent (LD_{50}= über 100.000 Röntgen). Die hohe Strahlenresistenz ist darin begründet, daß dieser Mikroorganismus nur etwa ein Achtel der DNS-Menge einer *Escherichia coli-Zelle* (LD_{50}= über 10.000 Röntgen) besitzt und außerdem Doppelstrangbrüche reparieren kann.
Daß die Radioaktivität auf allen Sektoren zunimmt, ist in diesem Buch schon mehrfach dargestellt worden. Es müssen spätestens seit den sechziger Jahren weltweit nicht nur die Maximalbelastungen für Einzelpersonen ständig nach oben verändert werden. Auch die *mittleren* Jahresdosen müssen — zumindest für die Bevölkerungen der Industrieländer — kontinuierlich hinaufgesetzt werden: von durchschnittlich über 100 Millirem pro Jahr auf weit über 400 Millirem pro Jahr (vgl. Seite 157 ff.).
B. MANSTEIN schreibt (Seite 304): „Aus einer Studie der amerikanischen Umweltschutzbehörde (1970) geht hervor, daß die von der Internationalen Strahlenschutzkommission festgesetzte ‚Unbedenklichkeitsgrenze' für künstliche Gesamtbelastungen, die mit 170 mrad/Jahr angenommen worden war, in der Praxis bereits bis durchschnittlich 211 mrad/Jahr überschritten wurde und mit einem weiteren Anstieg gerechnet werden müsse." Rechnet man die natürliche Strahlenbelastung hinzu (Mitteleuropa, ohne zivilisatorische Belastung: zirka 110 Millirem pro Jahr), dann hatten wir schon damals über 300 Millirem pro Jahr.
Durch die Verseuchung der Weltmeere, des Bodens und der Atmosphäre bedroht die zunehmende Radioaktivität das Lebensmilieu im globalen Ausmaß: Mensch, Tier und Pflanze. Auch Pflanzen haben aus DNS gebildete Erbanlagen. Neuesten Forschungen zufolge ist die Radioaktivität auch am Waldsterben erheblich beteiligt.

RADIOAKTIVITÄT UND WALDSTERBEN

Es ist unbestritten, daß das Waldsterben auch in Mitteleuropa in den letzten Jahren bedrohliche Ausmaße angenommen hat, nicht nur in Ballungs- und Industriezonen, sondern auch in sogenannten Reinluftgebieten. Das hängt mit der weiträumigen Verfrachtung der Luftschadstoffe zusammen, die die Wissenschafter heute für die Hauptursache des Waldsterbens halten. Vor allem an exponierten Hängen (Wetterseite), in Kaltluftmulden (Inversion) und in der Wolkennebel-Zone sind z. B. im alpinen Raum die Schutz- und Bannwälder so geschädigt, daß darunterliegende Ortschaften bedroht sind.

In Teilen Vorarlbergs z. B. sind über 90 Prozent des Waldes geschädigt. Im Großen Walsertal — ein reines „Reinluftgebiet" — bangt man ebenso um die Existenz wie in der Schweiz. Gegen die Verursacher, die Luftschadstoffe, können die Bewohner nichts unternehmen, denn die Gifte werden weiträumig, über hunderte Kilometer aus den Ballungsräumen der Bundesrepublik Deutschland, Frankreich und der Schweiz herantransportiert und über die Burgundische Pforte und den „Schadstofftrichter" Rheintal in die Gebirgstäler getrieben.

Die *Luftschadstoffe* setzen sich aus zwei Komponenten zusammen: aus den „konventionellen" Schadstoffen, die durch Industrie, Gewerbe, Hausfeuerungen und Verkehr freigesetzt werden, vor allem durch die Verbrennung von Kohle, Erdölprodukten und Holz. Es handelt sich um *Schwefeldioxid, Stickoxide, Kohlenwasserstoffe, Kohlenmonoxid, Formaldehyd und Fluorwasserstoff*. Die zweite Gruppe läßt sich unter dem Begriff *Photooxidantien* zusammenfassen. Es sind das aus einigen dieser Schadstoffe unter dem Einfluß von *UV-Strahlung (Sonnenlicht)* gebildete oxidierend wirkende Luftschadstoffe wie *Ozon* (Leitsubstanz), *Stickdioxid* (NO_2), *Peroxiacetylnitrat* (PAN) und *freie Radikale* wie z. B. OH- und HO_2-Radikale. (Radikale sind hochreaktionsfähige Atom- oder Molekülreste.)

Diese Oxidantien und Radikale können aber auch unter dem Einfluß von radioaktiver Strahlung entstehen. Man nennt sie dann *Radiooxidantien*. Photo- und Radiooxidantien sind natürlich nicht nur für den Wald schädlich. Sie sind ebenso schädlich für Menschen, Tiere und Materialien. Die gesichtslos gewordenen Statuen an unseren gotischen Domen stehen dafür als Symbol. In den USA, Japan und in Europa stellen die Oxidantien bereits die bedeutendste pflanzenschädigende Luftverschmutzung dar. Zusammen mit dem *Sauren Regen* gelten sie als Hauptverursacher des Waldsterbens.

Radioaktiver Kohlenstoff

Die Bildung von *Photo- und Radiosmog* (Bildung von Oxidantien in verunreinigter, aber nebelfreier Luft) ist noch unvollständig erforscht, doch ist es sicher nicht so, daß die Feststellung von Zusammenhängen zwischen Waldsterben und Radioaktivität ein „Hirngespinst" sind, wie ein Mitarbeiter des Kernforschungszentrums Karlsruhe kürzlich meinte. Solch schrille Töne sind umso erstaunlicher, als bereits im Bericht Nr. 16 der UNSCEAR (UN Scientific Committee on the Effects of Atomic Radiation) aus dem Jahr 1962 hervorgeht, daß der von Atombombenversuchen freigesetzte radioaktive Kohlenstoff (C-14) einen Wachstumsrückgang bei Bäumen verursacht. Im Bericht Nr. 12 der UNSCEAR von 1969 über den C-14-Gehalt im menschlichen Blut und in den Haaren, gemessen in den Jahren 1963 bis 1968, zeigte sich eine parallele Entwicklung mit der Zunahme des Gehalts von *radioaktivem Kohlenstoff* in der Troposphäre. Die Werte vervielfachten sich damals in wenigen Jahren. Untersuchungen der Wachstumsringe von 1982 abgestorbenen *Weißtannen* haben gezeigt, daß das Waldsterben in die-

ser Zeit (ab 1962) begann. Bis zu diesem Zeitpunkt hatten die Baumstämme Jahrhunderte hindurch gleichmäßigen Holzzuwachs. Heute ist die Weißtanne akut vom Aussterben bedroht.
F. H. SCHWEINGRUBER, ein Schweizer Forstexperte, nimmt anhand von Bohrkernproben an, daß die entscheidende Schädigung schon in den fünfziger Jahren begonnen haben muß, und zwar auf der ganzen nördlichen Halbkugel (selbst im Himalaya) zwischen dem 30. und 60. Breitengrad, in dem die meisten AKWs (über 300) und fast alle WAAs liegen, in dem ein Großteil der Atombombenversuche stattfand (R. GRAEUB, Seite 148 ff.).
Die Gefährlichkeit von *Kohlenstoff-14* wurde bisher unterschätzt. Der *Betastrahler* (Halbwertszeit 5.600 Jahre) wird — ebenso wie normaler Kohlenstoff, der ein grundlegender Bestandteil in allen organischen Verbindungen darstellt — im *ganzen Körper* eingebaut. Beim Betazerfall verwandelt sich C-14 in *Stickstoff-14*. Wenn sich diese Transmutation in einer molekularen Schlüsselposition vollzieht, dann kann die Schädigung, die von der Betastrahlung ausgeht, sich noch beträchtlich erhöhen (B. MANSTEIN, Seite 172).
Der in kosmischen Zeiträumen eingespielte Gleichgewichtszustand zwischen normalem Kohlenstoff und C-14 wurde seit den ersten Atombombentests massiv gestört. Durch den hohen *Neutronenausstoß* bei der Explosion wird C-14 aus dem Stickstoff der Luft gebildet. Der Maximalwert wurde 1963 (Test-Stop-Abkommen) erreicht und lag rund 100 Prozent über dem natürlichen Gleichgewicht (P. WEISH, E. GRUBER, Seite 20). Deshalb haben englische Wissenschafter Anfang der sechziger Jahre die Strahlenbelastung allein aus dieser Quelle für die jetzige Generation mit 10 bis 15 Millirad und für die folgenden mit 110 mrad (lange Halbwertszeit) angegeben!
In der Umgebung der Wiederaufbereitungsanlage *Windscale* (heute Sellafield) wurden in Baumringen bereits Erhöhungen der C-14-Konzentration um den Faktor 3 gemessen. Aus neuen Studien geht hervor, daß aus atomtechnischen Anlagen bis zum Jahr *2010* mit einem *zehnfachen C-14-Pegel* zu rechnen ist (G. REICHELT, R. KOLLERT, Seite 105).
Die Schweizerische „Kommission zur Überwachung der Radioaktivität" mißt seit 1977 jährlich den Gehalt von radioaktivem Kohlenstoff in *Buchenblättern*. Die höchsten Werte treten dort auf, wo auch die Waldschaden-Kartierung schlimmste Schäden aufzeigt.

Forschung auf Sparflamme

Schon 1975 gab es eine alarmierende Forschungsarbeit, die den Zusammenhang zwischen Waldsterben und Radioaktivität aufdeckte. Der im Kernforschungszentrum Bhabba (Bombay) tätige indische Wissenschafter K. G. VOHRA legte bei einem Internationalen Symposium der IAEO in Stockholm eine sensationelle Studie vor: Das Ergebnis von seit 1969 durchgeführten Versuchen war, daß schon relativ niedrige radioaktive Strahlung in Kombination mit geringen Konzentrationen von konventionellen Luftschadstoffen zu explosionsartigen Kettenreaktionen führen, die die Umwandlung dieser Luftschadstoffe in Säuren und Oxidantien enorm beschleunigen.
So nehme z. B., so K. G. VOHRA, die Umbildung von SO_2 in das Radikal SO_3 unter dem Einfluß von radioaktiven Abgasen des Atomreaktors rapid zu. Die radioaktive Strahlung wirke offenbar ähnlich wie die UV-Strahlung der Sonne, wobei sich beide in ihrer Wirkung verstärken.

K. G. VOHRA belegte eindeutig die Zusammenhänge bei der Bildung von Schwefelsäure („saurer Regen") und anderer Schadstoffe in direkter Abhängigkeit von auch geringer Erhöhung ionisierender Strahlung.
Begünstigt wurden diese Versuche durch den Zufall: Nur zwei Kilometer im Umkreis des Bhabba-Kernforschungszentrums lieferten ein 40-Megawatt-Versuchsreaktor radioaktive Stahlung und ein kohle- und ölgefeuertes Heizkraftwerk konventionelle Luftschadstoffe. Die Ergebnisse wurden von der IAEO bei ihrer Publikation als „nicht repräsentativ für die offizielle Meinung der Regierungen der betreffenden Mitgliedstaaten oder Organisationen" bezeichnet. Die Welt der Atommultis blieb ebenso zurückhaltend. Wo sollte das auch hinführen. Gerade hatte sich in den USA die Atomenergie als ein *„ökonomisches Waterloo"* entpuppt. Daß sie nicht sicher war, wußte man auch damals schon... Sollte jetzt auch noch ihre „Umweltfreundlichkeit" dran glauben müssen? Das hätte der Atom- und Plutoniumwirtschaft schon damals den Todesstoß versetzen können. So sollte ein gutes Jahrzehnt vergehen, ein kostbares Jahrzehnt, ehe diese Zusammenhänge wieder aufgegriffen wurden, bis deutsche Forscher die „Synergismen beim Waldsterben" noch deutlicher und umfassender aufzeigten. Woher diese Enthaltsamkeit der Wissenschaft?
H. v. HATZFELDT, deutscher Waldbesitzer und Forst-Fachmann, sieht folgenden Hintergrund: „Die Scheuklappen sind bezeichnend für einen Forschungsbetrieb, in dem die zuständigen Institute in der Regel weniger zum Schutz der Natur als zur Förderung — und neuerdings auch zum Schutz — der Kernenergie eingerichtet wurden." („DIE ZEIT", 27. September 1985)
Im „SPIEGEL" (25. November 1985) werden die Böcke, die zu Gärtnern gemacht wurden, mit Namen genannt: Die Waldschadensforschung steuern in der Bundesrepublik im wesentlichen

- die „Projektträgerschaft Ökologische Forschung" an der Kernforschungsanlage Jülich,
- die Münchner Gesellschaft für Strahlen- und Umweltforschung und
- das „Projekt Europäisches Forschungszentrum für Maßnahmen zur Luftreinhaltung" beim Kernforschungszentrum Karlsruhe.

Die Atomlobby fürchtet nicht nur den Nachweis eines Zusammenhangs Radioaktivität — Waldsterben. Die Herrschaften wissen: Dort, wo der Wald stirbt, dort stirbt auch der Mensch.

Die weiträumige Verfrachtung von Schadstoffen

Es gehört zum Abwehrrepertoire der Kernenergiefans, daß Radioaktivität nicht weiträumig verfrachtet wird. So wurde zum Beispiel generell bestritten, daß radioaktive Stoffe aus der Wiederaufbereitungsanlage Wackersdorf nach Österreich gelangen könnten (Club 2, ORF, 15. Juli 1986). Alle seriösen Studien über das Waldsterben beschreiben eine außerordentlich weiträumige Verfrachtung der Luftschadstoffe. Grundlage dieser Wanderungen sind die *Aerosole*, feste oder flüssige Partikel, Schwebstoffe in der Luft. Im Feinstaub, im Rauch, im Nebel, im Dunst befinden sich verschiedene Typen von Aerosolen. Ihr Durchmesser liegt zwischen 0,002 und 100 Millionstel Meter. Die kleinsten Aerosole, die Kondensationskerne, haben einen Durchmesser von 0,0002 bis 0,1 Millionstel Meter und sind in der Atmosphäre für Wolken-, Niederschlags- und

Gewitterbildung verantwortlich. An diese Aerosole können sich auch radioaktive Stoffe oder Gase heften und ebenfalls weiträumig verfrachtet werden.
Im Rahmen des schon erwähnten UNSCEAR-Berichts Nr. 12 wurde radioaktiver Kohlenstoff in Blut und Haaren bei am Nordkap lebenden Menschen festgestellt. Noch 12 Kilometer von der kleinen Versuchswiederaufbereitungsanlage Karlsruhe entfernt wurden in Kuhmilch bis zu 4.000 pCi pro Liter gemessen. Während der Anteil von *Krypton-85* in der Luft früher nicht meßbar war, mißt man heute allgemein 20 pCi pro Kubikmeter. K. JENS (Waldschäden, 1985, Seite 5) schreibt: „Radioaktive Emissionen werden, wie die übrigen Schadstoffe, besonders in Wäldern abgelagert. Waldschädliche Wirkungen sind denkbar durch den Einbau von Radionukliden in die Zellstrukturen, was zur chemischen und strahlenbedingten Schädigung in den Zellen führen kann."
Nach G. REICHELT und R. KOLLERT (1985) lassen sich die „Schadensfahnen" in der Hauptwindrichtung atomtechnischer Anlagen über 40 Kilometer und darüber hinaus verfolgen. Von Irland her steigen die *Tritium*-Konzentrationen über Südengland um den Faktor 2, weiter östlich über Belgien und Stuttgart um den Faktor 3 und weiter östlich bis *Wien* um den Faktor 3,5. Einzelne Tritium-Stöße lassen sich bis Österreich nachweisen. Dazu G. REICHELT (1985, Seite 108): „Wenig gemischte Luftpakete waren also über rund 800 Kilometer Entfernung zu verfolgen. Die Quelle ist möglicherweise Bugey an der Rhône."
Die großräumige Verfrachtung von Luftschadstoffen — also auch jener besonders aggressiven Reaktionsprodukte, die durch Radioaktivität entstehen, hat auch ANTON KRAPFENBAUER (Universität für Bodenkultur, Wien), ein angesehener Kenner der Materie, ausführlich belegt. Seine wissenschaftlichen Publikationen aus den Jahren 1984/85 enthalten auch eine Reihe von Grafiken über Luftmassenzugstrecken und Schadstofftransporte in Europa. Unter Hinweis darauf, daß die Menge der *sekundären Luftschadstoffe* („Photooxidantien") in den letzten 10 Jahren um mehr als 20% zugenommen habe, schreibt er etwa in dem Aufsatz „Waldsterben — es ist arg und wird laufend ärger!": „Die sekundären Luftschadstoffe sind zum Teil sogar meist giftiger als die primären. Viele von ihnen sind langlebiger als primäre und werden daher auch über weitere Strecken verfrachtet."
An anderer Stelle (März 1984) beschäftigte sich A. KRAPFENBAUER vor allem mit der Verfrachtung von *Schwefeldioxid*, dessen weiträumiger Transport in Europa gut belegt ist. Der Import nach Österreich z. B. erreicht, so der Autor, *„83 Prozent der Gesamtbelastung"*.
Auch HANNES MAYER (Universität für Bodenkultur, Wien), ein international angesehener Waldexperte, hat auf die weiträumige Verfrachtung von Luftschadstoffen und die Konzentration der Waldschäden in Mitteleuropa hingewiesen (September 1985, Seite 2 f.). Seine Übersichtskarte der starken Waldschäden in Europa (Seite 3) zeigt eindeutig die Massierung des Waldsterbens in den Staulagen der Gebirge und Mittelgebirge und den weiträumigen Einfluß der industriellen Ballungszonen auf dieses Geschehen.

Eine Studie als Zeitbombe

Im Juli 1985 veröffentlichte das Bundesamt für Umweltschutz in Bern eine Studie („Radioaktivität und Waldsterben"), die eine Kombinationswirkung radioaktiver

Emissionen mit anderen Schadstoffen in bezug auf das Waldsterben nicht ausschließen wollte. Die Arbeit wurde in der Bundesrepublik Deutschland sofort tabuisiert. Vergeblich. Denn wenig später erschien zum Problem der Synergismen beim Waldsterben eine grundlegende Studie in der Bundesrepublik selbst. Ihr Titel: ,,*Waldsterben durch Radioaktivität?*" Das Fragezeichen ist der wissenschaftlich-vornehmen Zurückhaltung der Autoren zuzuschreiben, der des Pflanzensoziologen und Professors am Studienseminar Rottweil GÜNTHER REICHELT und der des Physikers ROLAND KOLLERT. G. REICHELT hatte schon 1984 eine ,,vorläufige Mitteilung" zum Thema publiziert: ,,Zur Frage des Zusammenhanges zwischen Waldschäden und dem Betrieb von Atomanlagen." Konsequenzen aus der Arbeit waren aber abgewürgt worden. Am 2. Juli 1984 antwortete die Bundesregierung auf eine Anfrage eines grünen Abgeordneten: ,,Äußerungen über einen Zusammenhang zwischen radioaktiven Emissionen aus kerntechnischen Anlagen und Waldschäden entbehren nach heutigem Kenntnisstand jeder wissenschaftlichen Grundlage... In Hinblick auf einen Zusammenhang zwischen Waldsterben und Kernenergie ist für die Bundesregierung kein weiterer Forschungsbedarf erkennbar."

Kommentar von H. v. HATZFELDT: ,,Im Mittelalter wäre Reichelt verbannt und seine Schriften wären verbrannt worden. Heute ist die Methode etwas vornehmer: Es werden einfach die halbstaatlichen Großforschungsinstitute aufgefordert, zweckdienliche Gutachten zu erstellen, die das Unstatthafte als ‚unwissenschaftlich' ins Abseits drängen."

Die Ansätze zu den Erkenntnissen von G. REICHELT stammen interessanterweise aus einem Land, in dem die Atomenergienutzung ein Teil der nationalen Gloire ist: Frankreich. Die Verantwortlichen erklären, in Frankreich gebe es kein Waldsterben — wegen der ,,sauberen" Atomkraftwerke. G. REICHELT führte bis September 1983 Untersuchungen in Frankreich durch. Sein Resümee (Seite 128): ,,Ich war entsetzt. Der Grundschaden war nämlich in den meisten Landschaften Frankreichs, mit Ausnahme der südlichen Vogesen, so hoch wie in den deutschen Starkschadensgebieten und in den ebenfalls schwer geschädigten Hochvogesen... Das Ganze blieb mir rätselhaft. Sicher war nur die Erkenntnis, daß der in Frankreich besonders forcierte Einsatz von Atomkraft das Waldsterben dort auch nicht verhindern kann... Die Studien lösten überwiegend bestätigende Kommentare bei deutschen Wissenschaftern und Forstleuten aus. Das Echo aus Frankreich war für mich vernichtend. Insbesondere der wissenschaftliche Direktor für Waldforschung, Monsieur Bouvarel, tat mich und meine Ergebnisse mit beißendem Spott öffentlich ab... Heute müssen meine Beobachtungen über die französischen Wälder auch seitens der ‚zuständigen' Stellen Stück für Stück als richtig bestätigt werden... Sogar Monsieur Bouvarel ist inzwischen erheblich pessimistischer; freilich sind ja die Schäden an nahezu allen Baumarten nicht mehr übersehbar: La forêt meurt!"

Durch die Frankreich-Studien kam G. REICHELT auch erstmals der Verdacht, es könne ,,lokale bis regionale Auswirkungen von Kernkraftwerken auf die Waldschäden geben." Erste Anzeichen fand er bei Brennilis in der Bretagne, aber noch vage. Konkreter zeichneten sich die Zusammenhänge bei der Auswertung der Waldschäden in der Umgebung des Kernkraftwerkes *Bugey* an der Rhône ab. Hinzu kamen ganz ähnliche Ergebnisse von Studien im Umkreis der deutschen Atomanlage *Obrigheim* am Neckar. Beide Ergebnisse wurden in der schon genannten Arbeit 1984 publiziert.

G. REICHELT bediente sich dabei der von ihm entwickelten Schadenskartierung mit Hilfe von *Isomalen*. Isomalen sind Verbindungslinien zwischen benachbarten Orten mit Stichproben, welche die gleiche mittlere Schadstufe (von lat. malum = Schaden) aufweisen. Bei diesen Stichproben werden die Schäden bei der *Fichte* in 5 Schadstufen

bewertet (pro Standort 90 bis 150 Stichproben). Beurteilt wird die *Seneszenz*, d. h. die vorzeitige Alterung erwachsener Fichten mit über 60 Jahren und gleicher soziologischer Klasse. Die Seneszenz äußert sich vor allem in vorzeitigem *Nadelverlust*.
Ergänzend oder alternativ hat G. REICHELT aber auch Merkmale der *Nadelverfärbung* berücksichtigt. So wurden störende Einflußgrößen wie überaltete oder junge Bestände, unterschiedliche Pflege, besonders ausgesetzte Bestände usw. ausgeschaltet.
Mit einer ganz ähnlichen Methode haben kürzlich auch die Schweizer Forstingenieure RUEDI STAHEL und DIETER HÜNERWADEL im Auftrag des „World Wildlife Fund" die Umgebung von 3 Kernkraftwerken kartiert. Auch sie fanden die höchsten Fichtennadelverluste und -verfärbungen in unmittelbarer Nähe dieser kerntechnischen Anlagen („DER SPIEGEL", 25. November 1985).
Die Isomalen-Konstruktion liegt nach G. RREICHELT deshalb nahe, weil die Schadensmuster in „Reinluftgebieten" vor allem den Einflüssen des Wetters und des Reliefs folgen. Westexponierte Hänge und Kaltluftmulden im Mittel- und Hochgebirge, aber auch Lagen in der Höhe häufiger Kondensationsniveaus („Wolkennebel") sind besonders stark geschädigt.
Aus diesen — z. B. den bekannten Isobaren oder Isothermen verwandten — Isomalen läßt sich sehr anschaulich ablesen, daß die Schadstufen bei den Fichten mit der Entfernung vom Kernkraftwerk abnehmen. Die Reichweite der signifikant erhöhten Schäden ist zwischen 10 und über 40 Kilometern anzusetzen! Im Luv, also gegen die Hauptwindrichtung, ist die Ausbreitung deutlich kleiner als im Lee, also mit der Hauptwindrichtung. Oder mit anderen Worten: Die *„Schadensfahnen"* folgen der Hauptwindrichtung.
In ihrem Standardwerk „Waldschäden durch Radioaktivität? Synergismen beim Waldsterben" (1985) haben G. REICHELT und R. KOLLERT solche Schäden in der Umgebung von 7 atomtechnischen Anlagen nachgewiesen: bei den Kernkraftwerken Obrigheim, Würgassen, Stade, Gundremmingen in der Bundesrepublik und bei den Schweizer Atommeilern Beznau, Gösgen und Mühleberg. Als *Synergismus* wird ein sich wechselseitig verstärkendes Zusammenwirken von einzelnen Wirkstoffen oder Wirkstoff-Faktoren bezeichnet, wobei die Gesamtwirkung größer als die Summe der Einzeleffekte ist. Und ebendiese Synergismen haben G. REICHELT und R. KOLLERT für Radioaktivität und „klassische" Schadstoffe (Schwefeldioxid, Stickoxid, Kohlenwasserstoffe) im Umkreis von Kernkraftwerken nachgewiesen. Hinzu kommen Schäden durch in die Zellen eingebauten Radioisotope Kohlenstoff-14 und Tritium.
Die äußere Strahlenbelastung ohne die „klassischen" Schadstoffe genügt nach den Untersuchungen der beiden Autoren nicht für die Erklärung der schweren Waldschäden im Umkreis von Kernkraftwerken: Im Gebiet der ehemaligen Kobalt-Silber-Mine „Sophia" bei *Wittichen im Schwarzwald*, die 1703 bis 1856 in Betrieb war, wurden Abraumhalden aufgeschüttet, die Uranpechblenden enthielten. Sie sind heute noch radioaktiv.
Trotzdem wuchsen dort seither berühmt gute Fichten und Tannen — bis 1962. In diesem Jahr wurden in diesem Gebiet schwere Waldschäden festgestellt, früher als in anderen Teilen der Bundesrepublik. Das läßt sich nach G. REICHELT nur so erklären, daß die Radioaktivität als *alleinige* Ursache ausscheidet. Erst nachdem die konventionellen Luftschadstoffe Anfang der sechziger Jahre einen kritischen Schwellenwert überschritten — durch den weiträumigen Transport auch in „Reinluftgebieten" — konnte die Zerstörung einsetzen, konnte die tödliche Spirale der „Synergismen" sich zu drehen beginnen.
Die Atomlobby („KWU-Argumente") wendete ein, daß „die durch Emission aus kern-

technischen Anlagen verursachte Ionisation der Luft weit innerhalb des natürlichen Schwankungsbereichs" liege. Die Antwort fiel dem Co-Autor von G. REICHELT und Physiker ROLAND KOLLERT nicht schwer: „Eine lokale Erhöhung der Luftionisation tritt einige Male pro Jahr nach kurzzeitig erhöhten Abgaben radioaktiver Edelgase (Edelgas-Spikes) infolge von Reaktorschnellabschaltungen auf." Es ergebe sich in der nahen Umgebung von Kernkraftwerken (ca. 500 m Abstand) eine kurzzeitige Luftionisation, die etwa 100mal so stark sei wie die, die durch natürliche Radioaktivität hervorgerufen wird. „Darüber hinaus kann nicht ausgeschlossen werden, daß unter ungünstigen Bedingungen (stärkere Brennelementschäden, ungünstiger Standort, ungünstige Wetterverhältnisse) die künstliche Spitzenionisation um Kernkraftwerke die natürliche Ionisation kurzzeitig um das 100.000fache übersteigt." (G. REICHELT, R. KOLLERT, Seite 201)

Die ionisierende Strahlung bewirkt — noch stärker als die UV-Strahlung — die Entstehung von schädlichen Radikalen (Strahlensmog) und beschleunigt die Bildung der Schadstoffe des „Sauren Regens". Verschiedene Smogkammer-Experimente einer indischen und belgischen Forschergruppe, so R. KOLLERT, hätten hinlänglich „die Bildung von saurem Aerosol in zivilisatorisch verunreinigter Luft bei *geringen* Dosen ionisierender Strahlung" gezeigt. Eine zusätzliche künstliche Ionisation der Luft, die in der Größenordnung der natürlichen liege, bewirke eine *„deutlich erhöhte Oxidation und Partikelbildung"* von luftgetragenem Schwefeldioxid. Entsprechende Effekte von Gamma-Strahlung und UV-Strahlung (Sonnenlicht) ergänzten und verstärkten sich wechselseitig. R. KOLLERT zusammenfassend: „Insofern wäre es verwunderlich, wenn um Kernkraftwerke keine Verstärkung der ohnehin vorhandenen Waldschäden auftreten würde."

Wackersdorf ante portas

In diesem „Indizienbeweis" (R. KOLLERT) fehlt auch ein Ausblick auf die nicht minder bedrohliche Zukunft nicht.

Beim Betrieb der geplanten *WAA Wackersdorf* komme es zweimal pro Betriebstag zu einem starken Ausstoß von Krypton-85, nämlich dann, wenn die zerschnittenen abgebrannten Brennelemente in Salpetersäure aufgelöst werden. Kurz nach dem Eintauchen erreiche die Freisetzungsrate das 1.000fache der normalen. Am Boden, in etwa 1.000 m Entfernung vom Kamin, stelle sich zweimal pro Betriebstag etwa das 20fache der natürlichen Luftionisation ein. Da die WAA Wackersdorf neben Radioaktivität auch konventionelle Luftschadstoffe (Stickoxide, Schwefeldioxid, Kohlenmonoxid, Fluor, Chlor und Phosphorpentoxid aus der 48-MW-Dampfkesselanlage) freisetze, sei der Weg frei für „synergistische" Wirkungen.

Aus diesem Grund werden immer massiver Rückhalte-Einrichtungen für Krypton-85 gefordert. Die „Kraftwerk-Union" (KWU-Argumente, 20. August 1985) verspricht in der WAA Wackersdorf eine „Pilotanlage". Abgesehen davon, daß effiziente Anlagen derzeit noch nicht zur Verfügung stehen, führt ein zum Zwecke des Abwiegelns geschriebener Satz der KWU-Leute auf die Fährte der wahren Probleme: „Langlebige Edelgase wie Xenon-133, Xenon-135 oder Krypton-85 haben überwiegend stabile oder kurzlebige Tochterprodukte; nur in einem Fall wird ein allerdings extrem langlebiges Tochterprodukt, Cäsium-135, gebildet."

Was tut so eine WAA mit dem zurückgehaltenen Dreck? Krypton-85 hat eine Halbwertszeit von 10,2 Jahren, Cäsium-135 eine Halbwertszeit von 2 Millionen Jahren...

Das Gespann REICHELT-KOLLERT erhielt bei seinem „Indizienbeweis" zu den Zusam-

menhängen zwischen Radioaktivität und Waldsterben Schützenhilfe von seiten des international bekannten Tübinger Pflanzenphysiologen HELMUT METZNER. In einer Literaturstudie für das Ministerium für Ernährung, Landwirtschaft, Forsten und Umwelt Baden-Württemberg äußerte er ganz ähnliche Befürchtungen: ,,Die lokale Freisetzung größerer Mengen kurzlebiger radioaktiver Isotope (aus kerntechnischen Anlagen) erhöhen den Ionisationsgrad beträchtlich. Dieser Effekt kann Folgereaktionen auslösen, an deren Ende hochwirksame Pflanzenschadstoffe stehen."
Wir hörten schon von ihnen: Ozon und andere Oxidantien.
In seinem Gutachten kommt H. METZNER auch auf die geplante Wiederaufbereitungsanlage Wackersdorf zu sprechen. Eine solche Anlage verursache, so H. METZNER, die Bildung von 440 Tonnen des Pflanzengiftes *Ozon*.
Dagegen zog die Atomlobby mit ihrem sattsam bekannten Standard-Argument ,, Die Natur ist viel schlimmer" ins Feld: ,,Im Vergleich zur natürlichen photochemischen Produktion von etwa 140 Millionen Tonnen Ozon pro Jahr weltweit ist die durch natürliche Strahlung verursachte Ozon-Bildung fast vernachlässigbar (etwa 5.800 Tonnen pro Jahr global). Dies gilt noch stärker für die Radionuklid-Emissionen aus kerntechnischen Anlagen; die durch die verursachte globale Stickoxid- und Ozon-Produktion liegt in der Größenordnung von einem Millionstel der natürlichen Bildungsrate." (KWU-Argumente)
Bleiben wir beim Ozon. Die 140 Millionen Tonnen Ozon, die von der Höhenstrahlung aus dem Weltraum produziert werden, entstehen im sogenannten Ozongürtel der Erde, in einer Höhe von 45 Kilometern aufwärts. Dieses Ozon gelangt nie zur Erde und schützt alles Leben auf ihr vor UVC- und UVB-Strahlung. Ein Vergleich mit den 440 Tonnen aus Wackersdorf ist daher unzulässig. Die 5.800 Tonnen Ozon, die durch natürliche (terrestrische und kosmische) Strahlung gebildet werden, sind bekanntlich nur mit zunehmender Höhe konzentrierter (z. B. in den Alpen) und sonst eher gleichmäßig in der Atmosphäre verteilt. Auch hier ist ein Vergleich also unzulässig, denn im Fall Wackersdorf würden die 440 Tonnen Ozon ja in einem relativ begrenzten Raum wirksam werden. Darauf hat auch H. METZNER hingewiesen und die Argumente der Atomindustrie als ,,falsch und in höchstem Maße unredlich" bezeichnet.
Gegen H. METZNERS Argument, die Ozon-Konzentration finde vor allem auf einer Fläche von 1 Quadratkilometer um die WAA statt, wendeten die KWU-Leute interessanterweise folgendes ein:
Die Krypton-85-Aktivität (und damit die Ozon-Bildung) ,,verweile" ja nicht ,,bis zu ihrem vollständigen Zerfall über einem kleinen Flächenelement", sondern verteile sich ,,schon nach kurzer Zeit über sehr viel größere Bereiche".

DIE VERSEUCHUNG DES WASSERS

Strahlende Weltmeere

Luft und Wasser sind die von militärischen und zivilen Nutzern der Atomenergie bevorzugten Abfalldeponien. Atombomben, Atommeiler, Atom-U-Boote, Spitäler (vgl. Seite 131 f.), Laboratorien; sie alle hinterlassen ihren Dreck in diesen lebenswichtigen Medien.

Die Wiederaufbereitungsanlagen in La Hague an der Küste der Normandie, und Windscale (heute Sellafield) an der britischen Westküste, nützen bedenkenlos ihren „Standortvorteil" am Meer und leiten unbeschränkt Krypton-85 und Tritium, aber auch andere Isotope in größeren Mengen ins Meer. Im Meerwasser driften sie bis in küstennahe Gewässer der Nordsee, bis Dänemark, Schweden und Norwegen. Trotz Verdünnung im Meerwasser kommt es zu beträchtlichen Anreicherungen in Fischen. 1971 wurde an Schollen in der Windscale-Region pro Kilogramm folgende Maximalwerte gemessen: 2.000 pCi Strontium-90, 1.600 pCi Cäsium-137, 2.600 pCi Cäsium-134, 12.000 pCi Ruthenium-106. Daraus ergaben sich in dieser Region bei mittlerer Verzehrrate und mittlerer Konzentration Knochenbelastungen von 640 Millirem durch Strontium-90, Magen-Darmtrakt-Belastungen von 123 Millirem durch Ruthenium-106 und Ganzkörperbelastungen von 67 Millirem durch die beiden Cäsium-Isotope. Bei maximaler Verzehrrate und Kontamination liegen die Belastungen bei 5.080 mrem (Sr-90), 709 mrem (Ru-106) und 368 mrem (Cs-134 und Sc-127) (P. WEISH, E. GRUBER, Seite 83, nach J. J. THOMPSON, 1977).

Tritium stammt fast ausschließlich aus anthropogenen Quellen. Durch die A-Bomben-Versuche stieg der Pegel in der Luft und im Wasser wesentlich. Heute betragen die Tritium-Konzentrationen in den *Niederschlägen* rund 100 pCi pro Liter. Natürlich gibt es regionale Unterschiede. Bei *La-Chaux-de-Fonds* in der Schweiz liegt die Tritiumkonzentration der Niederschläge zwischen 170 und 1.600 pCi pro Liter. Diese hohen Werte stammen aus Emissionen bei der Herstellung von Leuchtfarben (Eidgenössische Kommission zur Überwachung der Radioaktivität, Bericht für das Jahr 1982; publiziert 1984). Im Raum Hof (Bayern), Schauinsland (Freiburg) und Thonon (Genfer See) erreichten die Tritiumwerte in den Niederschlägen 1975 das 14fache der Konzentration während der A-Bomben-Tests in der Atmosphäre bis 1963. Monatsspitzen lagen sogar beim 40fachen. Nach W. WEISS u. a. (Wien 1979) sind die *Verursacher westeuropäische Atomanlagen.*

„Vermehrte Ströme radioaktiver Stoffe in die maritime Umwelt" sehen auch die Autoren von „Global 2000" über die Erde kommen: „Die Geschichte der radioaktiven Verseuchung der Meere liefert einen nützlichen Kontext für die Überlegungen zu der möglichen zukünftigen Verseuchung. Die weitaus größte Quelle radioaktiver Stoffe in den Weltmeeren waren Kernexplosionen, die von den Vereinigten Staaten, von der UdSSR, vom Vereinigten Königreich, von Frankreich, von der Volksrepublik China und von Indien ausgelöst wurden. Bis 1968 ist ein Großteil der radioaktiven Abfallstoffe aus 470 Kernexplosionen in die Weltmeere gelangt. Zwei biologisch aktive Spaltprodukte — Cäsium-137 und Strontium-90 — sind auf der Stufe von 21 bzw. 34 Megacurie erzeugt worden, und ein Großteil dieser Stoffe ist bis heute ins Meer gelangt." (1 MegaCurie = 1 Million Curie)

Durch Kernenergieerzeugung und zunehmenden Gebrauch radioaktiver Stoffe werde der Strom radioaktiver Isotope in die Umwelt auch nach dem Nuklearteststop aufrecht erhalten. Nach „Global 2000" sind es drei Komponenten, aus denen sich die Belastung der maritimen Umwelt vor allem zusammensetzt:

- als Kernbrennstoff verwendete Urane und Transurane wie Plutonium,
- Spaltprodukte, die im Kernbrennstoff-Zyklus als Nebenprodukte anfallen, wie Cäsium-137 und Strontium-90 und
- Aktivierungsprodukte, die aus der Wechselwirkung von Kernpartikeln mit Bestandteilen von Kernreaktoren und -waffen entstehen, wie Zink-65 oder Eisen-55.

Schon 1972 hatten Wissenschafter über 50 künstlich hergestellte Radioisotope in der maritimen Umwelt festgestellt.

Der Bericht „Global 2000" kommt zu folgenden Schlußfolgerungen: „Es ist nicht bekannt, bis zu welchem Niveau die verschiedenen radioaktiven Elemente in der maritimen Umwelt, besonders in den kritischen Küstenzonen, noch sicher verkraftet werden können... Transurane, Spaltprodukte und Aktivierungsprodukte werden heute im Meerwasser und in den Meeresbiotopen fast überall angetroffen. Die biologische Bedeutung dieser Verseuchung oder ihre Bedeutung für die Umwelt ist im Grunde unbekannt."

Daß das Meer, die „Wiege des Lebens", bis auf weiteres „Atom-Müllkippe" bleibt, bestätigte eine internationale Konferenz über die Versenkung radioaktiver Abfälle im Meer, die im September 1985 in London stattfand. Mit 25 gegen 6 Stimmen beschlossen die Teilnehmer, das Kuratorium auf der Basis der Freiwilligkeit auf unbestimmte Zeit zu verlängern. Gegen das von einigen Teilnehmern verlangte, umfassende und bindende Verbot, hatte sich vor allem die britische Regierung quergelegt. London ist nicht einmal bereit, daß 1983 beschlossene Moratorium anzuerkennen. Sellafield-Windscale läßt grüßen...

Auch das Trinkwasser ist gefährdet

Wenn es Radioaktivität in der Luft und in den Niederschlägen, im Meer und auf dem Boden gibt, dann kann sie im Grundwasser nicht fehlen. Das Grundwasser ist ohnehin durch Chemikalien und schwere ökologische Eingriffe gefährdet. Dazu kommt nun noch die Radioaktivität. Der international angesehene österrreichische Limnologe HEINZ LÖFFLER sieht diese Gefahr im Zusammenhang mit den anderen Belastungen so: „ Die Grundwasservorräte werden von einer Vielzahl von Chemikalien bedroht, wie z. B. den giftigen chlorierten Kohlenwasserstoffen, krebserregenden Verbindungen wie Benzpyren, ferner Schwermetallen, Pestiziden, Nitrat und Mineralöl, um nur einige zu nennen. Dazu kommt in trockenen Gebieten sehr oft die Versalzung, die Grundwasser für Tier und Mensch unbrauchbar macht. In vielen Ländern kommen radioaktive Abfälle hinzu, deren genetische Auswirkung auf den Menschen gegenwärtig noch kaum abzuschätzen ist."

Natürlich kommt es auf die Bodenbeschaffenheit an, ob und in welcher Zeiteinheit z. B. radioaktiver Washout ins Grundwasser gelangt. Im Kalkstein ist die Zeitdauer des Transports schwer abschätzbar. Kalkwasser hat im Gesteinskörper unter Umständen eine Verweildauer von mehreren Jahren. Es kann aber auch zu sehr raschem Abfluß kommen.

Ein Beispiel: Die *Karstquelle in Hallein* nahe Salzburg, hat eine Durchsatzzeit von 8 Stunden. Erst Tage nach der Katastrophe in Tschernobyl wurde aber gemessen. Die Quelle wurde gesperrt. In der Zwischenzeit wurde das hochbelastete Wasser natürlich getrunken...

Dem Ende 1986 erschienenen Bericht des Umweltbundesamtes ,,Tschernobyl und die Folgen für Österreich" ist zu entnehmen, daß das Trinkwasser der Stadt *Salzburg* (Fürstenbrunnquelle) und von *Hallstadt* im Mai 1986 radioaktiv belastet war (Seite 134 ff.). In Hallstadt betrug der Jod-131-Gehalt in der Ortswasserleitung am 2. Mai 3 nCi pro Liter (111 Bq). Im Bericht findet sich dazu ein denkwürdiger Absatz: ,,Die Gemeinde Hallstadt wurde von den erhöhten Jod-131-Werten verständigt. Eine Sperrung des Wassers war vorbereitet, und innerhalb eines Tages wäre eine Ersatzversorgung mit Tankerwagen und durch weitere Quellen der Umgebung gewährleistet gewesen. Wegen des kontinuierlichen Abfalls der Jod-131-Belastung wurde aber auf Maßnahmen dieser Art verzichtet. Es wurde auch keine Einschränkung beim Genuß von Trinkwasser empfohlen." Die Belastung fiel bis zum 16. Mai auf 0,4 nCi/l, das sind immerhin 15 Bq!
Ein anderes Problem sind die *Oberflächengewässer*. In der Bundesrepublik Deutschland wird mindestens ein Drittel des Trinkwassers aus Oberflächenwasser (Flüsse, Bäche) gewonnen. Im Ruhrgebiet, um nur ein Beispiel zu nennen, sind die Entnahmen noch höher und steigen ständig an. Von Trinkwassersperren nach Tschernobyl hat man nichts gehört. Die Behörden wollten wohl nichts an die große Glocke hängen, oder es war einfach immer noch so, wie B. MANSTEIN es 1977 beschrieb: ,,Unsere Wasserwerke haben keine Kontrollmöglichkeit, um eine stärkere radioaktive Durchseuchung bei der Aufarbeitung zu erkennen. Aber selbst wenn sie davon erführen, fehlten ihnen die Geräte, um eine Entseuchung durchzuführen." (Seite 113)
Wo die Radioaktivität des Gesteins höher ist, kann auch das *Quell- und Brunnenwasser* überlastet sein. In diesem Zusammenhang ist eine Studie aus dem Jahr 1982 der Abteilung für Präventivmedizin und Umweltgesundheit der Universität von Iowa zumindest erstaunlich und überraschend: J. A. BEAU und andere Autoren untersuchten die Bevölkerung von Orten mit 1.000 bis 10.000 Einwohnern in Iowa, Orten, die ihr Wasser ausschließlich aus über 150 Meter tiefen Quellen bezogen. Die Autoren bestimmten die Krebsrate in den Jahren 1969 bis 1978 (ausgenommen 1972), brachten sie in Beziehung mit dem mittleren Gehalt von *Radium-226* in der Gemeindewasserleitung und fanden, daß schon bei einer *Aktivität von über 5 pCi pro Liter bei den Männern die Lungen- und Blasenkrebsrate und bei den Frauen die Lungen- und Brustkrebsrate erhöht war.* Einflüsse wie Rauchgewohnheiten, Behandlung des Wassers oder bekannte soziodemographische Faktoren wurden von den Autoren als nicht relevant ausgeschlossen.
Die große Sorglosigkeit im Umgang mit den Abfallerzen im *Uranbergbau* hat an manchen Stellen unseres strahlenden Planeten zu wahren Tragödien geführt, z. B. auf dem *Colorado-Plateau*. Im Becken des Colorado-River wurden 12 Millionen Tonnen radioaktiven Sandes — Abfall aus dem Uranbergbau — zu meist nicht überwachten Haufen aufgeschüttet. (Die Gesamtmenge der in den USA auf Halde gekippten Abfallerze wird auf weit über 100 Millionen Tonnen geschätzt). Der Regen spült die löslichen radioaktiven Zerfallsprodukte des Urans in die Gewässer, die extrem hoch belastet werden.
Über die radioaktive Belastung des Trinkwassers existiert sehr wenig Literatur. Von den Regierungen wird das Thema offenbar als besonders heißes Tabu gewertet, weil es auch emotionell besonders stark besetzt ist. Das merkte man besonders deutlich, als im Juli 1985 die Meldung *,,Plutonium im New-Yorker Trinkwasser"* über die Fernschreiber tickerte. In den Zeitungen reichte das nur für mickrige Einspalter, entsprechend der Erklärung des New-Yorker Bürgermeisters, der Plutoniumanteil im Trinkwasser sei so gering, daß keinerlei gesundheitliche Gefahr bestehe. Bei höchst giftigen Substanzen (vgl. Seite 103 f., Kapitel ,,Strahlend Rauchen") besteht immer Gefahr, auch in minimalsten Konzentrationen. Plutonium ist ein höchst giftiger Stoff, das sollte man endlich zur Kenntnis nehmen.

DIE VERSEUCHUNG DES BODENS

Auf die Eigenradioaktivität des Bodens wurde bereits mehrfach hingewiesen. Sie geht vor allem auf Kalium-40 und auf die Zerfallsprodukte der Uran- und Thoriumreihe zurück. In der Literatur wird die Menge des jährlich aus der gesamten Erdoberfläche entweichenden *Radons* mit etwa 10^{19} Becquerel angegeben, also mit 10 Trillionen radioaktiven Zerfällen.

Dort, wo der Mensch in die Natur eingreift, kommt es zu erheblichen Konzentrationen des Radons, etwa in stark abgedichteten, wenig belüfteten Wohnräumen, aber auch im Bereich von Uranbergwerken. Ein Uranbergwerk gibt Radon in der Größenordnung von zirka 10^{13} Bq ab (10 Billionen radioaktive Zerfälle). Über die gefährlich starke Belastung aus diesen Quellen wurde in diesem Buch schon ausführlich gesprochen. Eine Verseuchung des Bodens entsteht aber erst aus den riesigen, auf Halde gekippten Abfällen des Uranbergbaus (vgl. Seite 183 f.). Während diese Verseuchung sich in lokalen Grenzen hält, wird durch *kerntechnische Anlagen* und Atombombentests eine *weltweite* Verseuchung des Bodens bewirkt, wobei der Fall- und Washout von *Tschernobyl* die Belastung durch oberirdische Waffentests weit überschritten hat. Die radioaktiven Wolken aus der Ukraine luden vor allem in Europa und Asien ihre strahlende Fracht ab. Dort, wo es stark regnete (Washout), waren auch die höchsten Bodenbelastungen festzustellen. In *Österreich* lagen diese Gebiete vor allem in den Bundesländern Oberösterreich, Salzburg und Tirol, in der Bundesrepublik Deutschland in Südbayern.

M. BERGER und andere haben dazu für Österreich sehr aufschlußreiche Karten publiziert, die erkennen lassen, daß die Gebiete mit starken Niederschlägen auch die höchste radioaktive Verseuchung von *Gras* durch *Cäsium-137* aufweisen („Tägliches Atom", Seite 11/12). Der Höchstwert wurde nach einem Bericht des Umweltbundesamtes (Seite 67) im Radstädter Raum erreicht: 404 nCi/kg.

Die Autoren stellen fest, daß man die *Bodenbelastung allein durch Cäsium-137* (30 Jahre Halbwertszeit!) in Österreich *zwischen 70 und 1.000 Nanocurie pro Quatratmeter* ansetzen müsse (1 nCi = 37 Bq). Laut dem Bericht des Umweltbundesamtes „Tschernobyl und die Folgen für Österreich" lag die Belastung durch Cäsium-137 zwischen 25 und 2.000 nCi/m² (Seite 82). In Oberösterreich wurden Spitzenwerte von 3.292 nCi Cäsium-137 pro m² (121.804 Bq) erreicht. In diesem Bericht findet man eine Fülle von Einzeldaten über die Belastung der Nahrungs- und Futtermittel sowie über Grenzwerte. Wichtige Daten über „Österreich nach Tschernobyl" enthält auch der Abschnitt „Nein danke" von W. KATZMANN und P. WEISH im „Umweltreport Österreich" (1987, Seite 367 ff.).

In der *Bundesrepublik Deutschland* entspricht die Bodenbelastung dem Süd-Nord-Gefälle der Niederschläge: Für *Süddeutschland* (München) lauten die Werte rund *25.000 Becquerel Cäsium-137* und 200 Bq Strontium-90 pro Quadratmeter. In *Norddeutschland* wurden *Cäsium-Werte* von zirka *3.400 Bq/m² gemessen.*

E. SIEKER u. a. (Seite 152) fügen erläuternd hinzu: „Die Bodenverseuchung durch Cäsium-137 ist im Fall Tschernobyl ungefähr siebenmal höher als durch die Atombombenversuche. Im Fall des Strontium-90 beträgt die Menge etwa ein Zehntel im Vergleich mit den Atombombentests. Die in Tschernobyl freigesetzte Radioaktivität schätzen wir als mindestens 500 mal höher ein als die durch die Hiroshima-Bombe verursachte."

Den Hauptanteil an der Verseuchung durch Tschernobyl nimmt also Cäsium-137 ein. Der Strontium-90-Anteil ist im Verhältnis wesentlich niedriger: „Aufgrund des Atomwaffen-Fallouts wurde ein Quadratmeter Boden in der Bundesrepublik insgesamt

mit etwa 3.000 bis 4.000 Becquerel an Cäsium-137 sowie mit etwa 2.000 bis 3.000 Becquerel Strontium-90 verseucht." (E. SIEKER u. a., Seite 151)
Bezieht man alle in den ersten Tagen nach der Katastrophe wirksamen Radionuklide mit ein — also vor allem Jod-131 und -132, Tellur-132 und andere — so lag die Belastung natürlich wesentlich höher. F. FISCHER, O. SCHUMACHER und M. URBACH (E. SIEKER, Seite 154) geben für *Bremen 22.000 Bq/m²* an!
Ein sechsstelliger Wert wurde auch in Ravensburg gemessen.
Im ZDF (25. September 1986) wurde allein die durchschnittliche Cäsium-Belastung für die Bundesrepublik mit dem Vier- bis Fünffachen gegenüber den A-Bombentests der sechziger Jahre angesetzt (rund 20.000 Bq/m²). In Südbayern sei die Belastung 10 bis 30mal so hoch gewesen, im Norden des Landes etwa gleich hoch.
K. TRAUBE und andere (Seite 135) berichten, daß über der Bundesrepublik zwischen 1960 und Tschernobyl etwa 70.000 Bq/m² an Beta-Strahlern (z. B. Jod-131, Cäsium-137, Strontium-90) niedergegangen seien. Durch den Super-Gau sei allein der Niederschlag an *Jod-131* in den ersten Tagen höher gewesen. Für den 11. Mai 1986 habe das Bundesinnenministerium Gesamt-Beta-Werte von 150.000 Bq/m² aus *Berlin* gemeldet. Nach dem von diesem Ressort veröffentlichten Bericht *„Umweltradioaktivität und Stahlenbelastung 1983"* wurde in der Bundesrepublik jährlich über die gesamte Nahrung 1964 im Durchschnitt maximal *3.200 Bq Cäsium-137 und 400 Bq Strontium-90* pro Person aufgenommen. Die Werte sanken aber dann auf etwa *200 Bq* (Cäsium + Strontium) *im Jahr 1983.*
Nach Tschernobyl waren laut *Strahlenschutzkommission* allein für *einen Liter Milch 500 Bq Jod-131* zulässig bzw. empfohlen.
Vergleiche mit den Boden-Belastungswerten zeigten mühelos, daß es sich bei solchen Grenzwerten um wirtschaftlich bestimmte Berechnungen handelt. Die 500 Bq/l wurden in einigen Ländern (Hessen) nicht akzeptiert. In Österreich waren zunächst 10 nCi (370 Bq), dann 5 nCi zugelassen.
Es ist klar, daß auch in der Umgebung von Kernkraftwerken, Wiederaufbereitungsanlagen und Plutoniumfabriken der Boden verseucht wird — durch den „Normalbetrieb" und durch die zahllosen Störfälle und Unglücksfälle. Man sollte den Beitrag dieser Anlagen zur Bodenverseuchung, der langsam aber kontinuierlich ist, nicht wegen spektakulärer Einzelergebnisse wie Tschernobyl aus den Augen verlieren. Es gibt keinen Fleck mehr auf dieser Erde, der nicht radioaktiv verseucht ist.

Radioaktivität für Krieg und Frieden

STRAHLENCHEMIE

Mit Kobalt-Kanonen auf Hühnchen: Bestrahlung von Lebensmitteln

Die Anfänge der Strahlenchemie gehen auf die Pionierzeiten radioaktiver Forschung zurück. In Österreich haben S. C. LIND und A. KAILAN vom Institut für Radiumforschung in Wien in den Jahren 1911 bis 1939 bahnbrechende Arbeit geleistet. Nach dem zweiten Weltkrieg wurden die Arbeiten von verschiedenen Instituten und vom Forschungszentrum Seibersdorf aus weitergeführt.
Die Strahlenchemie befaßt sich ganz allgemein mit chemischen Umwandlungen, die unter dem Einfluß ionisierender Strahlung (Elektronen-, Gamma- und Röntgenstrahlung) ablaufen: also mit der Weiterwirkung der entstehenden Ionen und angeregten Moleküle. Sie ist eine weltweit zunehmend angewandte, der Öffentlichkeit jedoch unbekannte Disziplin.

Die *Bestrahlung von Nahrungsmitteln* hat folgende Ziele:

- Verhinderung der Auskeimung z. B. bei Zwiebeln, Kartoffeln, Knoblauch
- Tötung von Insekten und Parasiten z. B. bei Getreide
- Verzögerung des Reifungsprozesses z. B. bei Obst (dabei werden „niedrige" Dosen unter 1 Kilogray — 1 kGy — eingesetzt. 1 kGy = 100.000 rad oder Röntgen. Zum Vergleich: 0,005 bis 0,01 kGy = 500 bis 1.000 rad sind für den Menschen tödlich)
- Verminderung der mikrobiologischen Belastung z. B. von Bakterien oder Salmonellen
- Keimreduktion bei Gewürzen
- Verlängerung der Lagerfähigkeit
- Verbesserung der technologischen Eigenschaften
- Reifehemmung
  (Dabei werden „mittlere" Dosen zwischen 1 und 10 kGy eingesetzt. Für die Reifehemmung von frischen Pilzen werden z. B. 2 bis 2,5 kGy eingesetzt.)
- Kommerzielle Sterilisation
- Entkeimung von Viren (N. GETOFF, Seite 21)
  (Dazu werden „hohe" Dosen zwischen 10 und 50 kGy verwendet. Für die Sterilisierung von tiefgefrorenen Mahlzeiten z. B. werden 25 bis 45 kGy eingesetzt.)

Benutzt werden Röntgenstrahlen, Elektronenstrahlen aus Beschleunigern, vor allem aber Gammastrahlen von *Kobalt-60* und *Cäsium-137*.

Kobalt-60 wird durch Neutronenbestrahlung aus stabilem Kobalt-59 in Kernreaktoren hergestellt, Cäsium-137 dagegen ist ein Abfallprodukt der Uranspaltung in Kernkraftwerken! Manche Kritiker haben daher den Befürwortern der Bestrahlung von Lebensmitteln vorgeworfen, sie seien die Handlanger der Atomlobby, die ihren Abfall loswerden wollen. Was das Cäsium betrifft, haben sie offensichtlich recht. Kobalt-60 zerfällt unter der Abgabe von Beta-Teilchen zu Nickel-60. Zur Lebensmittelbestrahlung wird aber nur die gleichzeitig emittierte Gammastrahlung genutzt. Elektronenstrahlen sind wegen ihrer geringen Eindringtiefe nur für Güter unter etwa 12 cm Dicke anwendbar (beidseitige Bestrahlung).

Weltweit sind in etwa 20 Ländern zirka 120 Anlagen in Betrieb, 40 davon in Europa. Führend ist Holland. Eine der größten Anlagen steht aber auch in der Bundesrepublik Deutschland (Bayern), obwohl dort bestrahlte Lebensmittel verboten sind (ebenso wie in Österreich). Die Anlage wurde von einer holländischen Firma errichtet. Ihre Produkte gehen ausschließlich in den Export. Der ist erlaubt...

In *Ungarn* und *Norwegen* besteht für die Bestrahlung aller Lebensmittel eine *generelle Zulassung* (bis 10 kGy) mit Bewilligung. In vielen anderen Ländern gibt es eine *effektive Zulassung* mit Teilbewilligungen: in *Dänemark, Spanien, Holland, Italien, Japan, Israel, Kanada, Südafrika, Uruguay*, in den *USA* und in der *UdSSR* (Stand: Februar 1983).

Eine aktuelle Übersicht der bisher erteilten Bewilligungen in den entsprechenden Ländern ist im Magazin „Konsument" (12/1986, „Mahlzeit — Strahlzeit?") enthalten. Jeder Verbraucher kann anhand der Tabelle feststellen, welche Produkte bestrahlt sein könnten.

J. G. LEEMHORST, ein Befürworter der Lebensmittelbestrahlung, schreibt: „Die erste offizielle Zulassung für das Durchstrahlen von einem Lebensmittel (Kartoffeln) wurde 1958 in der UdSSR erteilt. Seitdem sind viele Länder ihren eigenen Weg gegangen." Er tut damit so, als hätten die Russen diese Methode erfunden und propagiert. Das entspricht aber nicht der historischen Wahrheit. Schon 1953 versuchten die Amerikaner unter EISENHOWER im Rahmen ihres Atomwaffen-Entlastungsprogramms "atoms for peace" Lebensmittel in großem Maßstab für die Armee und die Marine durch radioaktive Strahlung zu konservieren. Unter anderem wollte man U-Boot-Proviant bestrahlen. Diese Art der Lebensmitteltechnologie ist also eindeutig ein „Kind der Rüstung" (K. PFEILSTICKER). Auch die Atomic Energy Commission (AEC), die aus Politikern, Militärs, Wissenschaftern und Industriellen zusammengesetzte Steuerzentrale der US-Atomlobby, machte sich so ihre Gedanken. Dazu KONRAD PFEILSTICKER, Lehrstuhlinhaber für Lebensmittelwissenschaft und Lebensmittelchemie der Universität Bonn: „Die in den Atomwerken ständig tonnenweise anfallenden gefährlichen radioaktiven Nebenprodukte müssen aus Sicherheitsgründen in erdbebenfesten, unterirdischen Eisenbetongewölben untergebracht werden. Könnte man — so fragte sich die AEC — diesen Abfall nicht vielleicht nutzbringend verwenden?"

In der Bundesrepublik Deutschland wurden Lebensmittel von einer Stuttgarter Firma schon 1959 radioaktiv bestrahlt, um Mikroben in Gewürzen abzutöten, die pro Gramm 10.000 bis 100 Millionen Keimzellen enthalten können. Aber im neuen Lebensmittelgesetz wurde das Verfahren verboten. Die Industrie blieb daher vor allem bei der Chemie, unter anderen bei *Äthylenoxyd*. Dieses Giftgas wurde aber 1983 vom Bundesgesundheitsrat als krebserregend bezeichnet. Also kam es wieder zur Diskussion um die Strahlenbehandlung, die noch immer nicht abgeschlossen ist.

Die Befürworter geben folgende Gründe für die Bestrahlung von Lebensmitteln an:

- Verbesserung der Qualität
- Entkeimung, wichtig für die Volksgesundheit
- Erhöhung der Lagerfähigkeit
- Verminderung der Produktionskosten
- Schutz der Agrarprodukte vor Verderben durch Pilze und Auskeimen, wichtig für die Welternährung (1978 wurden 20% der Welternte durch Insekten, Mikroorganismen u. a. zerstört)
- Ein Expertenkomitee der FAO (Welt-Ernährungs- und Landwirtschafts-Organisation, WHO (Weltgesundheitsorganisation) und IAEA (Internationale Atomenergieagentur) hat Anfang der achtziger Jahre festgestellt, daß die Bestrahlung von Lebensmitteln mit einer Dosis von bis zu 10 Kilogray keine Gefahr in ernährungswissenschaftlicher, toxikologischer und mikrobiologischer Sicht ergibt.

Die Gegner halten dem folgendes entgegen:

- Eine Verbesserung der Qualität ergibt sich nicht. Im Gegenteil: Die mit niederen Dosen bestrahlten Lebensmittel können — für den Konsumenten nicht erkennbar — verderben. Es kommt zu einer sensorischen Qualitätsminderung: Fleisch schmeckt z. B. wie „nasser Hund", Koriander „seifig-dumpf", Pistazien „ranzig-seifig", Orangen- und Zitronenschalenpulver „heuartig-teerartig-dumpfsüßlich".
- Gegen *Salmonellen* ist die Bestrahlung nutzlos, weil die meisten Übertragungen erst durch falsche Behandlung in der Küche erfolgen. Nach Auskunft einer großen holländischen Bestrahlungs-Firma wurde „noch nie ein Huhn in der Anlage gesehen", obwohl für Geflügel eine Zulassung existiert. Grund: Da Hühner ein relativ billiges Produkt sind, würden die Bestrahlungskosten die Wettbewerbsfähigkeit verschlechtern.
- Außerdem wird der *Vitamingehalt* auch bei niedrigen Dosen stark herabgesetzt.

Einige Beispiele:

Lebensmittel	Vitamin	Dosis in kGy	Verlust in %
Fleisch, Milch, Fette	B_{12}	2	40
Citrusfrüchte	C	1—3	15
Äpfel	C	1	70
Kartoffel	C	0,1—1	26—54

(Nach K. PFEILSTICKER, Seite 78)

Auch Thiamin (B_1), Vitamin A, Vitamin E und Vitamin K sind äußerst strahlenempfindlich (M. KELM, Seite 18).

- Eine Bestrahlung bis 10 kGy (FAO/IAEA/WHO) kann nur zu einer Verringerung der Keimzahlen in Lebensmitteln führen. Viren können überhaupt nur wenig beeinträchtigt werden. Eine Sterilisation der Lebensmittel läßt sich nicht erreichen. Und MANFRED KELM vom Forschungszentrum Karlsruhe fügt hinzu: „ Für die menschliche Gesundheit harmlose Bakterien, die aber die äußeren Anzeichen des Verderbens eines Lebensmittels hervorrufen, können durch eine Bestrahlung fast völlig desaktiviert werden, während andere, strahlenresistentere Bakterien, wie z. B. das toxinbildende *Chlostridium botulinum*, weitgehend überleben... Ein weiterer möglicher

Effekt der nur teilweisen Desaktivierung der Bakterien ist die Heranbildung strahlenresistenter Stämme sowie die Bildung stark pathogener Mutanten.“ (Seite 21) Ein „Risiko für den Verbraucher“ liege auf der Hand. KONRAD PFEILSTICKER erklärt ebenfalls, daß es bei niedrigen Dosen nicht zur Entgiftung hochgiftiger Bakterio-und Mykotoxine komme. Die Bildung der Mykotoxine (Aflatoxin) könne sogar angeregt werden. (Seite 74)

- Eine Verbesserung der Lagerfähigkeit ist kaum gegeben. Obst wird durch die Bestrahlung weich und druckempfindlich und matschig. Bestimmte Bananensorten bekommen eine braune Schale, einige Kartoffelsorten verderben schneller, Gurken werden gelb, Milch braun. R. OSTERMANN: „Veränderungen treten bei längeren Lagerzeiten von selbst auf, so daß dieses Verfahren nur innerhalb von zwei bis drei Monaten nach der Bestrahlung funktioniert.“
- Eine — im Vergleich zu vielen herkömmlichen Methoden — fragliche Verminderung der Produktionskosten steht in keinem Verhältnis zu den Nachteilen für den Verbraucher. Wegen der „Komplexität strahlenchemisch erzeugter Produkte“ (M. KELM, Seite 23) ist es „unmöglich, die Bildung toxischer Substanzen auszuschließen.“ Bei der Bestrahlung entstehen durch Ionisation und Anregung der Atome in den Produkten giftige *„Radiotoxine“*, freie Radikale, wie z. B. das *OH-Radikal*, das sich aus den sehr strahlenempfindlichen Kohlenhydraten bildet und dabei Malondialdehyd *freisetzt*, das *als krebsfördernd* gilt (R. OSTERMANN).

Die Hauptkomponente der meisten Lebensmittel ist *Wasser*. Aus ihm entstehen durch das Strahlenbombardement ebenfalls Radikale; Hydroxylradikale (OH), isolierte Wasserstoffatome, Protonen (H^+), Wasserstoffmoleküle (H_2) und Wasserstoffperoxidmoleküle (H_2O_2). Diese Produkte reagieren innerhalb kurzer Zeit weiter und es entstehen ganze Reaktionsketten. Sauerstoff greift in solche Ketten unter Bildung des Peroxidradikals RO_2 ein. Es entstehen molekulare Reaktionsprodukte, deren Wirkung zum Teil noch unerforscht ist.

Daß sie nicht harmlos sind, zeigten eine Reihe von Tierversuchen, auf die K. PFEILSTICKER (Seite 72 ff.) bezug nimmt. Auch bei der Bestrahlung von Fetten und von Eiweiß bilden sich Radikale. (M. KELM, Seite 15 ff.)

M. KELM weist darauf hin, daß *Wasserstoffperoxid* leicht mit bestimmten Molekülgruppen (z. B. Histidin) reagiert und sich dabei ein Zellgift bildet. Wasserstoffperoxid selbst ist ebenfalls *giftig*.

Natürlich kommen die Befürworter der Bestrahlungs-Technologie mit dem Hinweis, es handle sich ja nur um minimale Mengen und andere Stoffe würden mehr Gift unters Volk bringen.

So schreibt zum Beispiel NIKOLA GETOFF vom Institut für Theoretische Chemie und Strahlenchemie der Universität Wien:

„Wenn man für die tägliche Ernährung 10% strahlensterilisierte und 90% unbehandelte Lebensmittel verwendet, so würde man folgende Schadstoffe konsumieren:

a) 2 bis 20 Milligramm radiolytische Produkte von den strahlensterilisierten Lebensmitteln

b) über 4.000 Milligramm verschiedene Zusätze aus Konservierungs- und 80 Milligramm toxische Stoffe von den unbehandelten Lebensmitteln.“

N. GETOFF nennt nicht die Quelle dieser Erkenntnisse, aber er scheint übersehen zu haben, daß sich der Konsument auf der Packung informieren kann, ob Lebensmittel chemisch konserviert sind. Es stehen genügend Alternativen zur Verfügung — bis hin zu Produkten aus biologischem Anbau, die geprüft sind und nachweislich weniger toxische Stoffe enthalten.

K. PFEILSTICKER kommt in puncto Lebensmittelbestrahlung zu folgendem Resümee: „Die Empfehlung des FAO-IAEA-WHO-Komitees ist weder durch die Ergebnisse strahlenchemischer Studien an Nährstoffen als komplexe Systeme noch durch experimentelle Ergebnisse untermauert. Diese Empfehlung läßt starke Zweifel an der Zuverlässigkeit der wissenschaftlichen Aktivitäten der internationalen Organisationen wie der FAO, der IAEA und der WHO aufkommen. Aus der Sicht einer sorgfältigen, unabhängigen und kritischen toxikologischen Würdigung der verfügbaren Literatur kann die Empfehlung des FAO-IAEA-WHO-Experten-Komitees von 1981 nicht als Grundlage gesetzgeberischer Maßnahmen angesehen werden. Es bestehen auch bei mittleren und niederen Bestrahlungsdosen gesundheitliche Bedenken, insbesondere im Hinblick auf die Mutagenität, die Karzinogenität, die Veränderungen des Blutbildes, von Zellkernen und Organen wie Niere, Leber und Ovarien. Schließlich ist das Verfahren der Radiobestrahlung ganz allgemein und auch im Falle der Gewürze technisch nicht notwendig und entbehrlich." (Seite 80 f.)

Die Frage der krebserregenden Wirkung sei, so K. PFEILSTICKER, noch nicht hinreichend geklärt, die Mutagenität, also die Veränderung des Erbmaterials in der Zelle, scheine aber erwiesen (Seite 73).
In einer Presseaussendung vom 30. September 1983 hat der Deutsche Verbraucherschutzverband darauf hingewiesen, daß als Nebenprodukte der Bestrahlung Zellgifte wie Schwefelwasserstoff, Merkaptane, Ammoniak und Formaldehyde entstehen könnten.
Durch die Bestrahlung können außerdem nach Ansicht des Bundesgesundheitsrates (Bundesrepublik Deutschland) „radioaktive Atomarten und Atombestandteilchen in Lebensmittel gelangen" und zu unerwünschten Folgen führen.
Bezüglich der Frage der „induzierten", also durch die Bestrahlung in den Lebensmitteln verursachten Radioaktivität (Bildung radioaktiver Atomkerne) hat R. L. BECKER 1983 nachgewiesen, daß sie mit zunehmender Strahlungsenergie ab 10 Megaelektronenvolt ansteigt. Sie sei aber im Vergleich zur natürlichen Strahlenbelastung vernachlässigbar. R. GRIESSHAMMER und I. MÜHLEISEN vom Öko-Institut in Freiburg schreiben, durch die Bestrahlung von Lebensmitteln entstehe „außer beim Vorhandensein seltener Elemente wie *Indium*" keine Radioaktivität in den Produkten. Auch M. KELM merkt an, daß bis 10 Megaelektronenvolt in bestrahlten Lebensmitteln „praktisch keine induzierte Radioaktivität" auftritt.
Das führt dazu, daß die Bestrahlung von Lebensmitteln kaum nachgewiesen werden kann. Bisher entwickelte Methoden, z. B. daß die bei der Behandlung entstandenen Radikale einen bestimmten Stoff zur Lumineszenz anregen, gelten als unsicher. Da auch keine Kennzeichnungspflicht besteht, kann der Konsument sich wohl nur mit einem Boykott von Waren aus jenen Ländern wehren, die radioaktive Bestrahlung von Lebensmitteln zulassen.
In *Österreich*, wo die Bestrahlung von Lebensmitteln nach wie vor verboten ist, lebte die Diskussion durch parlamentarische Anfragen im Jahr 1984 auf. Der damalige Gesundheitsminister Kurt Steyrer erklärte, es sei „nicht auszuschließen, daß bestrahlte Lebensmittel, die — auch wegen der besseren Verkaufschancen — als solche wohl nicht gekennzeichnet sind, in das Bundesgebiet importiert werden". In der Bundesrepublik hatte man von seiten des Gesundheitsministeriums schon einige Monate zuvor erklärt, die Einfuhr könne „nicht verhindert" werden. In der Bundesrepublik besteht jeden-

falls die Gefahr, daß die Bestrahlung über das „Trojanische Pferd“ *Gewürze* doch eines Tages erlaubt wird.
Die Bestrahlung von Lebensmitteln schafft aber nicht nur auf der Konsumentenseite Probleme. Auch *Arbeiter und Umwelt* werden nicht verschont.
Bei der Bestrahlung entsteht (besonders durch energiereiche Elektronen) aus dem Luftsauerstoff *giftiges Ozon* und aus dem Bestrahlungsgut entwickeln sich aggressive *Radiolysegase*.
Nach R. GRIESSHAMMER und I. MÜHLEISEN werden sie über Entlüftungsanlagen abgesaugt und ins Freie geblasen. Auf diese Weise werde der Luftinhalt des Raumes 40mal pro Stunde völlig ausgewechselt. Ein weiteres Gefahrenpotential liege im Risiko von Störfällen, im Betrieb und beim Transport des Kobalt-60 sowie bei der Endlagerung. KATHLEEN M. TUCKER vom Health and Energy Institute und ROBERT ALVAREZ vom Environmental Policy Institute in Washington schildern die amerikanischen Verhältnisse auf diesem Sektor so: „Kontrollen über den Verbleib von Strahlenquellen sind sehr lückenhaft. In den letzten Jahren wurden zahlreiche Fälle bekannt, in denen Quellen einfach ‚verlorengingen‘ oder von Kindern in öffentlichen, allgemein zugänglichen Bezirken unter Schrott gefunden wurden.“ Eine Radiokobaltquelle mit 400 Curie sei zu Schrott zermahlen und dann in Mexiko und in der Vereinigten Staaten verkauft worden. Es habe, so die beiden Autoren, bisher mehrere Fälle von Überdosierung bei der Bestrahlung gegeben. Die *überaus hohe Krebssterblichkeit*, die bei den im Strahlenbereich tätigen *Arbeitskräften* festgestellt wurde, lasse auf unzureichende Schutzvorschriften schließen.
R. OSTERMANN weist mit Recht darauf hin, daß „die große Gefahr einer immensen Ausbreitung radioaktiven Materials in der Industrie“ bestehe: „Jeder Strahlenschutzbeauftragte eines Krankenhauses oder einer Materialprüfungsabteilung weiß, wie nachlässig der alltägliche Umgang mit aktiven Substanzen ist. Bei der Lebensmittelbestrahlung müssen aber wesentlich stärkere Strahlenquellen eingesetzt werden, um die Produkte in einer akzeptablen Zeit durch die Anlage zu schleusen: Das gesamte, in einer heutigen durchschnittlichen Lebensmittelbestrahlungsanlage enthaltene *Kobalt-60*, hat eine Aktivität von 500.000 bis 1.000.000 Curie, das ist zirka das Hundertfache von dem, was in einer Kobaltkanone zur Strahlentherapie ist...“ Bei einer Einführung dieser Technologien auf breiter Basis bestehe die Gefahr einer Durchdringung der „normalen“ Industrie mit aktivem Material, eine Art radioaktive Inflation. Und das alles, weil Südafrika seinen Mangofrüchten einen größeren Markt eröffnen möchte oder weil die Produkte in der Verpackung behandelt werden können, was die Industrie offenbar als wesentlichen Vorteil empfindet?

ATOMARE ENERGIE

Uran

DER TEUFELSKREIS BEGINNT BEIM URANBERGBAU

Nach dem Bericht an den amerikanischen Präsidenten ,,Global 2000" 1980 verfügt Nordamerika über die weitaus größten Uranreserven der Welt. Nach der dort zu findenden Tabelle 11—12 (Seite 442) sind die Welturanressourcen folgendermaßen verteilt:

Afrika	402.000 short tons (1 short ton = 907 kg)
Asien	75.000 short tons
Europa	512.000 short tons
Nordamerika	3.510.000 short tons
Südamerika	44.000 short tons
Ozeanien	357.000 short tons

Als Bedarf eines 1000-Megawatt-Kernkraftwerkes (Leichtwasser-Reaktor) werden 5.400 short tons während seiner gesamten Lebensdauer angegeben, woraus folgende Prognose abgeleitet wird: ,,Als Brennstoff für die derzeitige Generation von Reaktoren stellen die jetzigen Uranressourcen eine Quelle begrenzten Potentials dar, die, was die Größe betrifft, vergleichbar wäre mit den verbleibenden erschließbaren Erdöl- und Erdgasressourcen."

Das uranreichste Land der Erde sind die USA. Zu den wichtigsten westlichen Uranproduzenten gehören außerdem Kanada, Südafrika, Namibia, Niger, Australien und Frankreich. Unter anderen verfügen auch die Sowjetunion, Indien, Gabun und Portugal über beträchtliche Lagerstätten, ebenso einige südamerikanische Staaten (Brasilien, Chile, Argentinien). Auch in der DDR, der CSSR, Schweden, Finnland, Ungarn, Jugoslawien, der Türkei und Spanien gibt es Uran. Österreich hat in Forstau (Niedere Tauern) ein Uranvorkommen, das aber nicht ausgebeutet wird. 1975, kurz vor dem Ende des AKW-Booms in den Vereinigten Staaten, wo sich die Nuklear-Industrie zuerst als ökonomisches Waterloo erwies, prognostizierte die OECD für die westlichen Industrieländer für das Jahr 2000 eine installierte Kernkraftwerksleistung zwischen 2.000 und 2.500 Gigawatt (Giga = 1 Milliarde) mit einem Uranbedarf von 3,1 bis 3,8 Millionen Tonnen. Die Uranreserven in der Preisklasse bis zu 80 Dollar pro Kilo Uran wurden auf 3,5 Millionen Tonnen geschätzt. Das ist etwa die Grenze, bis zu der Uran ,,wirtschaftlich" abgebaut werden kann, wobei zu bedenken ist, daß wirtschaftlich ein sehr dehnbarer und relativer Begriff ist. Durch diese Prognose wurde in aller Welt mit der Uranverknappung gerechnet. Die Preise stiegen von 8 auf 120 US-Dollar pro Kilo. Und die Atomlobby machte den zweiten großen Schritt in Richtung Monopol und Machtkonzentration: Plutonium sollte als Kernbrennstoff Uran ersetzen. Die Plutoniumwirtschaft mit Schnellen Brütern und Wiederaufbereitungsanlagen schlüpfte aus dem Drachenei.

Als Wirtschaftsfachleute bald darauf erkannten, daß Bau- und Betriebskosten der Nuklearindustrie ins Unermeßliche stiegen, daß die sozialen Kosten unberechenbar waren, daß die Nuklearindustrie nur mit hohen Subventionen existieren konnte, begannen die Uranpreise — etwa ab 1978 — rapide zu fallen. 1981 lag der Uranpreis bei 60 US-Dollar pro Kilo, 1984 bei 40 US-Dollar. Nach KLAUS TRAUBE, der als ehemaliger Atommanager weiß, wovon er spricht, ist er von weiterem Verfall bedroht, denn die

,,in der euphorischen Phase getätigten Investitionen haben zu einer Überkapazität an Uranbergwerken geführt, die noch auf lange Sicht erhalten bleiben wird." (Seite 32) In der Tat hat sich der Preis heute bei rund 35 US-Dollar stabilisiert. K. TRAUBE setzt die ,,billigen Uranreserven" — Kostenklasse bis 130 US-Dollar pro Kilogramm — mit 13 Millionen Tonnen an. Bei der gegenwärtigen (Stand 1984) Uranförderung von knapp 40.000 Tonnen pro Jahr würde dieser Vorrat weit über 300 Jahre ausreichen. Vor allem aus diesem Grund, aber auch wegen der nicht zu beherrschenden Gefahr im Umgang mit dem hochtoxischen Plutonium hält K. TRAUBE den Einstieg in die Plutonium-Wirtschaft mit Brütern und Wiederaufbereitung für ein gefährliches Abenteuer, das in einem ,,Fiasko" ende. Seine Empfehlung: Sofortige Einstellung.

Die Gewinnung von Uran aus den Weltmeeren ist derzeit — nicht zuletzt wegen der niedrigen Uranpreise — völlig unrentabel. Der Urangehalt der Weltmeere beträgt zwar rund 4 Milliarden Tonnen, aber die Konzentration ist so gering, daß riesige Wassermengen umgewälzt werden müßten. Die Urankosten aus dieser Quelle liegen bei 400 bis 1.000 US-Dollar pro Kilo (K. Traube, Seite 41). In Japan, auf der Insel Shikoku, nahe der kleinen Stadt Nio, ist bereits eine Pilot-Anlage in Betrieb. Man rechnet derzeit nur mit einigen Kilogramm in Reaktoren verwertbaren Urans als Jahresproduktion. Der Jahresbedarf an Uran für die 33 Atomreaktoren, die in *Japan* derzeit in Betrieb sind, macht 6.600 Tonnen aus. Dieses Uran muß zur Gänze importiert werden.

Man will die Produktion durch den Bau weiterer Werke vom Nio-Typ auf 900 Tonnen Uran jährlich ausweiten. Parallel dazu läuft aber das Konkurrenzprogramm, auf das die internationale Atomlobby auf Biegen und Brechen gesetzt hat: In Nordjapan soll bis 1990 eine Wiederaufbereitungsanlage errichtet werden. Und der erste Schnelle Brüter ist schon in Bau.

Wie brutal die Ausbeutung des Urans vorangetrieben wird, zeigt besonders deutlich die Entwicklung in den USA: Über die Hälfte aller Uranreserven des Landes liegen in *Indianerreservaten*, nahezu 100 Prozent der amerikanischen Uranproduktion stammt aus Indianerland. Mit dem Widerstand gegen den rigorosen Ausbau der Uranproduktion wurde kurzer Prozeß gemacht: Besiedelte Gebiete wurden zu ,,nationalen Opfergebieten" erklärt, Zwangsumsiedlungen angeordnet. So sollen im Südwesten der USA, im Reservat der Navajo, etwa 10.000 Indianer aus den Big Mountains zwangsumgesiedelt werden. Nach Auskunft der Gesellschaft für bedrohte Völker in Wien existieren in diesem Raum bereits 38 Uranminen und 6 Uranwerke. Die im Reservat deponierten Uranabfälle befinden sich oft in unmittelbarer Nähe von Indianer-Gemeinden. Das Wasser ist verseucht. Bei den Indianern seien in erhöhtem Maße Krebs, Früh-, Miß-und Totgeburten sowie genetische Defekte feststellbar. Bis 1979 seien 25 Prozent der Navajo-Minenarbeiter an Lungenkrebs gestorben und 64 Prozent an Lungenkrebs erkrankt. Die Arbeitsbedingungen für die Bergleute seien katastrophal, da die Konzerne an den notwendigen Arbeitsschutzmaßnahmen sparten. Ähnliches wird auch aus Reservaten der Eingeborenen in Australien gemeldet.

Auf die enorme Belastung von Mensch und Umwelt wurde in diesem Buch schon hingewiesen. Wie hoch das Risiko ist, bringt eine Stelle in HOLGER STROHMS ,,Friedlich in die Katastrophe" zu Bewußtsein: ,,Während der letzten 20 Jahre ist in den USA ein hoher Prozentsatz der Uranbergarbeiter an Lungenkrebs gestorben, und es wird damit gerechnet, daß in der Zukunft noch viel mehr an dieser Krankheit sterben werden. Diese Krebsfälle wurden dadurch verursacht, daß die Arbeiter aufgrund von zu hohen Toleranzwerten große Mengen von Uranoxid einatmeten. Ebenso wirken auch ein weiteres Zerfallsprodukt des Urans, das Radon, und dessen Zerfallsprodukte stark krebsbildend auf den Menschen."

AUCH DIE ANREICHERUNG IST NICHT HARMLOS

Natururan tritt in Form zweier natürlicher Radioisotope auf: als *Uran-235* und als *Uran-238*. Das spaltbare, für Kernkraftwerke benötigte Uran-235 hat in den Uranerzen durchschnittlich einen Anteil von 0,7 Prozent. Der Rest ist Uran-238. Da sich die beiden Isotope chemisch gleich verhalten, müssen sie auf physikalischem Weg getrennt werden. Dieser Anreicherungsprozeß ist sehr energieintensiv und verbraucht vorweg einen großen Anteil der Energie, für deren spätere Gewinnung er durchgeführt wird (B. MANSTEIN, Seite 97 f.). Ausgangsmaterial ist das aus dem Uranerz-Rohprodukt („yellow cake") gewonnene Uranhexafluorid, das schon bei ca. 56 Grad Celsius vom festen in den gasförmigen Zustand übergeht. Das gasförmige Uranhexafluorid (UF_6) wird vor allem nach dem Diffusionsverfahren angereichert. Eine weitere Methode ist die Zentrifugenanreicherung. Die Anreicherung durch das Trenndüsenverfahren und die Laser-Isotopentrennung sind zur Zeit in Entwicklung. Für eine in Frankreich bei Pierrelatte entstehende Anreicherungsanlage (Gasdiffusion) für 10 Milliarden DM ist der Strom von drei Atomkraftwerken nötig (H. STROHM, Seite 151).

Unfälle beim Hantieren mit Uranhexafluorid, einer ereignete sich z. B. im Werk *Comurhex* in Frankreich 1977, sind nicht nur wegen der Radioaktivität gefährlich, sondern auch durch die ätzende Wirkung des Fluors.

Im *Abfalluran* liegt die Uran-235-Konzentration zwischen 0,2 und 0,4%, weiters enthält es Uran-238, aber auch Uran-234, Thorium-230, Radium-226 und andere Radioisotope. R. O. POHL hat 1975 ausgerechnet, daß nur durch den Thorium-230-Zerfall mindestens 394 zusätzliche Krebstote pro Gigawatt (1 Milliarde W) zu erwarten sind. Die Halbwertszeit von Thorium-230 beträgt 80.000 Jahre. Durch die bis zum Jahr 2000 anfallenden Uranerzrückstände wurden für den Zeitraum der Halbwertszeit 5.741.500 Lungenkrebstote vorhergesagt (H. STROHM, Seite 219). Das mag heute theoretisch klingen. Für unsere Kinder und Kindeskinder wird es furchtbare Realität sein.

Über die schleichende Vergiftung von Grund- und Trinkwasser durch die Abraumhalden der Uranbergwerke — vor allem durch das Radium — wurde schon gesprochen (Seite 174). In Kanada wurde besonders der Elliot See und das Bancroftgebiet verseucht.

Als 1976 ein nationales Register über die zulässige Belastung des Trinkwassers durch radioaktive Stoffe herausgegeben wurde, fehlte Uran, weil man über seine Toxikologie unsicher war. Heute weiß man, daß schon bei 10 pCi pro Liter Krebs auftreten kann (C. R. COTHERN u. a., 1983). Auch die CSSR hatte mit ähnlichen Problemen zu tun. (H. STROHM, Seite 108) In einigen Teilen der USA und Kanadas hat man radioaktiven Sand und Kies sogar als Baumaterial für Wohnhäuser beziehungsweise zur Aufschüttung von Baugründen verwendet. B. MANSTEIN (Seite 96 f.) berichtet von 109 betroffenen Orten in Kanada. Die amerikanische Stadt *Grand Junction* hat diesbezüglich traurige Berühmtheit erlangt. Sogar Schulen und Spitäler wurden auf radioaktiven Abraumhalden gebaut.

DAS URANKARTELL

Wer sich fragt, warum Öl- und Uranmultis nicht miteinander konkurrieren, sollte sich nicht weiter wundern. Sie sind weitgehend identisch. Die Erdölgiganten Gulf Oil Corporation, Getty Oil Corporation, Exxon, Dutch Shell und andere haben das Urangeschäft längst unter Kontrolle. Allein 1979 machten die sechs größten US-Gesellschaften

25 Milliarden Dollar Gewinn. Mit einem Umsatz von 150 Milliarden DM übertraf Exxon (Esso) das Bruttosozialprodukt von Schweden. Die Ölmultis sind also mächtiger als Staaten. Nach dem Prinzip, das Kapital in monopolistische Unternehmungen zu stecken, wurde und wird ins Uran- und Plutoniumgeschäft investiert. HOLGER STROHM schreibt: „Vor dem amerikanischen Senat wurde ausgesagt, daß Pläne bestehen, in den nächsten zehn Jahren über eine Billion Dollar in die Energiegewinnung zu investieren. Dreiviertel davon soll in die Elektrifizierung investiert werden. Dabei ist geplant, den weiteren Ausbau der Atomkraftwerkskapazitäten zu Lasten des Kohleeinsatzes durchzudrücken... Die gewaltigen Kapitalinvestitionen können nur die multinationalen Ölfirmen aufbringen. Das heißt, sie werden nicht nur den Ölmarkt beherrschen, sondern auch das Urangeschäft... Das heißt, daß die großen Energiekonzerne die wirklichen Herrscher der Welt werden. Sie werden über die Schaltstellen der Legitimation — die Parlamente der westlichen Industrieländer — herrschen, und die Politiker werden, durch die Atomtechnologie, über uns herrschen." (Seite 29)
Diese Entwicklung hatte schon Anfang der siebziger Jahre begonnen. P. PRINGLE und J. SPIGELMAN berichten darüber: „Einige Ölfirmen hatten Uranminen gekauft und waren an deren Abschnitten des Brennstoffkreislaufes beteiligt. Getty Oil, die wie Exxon die größten Anteile einer Ölfirma am Abbau von Uran besaß, hatte einen Reaktorhersteller aufgekauft und war eine Verbindung mit Shell zur Förderung dieser Seite des Geschäfts eingegangen." Als die größte kanadische Uranmine am Rabbit Lake Mitte der siebziger Jahre ihre Produktion aufnahm, sei sie nicht von der kanadischen Regierung kontrolliert worden, sondern von Gulf Oil (Seite 218 ff.).
Der enorme Preisanstieg von Uran vor 1978 war nicht nur auf den Boom in der Nuklearindustrie zurückzuführen, der zu einer Uranverknappung führte, sondern (Nach H. STROHM) auch auf illegale Preisabsprachen innerhalb des Urankartells. Vom amerikanischen Bundesjustizministerium wurden unter anderem Gulf Oil Corp., Getty Oil Corp., Gulf Minerals und weitere 26 Firmen wegen Verstößen gegen das Anti-Trust-Gesetz verklagt. Den Firmen wurde vorgeworfen, Preisabsprachen vorgenommen, Uran aus dem Markt genommen zu haben. Bei einem Senats-Hearing stellte sich auch heraus, daß die Ölmultis das Urangeschäft fest im Griff haben.
Diese Zusammenhänge wären wahrscheinlich nie bekannt geworden, wenn der damals zweitgrößte amerikanische Rekaktorhersteller, der Westinghouse-Konzern, durch diese Kartellabsprachen nicht in Lieferschwierigkeiten gekommen wäre. Westinghouse klagte 1976 in Chikago gegen ein „weltweites Urankartell". Streitsumme: über 2 Milliarden Dollar.
In der Bundesrepublik Deutschland befinden sich mehrere Firmen, die Atombrennstoff verarbeiten. Eine davon ist die Exxon Nuklear GmbH in Lingen, die 1978 vom Ölmulti Exxon (Esso) in Betrieb genommen wurde...
GÜNTHER ANDERS hat in einem Interview erklärt: „Der Hintergrund für die massenhafte Installation von Atomkraftwerken ist übrigens — was ununterbrochen verschwiegen wird — der Kampf gegen die Eigentümer der Ölquellen im Orient. Man wollte sich unabhängig machen von den Energielieferanten der arabischen Welt und den Iranern. Und deshalb drohte man lügenhaft mit dem ‚*Ausgehen der Lichter*'. Damit wurde die Angst vor dem Machtzuwachs des Islam verdeckt. Der wäre vor allem für die USA und England eine bedrohliche Sache gewesen: Ein Islam, der von Marokko bis nach Djakarta reicht." (PSYCHOLOGIE HEUTE 8/1986)
Die Ansätze für diese Politik wurden Mitte der siebziger Jahre gelegt: Beim Bonner EG-Gipfel im Juli 1978 wurde z. B. die Bremsung der Öleinfuhren durch den Bau von Atomkraftwerken das erklärte Ziel...

Wem das alles widersprüchlich erscheint, der möge bedenken, das die *Ölmultis* nicht identisch mit den Eigentümern der Ölquellen sind. Die einen sind die verarbeitenden Nutznießer, die anderen die Lieferanten billigen Rohstoffs.

DER NUKLEARE BRENNSTOFF

Für die bisher am meisten verbreiteten Leichtwasserreaktoren — in beiden gebräuchlichen Typen, dem Druck- und dem Siedewasserreaktor, dient normales Wasser als Moderator zur Neutronenbremsung und als Kühlmittel — wird der Anteil von Uran-235 durch die Anreicherung auf 3% angehoben. (Andere Reaktortypen verwenden als Bremsmittel für die Neutronen schweres Wasser oder Graphit, z. B. russische Reaktoren vom Tschernobyl-Typ.) Das angereicherte Uran (Uranoxid = UO_2) wird in Tabletten bzw. kleine Zylinder („pellets") gepreßt, die in 2 bis 4 Meter lange, dünne, stabförmige Brennstabhüllen eingefüllt werden. Diese Brennstäbe werden zu Brennelementen zusammengefügt. Ein 1.000-Megawatt-Reaktor enthält 90 Tonnen angereichertes Uran. Etwa ein Drittel der Brennelemente muß jährlich ausgetauscht werden, und zwar aus folgenden Gründen:

- Die Radioaktivität nimmt im Lauf des Betriebes ab.
- Es kommt zu einer zunehmenden „Vergiftung" des Reaktorbrennstoffs durch neutronenabsorbierende Spaltprodukte (Xenon-135, Samarium-149, Samarium-151, Europium-155 und Gadolinium-157) und nicht spaltbare Isotope von Transuranen.
- Durch die begrenzte Widerstandsfähigkeit der Werkstoffe gegenüber Neutronenstrahlung und Temperaturbelastung kommt es zu wachsender Spaltproduktfreisetzung aus den Brennstäben.

Der weitaus größte Teil des Brennstoffs besteht aus Uran-238. Aus ihm entsteht während des Betriebs durch Neutroneneinfang über mehrere Zwischenstufen Plutonium-239. Außerdem entsteht im Reaktor auch Plutonium-240 und -241, die zum Teil durch „parasitäre" Neutronenabsorption die Kettenreaktion verschlechtern. Sie wirken „neutronenvergiftend".

Plutonium

EIN „FRIEDLICHER" STOFF?

Das in den Atomreaktoren entstehende Plutonium-239 ist genau jenes Plutonium, das für Atomwaffen bestens geeignet ist. Daher wird es auch in großem Umfang für dieses Vernichtungspotential verwendet. Diese nicht wegzuleugnende Beziehung zwischen „friedlicher" Nutzung der Kernenergie und militärischer Nutzung für Vernichtungswaffen ist eines der Hauptargumente für den Ausstieg aus der Kernenergie- und Plutoniumwirtschaft. Das Wort Plutonium wurde nicht rein zufällig von Pluton, dem griechischen Gott der Unterwelt, abgeleitet.
P. Pringle und J. Spigelman haben in ihrem Buch „Die Atombombe" den lückenlosen Beweis geliefert, daß auf der ganzen Welt bei der Nutzung der Atomenergie friedliche und militärische Aspekte untrennbar miteinander verbunden sind: von der anfangs geheimgehaltenen Zweckentfremdung der Kernergienutzung für den Atombombenbau in Frankreich bis zur totalen Steuerung des Atomprogramms in den USA durch die Militärs und ihnen nahestehende Industrielle. Einer der deutschen „Atombarone", Karl Winnacker, war im Zweiten Weltkrieg Kronprinz des Chemie- und Kriegsindustrie-

Giganten IG-Farben. (Später gründete er das Kernforschungszentrum Karlsruhe und wurde Vorstandsmitglied von HOECHST.) Sein japanisches Gegenstück, SHORIKI MATSURATO, war nach den beiden Autoren ein „rücksichtloser Geschäftemacher", dazu noch Pressezar, Fernsehmogul und Kabinettsminister (Seite 114). Indiens „Atompapst", HOMI BABHA, war familiär mit der Tata-Familie, den Eigentümern des größten Industrie-Imperiums des Landes, verbunden...
Immer wieder entzogen sich die „Atombarone" regulären demokratischen Kontrollen, bildeten Staaten im Staate, auch unter der Tarnkappe militärischer Geheimhaltung.
Die Atomlobby versucht bis heute, diese infernalische Beziehung zum Atomkrieg herunterzuspielen oder überhaupt zu leugnen. Ein diesbezüglich typischer Satz findet sich bei F. CAP (Seite 69):
„Ein normaler Leistungsreaktor enthält zu etwa 30% das neutronenvergiftende $^{240}_{94}$Pu, daher gilt der Satz: *Reaktorplutonium ist ungeeignet für die Herstellung einer Atombombe.*" Dieser Satz ist falsch.
Denn erstens (was F. CAP sich selbst widersprechend anführt) kann man waffenfähiges Plutonium-239 in kurzen Zeiträumen (wöchentlich) gewinnen. Das ist zum Beispiel bei Reaktoren vom Typ Tschernobyl mühelos möglich, da die Brennstäbe ohne Abschaltung einzeln entnommen werden können. Und zweitens kann man Pu-239 in (allerdings technisch aufwendigen) Isotopentrennungsanlagen isolieren.
Diese etwas umständlichen Wege sind aber gar nicht mehr notwendig, denn die Atom-Ayatollahs haben eine viel zweckdienlichere Plutonium-Mühle entwickeln lassen: den *Schnellen Brüter* samt *Wiederaufarbeitung.*

„SCHNELLE" BRÜTER?

In Brutreaktoren wird aus nicht spaltbarem Uran-238 spaltbares Plutonium-239 „erbrütet": Aus U-238 entsteht durch Neutroneneinfang U-239, aus diesem durch Betazerfall Pu-239. Man spricht deshalb von Brütern, weil der Reaktor mehr spaltbares Material erzeugen soll, als er verbraucht. Daraus leitet die Atomlobby, die das Janusgesicht der Atomenergie gerne verbergen möchte, die zivile Legitimation ab. Die Rechnung geht aber, wie sich immer mehr herausstellt, nicht auf. Experten haben errechnet, daß die Verdoppelungszeit, also die Zeit, in der der Brüter doppelt soviel Brennstoff erzeugt, als bei der Inbetriebnahme eingebracht wurde, über 10 Jahren liegt, was das Ganze unwirtschaftlich macht. Der französische Brüter *„Phénix"* hat eine Verdoppelungszeit von 40 Jahren. Sie ist also erheblich länger, als der Brüter in Betrieb sein wird. Der amerikanische Brüter am *Clinch River* (Tennessee) wurde eingemottet, weil wesentliche Sicherheitsprobleme nicht gelöst erschienen. Außerdem war der damalige Präsident JIMMY CARTER der Meinung, die Weiterverbreitung von Atomwaffen sei nicht mehr aufzuhalten, wenn sich dieser Reaktortyp weltweit durchsetze. Darüber hinaus, so Carter 1977, sei das Projekt „zu groß, unnötigerweise teuer, technisch veraltet und wirtschaftlich ein Zuschußbetrieb."
Ob der rund 7 Milliarden DM teure Brüter in *Kalkar* am Niederrhein (vor dem Baubeginn 1973 wurden die Kosten mit 310 Millionen DM, die Bauzeit mit 3 Jahren angegeben!) jemals in Betrieb gehen wird, ist mehr als zweifelhaft, ja unwahrscheinlich. Denn die in Nordrhein-Westfalen regierende SPD hat den Ausstieg aus der Kernenergie beschlossen. Außerdem erklären auch Experten, daß die Voraussetzungen nicht mehr stimmen:

- Der Strom ist nicht billig. (Strom aus dem seit 1974 betriebenen „Phénix" ist doppelt so teuer wie der aus konventionellen Atom-Meilern.)

- Es wird mehr Brennstoff verbraucht als erzeugt.
- Der Markt ist weltweit zusammengebrochen.
- Uran ist nicht knapper geworden.

Milliarden können in den Rauchfang geschrieben werden.

Die „wohl teuerste Fehlinvestition der Industriegeschichte" (DER SPIEGEL 31/1986) zeigt deutlich die Verantwortungslosigkeit der Verantwortlichen.

Zynisch erklären jetzt dieselben Politiker, die vorher so klug waren, man habe die Fähigkeit zum Bau nachgewiesen, deshalb brauche man das „Höllenfeuer" aber nicht zu entfachen.

Nicht zu Unrecht haben Kritiker auch auf das Auslaufen des Atomsperrvertrages für die Bundesrepublik Deutschland 1995 hingewiesen und auf die nicht auszuschließende Gefahr, daß skrupellose Politiker die Bundesrepublik dann in die atomare Rüstung hineinziehen könnten. Schon jetzt finanzieren die Bundes-Deutschen den Schnellen Brüter *„Superphénix"* am oberen Rhônelauf mit, der seit 1985 neben Strom auch kräftig Plutonium für die Militärs liefert; über die an dem Projekt finanziell beteiligte halbstaatlichen Rheinisch-Westfälischen Elektrizitätswerke. *„Superphénix"* erzeugt Plutonium für 60 Atombomben im Jahr (DER SPIEGEL, 47/1982). (Wackersdorf wird Jahr für Jahr Plutonium für 500 Atomsprengköpfe abwerfen.)

In der ersten Euphorie dachte man in der Bundesrepublik mit Schnellen Brütern 80.000 Megawatt Strom zu erzeugen. Das hätte 200 Anlagen zur Voraussetzung gehabt (DER SPIEGEL, 27/1985)!

Im Gegensatz zu den langsamen Neutronen (8.000—16.000 km/h) in „thermischen" Reaktoren (Leichtwasserreaktoren u. a.) werden in Schnellen Brütern schnelle Neutronen (40—60 Mio. km/h) verwendet. Wasser ist daher als Kühlmittel ungeeignet, weil es die Neutronen abbremsen würde. Es wird daher *Natrium* verwendet.

Natrium als Kühlmittel ist ein Risikofaktor erster Größenordnung: Beim Zusammentreffen mit dem Wasser des Turbinenkreislaufes würde es Wasserstoff bilden und explodieren. An der Luft entzündet es sich sofort. Außerdem ist es bei Raumtemperatur ein festes Metall und gefriert daher bei Abkühlung (K. TRAUBE, Seite 92, H. STROHM, Seite 762 ff.). Alle diese, für ein Atomkraftwerk geradezu teuflischen Eigenschaften, verlangen kostenintensive Sicherheitsvorkehrungen (z. B. durch getrennte Kreisläufe) und erhöhen wiederum das Unfall- und Katastrophenrisiko. Und das bei einem Reaktortyp, bei dem der GAU einer einzigen Anlage die halbe Welt auf Jahrtausende verseuchen würde H. STROHM (Seite 763 f.). weist auf Natriumbrände und -explosionen in britischen und russischen Reaktoren hin, aber auch im Versuchsreaktor in Karlsruhe. Außerdem wird normales Natrium durch Neutroneneinfang zu Natrium-24 mit besonders harter Gamma-Strahlung aktiviert (H. STROHM, Seite 161). Und die Neutronenstrahlung führt rasch zu Ermüdungserscheinungen bei Beton und Stahl, was zur Plutoniumverseuchung des Primärkühlsystems führt (H. STROHM, Seite 763).

Viele Wissenschafter haben schon Anfang der siebziger Jahre vor einem Einstieg in die Plutoniumwirtschaft und vor den Brütern gewarnt. So schrieb z. B. BODO MANSTEIN: „Der eigentliche Brutvorgang ist schwer beherrschbar und noch um ein Vielfaches unfallträchtiger als bei den Leichtwasserreaktoren... Die nur millimeterdicken Brennstäbe werden auf einem ungefähr sieben Kubikmeter großen Reaktorkern ständig von Natrium als Kühlmittel umspült, und zwar mit einer Geschwindigkeit von sechs Metern pro Sekunde. Das ist nötig wegen der Temperaturen um 500 Grad Celsius. Die Brennstäbe dürfen sich nur in sehr engen Grenzen verändern, damit keine Explosion stattfindet. Bei steigender Temperatur beschleunigt sich die Kettenreaktion beim Uranzerfall, und das geht so schnell, daß ein Eingreifen kaum möglich ist..." (1977, Seite 214)

Eigentlich müßte das Scheitern von Kalkar auch für die geplante Wiederaufbereitungsanlage im bayerischen Wackersdorf Konsequenzen haben, denn dort soll ja vor allem das Plutonium für die Schnellen Brüter erzeugt werden. Daß dem nicht so ist, beweist die Beharrlichkeit, mit der die Atom-Ayatollahs ihren Krieg gegen die Bevölkerung weiterführen.
Das alles ist umso erstaunlicher, als es 1966 schon zu einem schweren Unfall mit einem Brüter kam: Der *„Enrico-Fermi-Brüter"* in der Nähe von *Detroit* ging durch eine Verstopfung des Natrium-Kühlsystems durch ein Stück Metall durch. Es kam zu einer *Kernschmelze*. Keiner wußte, was passieren würde. Der Alarmzustand dauerte Wochen. Detroit hatte Glück, so wie man später in Harrisburgh Glück hatte.
Ein Unfall im Schnellen Brüter in Kalkar würde nach der Ausbreitung der radioaktiven Wolke verheerende Folgen haben. H. STROHM gibt sie folgendermaßen wieder (Seite 771 f.):

- Mitten in Europa sterben innerhalb weniger Wochen zehntausende Menschen.
- In den nächsten Jahrzehnten erkranken bis zu 100.000 Menschen an Strahlenkrebs.
- In der nächsten Generation treten ca. 100.000 Erbschäden auf.
- 100.000 km^2 Land sind nicht oder nur sehr eingeschränkt landwirtschaftlich nutzbar.
- 20 Millionen Mitteleuropäer müssen umgesiedelt werden.

Das Ganze erinnert fatal an Tschernobyl — wenn man beim Unfall nicht mit nur 7% der normalen Leistung gefahren wäre und nicht nur knappe 4% des hochradioaktiven Inventars freigesetzt worden wären.
Der leider verstorbene österreichische Wissenschafter ENGELBERT BRODA, Professor der Angewandten Physikalischen Chemie und Radiochemie der Universität Wien, hat schon 1975 gültig formuliert: „Nach meiner Meinung ist zu schließen, daß der Schnelle Brüter schon deshalb gänzlich abzulehnen ist, weil er teuer, unsicher, gefährlich und völlig unnötig ist. Ein noch ernsteres Argument gegen den Schnellen Brüter liegt darin, daß er zwangsweise zu einer Plutoniumökonomie führt."

WIEDERAUFBEREITUNGSANLAGEN

Die Plutonium-Technologie ist die logische Konsequenz aus mehreren Faktoren:

- In den Atomkraftwerken entsteht mehr Plutonium, als in den ohnehin vollen Waffenarsenalen benötigt wird.
- Die „Endlagerung" des hochradioaktiven und hochtoxischen Stoffes ist nicht abgesichert.
- Die Wiederverwertung von Abfällen aus dem Produktionsprozeß soll die Wirtschaftlichkeit verbessern (die ohnehin mehr als fraglich ist).

Die Plutonium-Rückführung ist also sozusagen der Grundsatz der Glaubenslehre der gesamten Atomindustrie. Daher auch der verbissene Kampf um Wackersdorf, der die Bundesrepublik Deutschland nach Ansicht vieler Kommentatoren zumindest in bürgerkriegsähnliche Zustände gebracht hat.
Während Frankreich das bei der Wiederaufarbeitung des Brennstoffs aus den Leichtwasserreaktoren gewonnene Plutonium nur für den Einsatz in Brütern verwenden will, hat man in der Bundesrepublik für die Übergangszeit bis zur Brüterwirtschaft eine Rückführung des Plutoniums in Leichtwasserreaktoren vorgesehen (K. TRAUBE, Seite 60 ff.). Dazu wird Plutonium mit Natururan und mit dem ebenfalls bei der Wiederaufarbeitung gewonnenen Resturan zu sogenannten Mischoxyd-Brennelementen (MOX)

verarbeitet. Der Gehalt des MOX-Brennelements an spaltbarem Plutonium ersetzt die Anreicherung des Urans mit spaltbarem Uran-235.
In Deutschland ist die Firma ALKEM in Hanau für die Entwicklung und Fabrikation von MOX-Brennelementen zuständig. Sie ist das einzige Deutsche Unternehmen für diesen Zweck und wird auch staatlich finanziert. Da die Technologie etwa gleich ist, kann die ALKEM sowohl Brennelemente für Brüter als auch MOX-Elemente für die Leichtwasserreaktoren herstellen. Es ist vorgesehen, daß sie nach Wackersdorf übersiedelt.
Im hessischen Hanau befindet sich der Dreh- und Angelpunkt der westdeutschen Plutoniumindustrie, mit an die zehn Anlagen und -firmen (unter ihnen auch die ALKEM = Alpha-Chemie und Metallurgie), die größte Zusammenballung der Atomindustrie in Europa. Mit Hanau verbindet sich nach einem SPIEGEL-Report der „Argwohn, die Bundesrepublik könne sich zur Atomwaffenmacht erheben". In diesem Artikel wurde berichtet, für die wichtigsten Nuklearbetriebe in Hanau, u. a. auch ALKEM, existiere „weder eine gewerbeaufsichtliche noch eine atomrechtliche Genehmigung". Sie seien, juristisch betrachtet, so etwas wie eine „Schwarzbrennerei". Doch eine Stillegung der Betriebe werde von einflußreichen Kreisen in Politik und Wirtschaft, die tief in die „unrühmliche Firmengeschichte der Hanauer Werke" verstrickt seien, verhindert. Vor dem „Hanauer Atomfilz" warnten Experten im Bonner Innenministerium schon Mitte der siebziger Jahre: „Im Lauf der Entwicklung der letzten 10 Jahre hat sich gezeigt, daß das atomare Risiko von Brennelementfabriken, insbesondere solchen, die angereichertes Uran und sogar Plutonium verarbeiten, mindestens dem Risiko der nach § 7 genehmigungspflichtigen Anlagen (Kernreaktoren und Wiederaufbereitungsanlagen) gleichzusetzen ist. Daher sind die Standorte der in der Bundesrepublik bestehenden 5 Brennelementfabriken (ALKEM, NUKEM, RBU, KRT und HOBEG), die alle in oder bei Hanau/Frankfurt sich befinden, sicherheitstechnisch insbesondere wegen der hohen Flugdichte in diesem Raum — außer dem zivilen Frankfurter Flughafen befinden sich in der Nähe drei Militärflugplätze — und der dortigen großen Bevölkerungsdichte nicht optimal." (Zitiert nach DER SPIEGEL, 45/1986)
Daß die Wiederaufarbeitung gegenüber der direkten Endlagerung unwirtschaftlich ist, weiß man längst: Das Energiewirtschaftliche Institut in Köln z. B. hat höhere Kosten von 40% errechnet.
Die Hauptursache für die hohen Kosten, erklärt K. TRAUBE (Seite 62), ist nicht so sehr in der Radioaktivität des Gemischs aus Resturan und Plutonium zu suchen, „sondern vielmehr in der enormen Toxizität des Plutoniums": „Da schon Spuren von Plutonium tödlich wirken können, muß die Fabrikation fernbedient in absolut dichten Behältern erfolgen. Hinzu kommen aufwendige Sicherheitsmaßnahmen (Verbunkerung), um das gefährliche Plutonium gegen Diebstahl (durch Nuklearterroristen oder Agenten fremder Länder) zu sichern und zu verhindern, daß es durch Pannen oder Katastrophen (Flugzeugabsturz etc.) in die Umgebung gelangen könnte."
Auch im Normalbetrieb sind die „Höllenfeuer" nicht dicht.
Das kann man sich gut vorstellen, wenn man sich den Produktionsvorgang in einer Wiederaufarbeitungsanlage vor Augen hält: Die ausgebrannten Brennstäbe (hochradioaktiv) werden in kleine Stücke zerschnitten und in einem Bottich mit kochender Salpetersäure aufgelöst. Die Säure löst Uran und Plutonium sowie andere Spaltprodukte heraus, die wieder in komplizierten chemischen Prozessen voneinander getrennt werden. 96% (95% Uran und 1% Plutonium) werden angeblich zurückgewonnen, 4% müssen ins Endlager für hochradioaktive Abfälle. Der Recycling-Prozeß ist also nicht ganz schließbar.

Bei dieser ganzen Prozedur entstehen radioaktive Gase und Abwässer, die an die Umwelt abgegeben werden. K. TRAUBE schreibt: „Sowohl die französischen als auch die englischen Wiederaufarbeitungsanlagen entlassen davon schon bei Normalbetrieb schier unvorstellbare Mengen ins Meer; dazu kommen die bei Pannen auftretenden skandalösen Überdosen, die periodisch immer wieder sowohl im französischen La Hague als auch im britischen Windscale aufgedeckt wurden."
Außer radioaktivem Krypton, Jod und Tritium wird natürlich auch Plutonium freigesetzt. 1984 legte ein von der britischen Regierung eingesetztes Ärzteteam einen Bericht vor, der eine enorme Häufung von Blutkrebs, insbesondere bei Kindern, in der Umgebung von Windscale (später in Sellafield umbenannt) bestätigt.
Selbst im Normalbetrieb gibt eine Wiederaufbereitungsanlage ein Vielfaches der radioaktiven Spaltprodukte eines Atomkraftwerkes ab. Auch das Gefahrenpotential ist ungleich höher. Enthält ein 1.000-Megawatt-Atomreaktor nach 1 Jahr Betrieb die Radioaktivität von 1.000 Hiroshima-Bomben, so enthält eine Wiederaufbereitungsanlage nach dem gleichen Zeitraum die Radioaktivität von 38.400 Hiroshima-Bomben. (E. und J. K. TASHIRO, Seite 175)
Zu einer noch viel ärgeren Einschätzung des Gefahrenpotentials kommt H. STROHM (Seite 662 ff.), der über Langzeit-Radioaktivität einer in vollem Betrieb befindlichen Wiederaufbereitungsanlage schreibt, sie sei

- 15 mal höher als die gesamte erzeugte Radioaktivität aller atmosphärischen Atombombenversuche der USA und UdSSR,
- ungefähr gleich der Radioaktivität, die nach einem atomaren Weltkrieg zurückbleibt und jahrhundertelang strahlt,
- und gleich der Radioaktivität aus 192.000 detonierten Nagasaki- oder Hiroshimabomben.

(H. STROHM stützt sich dabei auf Berechnungen von J. W. GOFMAN aus dem Jahr 1977.)

Grausige Zukunftsperspektive: Die Zerstörung einer Wiederaufbereitungsanlage von der Größe Wackersdorf würde ganz Europa unbewohnbar machen und zu einer internationalen Katastrophe mit mehreren Millionen Toten führen.

Es ist klar, daß man bei sowieso schon unwirtschaftlichen Unternehmen versucht, zusätzliche Kosten jeder Art zu vermeiden. Daß das auch für teure Filter- und Rückhalteanlagen bei Wiederaufbereitungsanlagen gilt, muß nicht extra betont werden. Auch in Wackersdorf möchte man gerne darauf verzichten, ganz abgesehen davon, daß eine Rückhalteanlage für *Krypton-85* technisch noch nicht ausgereift ist (siehe H. STROHM, Seite 643). Nach Studien des Umweltbundesamtes würden allein durch dieses radioaktive Gas zirka 4,3 Millionen Curie pro Jahr in die Umwelt abgegeben werden.
Außerdem werden in großen Mengen radioaktives Tritium und Jod abgegeben. Unter den Jodisotopen ist *Jod-129* mit einer Halbwertszeit von 16 Millionen Jahren weit gefährlicher als z. B. Jod-131.
Was beim Schnellen Brüter das Natrium, das ist bei der Wiederaufbereitungsanlage das *Kerosin* — in puncto Feuergefährlichkeit. Es wird bei der Trennung von Uran und Plutonium von der übrigen radioaktiven Suppe verwendet. Außerdem, wenden Kritiker ein, könne in den Behältern so viel Uran und Plutonium zusammenkommen, daß die Entstehung einer „kritischen Masse" wie bei Atombomben nicht auszuschließen sei.
H. STROHM schreibt dazu sehr aufschlußreich (Seite 776): „Während die kritische Masse von trockenem Pu-239 in Form von Metall bei etwa 10 kg liegt, können in wässriger

Lösung unter Umständen bereits 510 g kritisch sein." (D. h. ab dieser Masse setzt eine lawinenartige Kettenreaktion ein.) Trotz des sorgfältigen Hantierens (Handschuhkästen etc.) könne, so H. Strohm, Plutonium nicht hundertprozentig unter Kontrolle gehalten werden. Ein Teil verliere sich in der Ventilation, in der Kleidung der Arbeiter, an Wänden, in den Lungen... 1 bis 2 Prozent Verlust werden von seiten der Industrie als „unvermeidlich" angesehen.
Es ist also verständlich, wenn nicht nur erklärte Kernenergiegegner *Wackersdorf* als die *„gefährlichste Industrieanlage aller Zeiten"* bezeichnen. Denn sie soll ja als Schaustück deutscher Tüchtigkeit auch größer werden als La Hague oder Sellafield.
Nach dem 1986 vorgelegten Bericht eines parlamentarischen Untersuchungsausschusses gibt *Sellafield* pro Tag 2,5 Millionen Liter radioaktiv verseuchtes Wasser in die Irische See ab, die daher auch zu den am meisten verseuchten Gewässern der Welt gehört. Die Radioaktivität im Umkreis von Sellafield erreicht das 27.000fache des natürlichen Wertes. Leukämie bei Kindern tritt 24mal häufiger auf als im Durchschnitt.
Wohin werden die verseuchten Wasser- und Luftmassen aus Wackersdorf gelangen? Sicher auch in angrenzende Länder wie Österreich und die CSSR. Aber wenn es der Atomlobby um die Durchsetzung ihrer energiemonopolistischen Ziele geht, kennt sie ebensowenig Grenzen wie die Radioaktivität. Wes Geistes Kinder da am Werk sind, offenbarte in erschreckender Weise die Quasi-Androhung einer 1.000-Mark-Sperre, wenn Österreich es wage, aufzumucken — dreist ausgesprochen immerhin vom Bundesinnenminister der Bundesrepublik Deutschland.
Kalkar vor Augen, kann man sich vorstellen, was Wackersdorf wirklich kosten wird, wenn man schon jetzt von 10 Milliarden DM spricht. Die *„Kapitalvernichtungsmaschine"* (K. TRAUBE) der Atomlobby funktioniert noch immer wie geschmiert. Es ist ja zum Großteil auch nicht ihr Geld, das da für ihre Interessen verpulvert wird, während das Geld zum Beispiel zur Schaffung neuer Arbeitsplätze fehlt.
Es ist daher auch eine üble Farce, wenn in einer bezahlten Werbung eines „Informationskreises Kernenergie" (Bonn, Heussallee 10) unter dem Titel „Wackersdorf: Großaufträge für örtliche Firmen" zu lesen ist: „Zur Errichtung der deutschen Wiederaufarbeitungsanlage wurden bereits Aufträge von über 29 Millionen DM nach Bayern vergeben... Auch die beiden größten Einzelaufträge gingen an heimische Unternehmen: Erd- und Rodungsarbeiten für sieben Millionen sowie die Einfriedung der Baustelle für neun Millionen Mark. Damit zeigen sich bereits die ersten ökonomischen Impulse für die Region. Fragen? Rufen sie uns an." (Entnommen der Süddeutschen Zeitung vom 15. Oktober 1985)
Fragen schon. Zum Beispiel, ob die Atomlobby glaubt, die Menschen werden ewig auf ihr falsches, aber umso scheinheiligeres Winken mit Arbeitsplätzen und Geldspritzen für kleinere Gemeinden hereinfallen. Ob der Stacheldraht-Bürgerkriegszaun von Wackersdorf — flankiert von Wasserwerfern, die „Reizstoffe" versprühen, überflogen von Hubschraubern, die CN- und CS-Gas-Granaten (CS zählt laut SPIEGEL 31/1986 zu den „völkerrechtlich geächteten Kampfgasen") abwerfen, auch auf Kinder, Frauen und ältere Menschen — allen Ernstes „Einfriedung" genannt werden darf, usw...
Wie diese verkehrte Welt wirklich aussieht, zeigte auch ein Statement von ARNIM WEISS, Professor am Institut für anorganische Chemie in München: Die Radioaktivität des unverwertbaren Materials liege bei einer Wiederaufbereitungsanlage wie Wackersdorf bei 95%, die des verwertbaren nur bei 5% (MONITOR, ARD, 14. Jänner 1986).
Neben Tritium, Jod und Krypton gelangen auch die langlebigen Spaltprodukte Strontium-90, Zirkonium-95, Ruthenium-106, Cäsium-137, Cer-144 und Kohlenstoff-

14 — der als besonders gefährliche Substanz gilt (H. STROHM, Seite 643, B. MANSTEIN, Seite 171 ff.) — in die Umwelt. Nach dem Institut für Reaktorsicherheit in Köln würde eine „Anlage, die 1990 die Verarbeitung der gesamten in der Bundesrepublik Deutschland dann anfallenden Brennelemente — entsprechend den Prognosen über die installierte Kernkraftwerksleistung — übernehme" in unmittelbarer Umgebung, wenn der gegenwärtige Stand der Abgasbelastung (Krypton-85) beibehalten würde, „eine maximale Dosis von annähernd 400 mrem pro Jahr hervorrufen" (zitiert nach H. STROHM, Seite 644). Wir dürfen annehmen, daß diese Zahl eher behutsam geschätzt ist.
Die von Kernenergiebefürwortern immer wieder ins Treffen geführte „Verdünnung" der Schadwirkung durch Verteilung über hohe Schlote kann nach H. STROHM nicht greifen: „Die Belastungen werden so hoch sein, daß selbst eine 50 bis 100 km entfernte Wiederaufbereitungsanlage höhere Dosen verursachen kann als ein Atomkraftwerk in der Nähe."
Nach amerikanischen Angaben setzen sich die *Abgabewerte einer Wiederaufbereitungsanlage* folgendermaßen zusammen:

Radioisotop	Curie pro Jahr
Krypton-85	15.000.000
Tritium	600.000
Jod-131	21
Strontium-90	10
Cäsium-137	10
Plutonium	0,1

(nach H. STROHM, Seite 645)

Die Grenzwerte werden auch im *„Normalbetrieb"* dauernd überschritten. ROBERT JUNGK berichtete z. B. im STERN, daß Strahlenphysiker aus Paris durch Messungen im Umkreis der Wiederaufbereitungsanlage von La Hague feststellten, daß die natürlichen Werte um das Acht- bis Siebzehnfache überschritten wurden.
In Wiederaufbereitungsanlagen kommt es auch immer wieder zu schweren Plutonium-Unfällen, bei denen Arbeiter verseucht werden. Nach Medienberichten hat es in der Versuchs-Wiederaufbereitungsanlage in Karlsruhe in den letzten 10 Jahren 110 Störfälle gegeben. In Sellafield ist es allein 1986 dreimal zu Verseuchungen gekommen.
Auch bei Wiederaufbereitungsanlagen gibt es natürlich den schon geschilderten *„modernen Sklavenhandel"* mit über Vermittlungsfirmen angeheuerten Fremdarbeitern. Nach Angaben der Gewerkschaft werden z. B. in La Hague, wo durch ständig steigende Radioaktivität immer mehr Reparatur- und Dekontaminierungsarbeiten durchgeführt werden müssen, Türken und Afrikaner für diese Arbeiten bevorzugt (H. STROHM, Seite 649 f.).

DAS SUPERGIFT

ENGELBERT BRODA, der profilierte österreichische Radiochemiker, hat in bezug auf *Plutonium* zwei große Gefahren gesehen: Zum einen das *kriegerische Vernichtungspotential* und zum anderen seine *enorme Giftigkeit.* Über Plutonium als Sprengstoff hat er entgegen allen Dementis der Nuklearindustrie unmißverständlich festgehalten, daß das Plutonium aus Brütern ungeachtet der Verunreinigung mit Pu-240 „eindeutig Waffenqualität“ besitze, und daß sich „selbst das Plutonium aus Leichtwasserreaktoren, wenn auch weniger gut, für Waffen verwenden“ ließe.

In bezug auf die Giftigkeit hat E. BRODA von einer „geradezu unglaublichen strahlenschutzmäßigen Gefährlichkeit des Plutoniums“ gesprochen, das man in dieser Hinsicht als eine „Erfindung des Teufels“ bezeichnen könnte. Nach E. BRODA sind für diese Gefährlichkeit 4 Punkte maßgebend:

- Die lange Halbwertszeit von 24.000 Jahren
- Die hohe spezifische Aktivität (Aktivität pro Masseneinheit)
- Die Emission der biologisch wirksamsten Strahlung, der Alphastrahlung
- Die Ablagerung an besonders empfindlichen Stellen des menschlichen Körpers aufgrund seiner chemischen Eigenschaften.

Plutonium gelangt vor allem durch Einatmung, sehr selten (z. B. bei Arbeitsunfällen) durch Wunden oder Verbrennungen in den Körper. G. F. FUEGER (Seite 12) merkt an, daß „keine signifikante Resorption aus dem Gastrointestinaltrakt“ (Magen-Darm-Trakt) erfolgt.

War das der Grund, daß CARSTEN SALANDER, Vorstandsmitglied der DKW (Deutsche Gesellschaft für Wiederaufarbeitung von Kernbrennstoffen; sie ist mit der Errichtung von Wackersdorf beauftragt) in einer öffentlichen Diskussion (Club 2, ORF, 15. Juli 1986) zu bluffen versuchte, indem er anbot, einen Löffel Plutonium zu essen? Seine Gesprächspartnerin, MARGA HUBINEK, zweite Nationalratspräsidentin und erklärte Atomenergie-Gegnerin, sollte zum Vergleich einen Löffel *Zyankali* essen.

Diese mörderische Wette zeigt weniger, wie ungiftig Plutonium ist, dafür mehr, welcher faulen Tricks sich die Atomlobby meist bedient, um die Bevölkerung „dumm sterben zu lassen.“

Herr SALANDER sollte übrigens bei seinem Gesinnungsgenossen H. VETTER (Seite 206) nachlesen, daß auch die Einnahme eines Löffels Plutonium nicht gut ausgeht. Nur läßt der Tod etwas länger auf sich warten als bei Zyankali. Aus Tabelle 32 ist zu entnehmen, daß bei etwas mehr als einem Gramm der Tod nach frühestens 15 Jahren eintritt. Besser kann man eigentlich das, was E. BRODA als „Erfindung des Teufels“ bezeichnet hat, kaum charakterisieren.

H. VETTER gibt übrigens für Kaliumzyanid mit 700 Milligramm eine äußerst fragliche tödliche Menge an. Zyanide sind Salze der Blausäure. W. PSCHYREMBEL (Seite 142) gibt an, daß bereits 1 Milligramm (= 1 Tausendstel Gramm) Blausäure pro Kilo Körpergewicht tödlich ist. Das heißt, die tödliche Menge für einen 70 Kilogramm schweren Menschen liegt bei 70 mg. Die tödliche Menge für Zyanide, also auch für Kaliumzyanid wird von der *Vergiftungsinformationszentrale* in Wien mit 150 bis 200 Milligramm angegeben.

Wer, wie H. VETTER, mit tödlichen Dosen jongliert, sollte genauer sein...

Tabelle 32

Giftigkeit von KKW-Plutonium (Gemisch aus mehreren Plutonium-Isotopen) und einigen anderen Giften (nach H. VETTER)

Inkorporation Gift	*Tödliche Menge in Milligramm*	*Zeit bis zum Tod*
Verschlucken:		
Bleiarsenat	100	Stunden bis Tage
Kaliumzyanid	700	Stunden bis Tage
Plutonium	1.150	Länger als 15 Jahre
Koffein	14.000	Einige Tage
Inhalation:		
Plutonium (je nach chem. oder physikalischer Form)	0,026—12,0	60 Tage bis 15 Jahre
Nervengas (Sarin)	1,0	Einige Stunden
Benzpyren (20 Zigaretten pro Tag durch 30 Jahre)	16,0	Länger als 30 Jahre

Tabellen wie diese sind in mehrfacher Hinsicht aufschlußreich. Sie decken auf — natürlich gegen Absicht ihrer Urheber —, daß mit ihnen manipuliert werden soll: Alles harmlos, alles niedlich, „viel weniger giftig als die Natur"... Und sie lassen dennoch erkennen, mit welchen Supergiften wir es hier zu tun haben. Man muß sich das einmal vorstellen: Schon 2 bis 3 Hunderttausendstel Gramm Plutonium können — eingeatmet — tödlich sein! H. STROHM gibt die tödliche Inhalationsdosis sogar mit einem Millionstel Gramm Plutonium an (Seite 254)!

Dennoch schreibt H. VETTER: „In diesem Zusammenhang kann gar nicht genügend dick unterstrichen werden, daß nach Jahrzehnten der unablässigen Angsterzeugung in den Massenmedien die Furcht des Laien vor Plutonium nicht mehr in einem vernünftigen Verhältnis zu dessen tatsächlicher Toxizität steht."

Durch die Atombombenversuche in der Atmosphäre wurden nach B. MANSTEIN (Seite 185) 5.000 bis 10.000 Kilogramm Plutonium weltweit verteilt. Hinzu kommen die 1 bis 2% jährlicher Verlustraten aus der Nuklearindustrie. Wenn Plutonium mit Luft oder Wasser in Berührung kommt, verbrennt es. Bei der Verbrennung bilden sich — ohne daß Radioaktivität eingebüßt wird — feinste Staubpartikel (Aerosole). Sie werden eingeatmet und bestrahlen, selbst nur etwa 0,25 Mikrometer (=Millionstel Meter) groß, das umliegende Lungengewebe in einem Durchmesser von etwa 100 Mikrometer (G. F. FUEGER, Seite 12; B. MANSTEIN, Seite 192). Die Einatmung ist sicherlich der wichtigste Inkorporationsweg, aber nicht der einzige. So heißt es etwa in der Atomenergie-Werbebroschüre „Energie — Kernenergie — Alternativen": „Unter allen Wegen, auf denen Plutonium in den menschlichen Körper gelangen kann, spielt nur die Einatmung eine Rolle..." (Seite 35) Dazu ein Satz von B. MANSTEIN (Seite 189 f.): „Bei den plutoniumbeladenen Partikeln geht der Streit schon lange hin und her. Er beruht auf der Tatsache, daß die Aufnahme mit der Nahrung etwas weniger gefährlich zu sein scheint, es liegen aber auch Arbeiten vor, die zeigen, daß durch die Gegenwart von organischen Säuren im Magen-Darm-Kanal, die als Komplexbildner (Chelate) wirksam werden können, der Eingang in den Körper sehr erleichtert wird."

Als ,,kritische Organe" werden in der Literatur Atemwege, Lunge, Knochen und Leber angegeben. Schon sehr kleine Mengen Plutonium können in ihnen Krebs erzeugen. Die zulässige maximale Pu-239-Menge im Körper für in der Kernenergie Berufstätige liegt bei 40 Nanocurie bzw. 0,6 Mikrogramm (E. BRODA, Seite 237).
Es gibt allerdings auch Wissenschafter, die selbst diesen niedrigen Wert um den Faktor 10^5 zu hoch einschätzen. A. R. TAMPLIN und T. B. COCHRAN haben schon 1974 eine Herabsetzung der bisher zulässigen Konzentration um das 115.000fache gefordert. Ohne Erfolg. Ihre Forderung hängt mit der außerordentlich hohen Belastung des Gewebes in unmittelbarer Nähe der Plutoniumteilchen zusammen. *Plutoniumdioxid-Partikel*, schreibt G. F. FUEGER (Seite 12), bestrahlen ein Volumen von etwa 20 angrenzenden *Alveolen* (Lungenbläschen) mit etwa *3.000 rem* pro Jahr. Bei B. MANSTEIN heißt es (Seite 195): ,,Es können im Umkreis von Bruchteilen eines Millimeters 10.000 bis 100.000 rad wirksam werden, so daß alle in diesem Bereich liegenden Lungenbläschen zerstört oder angeschlagen werden. Man hat überschlagsmäßig geschätzt, daß ein einziges Partikel auf nahegelegene Alveolen zwischen 500 und 3.000 rad pro Jahr abgeben kann..." Die ,,angeschlagenen" Lungenbläschen sind die gefährlichen: In ihnen kann Lungenkrebs entstehen.
Schon J. W. GOFMAN und A. R. TAMPLIN haben in ihrem großartigen Buch ,,Poisoned Power" (Seite 196 ff.) auf die enorme Gefährlichkeit dieser Plutoniumoxid-Teilchen hingewiesen und Plutonium als ein nicht zu überbietendes Risiko bezeichnet: ,,Einige wenige bis einige hundert dieser Partikel reichen, um das Risiko einer Person, an Lungenkrebs zu sterben, zu verdoppeln. Aus einer Unze (=28,349 Gramm, Anmerkung des Autors) Plutonium können 10 Billionen solcher Partikel entstehen."
Einmal in den Organismus aufgenommen, bleibt Plutonium-239 das ganze Leben lang wirksam. Nach G. F. FUEGER findet ,,keine signifikante Ausscheidung während des Lebens" statt. Als biologische Halbwertszeit gibt der Autor in Übereinstimmung mit P. WEISH und E. GRUBER (Seite 137) 200 Jahre (Ganzkörper) an. Für den Knochenbau nennt G. F. FUEGER 100 Jahre, für die Leber 40 Jahre. Die zulässige Inkorporation für die Bevölkerung beträgt 4,3 Nanocurie.
Ein Millionstel Gramm ist eine winzige, nicht mehr sichtbare Menge. Und sogar noch viel viel kleinere Mengen Plutonium sind gefährlich. B. MANSTEIN hat mit Recht betont, daß Krebs und genetische Schäden schon durch ,,ein einziges, im Körper längere Zeit festsitzendes Teilchen" ausgelöst werden können. In diesem Zusammenhang muß man sich vor Augen halten, daß sich weltweit bisher mehr als 400.000 Kilogramm Plutonium angesammelt haben, daß ein 1.000-Megawatt-Reaktor jährlich 240 Kilogramm Plutonium erzeugt (E. und J. K. TASHIRO, Seite 172), daß das Plutoniuminventar einer Wiederaufbereitungsanlage bei etwa 40.000 Kilogramm liegt, daß in den USA allein mindestens 500 Kilogramm Plutonium unbeobachtet in der Umwelt verschwinden (1—2% Verlustrate).
Umso unfaßlicher ist es, wenn Kernenergiebefürworter — hinter der schwierigen direkten Nachweisbarkeit verschanzt — folgendes behaupten: ,,Obwohl es bisher keinen am Menschen nachgewiesenen Schadensfall gibt, der eindeutig auf Plutonium zurückgeführt werden kann, führt nach Ergebnissen aus Tierversuchen ein Milligramm in der Lunge, wenn nichts dagegen unternommen wird, nach etwa einem Jahr zum Tode des Betroffenen. Im Gegensatz zu Pilzgiften (z. B. Aflatoxin), die den Menschen in noch hundertmal kleinerer Konzentration töten, ist Plutonium weder ein kausales noch ein rasches Gift. Er erhöht lediglich die Lungenkrebswahrscheinlichkeit, ähnlich wie Zigarettenrauchen." (,,Energie — Kernenergie — Alternativen", Seite 35 f.)
Der Vergleich mit dem Lungenkrebs durch Zigarettenrauchen ist übrigens gut. Auch da

kann man nur in seltenen Fällen direkt nachweisen, daß der Krebs vom Rauchen kam. Dennoch zweifelt heute kein ernstzunehmender Wissenschafter mehr daran, daß Rauchen zur Entstehung von Lungenkrebs führen kann.
J. W. GOFMAN schätzt, daß allein durch das Plutonium, das durch die Atombombentests freigesetzt wurde (300.000—600.000 Curie = 5—10 Tonnen; F. CAP, Seite 105), allein in den USA schon 100.000 zusätzliche Krebsfälle auftraten und auf der gesamten nördlichen Erdhalbkugel jährlich weitere 10.000 Krebsfälle hinzukommen (H. STROHM, Seite 258).
H. VETTER (Seite 97) meint demgegenüber, die *„heißen Teilchen“* („hot spots“), also jene „Staubpartikel, denen Pu-239 angelagert ist und die, wenn sie eingeatmet werden, ein besonders hohes Risiko der Entwicklung eines Lungenkrebses darstellen sollen“, seien aus der wissenschaftlichen Diskussion verschwunden.
Das ist reines Wunschdenken.
Das Problem der Wirkung von radioaktiven Aerosolen ist in diesem Buch schon ausführlich dargestellt worden, vor allem am Beispiel der Zerfallsprodukte des Radiums, die bei Bergarbeitern und Rauchern nachweislich Lungenkrebs verursachen und ebenso Alpha-Strahler sind. Warum sollte ausgerechnet bei Plutonium, das mindestens 5mal giftiger ist als Radium, diese Wirkung nicht eintreten?
Obwohl die Gefährlichkeit des Plutoniums nicht einmal von der Atomlobby bestritten wird, versucht man nach altbewährter Strategie, wenigstens zu verharmlosen und herunterzuspielen: „Auf die Giftigkeit des Plutoniums zurückzuführende Todesfälle sind bis heute nicht bekannt. Sehr sorgfältige Untersuchungen an 25 Personen in den USA (F. H. HEMPELMANN hat darüber in Medical Tribune 40/1974 referiert; Anmerkung des Autors), deren Plutonium-Inkorporation zum Teil 30 Jahre zurückliegt und mehr als 10mal die tolerable Ganzkörperbelastung beträgt, haben bis heute keinen Gesundheitsschaden aufdecken können... Seit 1942 haben mindestens 30.000 Menschen mit Plutonium gearbeitet, und zwar in Mengen bis zu mehreren Tonnen oder, anders ausgedrückt, in Mengen bis zu Milliarden maximal zulässiger Dosen. Von diesen Menschen haben bis 1976 nur etwa 60 im Gefolge von Labor- oder Industriezwischenfällen die zulässigen Belastungen überschritten; erkennbare Schäden sind bei ihnen bis jetzt nicht bekannt.“ (Energie — Kernenergie — Alternativen, Seite 36)
Der Propaganda-Stil dieser Aussagen ist auffällig. B. MANSTEIN hat diesen schrillen Tönen ein leises, aber umso eindringlicheres Argument entgegengesetzt: „Dem gegenüber steht der unklare Tod von KAREN SILKWOOD, die der Öffentlichkeit Dokumente über Verseuchungen vorlegen wollte und in einen absichtlich verursachten Verkehrsunfall verwickelt wurde. Dabei verschwanden die Dokumentenordner, Journalisten bekamen keine Auskünfte, und das FBI schwieg.“ (Seite 184) MANSTEIN hat das 1977 geschrieben. Im August 1986 wurde diese Geschichte in Zeitungsmeldungen fortgesetzt, die Bände sprechen:
„Oklahoma City. — Nach zehnjährigem Prozeß einigten sich die Firma Kerr-McGee und die Erben der in dem Atomkonzern verseuchten und später unter mysteriösen Umständen verstorbenen Karen Silkwood außergerichtlich: Kerr-McGee zahlt an die drei Kinder des Strahlenopfers 21 Millionen Schilling (3 Millionen DM) Entschädigung. Karen Silkwood, deren Geschichte mit Meryl Streep verfilmt wurde, arbeitete in dem Atombetrieb und war 1974 mehrmals mit Plutonium verseucht worden. Die 28jährige führte die Verstrahlung auf mangelnde Sicherheitsvorkehrungen bei Kerr-McGee zurück. Als sie am 13. November 1974 mit ihrem Auto auf dem Weg zu einem Reporter der ‚New York Times‘ war, um ihm Informationen über die skandalösen Zustände in ihrem Betrieb zuzuspielen, verunglückte sie tödlich. Die seltsamen Umstände ihres To-

des machten Silkwood in den USA zu einer Art Nationalheldin."
Dort, wo militärische und wirtschaftliche Interessen dieser Größenordnung auf dem Spiel stehen, endet nicht nur die Informationsbereitschaft, sondern auch die Achtung vor dem menschlichen Leben.
In welche Kreise man da kommen kann, zeigt das Studium der Transporte von Plutonium, zu Wasser, zu Lande und in der Luft, über die unter anderen H. STROHM (Seite 604) berichtet. J. W. GOFMAN und A. R. TAMPLIN haben schon 1971 von einer unheimlichen Tatsache berichtet: Die *Mafia* sei Eigentümer oder kontrolliere einen guten Teil aller Transportunternehmen. Uran oder Plutonium könne ganz leicht einem „highjacking" zum Opfer fallen (Seite 201).
E. BRODA hat es später so formuliert: „Allgemein wird damit gerechnet, daß nicht nur Staaten, sondern sogar Organisationen oder Gruppen auf niedrigerer als staatlicher Ebene (Stichwort: Mafia) Bomben basteln können, falls sie in den Besitz des Sprengstoffes gelangen."
B. MANSTEIN (Seite 98 ff.) hat sich mehr als besorgt über das Risiko beim Transport radioaktiver Stoffe geäußert, die kreuz und quer durch die Welt befördert werden. Er schreibt: „Erst im Herbst 1975 wurde allgemein bekannt, daß allein die Bundesbahn im Jahre 1974 über 86.000 Sendungen mit radioaktiven Stoffen transportiert hat. Fast zur gleichen Zeit wurde im Bundestag die Forderung erhoben, ein Verbot für Luftwegbeförderung von Plutonium zu erlassen. Die Bundesregierung erklärte in ihrer Antwort, daß dazu nach ihrer Ansicht kein Grund vorläge." (Seite 100)
Das hat sich — natürlich — bis heute nicht geändert.
So wird munter weitertransportiert. Auch Plutonium und hochangereichertes Uran (B. MANSTEIN, Seite 102). Allenfalls wird dann bei einem Flugzeugunglück bekannt, daß auch strahlendes Material an Bord war. Welches, wird klarerweise vertuscht.
Zwischendurch verschwindet auch so manches. Zum Beispiel 200 Tonnen Natururan „irgendwo im Mittelmeer", 1968, man vermutete nach Israel. Der Fall ist bis heute ungeklärt.
Am 27. September 1977 ereignete sich in Colorado der 250. atomare Transportunfall in den USA seit 1971. Rund viereinhalb Tonnen Urankonzentrat flossen in einer dicken Schicht über Autobahn und Felder. Erst nach etwa 2 Wochen wurde alles, was mit dem heißen Brei in Berührung gekommen war, „entsorgt", die Erde metertief abgetragen. Inzwischen waren Autos in Menge durchgefahren. HOLGER STROHM („Was Sie nach der Reaktorkatastrophe wissen müssen", Seite 74): „Diese Menschen werden gute Aussicht haben, in den nächsten Jahrzehnten Lungenkrebs zu entwickeln." Durch Ventilation und Heizung sei jede Menge an strahlenden Partikeln in das Innere der Fahrzeuge gelangt und von deren Insassen eingeatmet worden.
Nach einem Report der amerikanischen Atomenergie-Kommission AEC werden im Jahr 2000 allein in den USA jährlich 100.000 Transporte mit *Plutonium* durchgeführt werden. Aber selbst wenn es nicht so viele sein werden, weil das Atomprogramm in den Vereinigten Staaten drastisch gekürzt wurde, hat das Wort des AEC-Spezialisten J. M. MORGAN volle Gültigkeit: „Es ist durchaus möglich, daß sich in Zukunft ein Unfall ereignen kann, der zu einer Katastrophe führt."
Wenn in der Bundesrepublik einmal *Wackersdorf* läuft, gilt dieser Satz auch uneingeschränkt für dieses Land.

Und Tschernobyl? Bekamen wir auch von dort Plutonium? Glücklicherweise war es nicht viel, weil der Reaktor nur einige Prozent des gesamten radioaktiven Inventars freisetzte und weil Plutonium in diesem Reaktortyp häufiger entnommen wird. Nicht einmal das aber wollten die Behörden zugeben. Ebenso wie beim Strontium ließ man sich Zeit, bis niemand mehr danach fragte. Aber beide, Strontium und Plutonium, kamen auch aus Tschernobyl.

Zwentendorf: Das „Museum für überflüssige Technologie“*)

Das durch die *Volksabstimmung vom 5. November 1978* zum „Atommuseum“ gewordene österreichische Kernkraftwerk in Zwentendorf an der Donau wurde nur 30 Kilometer westlich der Großstadt Wien errichtet — die damit genau in der Hauptwindrichtung liegt —, auf einer, wie der Geologe ALEXANDER TOLLMANN feststellte, „Katastrophenbebenzone“, mit einem nach dem Physiker WOLFGANG KROMP explosionsgefährdeten Reaktordruckgefäß, einem Rohrsystem aus ungeeignetem Stahl, mit einem Wirkungsgrad von zirka 30% ein „Durchlauferhitzer“ für die Donau, ohne gesichertes „Endlager“ für den hochradioaktiven Müll. Und ohne zwingenden Bedarf, obwohl die Betreiber damals erklärten: „...damit die Lichter in Wohnungen und Büros nicht verlöschen.“

HELMUT VOSKA schrieb vor der Abstimmung (4. Juli 1978) im Profil:

> „Als Unfallfolge einer Explosion des Zwentendorfer Reaktordruckgefäßes würden Teile oder sogar der gesamte Inhalt an radioaktiven Stoffen austreten‘, heißt es im Regierungsbericht. Vor dem parlamentarischen Atomausschuß erläuterte Kernkraftbefürworter DR. GRÜMM, daß es sich beim Gau, dem größten anzunehmenden Unfall, um jenen Unfall handelt, der von Experten als mit einer gewissen Wahrscheinlichkeit möglich erachtet wird und der zu keinen Konsequenzen für die Bevölkerung führen darf. GRÜMM: ‚Unfälle, die jenseits dessen liegen, liegen in der Größenordnung der Tötung einer Million Menschen wie durch ein Erdbeben.‘ In der bundesdeutschen IRS-Studie („Die Auswirkungen schwerer Unfälle in Wiederaufbereitungsanlagen und Atomkraftwerken. Abdruck und Interpretation zweier vertraulicher Studien des Instituts für Reaktorsicherheit) heißt es dazu ergänzend, daß dann mit einer Verseuchung bis zur Unbewohnbarkeit eines Gebietes von hunderten Kilometern im Umkreis zu rechnen ist. Dieses bisher unterschätzte Gefahrenpotential wird inzwischen auch von den Kernkraftbefürwortern zugegeben.“

Nach Angaben der Verbundgesellschaft (VERBUND—PRESS Nr. 15, 21. Juli 1986) betrugen die *Baukosten* für Zwentendorf 7,350 Milliarden Schilling. Den Wertverlust mit historischen Anschaffungswerten zu beziffern, sei aber unzulässig: „Der tatsächliche Verlust für die Elektrizitätswirtschaft beträgt auf Basis des heutigen Wiederanschaffungspreises vielmehr rund *20 Milliarden Schilling.*“

Gut, daß in Österreich außer den ewiggestrigen Atomlobbyisten niemand daran denkt, irgendein Zwentendorf wieder anzuschaffen.

Nachdem man 1984/85 die günstigste Gelegenheit, Zwentendorf zu verkaufen, ungenutzt vorbeigehen ließ und stattdessen mit allen Mitteln an der Wiederbelebung des Atom-Geisterschlosses durch eine neue Volksabstimmung arbeitete, gibt man jetzt den Atomenergiegegnern und dem verblendeten Volk die Schuld, daß Zwentendorf nur

*) Diesen Begriff verdanken wir Hanswerner Mackwitz

noch zum Schrottwert zu verkaufen ist. Eine 8,4 Millionen teure Studie der US-Beratungsagentur Bechtel war notwendig, um das zu beweisen.

Die „Nachfrage“ nach Tschernobyl übertraf natürlich noch die kühnen Erwartungen der Strom-Bosse. Verbund-Generaldirektor WALTER FREMUTH: „Die Studie hat meine schlimmsten Erwartungen übertroffen. Ein Trauermarsch wäre angebracht.“ Ergebnis der Studie:

- Der Verkauf von Einzelkomponenten ohne „Liquidierung“ der Anlage hätte rund 600 Millionen Schilling gebracht.
- Der Gesamtverkauf — mangels Nachfrage kaum möglich — könnte „ein Resultat von Null unter dem Strich ermöglichen“.
- Der Verkauf von Einzelkomponenten bei totalem Abriß der Anlage kostet rund 600 Millionen Schilling.

Das heißt mit anderen Worten: Der Abriß von Zwentendorf kostet 1,2 Milliarden Schilling. Außer Spesen nichts gewesen.

Und die Lichter brennen immer noch.

Dabei hatte nach der Volksabstimmung, die von der Atomlobby nie akzeptiert wurde, alles so hoffnungsfroh wiederbegonnen. Im Mai 1980 z. B. hatten sich die Strom-Gewaltigen mit den „Sozialpartnern“ in der Gesellschaft für Energiewesen und im Österreichischen Atomforum zusammengesetzt und hinter verschlossenen Türen die Koordinierung einer neuerlichen Kernenergiekampagne beschlossen. Die Protokolle gerieten dennoch in die Öffentlichkeit. Ein Auszug aus dem Punkt „Inhalt der Kampagne“ zeigt, welcher Methoden sich die Atomlobby zu bedienen gedachte: „Grundsätzlich sollte die Kampagne

- einerseits den Politikern, Journalisten und sonstigen Opinion-leaders sachliche Antworten und Informationen zu offenen Fragen, insbesondere Entsorgung, Alarmplan und Strahlenschutzüberwachung, geben,
- andererseits aber auf eher einfache und mehr emotionelle Weise die breiteren Schichten, insbesondere auch die Frauen, von der Notwendigkeit des Kernkraftwerkes und von seiner Ungefährlichkeit zu überzeugen.

An konkreten Maßnahmen... wurden zunächst genannt:

- Eheste Durchführung eines Rhetorikerseminars für die in der Kampagne eingesetzten Funktionäre und Fachexperten;
- Persönliche Gespräche von Spitzenfunktionären mit einzelnen Politikern...
- Von Spitzenfunktionären begleitete Reisen von Opinion-leaders zu einschlägigen Anlagen im Ausland;
- Drastische Hinweise der Bevölkerung auf die praktischen Folgen einer möglichen Stromknappheit durch Durchführung eines Stromspartages (wie seinerzeit in Zürich) mit etwa folgenden Maßnahmen:
- Verdoppelung der Straßenbahnintervalle, Stillegung der Aufzüge, keine Schaufensterbeleuchtung, Halbierung der Straßenbeleuchtung;
- Hinweis der Stromkunden auf ihren gestiegenen Stromverbrauch durch entsprechende Beilage zu den Stromrechnungen.“

Natürlich wurden auch die Kosten einer solchen Kampagne besprochen. In der Schweiz habe die vor der entscheidenden Volksabstimmung durchgeführte Kampagne 7 bis 8 Millionen Franken (rund 50 bis 60 Millionen Schilling) erfordert. In Österreich wurde seitens der Elektrizitätswirtschaft „darauf verwiesen, daß die Industrie zu den Kosten der laufenden Kampagne wesentlich beitragen müsse.“

Als dieses Papier an die Öffentlichkeit kam, distanzierten sich die Spitzenfunktionäre von einigen Punkten, vor allem vom Projekt „Energiespartag“. Dennoch bleibt ein un-

gutes Gefühl zurück. Aber wenigstens hat die Atomlobby einmal schwarz auf weiß bescheinigt, daß sie emotionell agitiert.
Nach Tschernobyl erklärten die Politiker unisono, Zwentendorf sei tot. Nur die Trauer um die verlorenen Milliarden war groß. Zum Trost sollten sich die Trauergäste vor Augen halten, daß allein die Beseitigung des Atommülls 9 Milliarden Schilling gekostet hätte — in Rußland. Die Chinesen hätten, wie man hörte, 20 Prozent mehr verlangt. Rechnet man die Milliarden für den Abriß der strahlenden Ruine hinzu, steigen die Volkswirtschaft und die Stromkunden — und um die geht es doch eigentlich — noch gut aus. Wir sind noch einmal davongekommen...

Atommüll

„Vergiftet weiterhin Euer Bett und Ihr werdet
eines Nachts in Eurem eigenen Mist ersticken."
Indianer-Häuptling SEALTH (SEATTLE) an
Gouverneur Isaac Stevens, 1855

ENDLAGERUNG OHNE ENDE

Zu den signifikanten Radioisotopen im Uranbrennstoff und in den abgebrannten Brennelementen gehören auch extrem langlebige. Hier einige Beispiele (nach A. G. HERRMANN, Seite 36 f.)

Radioisotop	Halbwertszeit/Jahre
Kohlenstoff-14	5.730
Zirkonium-93	1.500.000
Technetium-99	210.000
Jod-129	15.700.000
Cäsium-135	2.000.000
Radium-226	1.600
Thorium-229	7.340
Thorium-230	75.400
Uran-234	240.000
Uran-235	700.000.000
Uran-238	4.500.000.000
Neptunium-237	2.100.000
Plutonium-239	24.110
Plutonium-240	6.550
Plutonium-242	376.000
Americium-243	7.370

Diese Radioisotope müssen für die Gesamtdauer ihrer Wirksamkeit von der Biosphäre getrennt werden. „Das Gegenteil würde besonders in dicht besiedelten Gebieten wie der Bundesrepublik Deutschland nicht vorhersehbare Folgen haben." (A. G. HERRMANN, Seite 66) Zu welchen Katastrophen es kommen kann, zeigte die Plutonium-Explosion im Südural Ende der fünfziger Jahre. Diese Abfälle müssen zum Teil *viele Millionen* von Jahren aus der Umwelt ferngehalten werden, es wird also quasi eine ,,ewig dauernde Isolierung" benötigt, die schwer vorstellbar ist.

Besonders gefährlich sind die *Transurane*. B. MANSTEIN schreibt: ,,Gerade bei diesen künstlichen Elementen, die meist Alpha- und Gammastrahler und nur zum Teil Betastrahler sind, fehlen uns praktisch alle Erfahrungen, obwohl am Plutonium abgelesen werden kann, mit welchen Problemen wir zu rechnen haben werden... Diese neu gebildeten, ökologisch praktisch unerforschten künstlichen Elemente stelien wahrscheinlich die größte Hypothek dar, die diese Generation allein späteren aufbürdet, um für eine kurze Zeit vielleicht einige sehr zweifelhafte Vorteile zu genießen. Es darf daher für alle, die es ernst mit ihrer Sorge um die Menschheit meinen, keinen Kompromiß mit der Kernspaltungsindustrie geben. Die Spaltwerke müssen ihre Arbeit einstellen." (Seite 206 ff.)

Die Deponierung radioaktiver Abfälle ist weltweit ein ungelöstes Problem. H. STROHM beschreibt die ganz alltäglichen Schwierigkeiten so (Seite 689 ff.): ,,Schwach- bis mittelradioaktive Abfälle werden einfach ins Meer gepumpt (Großbritannien, Japan), ins Erdinnere gepumpt (UdSSR) oder in hochkonzentrierter Form umgewandelt und in riesigen Stahlbehältern aufbewahrt (USA). Problem: Kein Behälter kann der durchschnittlichen Temperatur von 300 Grad Celsius und der Strahlung länger als 20 bis 30 Jahre widerstehen."

USA und UdSSR versenken ihren radioaktiven Müll aber auch ins Meer. 1980 wurde die Weltöffentlichkeit durch Berichte amerikanischer Meeresbiologen geschockt. Sie hatten festgestellt, daß Spezialfässer mit radioaktivem Inhalt leck geworden waren und die Küste vor San Francisco verseuchten. Die auf dem Meeresgrund gemessene Radioaktivität war 2.000mal stärker als durch die Rückstände von Atombombenversuchen. In den Fischen dieses Hauptfischfanggebietes entdeckten die Forscher 188mal höhere Plutoniumwerte als bei vergangenen Atomtests. Sie erklärten, das Plutonium werde nun 500.000 Jahre lang die Fischkulturen vergiften (KURIER, 9. Oktober 1980).

Ein nach Schweden geflüchteter sowjetischer Ingenieur berichtete Ende August 1985, daß die UdSSR vor der Küste von Tallinn größere Mengen radioaktiven Abfalls in der Ostsee versenke. Durch ein Leck in einer Anlage zur Aufnahme radioaktiver Abfälle aus sowjetischen Atom-U-Booten sei mindestens ein Beschäftigter getötet worden. Der russische Ingenieur erklärte: ,,Im Westen kann sich niemand die Nachlässigkeit vorstellen, mit der dort Atommüll behandelt wird." (SALZBURGER NACHRICHTEN, 31. August 1985; SÜDDEUTSCHE ZEITUNG, 1. September 1985)

Salzbergwerke werden noch ,,für die beste aller schlechten Methoden" zur Lagerung von Atommüll gehalten. Das gilt auch für hochradioaktive Abfälle. Für die Bundesrepublik Deutschland ist das Endlager für diesen Müll nach wie vor in *Gorleben* vorgesehen. Ursprünglich war geplant, dort auch die Wiederaufbereitungsanlage unterzubringen. Dieses, von der Nuklearindustrie als ,,Entsorgungspark" verniedlichte Projekt kam aber u. a. durch das sogenannte ,,Gorleben-Hearing" in Hannover vom 28. März bis 3. April 1979 nicht zustande. 20 Experten aus 5 Ländern waren in einem Punkt einig: ,,Das geplante Entsorgungszentrum bei Gorleben ist auf der Basis der offiziellen Unterlagen und unter Bezug auf die sicherheitstechnischen Fragen *nicht* realisierbar." (WALTER PATTERSON, Kernphysiker und Berater der Umweltschutzorganisation ,,The Friends of the Earth", London)

Die niedersächsische Landesregierung mußte einen totalen Rückzieher machen, die Wiederaufbereitungsanlage fahren lassen und der Bundesregierung eine neues Entsorgungskonzept empfehlen.

Die wichtigsten Punkte:

- Einrichtung sicherer Zwischenlager,
- Vorantreiben der Forschungs- und Entwicklungsarbeit zur sicheren Endlagerung radioaktiven Abfalls,
- Tiefbohrungen und bei positivem Ergebnis bergmännische Erschließung des Salzstockes in Gorleben,
- Entscheidung über die zweckmäßigste Form der Behandlung und Endlagerung radioaktiven Abfalls erst dann, wenn Klarheit über die energiepolitische Zukunft besteht.

Die besteht bis heute nicht. Die Hoffnung der Atomlobby, daß sich Salzstöcke und insbesondere Gorleben doch noch als geeignete Müllschlucker erweisen werden, wird von unabhängigen und unbestechlichen Experten auch für die Zukunft atomisiert.

ALBERT GÜNTER HERRMANN, Professor am Geochemischen Institut der Universität Göttingen, schrieb 1983: „Bei allen Entscheidungen müssen wir jedoch von der Einsicht ausgehen, daß die Endlagerung hochradioaktiver Abfälle in Salzstöcken, entgegen einer These von v. WEIZSÄCKER (1978), weder eines der besten noch das beste Verfahren der Welt ist. Es gibt keine Gesteinsart, welche die geologischen und mineralogischen Voraussetzungen für eine ‚beste Lösung' besitzt." (Seite 203)

Viel schlimmer noch hat ECKHARD GRIMMEL, Professor am Institut für Geographie und Wirtschaftsgeographie an der Universität Hamburg, das Projekt zerzaust (Seite 99 ff.): „Der nach dem Ort Gorleben an der Elbe genannte Salzstock sollte eigentlich den Namen Gorleben-Rambow führen, denn er setzt sich unter der Elbe bis zum Ort Rambow in der DDR fort.

Daß dieser Salzstock für eine genaue Untersuchung bestimmt wurde, ist aus geowissenschaftlicher Sicht unbegreiflich. Aber nicht nur deshalb, weil man aus politischen Gründen nur eine Hälfte des Salzstockes überhaupt untersuchen kann, sondern vor allem, weil sich anhand der bestehenden geowissenschaftlichen Veröffentlichungen über den Salzstock und die Region, in der er liegt, leicht nachweisen läßt, daß dieser Salzstock als Atommüll-Deponie völlig unbrauchbar ist. Von den... allgemeinen geologischen Kriterien erfüllt er nicht ein einziges:

1. Auf dem Gebiet der DDR sind aus Präzisionsnivellements (genaue Höhenvermessungen) starke, in der Gegenwart ablaufende Erdkrustenbewegungen abgeleitet worden. Diese dürften an der Grenze zwischen DDR und Bundesrepublik sicher nicht haltmachen.
2. Der Salzstock Gorleben-Rambow liegt mit an Sicherheit grenzender Wahrscheinlichkeit auf einer Bruchstörung der tieferen Erdkruste in der Verlängerung des Oberrhein-Hessen-Leine-Grabens.
   Ruckartige Krustenverschiebungen entlang der Störung sind für die Zukunft nicht auszuschließen. Sie können Erdbeben nicht vorhersagbarer Stärke auslösen.
3. Schon einmal hat in dieser Region ein Erdbeben stattgefunden, und zwar im Jahr 1410. Es war das stärkste Erdbeben Norddeutschlands in historischer Zeit...
4. Der Salzstock ist von einem Salzspiegel gekappt und steht in Verbindung mit dem Grundwasser.
   Als Folge von Salzauflösung sind an der Erdoberfläche mehrere geologisch sehr junge Einbruchsenken entstanden. Weitere Einbrüche können erfolgen und, nach den bisherigen Erfahrungen, Einsturzbeben bis zu einer Intensität von VIII erzeugen.
5. Die Deckschichten über dem Salzstock und an dessen Flanken sind als Folge von Diapirismus (Verformung beim Emporsteigen von Gesteinen; Anmerkung des Autors) und Tektonik mit zahlreichen Bruchstörungen durchzogen...

Aus diesen Fakten ergibt sich, daß ein Endlager-Bergwerk für radioaktive Abfälle im Salzstock Gorleben-Rambow der Gefahr des Absaufens besonders ausgesetzt wäre... Dann würde eine langfristige Verseuchung des Grundwassers eingeleitet werden, die von niemanden gestoppt werden könnte."

Derzeit versucht man das Problem des Deponierens des hochradioaktiven Abfalls durch *Einschmelzen in Glas* (Borosilikatglas) zu lösen. Im Inneren der Glasblöcke treten Temperaturen unter 300°C auf, im Bereich von einigen Zentimetern um die Container erhitzt sich das Steinsalz auf maximal 200°C (A. G. HERRMANN, Seite 199). Obwohl schon seit vielen Jahren im aufgelassenen Salzbergwerk ASSE II mit solchen Glaskörpern experimentiert wird, sind die Probleme bis heute ungelöst. Im Glaskörper entsteht durch den ständigen Alpha-Zerfall *Helium*, das — ebenso wie der Hitzestau — zum explosionsartigen Zerspringen des Containers führen kann.

Weltweit weiß man noch nicht, was mit den hochradioaktiven Abfällen, die sich ständig vermehren, eigentlich geschehen soll. H. STROHM hat diese Situation als „kriminell" bezeichnet. Wie ausweglos selbst die beiden Großmächte die Lage einschätzen, zeigen Wahnsinnsprojekte wie der Abschuß von Atommüll-Raketen zur Sonne oder die Deponierung in Behältern auf den Polarkappen.

Länder, die es sich leisten können, exportieren das ungelöste Problem ins Ausland. Die Bundesrepublik Deutschland läßt in *La Hague* und *Großbritannien* „teilentsorgen". Im Oktober 1985 wurden weitere Gespräche mit *China* in bezug auf eine Teilentsorgung von 57 Tonnen pro Jahr in der Wüste Gobi geführt. Kommentar von ULI FRANZ in der ZEIT vom 4. Oktober 1985: „Bedenken, daß mit dieser Weitergabe von kernwaffenfähigem Plutonium der Atomwaffensperrvertrag verletzt werde, sind hinter dem vitalen Interesse nach Wirtschaftskontakten zu China zurückgetreten." Auch eine Form von „Entwicklungshilfe", wie immer auf dem Rücken der betroffenen Bevölkerung. Oder, wie BERNHARD MOLTMANN anläßlich des deutsch-brasilianischen Atomvertrages formulierte: „Gerade die Nukleartechnologie bringt Formen der Abhängigkeit mit sich, die sich nicht mit den traditionellen Maßstäben messen lassen." Die Nukleartechnik sei vor allem für „solche Regime attraktiv, deren Legitimationsbasis umstritten ist".

ÖSTERREICHS ATOMMÜLL

Obwohl Zwentendorf tot ist, hat auch Österreich sein Atommüllproblem. Es wirkt nur — wie so vieles in „Kakanien" — zwergenhaft-grotesk. Grotesk wie die späte Erkenntnis im Juli 1986, daß der Mini-Atom-Forschungsreaktor im Wiener Prater seit fast zwei Jahrzehnten ohne strahlenrechtliche Genehmigung lief.

Österreich verfügt über keine Endlagerungsstätte für radioaktiven Müll. Daher werden die radioaktiven Abfälle aus Industrie, Medizin und Forschung im Forschungszentrum Seibersdorf (unweit von Wien, in Niederösterreich) gelagert.

Nach der vom Österreichischen Bundesinstitut für Gesundheitswesen durchgeführten „Abfallerhebung 1984" kommen immerhin *7 Tonnen radioaktive Abfälle* zusammen (von Betrieben bekanntgegebene Menge). Seit Tschernobyl wird zusätzlich eine Unzahl von verstrahlten Luftfiltern und Klimaanlagen in Seibersdorf gelagert. Die Angaben, wann das Zwischenlager randvoll ist, reichen von 1 Jahr bis zu 3 Jahren. Dann ist Schluß. Und dann?

AUSGEBRANNTE KERNKRAFTWERKE

Nichts zeigt deutlicher, daß die Atomenergie ein ausgebrannter Fall ist, als schrottreife, außer Betrieb gestellte Reaktoren. Normalerweise ist ein Atomkraftwerk nach 20 bis 30 Jahren eine strahlende Ruine. Es gibt aber auch andere Fälle. Zum Beispiel das Kernkraftwerk *Niederaichbach* bei Landshut an der Isar. Genau 18 Tage lieferte das 230-Millionen-Mark-Prunkstück Strom ans Netz, ehe Materialfehler und ständige Pannen den Betrieb ein für allemal stoppten, exakt am 31. Juli 1974. Kein Einzelfall übrigens: auf der ganzen Welt wurden bisher über 100 Atommeiler stillgelegt. Nach einer EG-Studie müssen allein in Westeuropa bis 1990 sechzehn und bis zum Jahr 2000 fünfzig Reaktoren stillgelegt werden. Daß der Abbruch so einfach nicht ist, stellt man erst heute fest. Denn in so einer „Kernkraftkiste" ist der ganze Kern radioaktiv, entweder durch oberflächlich abgelagerte radioaktive Stoffe oder durch Material, das durch Neutronenbeschuß selbst radioaktiv wurde. Je länger es im Betrieb war, desto mehr. In Niederaichbach sind es mehrere tausend Curie.
Das Kernforschungszentrum Karlsruhe hat zur Beerdigung des Kernkraftwerks Niederaichbach einen schön-bunten Prospekt herausgegeben. Dem ist zu entnehmen, daß insgesamt etwa 130.000 Tonnen Abfall zu beseitigen sind, davon 1.300 Tonnen „wiederverwertbare kontaminierte Stahlteile (Wiederverwertung durch Einschmelzen im Kernforschungszentrum Karlsruhe) und einer Aktivität von 2 Curie sowie 1.300 Tonnen „radioaktive Abfälle zur Endlagerung" mit einer Aktivität von 1.998 Curie. Die Abgabe von Radioaktivität mit der „Fortluft" (Aerosole, Tritium) und mit dem Abwasser liege „weit unterhalb der zulässigen Grenzwerte". Im Strahlenschutz ausgebildetes Personal und behördliche Kontrollen würden „einen sicheren Abbaubetrieb und den Schutz der Bevölkerung und Umgebung" gewährleisten. Die Kosten beliefen sich auf ca. 100 Millionen DM.
Dieser Abbruch ist in gewisser Weise eine Weltpremiere. Die Atomlobby möchte damit die sichere Beseitigung strahlender Kernkraftwerksruinen beweisen. An einem für sie mehr als günstigen Projekt, denn: „Neuere Kernkraftwerke haben eine zehnmal höhere Leistung. Überdies waren sie meist viele Jahre im Dienst und nicht nur 18 Tage wie das in Niederaichbach. Die Strahlung ist deshalb um ein Vielfaches höher; beim Abriß gibt es mehr radioaktiven Müll, der weit stärker strahlt." (DER SPIEGEL, 28/1986) Der Abriß kostet dann auch nicht 100, sondern 400 bis 500 Millionen DM.
Das ist aber nicht die einzige Augenauswischerei: Der kontaminierte Stahl wird nämlich, nach Berichten im SPIEGEL (27/1985 und 28/1986), nicht im Kernforschungszentrum Karlsruhe eingeschmolzen (dort soll nur zwischengelagert und ab Anfang 1989 endgelagert werden), sondern von Gießereien in der Bundesrepublik wiederverwertet werden (DER SPIEGEL, 15. September 1986). So wie verstrahltes Metall aus Brunsbüttel, Würgassen, Gundremmingen und Ohu, das nach der Umrüstung — sämtliche Rohrleitungen und Ventile des nuklearen Teils mußten durch einen geeigneteren Stahl ersetzt werden (K. JENS) — aller Siedewasserreaktoren Anfang der achtziger Jahre reichlich herumliege.
Das Einschmelzen des Atomschrotts werde gut bezahlt, die Öfen seien besser ausgelastet. Das Geschäft mit dem Atomschrott habe Zukunft, sagen die Hüttenbesitzer. Es müsse nur, da sie ohne Genehmigung arbeiten, der genehmigungsfreie Grenzwert von 74 Becquerel pro Gramm eingehalten werden.
Aber das sind Kindergartenspiele gegen ausgediente Schnelle Brüter à la Kalkar. Ihr späterer Abbruch ist laut SPIEGEL (27/1985) ein „unkalkulierbares Risiko".

Störfälle — Unfälle — Katastrophen

WIE 1000 HIROSHIMABOMBEN

Wie schon nach dem Reaktorunfall in Harrisburg wurde auch nach Tschernobyl von seiten der Atomlobby in der Bundesrepublik betont, die deutschen Atomkraftwerke seien die sichersten der Welt. DIETER VON EHRENSTEIN, Kernphysiker und Hochschullehrer an der Universität Bremen, erklärte dazu (E. SIEKER u. a. Seite 57): ,,Vor solchen selbstgerechten Aussagen muß heute erneut eindringlich gewarnt werden. Denn in der Bundesrepublik hatten sich immerhin die Unfallvorkommnisse im Kernkraftwerk Brunsbüttel in der Nähe von Hamburg zugetragen. Bekanntlich entströmten am 18. Juni 1978 fast drei Stunden lang dem Primärkreislauf dieses Reaktors nach dem Abreißen eines Stutzens etwa 145 Tonnen schwach radioaktiv verseuchter Dampf, der über den Kamin, aber auch unkontrolliert teilweise über Druckentlastungsklappen unmittelbar ins Freie abgegeben wurde.'' Der Bremer Physiker sieht eine deutliche Parallele zu Tschernobyl: ,,Das eigenmächtige, nicht zulässige Eingreifen der Bedienungsmannschaft in das Reaktorschutzsystem, um die für derartige Unfälle vorgesehene Schnellabschaltung des Reaktors zu verhindern.'' Der übliche Konflikt zwischen Ökonomie und Sicherheit taucht auf oder, wie D. v. EHRENSTEIN es formuliert, ,,der Zielkonflikt zwischen der immer wieder als absolut vorrangig betonten Sicherheit und dem betrieblichen Interesse an hohen Erfolgsbilanzen sowie an der Demonstration der angeblichen und so oft propagierten ,Wirtschaftlichkeit des Atomstromes'''. Einmütigkeit der Atom-Manager aus Ost und West herrscht auch in puncto Vertuschung und Geheimhaltung von Unfällen. Das war nicht nur bei Brunsbüttel so, dem bisher ,,schwersten Störfall'' (H. STROHM, Seite 506) in deutschen Atomkraftwerken, sondern auch bei zahllosen anderen Fällen. Der Bundesverband Bürgerinitiativen Umweltschutz erklärte im September 1979 in seiner Materialiensammlung ,,Unfälle in Deutschen Kernkraftwerken'': ,,Während der Öffentlichkeit unablässig erzählt wird, die deutschen Kernkraftwerke seien die sichersten der Welt, ereignete sich nach diesen Unterlagen in den letzten beiden Jahren des Berichtszeitraumes im Durchschnitt alle drei Tage in einem deutschen Kernkraftwerk ein kleinerer oder größerer Störfall... Informationen über diese Störfälle werden vor der Öffentlichkeit streng geheimgehalten.''

Man muß sich die möglichen Folgen einmal aus der Kontrolle geratener Stör- und Unfälle einmal vor Augen halten: Die hochradioaktiven Abfallstoffe in einem großen Reaktor entsprechen den längerlebigen Spaltprodukten, die bei der Explosion von etwa 1.000 Hiroshimabomben entstehen würden. Das entspricht einer Milliarde Curie oder 37 Trillionen Becquerel oder 37 Milliarden mal einer Milliarde radioaktiver Zerfälle pro Sekunde. Ein Land mit solchen ,,Zielscheiben'' ist eigentlich nicht mehr zu verteidigen.
DIETER VON EHRENSTEIN hat dazu geschrieben: ,,Bereits das Ausstreuen derartiger Radioaktivitäten als ,radiologische Waffe' macht die betroffenen Länder und Kontinente auf Dauer unbewohnbar.''

Und *Murphys Gesetz* ,,Was schiefgehen kann, das geht auch schief'' gilt auch für die Atomenergie.
Wie immer nahmen die Kernenergiebefürworter statistische Taschenspielereien zu Hilfe, um den Bürgern ein X für ein U vorzumachen. So schrieb z. B. THOMAS VON RAN-

DOW, der als Berater an der Risikostudie der Gesellschaft für Reaktorsicherheit mitarbeitete, 1979: „In einem Kernkraftwerk vom Typ Biblis kann sich — statistisch betrachtet und aus welchem Grund auch immer — einmal in 10.000 Jahren ein Störfall ereignen, bei dem der Reaktorkern abschmilzt und Radioaktivität aus dem Kern ins Freie gerät. Falls dies geschieht, ist... in 60% der Fälle menschliches Fehlverhalten die Ursache."

Nach Tschernobyl klingt das besonders heuchlerisch. Ein Blick auf die bis dahin bekannt gewordenen schweren Unfälle hätte die Atomenergie-Fans auch schon vorher zu einem etwas gedämpfteren Optimismus bringen können. *Tabelle 33* enthält eine kurze Auswahl dieser Unfälle. Außerdem hatte die für die Bundesregierung in Bonn 1976 angefertigte „Risikostudie Kernkraftwerke" ergeben, daß mit einem großen Unfall in 10.000 Reaktorbetriebsjahren *weltweit* zu rechnen sei. Ende 1985 waren insgesamt 350 Atommeiler in Betrieb. Damit waren schon 3.500 Reaktorbetriebsjahre erreicht. Ein Kernschmelzunfall hätte danach statistisch ohnehin bald passieren müssen. 1979, in Harrisburg war es beinahe, 1986 in Tschernobyl war es tatsächlich so weit.

Die amerikanische Kontrollbehörde „Nuclear Regulatory Commission" hat kürzlich einen Bericht veröffentlicht, wonach die „Chance" einer Kernschmelze bei einem der 101 US-Reaktoren in den nächsten 20 Jahren 50:50 steht... Ein ehemaliger Vertreter der Behörde, ROBERT POLLARD, erklärte im Mai 1986, in 39 amerikanischen Atomkraftwerken sei eine Katastrophe wie in Tschernobyl durchaus möglich, da die Schutzgebäude unsicher wären. Man habe beim Bau von diesen Problemen gewußt, sie aber bewußt in Kauf genommen.

Tabelle 33

Schwere Unfälle und Beinahe-GAUs in Atomkraftwerken vor Tschernobyl

(Literatur: ZHORES MEDWEDJEW; A. G. HERRMANN, Seite 66; H. NOLLER, Seite 6; H. STROHM, Seite 495ff.; K. JENS, 1985; H. VETTER, Seite 247; DER SPIEGEL 19/1979 und 24/1986 u. a.)

Zeit	Ort	Unfallart	Folgen
1948	Atomversuchszentrum Hanford USA	Austritt von radioaktiven Stoffen (5.500 Curie), darunter Jod-131, mehr als in Harrisburg 1979	Die Bevölkerung wurde nicht untersucht, da man Jod-131 für unbedenklich hielt. Der Unfall wurde vertuscht und erst 1986 bekannt.
1952	NRX-Reaktor (Canada)	10.000 Curie Spaltprodukte fließen aus dem geschmolzenen Reaktorkern in den Keller	
Winter 1957/58	Atommülldeponie im Distrikt Tscheljabinsk (Südural) UdSSR	Unter Einfluß von Wasser kritisch gewordenes Plutonium	Hunderte Tote, Tausende Evakuierte, 100—1.000 km^2 verseuchtes Gebiet: 10^5—10^6 Ci Strontium-90 und andere Radionuklide
1957	Windscale/Wiederaufbereitungsanlage, GB	Graphitbrand im Plutonium produzierenden Reaktor	25.000 Curie werden frei. 40 Krebstote (Brit. Atomenergiebehörde); 500 km^2 verseucht
	„Windscale läßt uns ahnen, was uns in Wackersdorf blühen wird." (H. Noller)		
1961	Idaho Falls, USA	Explosion: Reaktorstäbe werden herausgeschleudert	Drei Techniker sterben durch Verstrahlung
1965	Kahl am Main, BRD	Regelstab verklemmt	Ein größerer Unfall wäre möglich gewesen (dicht besiedeltes Gebiet!)

Zeit	Ort	Unfallart	Folgen
3. Okt. 1966	Lagoona Beach, nahe Detroit	„Enrico Fermi" Foschungs-Brutreaktor geht fast durch (Ausfall des Natriumkühlsystems, Teilverschmelzung des Urans)	Beinahe-GAU: „Fast hätten wir Detroit verloren" (1,7 Mio. Einwohner)
1974	Europa	Unbekannter Unfall, Ort geheimgehalten. Radioaktive Niederschläge kamen aus Nordwesten	Tritiumwerte in Baumringen nördlich der Alpen 20 mal höher als südlich. In Österreich Salzkammergut und Hinterstoder besonders betroffen
1974	Schewtschenko am Kaspischen Meer	Störung im Schnellen Brüter; CIA meldet geheimgehaltene schwere Explosion	unbekannt
1975	Browns Ferry USA (Alabama)	Eine offene Kerze verursacht einen Kabelbrand, der die gesamten elektrischen Steuerzentren lahmlegt. Die Haupt-Notkühlung versagt.	Beinahe-GAU
1977	BRD	35 Unfälle in den letzten 5 Jahren wegen mangelnder Sicherheit	
1977	Japan		Untersuchungsausschuß überprüft den Strahlentod von 75 Arbeitern. Totenscheine wurden gefälscht.
1977	Tokio	3 Kraftwerke werden wegen schwerer Defekte stillgelegt	
1978	Tihange, Belgien		Zahlreiche Beschäftigte erhalten eine Überdosis von Jod-131
1978	Brunsbüttel, BRD	Leck im Kühlkreislauf	Beinahe-GAU; 100 Tonnen radioaktiv verseuchter Dampf treten aus.
1978/79	Bjelojarsk, UdSSR	Kühlsystem durch Feuer in Maschinenhalle gefährdet	Behörden beginnen mit der Evakuierung der nahen Siedlung Zaretschnij. Keine offiziellen Berichte.
1978	BRD	Nur ¼ der KKW funktioniert.	
1978	USA	2.835 Zischenfälle in Kernkraftwerken registriert	Praktisch alle KKW der USA müssen ihre Produktion aus Sicherheitsgründen vorübergehend einstellen.
28. März 1979	Harrisburg, USA	Versagen des Kühlsystems und Zusammentreffen mehrerer Systemfehler	Teilweise Kernschmelze, Beinahe-GAU. Die Behörden sind ratlos. Freisetzung von großen Mengen an radioaktiven Edelgasen und Jod-131.*) 200.000 Menschen auf der Flucht. Erhöhte Strahlenwerte noch in 36 km Entfernung. Signifikantes Ansteigen der Säuglingssterblichkeit. US-Gesundheitsminister Califano gibt bis zu 10 zusätzliche Krebstote zu. Gerichtliche Schadenersatzforderungen

*) H. Strohm (Seite 528) gibt folgende Zahlen an: 15 Millionen Curie-Xenon-133 und 15.000 Curie an Jod-131. Wieviel sonst noch abgegeben wurde, sei nicht gemessen worden.

Zeit	Ort	Unfallart	Folgen
			(Stand 1985): 1,4 Milliarden DM. In den Unglücksreaktor wurde bisher 1 Milliarde Dollar investiert.
8. März 1981	Japan	Unfall im Kühlsystem des KKW Tsuryga (Ventile bleiben aus Versehen offen)	40.000 Liter radioaktiv verseuchtes Wasser fließt aus. Arbeiter versuchen, es mit Kübeln aufzufangen und erleiden schwere Strahlenschäden.
1981	La Hague, Frankreich	Brand in einem unterirdischen Atommülllager	Erhebliche Mengen von Strontium und Cäsium werden freigesetzt, einige Arbeiter und Feuerwehrleute verseucht. „Hinhaltetaktik" des Managements bei der Aufklärung des Unfalls.
1981	Biblis, BRD	Bildung einer Dampfblase im Reaktordruckbehälter	Beinahe-GAU
1982	Ginna, USA	Heizrohrbruch im Dampferzeuger	Beinahe-GAU
1983	Wolgodonsk, UdSSR	Schwerer Unfall in der Reaktorfabrik Atommasch	fraglich; Geheimhaltung
1984	Bugey, Frankreich	Ausfall des Kühlsystems und zweier Notaggregate im AKW, Batteriepanne	Bisher schwerster Unfall in einem französischen AKW, Beinahe-GAU
1985	Pickering, Canada	Freisetzung von radioaktivem Staub	Verseuchung von zahlreichen Arbeitern. Gewerkschafter erklären, man müsse langfristig mit Gesundheitsschäden rechnen.
9. Juni 1985	Davis-Besse, USA (Ohio)	Ausfall des Kühlsystems	Ähnliche Entwicklung wie in Harrisburg, Beinahe-GAU. Ein „aufmerksamer Angestellter" verhindert das Schlimmste.
19. Juli 1985	Kalkar, BRD	Natriumbrand im Schnellen Brüter durch Austritt von Natrium (Kühlmittel) durch ein Leck	
1985	Hamm-Uentrop, BRD	Teilversagen der Langzeitabschaltung im Hochtemperaturreaktor	Beinahe-GAU
5. Jän. 1986	Muskogee, USA	Explosion von Uranhexafluorid (14 Tonnen) durch „falsches Wiegen"	1 Arbeiter getötet, 36 weitere Beschäftigte schwer verletzt. Mehrere Tonnen hochgiftiges Uranhexafluorid werden freigesetzt. Anrainer leiden an Haut- und Augenerkrankungen sowie starken Verätzungen. Die radioaktive Wolke zieht 30 km weit
1986	Cattenom, Frankreich	Noch vor Inbetriebnahme des Monster-Nuklearwerkes überschwemmen 400.000 Tonnen (!) Kühlwasser die Keller des Reaktorgeländes mit den unverzichtbaren Pumpanlagen und elektrischen Leitungen	

Insgesamt sind seit den Anfängen der „friedlichen" Kernenergienutzung offenbar schon zehntausend größere und kleinere Stör- und Unfälle passiert. DIETER VON EHRENSTEIN (E. SIEKER u. a., Seite 59) hat die Befürchtungen der kritischen Wissenschafter aufgrund dieser Erfahrungen so formuliert:

„Zusammenfassend muß man feststellen, daß alle heute gängigen Kernreaktoren Schwachstellen aufweisen und daß ein Super-GAU grundsätzlich bei keinem Atomkraftwerk auszuschließen ist. Bei den unterschiedlichen Konstruktionen sind diese Schwachstellen — mehr oder weniger gravierend — an unterschiedlichen Punkten des einzelnen Reaktors beziehungsweise des unterschiedlichen Reaktorkonzepts zu finden. In diesem Zusammenhang sei zum Beispiel auch an den Schnellen Brüter erinnert, bei dem sogar eine nukleare Exkursion („atombombenähnliche Explosion") nicht auszuschließen ist.*) Auch verfügen noch nicht einmal alle Kernkraftwerke in der Bundesrepublik über eine äußere Betonhülle, beziehungsweise diese Hülle hat nicht die Dicke, wie sie bei den neueren deutschen Reaktoren anzutreffen ist...
Da die Havarie in Tschernobyl durchaus nicht den größten denkbaren Unfall darstellt, können mögliche Schadensfolgen bei einem weiteren Super-Gau noch erheblich über den jetzt aufgetretenen Schäden liegen, die immerhin schon kontinentale Ausmaße haben. Lang andauernde Unbewohnbarkeit großer Teile unseres Kontinents würde die Folge sein."

CARL FRIEDRICH VON WEIZSÄCKER hat — noch in der Zeit als Befürworter der Kernenergie — die unterirdische Bauweise für alle Atomkraftwerke und das Zwischenlager in Gorleben gefordert. Die Atomlobby hat solche Warnungen nie ernst genommen und ihre Anlagen als weithin sichtbare Symbole ihrer Macht in unmittelbarer Nähe dichtbesiedelter Gebiete oder sogar in der Nähe großer Städte errichtet. Die unvorstellbaren Folgen im Katastrophenfall wurden vom Institut für Energie- und Umweltforschung im Auftrag der Stadt Schweinfurt für das Beispiel des Atomkraftwerkes Grafenrheinfeld erhoben — der 1.300-Megawatt-Koloß liegt nur 3 Kilometer außerhalb der Stadtgrenze Schweinfurts: Bei einem Reaktorunfall mit Kernschmelze, Dampfexplosion und Verlust der äußeren Schutzhülle würden innerhalb von vier Stunden bis zu 46.000 Menschen in der Stadt getötet werden.

TSCHERNOBYL

Menschliches Versagen war das Entscheidende. Auf diese Formel läßt sich die Ursache für den Super-Gau in der Ukraine in der Nacht vom 25. auf den 26. April 1986 bringen. Aus dem *Bericht*, den eine sowjetische Delegation im August darauf der *Internationalen Atomenergieorganisation* IAEO in Wien vorlegte, geht hervor, daß ein Experiment außer Kontrolle geriet. Es wurde getestet, was passiert, wenn die Verbindung zum äußeren Stromnetz ausfällt: Ein, so der deutsche Physiker DIETER VON EHRENSTEIN, auch in westlichen Reaktoren durchaus üblicher Test. Was daran „menschlich" war, hat MICHAEL SIEGERT im Profil beschrieben: Eine „kommerzielle Elektrofirma" war beauftragt worden, zu prüfen, ob die Laufenergie der Dampfturbine des Reaktors aus-

*) Der amerikanische Experte ROBERT POLLARD, einst Projektleiter der staatlichen Nuclear Regulatory Commission, sagte in einem SPIEGEL-Interview (9. April 1979) nach dem Beinahe-Tschernobyl in Three Mile Island: „Wenn in dem Schnellen Brüter etwas Vergleichbares passiert wie in Harrisburg, dann ginge es nicht nur um ein Durchbrennen, denn ein Brüter würde hochgehen wie eine Atombombe."

nutzbar wäre, um Notstrom zu erzeugen. Ein ausgefeiltes Bedienungsprogramm (Computerprogramm) für das Experiment fehlte. „Die Techniker hätten, da es sich um ein rein elektrisches Experiment handelte, dieses auch in der Herstellerfabrik der Turbine durchführen können... Aber nein, es mußte im Reaktor sein. Der konnte nämlich dazu dienen, den Versuch im Fall eines Mißerfolgs mit seinem Dampf neuerlich zu starten. So spart man Energie. Oder: So zündet man sich am Vulkan eine Zigarre an."
Im Verlauf des Experiments kam es dann durch eine Reihe von unglücklichen Verkettungen zum Ausfall der Kühlung, einer Dampfexplosion und einer Knallgas-Explosion (Knallgas = explosives Wasserstoff-Luft-Gemisch), die das Dach des Reaktorgebäudes wegsprengte und eine über 1.000 Meter hohe Fontäne aus radioaktivem Material in die Luft blies. Das Verhalten der Bedienungsmannschaft beschreiben die einen als „unbefugtes Herumfummeln an den nuklearen Intimteilen" (M. SIEGERT), andere können „keine unnötige Experimentierfreudigkeit" herauslesen. So zum Beispiel DIETER VON EHRENSTEIN, der das von den Sowjet-Behörden gebrandmarkte Hineinregieren der Bedienungsmannschaft in das Reaktorschutzsystem als „eingeschliffene Unsicherheitspraktik" sieht. Ähnlich wie beim Brunsbüttel-Unfall 1978 in der Bundesrepublik sei die Tschernobyl-Mannschaft dem systemimmanenten Zielkonflikt erlegen: dem Konflikt zwischen als absolut vorrangig betonter Sicherheit einerseits und dem betrieblichen Interesse an möglichst pausenloser und hoher Stromerzeugung andererseits.
Die Folgen waren und sind grauenhaft.
Von den Arbeitern am Kraftwerksgelände und den Feuerwehrleuten wurden 203 strahlenverseucht und strahlenkrank in die Spitäler eingeliefert. Trotz Knochenmarkstransplantationen und Sonderbehandlung starben bisher 31 (September 1986). Aus einer 30-Kilometer-Zone um den Reaktor mußten 135.000 Menschen evakuiert werden. Aus dem sowjetischen Kommissionsbericht geht hervor, daß unter ihnen in den nächsten 70 Jahren 200 zusätzliche Krebsfälle auftreten werden. Die meisten Menschen in dieser Zone erhielten 5 rem, einige bis zu 30 rem.
Der Chef der Abteilung für nukleare Sicherheit der IAEO, MORRIS ROSEN, stellte fest, daß *75 Millionen Menschen im europäischen Teil der Sowjetunion durch den Reaktorunfall mit 3,3 rem belastet wurden*. Das könne in den nächsten 70 Jahren *26.500 mögliche Krebstote* bedeuten.
Diese Aussage gab den statistischen Feilschern wieder Gelegenheit, ihr unmenschliches Spiel mit Zahlen zu betreiben, wo es um Menschen geht.
Die Delegation der UdSSR habe nur von 4.000 zusätzlichen Toten gesprochen, hieß es, der US-Mediziner ROBERT GALE von 6.000, der „Seibersdorfer" W. BINNER gar davon, daß es außerhalb der Evakuierungszone in den kommenden Jahrzehnten keine zusätzlichen Krebstoten durch Tschernobyl geben werde (APA, 3. September 1986).
Dabei hatte M. ROSEN nur die Daten aus dem Bericht der sowjetischen Kommission abgerundet wiedergegeben: durch über die Kette Boden-Nahrung aufgenommene Radioaktivität (vor allem durch Cäsium-137) 26.075 zusätzliche Krebstote, durch aus der Luft aufgenommene Radioaktivität 3.625 zusätzliche Krebstote (siehe M. SIEGERT), was zusammen über 30.000 „Extra-Tote" ergibt. Von den Tausenden zusätzlichen Krebstoten im übrigen Europa wurde nicht gesprochen.
Genug davon. Es wird Tote geben, Menschen, die unter Qualen sterben werden — und kein Zurückweichen der Atom-Ayatollahs in Ost und West.
Ihre Bilanz ist auch sonst recht stattlich: In einer 10-km-Zone rund um das zerstörte Kraftwerk ist der Boden extrem radioaktiv verseucht, das Gebiet wahrscheinlich auf Generationen hinaus unbesiedelbar (DER SPIEGEL, 19/1986). Ein Teil des Bodens muß abgetragen werden. Der Bericht an die IAEO spricht von lang *andauernder Unbewohn-*

barkeit einer Fläche von 1.000 Quadratkilometern. Auch ein großer Teil der Bewohner der 30-km-Zone wird nicht mehr in die Heimat zurückkehren können. Erste Ansiedlungen in Weißrußland haben schon begonnen (JOHANNES GROTZKY, Moskau, DIE ZEIT, 25. Juli 1986). Der geborstene Reaktorblock muß von einer 100 Meter tiefen Betonmauer ummantelt werden, um Gefahren für das Grundwasser abzuwehren. Der materielle Gesamtschaden für Rußland wird mit 2 Milliarden Rubel (ca. 10 Milliarden DM) angegeben. Im übrigen Europa geht er sicher auch in die Milliarden.

Tschernobyl war, so empfinden es viele, nur eine allerletzte Warnung vor dem wirklich großen Super-Gau. Denn nach dem Bericht der Sowjet-Kommission an die IAEO wurden *nur knappe 4 Prozent des hochradioaktiven Gesamtinventars freigesetzt*. Das entspricht, wenn man von 1 Milliarde Curie Gesamtaktivität ausgeht, *40 Millionen Curie*; immer noch etwa das Vierzigfache der Strahlung, die durch die Hiroshima-Bombe auftrat. Zu Beginn des Unfalls war der Reaktor außerdem nur mit einem Bruchteil seiner Leistung — nur etwa 7% — gefahren worden. Auch ein Grund, warum die Katastrophe noch „verhältnismäßig glimpflich verlaufen ist" (D. v. EHRENSTEIN, DER SPIEGEL, 37/1986). Tschernobyl — erst der Anfang des Schreckens.

Da muß die Atomlobby natürlich das letzte Aufgebot zusammentrommeln, z. B. OTTO VON HABSBURG, der sich von seinem kleinen Monarchisten-Clan immer noch gern mit „Kaiserliche Hoheit" ansprechen läßt. Er erklärte in einem Interview (KRONENZEITUNG, 18. Mai 1986): „Ich verwahre mich schärfstens gegen das Unsinnsschlagwort: Tschernobyl ist überall! Tschernobyl ist in der Sowjetunion und sonst nirgends."

Demgegenüber erklärt der Physiker DIETER VON EHRENSTEIN (DER SPIEGEL, 37/1986):

- „Dampf- oder Wasserstoff-Explosionen, die beide nach dem sowjetischen Bericht beim Unfall auftraten, könnten, wenn sie nur heftig genug sind, die in der Bundesrepublik vorgeschriebenen Sicherheitshüllen sprengen." Und:
- „Etliche Reaktoren in der Bundesrepublik sind nicht einmal gegen einen ‚Phantom'-Absturz ohne Bomben gesichert."

Unter dem Titel „Panzer gegen die verseuchte Bevölkerung — Geheime Katastrophenschutz-Planung für den Fall eines westdeutschen Gau" (SPIEGEL 19/1986) kann nachgelesen werden, was in einem solchen Fall passiert:

„Was mit den massenhaft verstrahlten Menschen geschieht, ist ungewiß. Oberkreisdirektor KALLMEYER aus Niedersachsen etwa will Helfer aus Bund und Ländern einberufen, einschließlich ‚Bundeswehr und Bundesgrenzschutz'. Polizisten und Soldaten müßten dann, schrieb vor fünf Jahren der Fachautor HOLGER STROHM in seinem Buch ‚Friedlich in die Katastrophe', möglicherweise eine makabre Pflicht zum Schutz der noch nicht bestrahlten Bevölkerung übernehmen: Ähnlich wie in dem vor drei Jahren gesendeten WDR-Fernsehspiel ‚Im Zeichen des Kreuzes' hätten dann bewaffnete Kräfte das Gefahrengebiet abzusperren. ‚Mir wurde', versicherte Fachmann STROHM, ‚mehrfach mitgeteilt, daß für solche Notfälle der Einsatz von Schußwaffen und Panzern geplant sei, um notfalls die verseuchte Bevölkerung zurückzuhalten'."

HOLGER STROHM in einem Interview (KONKRET, Juni 1986): „Ich befürchte sogar, daß der nächste Unfall in der Bundesrepublik passieren wird, obwohl viele hier, auch Atomgegner, meinen, wir hätten die sichersten Reaktoren der Welt. Ich bin da ganz anderer Meinung. Ich habe ja für die amerikanische Atom-Energiebehörde als Obergutachter fungiert, weiß deshalb, was die von unserer Reaktorsicherheit halten. Die sagen: Die Deutschen bauen ja unsere Reaktoren nur nach, sie haben unsere Sicherheitsphilosophie übernommen, und wir wissen, daß zweihundert schwerwiegende Reaktorsicherheitsprobleme existieren, wir wissen, daß viele dieser Sicherheitstests von Firmen gefälscht worden sind, weil wir sonst nicht die Erlaubnis hätten geben können... Die englischen Reaktoren sind viel sicherer. Sie werden mit einer geringeren Leistungsdichte gefahren (laut H. STROHM werden in deutschen Brennstäben bis zu 20% Plutonium eingesetzt; Anmerkung des Autors)... Die französischen Reaktoren sind wahrscheinlich noch unsicherer als die bundesrepublikanischen: die französichen Politiker haben ja auch immer ganz klargemacht, daß sie Plutonium für die Force de Frappe brauchen. Deshalb sind sie besonders skrupellos."

Durch nicht ausreichende, oft auch widersprüchliche oder ganz unterschlagene Informationen wurde die Bevölkerung in Europa nicht nur „verunsichert". Es blieben Angst und Mißtrauen, schlimmer noch, es kam zu Verdrängungen. Was soll der „einfache Bürger von der Straße" auch sonst mit Informationen wie diesen anfangen?:

- „Ich rechne damit, daß ein Drittel bis ein Fünftel der Kinder, die heute bis zu zwei Jahre alt sind, in den nächsten 10 bis 30 Jahren an Krebs erkranken können; viele werden genetische Schäden davontragen."
- „Kohlenstoff-14 ist krebserzeugend. Natürlich sind auch in Tschernobyl große Mengen davon freigeworden. Man weiß das, auch wenn man es nicht nachweisen kann, aber man sagt es der Bevölkerung nicht, weil man befürchtet, daß diese dann die sofortige Stillegung aller Atomkraftanlagen verlangen würde." (H. STROHM, KONKRET, Juni 1986)

Man sagt der Bevölkerung nicht nur nichts, man täuscht sie auch mit Tricks. Oder ist die Erklärung, die MORRIS ROSEN von der IAEO vor Journalisten abgab, etwas anderes als ein fauler Trick?:

„Ich sage Ihnen, es gibt in 70 Jahren in den USA zehn Millionen Krebstote durch Rauchen. Das gibt Ihnen ein Gefühl, nicht die Antwort, ob die 30.000 von Tschernobyl akzeptabel sind." (M. Siegert, Profil, 36/1986)

Auch Atom-Ayatollahs müssen endlich zur Kenntnis nehmen, daß man sich den Raucherkrebs freiwillig holt, den Strahlenkrebs aus Tschernobyl und anderswo hingegen unfreiwillig, als Opfer einer nur noch in — im Sinne von E. FROMM — bösartig aggressiven, nekrophilen Dimensionen denkenden und handelnden Clique.

Daß es für die Erkenntnis der Wahrheit nie zu spät ist, zeigt eine kürzlich abgegebene öffentliche Erklärung von SIR MARK OLIPHANT, einem der führenden britischen Atomwissenschafter (ehemals Mitarbeiter am US-Atombombenprojekt und später südaustralischer Gouverneur): „In meiner jungen Wissenschaftskarriere war ich bald vom Schrecken der Atombombe geschockt, aber noch lange vom friedlichen Nutzen der Atomenergie als billige, saubere und sichere Stromquelle überzeugt. Spätestens seitdem wir nach dem Unfall von Harrisburg und dem noch schlimmeren Tschernobyl-Unglück wissen, daß Atomstrom weder billig noch sauber noch sicher ist, muß ich die schmerzhafte Erfahrung in meinem Alter machen, daß ich, wie alle anderen Atomphysiker meiner Generation, unrecht hatte, und wir die Welt fahrlässig in eine falsche Richtung gelenkt haben. Ich bin überzeugt, daß die Weltöffentlichkeit unter dem Eindruck von Tschernobyl schon bald den Bau von weiteren Atomkraftwerken endgültig unterbinden wird, und das nicht nur in Demokratien, sondern auch hinter dem Eisernen, dem Bambus- und welch anderen Vorhängen immer."

Kernfusion: Die gezähmte Wasserstoffbombe?

Kernkraftbefürworter, die das Ende der Plutonium-Wirtschaft heraufdämmern sehen, setzen auf Fusion. Dabei soll unter „astronomischen Bedingungen", einer Temperatur von 100 Millionen Grad Celsius und hohem Druck — um die positiven, einander abstoßenden Kernkräfte zu überwinden —, die *Verschmelzung von Wasserstoffkernen zu Heliumkernen* zustandekommen, ähnlich den Prozessen in der Sonne, wo pro Sekunde 700 Tonnen Wasserstoff zu Helium verschmelzen, von denen 4,3 Tonnen zu Energie werden und das Sonnensystem heizen. Eine europäische Versuchsanlage befindet sich in *Culham*, Großbritannien. Wegen ihrer ringförmigen Brennkammer wird sie JET genannt — „Joint European Torus". Torus ist der Fachausdruck für einen ringförmig geschlossenen Hohlkörper. Die Brennkammer ist von riesigen Magnetspulen umgeben, die den 100 Millionen Grad heißen Wasserstoff im Plasmazustand*) ohne Wandkontakt im Zentrum des Ringes zusammenpressen soll, denn kein irdisches Material ist solchen Temperaturen gewachsen.

Der Typ einer Fusionsanlage wie in Culham wird *Tokamak* genannt: Im Unterschied zu einem anderen Typ,dem *Stellarator,* fließt im Plasma selbst noch ein hoher Ringstrom, der mit zum Magnetfeld beiträgt und in der Startphase auch das Plasma heizt (E. STEINITZ, 1984).

Der Prozeß der Kernfusion ist dabei der gleiche wie bei Wasserstoffbomben: Bei der Fusion eines Deuteriumatoms (1 Proton, 1 Neutron) mit einem Tritiumatom (1 Proton, 2 Neutronen) entsteht unter Abgabe eines Neutrons ein Heliumatom (2 Protonen, 2 Neutronen). Dieser Vorgang setzt außerdem enorme Energiemengen frei.

Das Tritium wird aus *Lithium* erbrütet: Die bei der Fusion frei werdenden Neutronen nehmen einen großen Teil der Fusionsenergie auf und transportieren sie aus dem Plasma zur Wand. In einem Mantel aus flüssigem Lithium wird die Energie abgegeben und gleichzeitig werden neue Kerne erbrütet: Tritium und Helium. Der Fusionsreaktor erzeugt also zumindest einen Teil seines Brennstoffes selbst (E. STEINITZ, 1984).

Als Alternative zur Energiegewinnung durch Kernspaltung dürfte die Fusion kaum in Frage kommen. Zu viele Probleme sind ungelöst und wahrscheinlich überhaupt unlösbar:

- Die bei der Fusion entstehende *Neutronenstrahlung* läßt sich durch Magnetfelder nicht aufhalten und prallt daher ungebremst gegen die Brennkammerwände. Selbst härtester Stahl kann diesem Trommelfeuer nur kurze Zeit standhalten.
  Das gesamte Material wird durch die Strahlung radioaktiv verseucht. Bei jedem Auswechseln der Brennkammer und beim Abwracken des Reaktors würden riesige Mengen von radioaktivem Metall und Beton anfallen.
- *Tritium* ist ebenfalls radioaktiv. Da die meisten Metalle, wie B. MANSTEIN (Seite 182) schreibt, bei der hohen Arbeitstemperatur eines Fusionsreaktors für Tritium durchlässig werden, ist auf diesem Weg mit einer Abgabe an die Umwelt zu rechnen.
  Auch THOMAS VON RANDOW schlägt in diese Kerbe:
  „Wie soll verhindert werden, daß Tritium aus dem Reaktor entweicht? Tritium ist radioaktiver Wasserstoff, und Wasserstoff diffundiert durch fast jedes Material — mit wenigen Ausnahmen: Platin und Gold, die zu weich wären, und Wolfram, das sich so gut wie nicht bearbeiten läßt."
  Außerdem bildet Wasserstoff an der Luft hochexplosives Knallgas...
- Auch bei der Sicherheit gibt es Probleme: Es besteht die Gefahr, daß die gewaltigen magnetischen Kräfte, die zum „Einschnüren" des Plasmas benötigt werden, Risse in der Reaktorkonstruktion verursachen.

Oder, wie KLAUS THEWS es im STERN formulierte: „Die bisherige Bilanz der Fusionsforschung ist wenig ermutigend. Mehr als drei Jahrzehnte schon tüfteln die Physiker an

---

*) Plasma nennt man jenen Zustand der Materie, in dem sich die Elektronen der Atome sozusagen selbständig gemacht haben und in einem bestimmten Raum frei um die Kerne bewegen (4. Aggregatszustand).

dem Problem, die Wasserstoffbombe zu zähmen. Nur eines ist bei dem Bemühen klar geworden: Die ursprüngliche Hoffnung auf eine saubere, sichere und unerschöpfliche Energiequelle hat getrogen."
Weltweit werden derzeit etwa 2 Milliarden Mark in die Fusionsforschung gesteckt. RONALD REAGAN und MICHAIL GORBATSCHOW haben im Rahmen des Gipfeltreffens 1985 auch die Förderung der Kernfusionsforschung für friedliche Zwecke beschlossen. Wir sehen hier ein ähnliches Phänomen wie bei der Kernspaltung. Die Vernichtungsenergie, die am Anfang steht, soll in Friedensmünze geschlagen werden. Das kann nicht gelingen.
Das gilt auch für die von den Amerikanern forcierte *Laser-Fusion*. Nicht zufällig wird daran im bedeutendsten Forschungskomplex für Kernwaffen in den USA, am *Lawrence-Livermore-Laboratorium*, gearbeitet, wo eine 600-Millionen-DM-Anlage entstand.
Grob gesagt, braucht man für den zur Fusion benötigten *Röntgenlaser* Mini-Wasserstoffbomben-Explosionen (TH. V. RANDOW) — ähnlich wie beim *„Krieg der Sterne"*, also bei dem von Ronald Reagan so geliebten Raketenabwehrsystem. JOHN EMMETT, Direktor des Fusionsprogrammes am Lawrence-Livermore-Laboratorium, meint schlicht: „Die Wasserstoffbombe funktioniert doch auch... Alles, was wir zu tun haben, ist, den Vorgang zu verkleinern." (STERN, 28. 2. 1985)
Über die untrennbare Verknüpfung zwischen Rüstung und Forschung auf diesem Sektor konnte man im STERN (28. 2. 1985) folgendes lesen: „Das Wissen kann dann in die Konstruktion neuer Kernwaffen — etwa der Neutronenbombe — einfließen. Einige Experten sind überzeugt, daß der amerikanische Kongreß die Finanzierung der Laserfusion als friedliche Energiequelle längst gestoppt hätte, würden die Militärs nicht daran interessiert sein. Mit der Erzeugung von Röntgenlaserstrahlen, die bislang nicht möglich war, dürfte sich dieses Interesse noch verstärken. In einer Informationsbroschüre des Livermore Laboratoriums wird die mögliche Anwendung klar beschrieben: ‚Nuklearbetriebene' Röntgenlaser, so heißt es dort, könnten eines Tages zur Raketenabwehr eingesetzt werden..."
WILHELM BITTORF hat in seine SPIEGEL-Serie „Die Waffe am Ende aller Waffen" den „nuklear gepumpten Röntgenlaser" — das neue Lieblingskind von EDWARD TELLER, dem Vater der H-Bombe — als Bluff und Science-fiction bezeichnet (DER SPIEGEL, 13 + 14/1986).

„Strahlenschutz"

Während die Atommafia den Untergang exerzieren läßt, will uns die Bauindustrie gemütliche *Bunker* zum Strahlenschutz bescheren, den Aufwind nach Tschernobyl nutzen. Die braven Schweizer und Schweden werden als glorreiches Beispiel hingestellt, in der Bundesrepublik sei die Sache schon weniger rosig und in Österreich katastrophal: Nur etwa 5% der Alpenrepublikaner könnten nach einer Studie des Forschungszentrums Seibersdorf (1984) in Bunker flüchten, die vor radioaktiven Strahlen Schutz bieten. Die bisher arbeitslosen und abgeschobenen Zivilschützer wittern Morgenluft. Sogar ein Kaffeeröster bietet „strahlensichere" Nobeletablissements 6 Meter tief unter seinem Werksgelände an, Schwimmhalle, Sauna, Video, Gymnastikräume und naturgemäß Caféhaus eingeschlossen. Dazu CHRISTIAN S. ORTNER im Profil (22. September 1986):

„Millirem-Schauer zu ebener Erde, Millirahmstrudel mit Alvorada-Melange im wohlgeschützten Kellergeschoß, ein wienerischer Weltuntergang."
In dieser Kategorie gehört auch das 30-Millionen-Dollar-Projekt „Biosphäre II" des texanischen Ölmilliardärssöhnchens Edward Bass: Auf 9.000 Quadratmetern mitten in der Wüste von Arizona wird ein Überlebensraum gebaut. Ein luftdichtes Biotop unter Stahl und Glas, das ein paar Auserwählten das „Überleben der Menschheit" im Grünen ermöglichen soll. Das Interesse von US-Wissenschaftern soll enorm sein... (DER SPIEGEL, 27. 10. 1986)
Daß auch die obersten Militärs und die Politiker gern ihren atomaren Knopfdruck überleben möchten, versteht sich von selbst. Einige prachtvolle „Bonzen-Bunker" (KURIER, 2. Jänner 1985) sind stumme und verborgene Zeugen, unter anderem auch in Österreich, wo in St. Johann im Pongau ein Drei-Milliarden-Schilling-Bunker errichtet wurde: „Gebaut für 200 auserwählte Politiker und Militärs, die den dritten Weltkrieg überleben und danach die Toten regieren dürfen." (KURIER) Ein Swimmingpool mit Unterwasserquirl soll offiziell als Löschteich geführt worden sein. Journalisten, die über dieses Meisterwerk staatsmännischen Weitblicks berichteten, wurde der Prozeß gemacht, wegen Verrats von Staatsgeheimnissen.
Geht es da nicht vielmehr um Privilegiengeheimnisse?
Die „oberen Hundert" von Bonn halten alle paar Jahre „Manöver" im „Weltuntergangsbunker" in der Eifel ab. Früher zumindest nahmen sie dabei immer ihre wohlinformierten Sekretärinnen mit...
Kritiker halten — nach meiner Auffassung zu Recht — die Ausbildung von medizinischem Personal und von Ärzten in atomarem Zivilschutz und Bunkerbauten für eine „gezielte psychologische Kriegsvorbereitung", eine entsetzliche Verharmlosung, für „Erste Hilfe für den Atomkrieg". Der österreichische Journalist PAUL BLAU, Friedensaktivist und Vordenker der Antiatombewegung, hat es so formuliert: „Zivilschutz senkt die Akzeptanzschwelle für den Atomkrieg." (Profil, 46/1984)
Es ist eben nach dem Großen Knall doch nicht ganz so einfach, wie sich das etwa die Verfasser einer geheimen Anleitung der US-Armee vorstellten, in der es sinngemäß heißt: Bei einem atomaren Schlag im Unterstand bleiben, bis alles vorbei ist. Dann Panzer schrubben und Wäsche waschen. So ist der Dritte Weltkrieg zu gewinnen (FS-Dokumentation über den Raketenunfall in Heilbronn, ARD, MONITOR, 1. 10. 1985).
Von den Kernkraftwerkbefürwortern wird der Nutzen von Zivilschutzmaßnahmen aller Art natürlich heftig reklamiert. Denn man braucht die Schutzbauten ja eventuell auch im Fall von Super-Gaus. WERNER HEIERLI, Schweizer Bauingenieur und Experte für Waffenexplosionen, dem die Welt auch das Büchlein „Überleben im Ernstfall" verdankt, hat den Nutzen im Fall eines solchen Super-Gaus so beschrieben:
„Beim Auftreten großer KKW-Unfälle sind Zivilschutzmaßnahmen in der Nähe des Unfallortes (bis zu wenigen 10 km) während einer beschränkten Zeit (Stunden bis Tage) sinnvoll. Wenn aufgrund von Warnung und Alarmierung die Schutzräume oder Behelfsschutzräume rechtzeitig bezogen und richtig benützt werden, läßt sich die Strahlenbelastung des Menschen auf größenordnungsmäßig ein Prozent reduzieren."
Und das haben die „in der Nähe", das heißt im Umkreis von -zig Kilometern, auch nötig, denn erst im Abstand von einigen Kilometern beginnt die Strahlung, die zu 90% auf Krypton und Xenon (ca. 100 Millionen Curie) zurückzuführen ist, langsam unter den „ungünstigen Wert" (W. HEIERLI) *100 rem* zu sinken. Und die *radioaktiven Edelgase können von den Filtern der Schutzräume* (so sie überhaupt welche haben und so sie funktionieren) *nicht zurückgehalten werden.* W. HEIERLI meint aber, das stelle „praktisch keine Gefährdung dar, weil von den wenigen zehn oder hundert Kubikme-

tern edelgashaltiger Luft im Schutzraum nur eine sehr geringe Strahlung ausgeht, und weil die Edelgase im Körper nicht abgelagert werden oder chemische Bindungen eingehen."
Das widerspricht nicht nur den wissenschaftlichen Erkenntnissen, daß es keine unschädliche Dosisschwelle gibt. Es wird einfach unter den Tisch gekehrt, daß die Menschen auch einmal — und zwar sehr bald, denn Wasser und Lebensmittelvorräte reichen in der Regel nur für 14 Tage — wieder aus ihrem schönen Bunker herausmüssen und dann alles mit Plutonium und anderen langlebigen und giftigen Radionukliden verseucht ist. Dagegen helfen auch die raffiniertesten Bunker nichts. Nur das bei dem angenommenen „Referenzunfall" (Kernschmelze, Bersten des Containments durch eine Wasserstoffexplosion, Freisetzung einer radioaktiven Wolke) entweichende *radioaktive Jod* gibt W. HEIERLI zu denken. Größenordnung: zirka 10 Millionen Curie. Aber auch da weiß der vife Schutzraum-Fan Rat, indem er vom Lüften abrät: „Wenn er belüftet wird, tritt Jod in den Schutzraum ein, wird eingeatmet und in der Schilddrüse angesammelt. Dadurch kann eine äquivalente Ganzkörperdosis von 100 rem in etwa 1 km Distanz und von etwa 3 rem ab ca. 10 km Distanz entstehen (30 rem Schilddrüsendosis äquivalent zu 1 rem Ganzkörperdosis). Diese Dosen lassen sich durch die rechtzeitige Einnahme von Jodtabletten stark reduzieren. Vorzuziehen ist natürlich das Vermeiden der Lüftung während des Wolkendurchganges, wodurch die Strahlungswerte auf etwa ein Zehntel obiger Werte fallen."
Daß eine Zone im Umkreis von 30 Kilometern bei einem vergleichsweise geringerem Austritt von Radioaktivität (40 Millionen Curie) in Tschernobyl zur totalen Evakuierung, wahrscheinlich für mehrere Generationen, geführt hat, scheint nicht bis zu W. HEIERLI vorgedrungen zu sein. So idyllisch, wie W. Heierli es beschreibt, wird es im Katastrophenfall nicht zugehen. Dafür sorgen schon überall die *Strahlenschutzgesetze*. Nach dem Österreichischen vom 11. Juni 1969 (X/17,§38) laufen die „Schutz- und Sicherheitsmaßnahmen" so: Wenn die Strahlungsintensität „auf Grund der radioaktiven Verunreinigung" ein Ausmaß übersteigt, bei dem „nach dem jeweiligen Stand der wissenschaftlichen Erkenntnisse die Möglichkeit einer Beeinträchtigung des Lebens oder der Gesundheit von Menschen einschließlich ihrer Nachkommenschaft besteht", so sind der Landeshauptmann und der Militärkommandant zu benachrichtigen. Als Schutz- und Sicherungsmaßnahmen sind anzusehen: Verkehrsbeschränkungen, Verbot des Verlassens der Häuser, *„Absonderung von Personen und Gegenständen"*, Beschränkung des Personen- und Güterverkehrs, des Verkehrs mit Lebensmitteln und landwirtschaftlichen Produkten und der Wasserbenützung, das Verbot des Betretens oder die Evakuierung bestimmter Gebiete, *„weiters die Unschädlichmachung von Gegenständen und die Absonderung, gegebenenfalls Tötung von Tieren und Beseitigung von Tierkadavern"*...
„Schutz und Sicherheitsmaßnahmen können bei Gefahr im Verzuge auch gegen den Willen des Betroffenen durch unmittelbaren Zwang vollzogen werden." (Hervorhebungen durch den Autor)

ATOMKRIEG

„Die größte Atomkatastrophe der Welt..."

wäre nur beinahe passiert. Sie hätte am 22. Mai 1957 stattgefunden, nahe der amerikanischen Stadt *Albuquerque*, als ein Air-Force-Bomber vom Typ B-36 in der Wüste von

New Mexico eine riesige Wasserstoffbombe verlor. Der Zünder explodierte, die Bombe nicht — man weiß bis heute nicht, warum. Der Unfall wurde naturgemäß vertuscht und erst viel später durch eine kleine Lokalzeitung aufgedeckt. Die Bombe hatte 10 Megatonnen (entspricht 10 Millionen Tonnen TNT), die 625fache Sprengkraft der Hiroshimabombe.
J. K. und E. TASHIRO (Seite 170) geben eine ganze Liste von *Unfällen mit Atomwaffen* an, die sich um diese Beinahe-Katastrophe gruppieren:

- 13. Juli 1950: Ein B-50-Bomber stürzt mit einer Atombombe in den USA ab. Die konventionelle Zündungsladung detonierte, die Atombombe nicht.
- 5. August 1950: Eine B-29 stürzt in den USA kurz nach dem Start in der Nähe eines Campingplatzes ab. Durch die Explosion der Zündungsladung der Atombombe sterben 19 Menschen.
- 31. Jänner 1958, Marokko: Eine B-47 mit einer Atombombe an Bord verunglückt beim Start und gerät in Brand. Keine Nuklearexplosion, jedoch Verseuchung mit Alpha-Strahlen. Die Bevölkerung der Umgebung wird evakuiert.
- 17. Jänner 1966: Bei Palomares in Spanien stürzt eine B-52 mit vier Wasserstoffbomben ab. Die Zündungsladungen von zwei Bomben explodieren. Plutonium wird freigesetzt. 1.750 Tonnen verseuchtes Erdreich werden nach Amerika abtransportiert.
- 19. September 1980: Bei Damaskus im amerikanischen Bundesstaat Arkansas explodiert der Brennstoff einer Titan-Langstreckenrakete. Der Atomsprengkopf wird 200 m weit aus dem Silo geschleudert.

Weltuntergang aus Versehen?

Diese Atomwaffen-Unfälle deuten schon an, daß der Dritte und letzte Weltkrieg, der nukleare Holocaust, passieren wird, daß wir aufgrund von technischer und menschlicher Unvollkommenheit hineinschlittern werden. Denn sogar Generäle wollen für sich und ihre Nachkommen eine bewohnbare Welt. Sie wissen längst, daß auch die komfortabelsten Bunker nach einem Atomkrieg kein lebenswertes Leben ermöglichen. Die größte Sorge ist, daß Computerfehler in Verbindung mit einer Kette von unglücklichen Zufällen die totale Vernichtung auslösen. Schon bisher kam es zu einer Reihe gefährlicher Fehlalarme und Beinahe-Katastrophen, die aber meist strikt geheimgehalten werden.
H. STROHM (Seite 481 ff.) hat dazu einige Beispiele zusammengestellt. Anfang 1980 etwa wurden innerhalb weniger Monate die Verteidigungszentralen gleich dreimal aufgeschreckt: „Vollalarm! Auf Knopfdruck wurden ein Drittel der amerikanischen Atombomberflotte, rund hundert achtstrahlige Boeing-B-52, startklar gemacht. Alle 153 Raketenbesatzungen — sie verfügen über insgesamt 1.054 ‚Minuteman'- und ‚Titan'-Raketen — wurden in höchste Alarmbereitschaft versetzt. Zwei Dutzend Atom-U-Boote, mit Fernraketen und Wasserstoffbomben bestückt, gingen in erhöhten Alarmzustand. Der umgebaute Jumbo-Jet, der fliegende Befehlsstand des Präsidenten, wurde startklar gemacht..." Seit Ende des zweiten Weltkrieges, so H. STROHM, gab es allein bis zur Ära Kennedy 60 Zwischenfälle. Zweimal habe man aus Versehen mit Atomsprengköpfen bestückte Raketen gestartet. Das Kernstück des amerikanischen Warnsystems, 35 Honeywell-6.000-Großcomputer und einige andere Computer sei „hoffnungslos veraltet", ein „Flickwerk".

Der bisher ernsteste Zwischenfall sei schon ein Jahr vorher passiert, am 9. November 1979, als ein Computer im nordamerikanischen Luftverteidigungszentrum signalisierte, daß ein sowjetisches U-Boot seine Raketen auf Ziele in den USA abgefeuert hatte. Die Welt schien nur noch Minuten vom großen Atomkrieg entfernt. Dann stellte sich heraus, daß der Computer fälschlich den Inhalt eines Testbandes, das den Atomangriff eines Sowjet-U-Bootes simulierte, auf den Leuchtschirm im Lagezentrum überspielt hatte. Alle eingebauten Sicherungen, die einen Fehler gerade dieser Art verhindern sollten, waren ausgefallen...
Ein weltweiter Atomkrieg aus Versehen?

Auszuschließen ist das nicht. HOLGER STROHM: „In den vergangenen 30 Jahren haben mindestens 125 Unfälle mit Atomwaffen stattgefunden — durchschnittlich alle drei Monate ein derartiger Unfall. 91 Unfälle haben sich mit amerikanischen, 22 mit sowjetischen, 8 mit britischen und 4 mit französischen Atomwaffen ereignet. Des öfteren wurden Raketen mit Atomsprengköpfen ungewollt abgefeuert, die dann durch das Selbstzerstörungssystem vernichtet wurden." (Seite 481)
Daß jetzt auch in besonders sensiblen Gebieten mit Raketen gezündelt wird (Raketenunfall 1985 in der Bundesrepublik Deutschland) trägt auch nicht gerade zur Entschärfung der Situation bei. Man sollte diese Sandkastenspiele nicht ohne den drohenden realen Hintergrund sehen. Der sowjetische Kernphysiker ANDREJ SACHAROW — Vater der russischen Wasserstoffbombe und Friedensnobelpreisträger — hat den nuklearen Weltuntergang so beschrieben:

Ein Angriff auf die Hauptstädte der nördlichen Hemisphäre mit einer auf 5.000 Gefechtsköpfe verteilten Sprengkraft von 2.000 Megatonnen würde allein durch die Schockwelle 750 Millionen Menschen töten. Hinzu komme, etwa im selben Bereich, tödliche radioaktive Strahlung, darüber hinaus Hitzestrahlung und radioaktiver Staub, radioaktiver Niederschlag über Tausende von Quadratkilometern. „Zu Hundertmillionen werden die Leute in Panik fliehen, oft von einer kontaminierten Zone in die andere. Hunderte von Millionen Menschen werden unausweichlich Opfer der radioaktiven Strahlung, die Massenflucht wird das Chaos, der Verfall der sanitären Bedingungen und die Hungersnot erheblich beschleunigen. Die genetischen Folgen der Bestrahlung werden die Spezies Mensch, das Tier- und Pflanzenleben der Erde bedrohen."

DER NUKLEARE WINTER

Bei einer Konferenz im November 1983 in Washington faßten Fachleute aus aller Welt die Folgen eines Nuklearkrieges, bei dem ein Drittel des Atomarsenals der Supermächte (5.000 Megatonnen Sprengstoff entsprechend) zum Einsatz käme, so zusammen:

- Etwa 225 Millionen Tonnen Staub, Ruß und Asche würden in die Troposphäre, teils bis in die Stratosphäre geschleudert werden. Sie würden die nördliche Hemisphäre völlig bedecken und das Sonnenlicht fast gänzlich verdunkeln.
- Der halbe Erdball wäre auch am Tage in Dunkelheit oder in Dämmerung getaucht.
- Ein Temperatursturz auf Werte bis minus 23 Grad würde sämtliche Binnengewässer einen Meter tief gefrieren lassen.
- Ohne Sonnenlicht würden die Pflanzen eingehen, Tiere und Menschen verhungern,

der Ernährungskreislauf zusammenbrechen.

- Radioaktiver Niederschlag sowie giftige Gase, die in den verglühten Städten und Industriegebieten vor allem beim Abbrennen großer Mengen von Kunststoffen entstünden, würden das Leben auf der Erde in Frage stellen.
- Weite Teile der Ozonschicht um die Erde würden zerstört, so daß ultraviolette Strahlen auch die noch lebenden Organismen gefährdeten (U. SCHILLER, 1983).

Die Lebenden würden die Toten beneiden. Im 1985 veröffentlichten Bericht des „Wissenschaftsausschusses zu Umweltproblemen" (SCOPE) heißt es über die Folgen eines weltweiten Atomkrieges: Im darauf folgenden *„Nuklearen Winter"* würden bis zu zweieinhalb Milliarden Menschen an Hunger sterben, darunter der Großteil der indischen Bevölkerung.

ANDREJ SACHAROW: „Hunger und Epidemien zusammen mit Chaos und Verwüstung könnten letztlich mehr Menschenleben fordern als die Nuklearexplosionen selbst. Ebenfalls ist nicht ausgeschlossen, daß neben den sich mit Sicherheit rasch ausbreitenden ‚gewöhnlichen' Krankheiten wie Grippe, Cholera, Ruhr, Typhus, Milzbrand und Pest völlig neue Seuchen auftreten, gegen deren Erreger— Virus-Mutationen, die von radioaktiver Strahlung hervorgerufen wurden — unser Organismus keine Immunabwehr entgegenzusetzen hätte... Selbstverständlich ließe sich kein Sieger eines großen nuklearen Krieges ausmachen — es wäre gemeinschaftlicher Selbstmord."

Die letzte Epoche der Menschheit

„In der Hand die Atombombe und im Herzen die Instinkte der steinzeitlichen Ahnen." So hat der bekannte österreichische Verhaltensforscher KONRAD LORENZ den heutigen Menschen charakterisiert. Und der ebenso bekannte Wissenschaftspublizist HOIMAR VON DITFURTH, Professor auch für Psychiatrie und Neurologie, kommt in seinem 1985 erschienenen Buch „So laßt uns denn ein Apfelbäumchen pflanzen — Es ist soweit" zur These von der „fixierten Aggressivität" und einer dadurch verursachten Vorbestimmung der Gattung Mensch zur *Selbstzerstörung*. Wir sind eben die Erben von Siegern, das heißt, der Mensch hat in seiner Entwicklungsgeschichte immer wieder erlebt, daß in der Auseinandersetzung mit anderen Lebewesen und mit der Natur Aggressivität bessere Überlebenschancen schafft als Friedfertigkeit.

GÜNTHER ANDERS hat zwar den Begriff „Selbstmord der Menschheit" zurückgewiesen. Die Menschheit sei Opfer, nicht Täter. Die Macht zur Vernichtung liege in den Händen einzelner.

Das *„Gleichgewicht des Schreckens"* durch die atomaren Arsenale der Welt hat er aber schon 1959 mit ähnlichen Argumenten wie LORENZ und VON DITFURTH zurückgewiesen. Das Argument sei, so G. ANDERS, ein „Fossil aus der Urzeit des atomaren Monopols". Es gebe ein *„prometheisches Gefälle" „zwischen unserer Herstellungs- und unserer Vorstellungsleistung":* „Je größer das ‚Gefälle', desto schwächer der Hemmungsmechanismus. Hunderttausend durch einen Knopfdruck zu erledigen, ist ungleich leichter als einen einzelnen Menschen umzubringen." Dem „Unterschwelligen" entspreche das „Überschwellige": „Dasjenige, was zu groß ist, als daß es noch eine Reaktion, z. B. einen Hemmungsmechanismus, auslösen kann."

Zu einer ganz ähnlichen Kernaussage kommen auch die Autoren der *„UNO-Studie Kernwaffen“*, die der Generalversammlung im Herbst 1980 vorgelegt wurde: „Wenn die nukleare Abrüstung Wirklichkeit werden soll, muß die Festlegung auf die gegenseitige Abschreckung durch ein Gleichgewicht des Schreckens fallengelassen werden. Die Vorstellung, den Frieden, die Stabilität und das Gleichgewicht in der Welt durch die Fortdauer der Abschreckung bewahren zu können, ist vielleicht der gefährlichste kollektive Irrtum, der heute existiert... Solange wir uns darauf verlassen werden, daß das Konzept des Gleichgewichts nuklearer Abschreckung ein Mittel zur Aufrechterhaltung des Friedens ist, solange sind unsere Aussichten für die Zukunft dunkel und bedrohlich und so unsicher wie die brüchigen Annahmen, auf denen sie beruhen.“ (Seite 209)
Es sei nicht möglich, so G. ANDERS, etwas rückgängig zu machen. Seit Hiroshima lebe die Menschheit in einem neuen Zeitalter, das gleichzeitig das letzte sei:

„Die Epoche, in der wir leben, ist, selbst wenn sie ewig währen sollte, die endgültig letzte Epoche der Menschheit. Denn wir können nichts verlernen.“

Ist der Untergang also unausweichlich? Ist es so, wie CARL FRIEDRICH VON WEIZSÄCKER im September 1986 bei einer Tagung der Stiftung „Nova Spes“ in Laxenburg bei Wien sagte?: „Mit der Rationalität, wie ich sie kennengelernt habe, haben wir Anlaß zur Verzweiflung, nicht zur Hoffnung.“
GÜNTHER ANDERS selbst hat doch auch Hoffnung gezeigt und Voraussetzungen für den Kampf gegen die letzte Katastrophe: Es müsse eine „Internationale der Generationen“ entstehen. Wir müßten den Mut haben, Angst zu machen, eine „liebende Angst“ um die Welt entwickeln, auf das sinnlos gewordene Prinzip des Fortschritts und der Konkurrenz verzichten, „nur diejenigen Arbeiten leisten, für deren Effekte wir auch dann einstehen würden, wenn sie Effekte unseres direkten Handels wären“, den Verharmlosern, den „Falschmünzern“, den Vernüchterern des Entsetzlichen, den Verfeierlichern des Furchtbaren, den Lügnern, den Spekulierern auf Dummheit nicht hereinfallen. Auch die Fortschreibung der *„Thesen zum Atomzeitalter“*, die G. ANDERS als Grußwort an den 6. Internationalen Kongreß der „Ärzte zur Verhütung des Atomkrieges“ Anfang Juli 1986 überbrachte, sind eigentlich ein Programm gegen den Untergang, zumindest gegen den wehrlosen Untergang. Die 10 Thesen im Kern:

- Die eigentliche Gefahr von heute besteht in der Unsichtbarkeit der Gefahr.
- Wir werden von Männern, die in der alten Metternich-Parole „Ruhe ist die erste Bürgerpflicht“ auch die Parole für heute sehen, „Panikmacher“ genannt. Jawohl, das sind wir. Sogar professionelle.
- Die Verhöhnung des Wortes „emotionell“ ist kalt und dumm.
- Die Unterscheidung zwischen kriegerischer und friedlicher Nutzung der Atomkraft ist töricht und betrügerisch.
- Die vernünftigen Ärzte haben längst eingesehen, daß alle Einübung in medizinische Hilfeleistung für den Atomkrieg Humbug und Augenauswischerei sind.
- Wir sind keine Maschinenstürmer... Nicht gegen die Produktionsart sind wir, sondern gegen die Existenz der Produkte selbst.
- Die wahren Terroristen von heute sind die, die unsere Mitwelt pausenlos durch die Drohung mit Zerstörung erschrecken... Der atomare Terror begann am 6. August 1945.
- Unser sogenannter Frieden ist Krieg... Der heutige Friede ist die Fortsetzung des Krieges mit anderen Mitteln.

- „Wir schweben in der Gefahr, durch Terroraktionen von Phantasielosen und Analphabeten des Gefühls, die allmächtig sind, umzukommen. Wer glaubt, diese allmächtigen hochbeamteten Terroristen, die seit 1945 der Vernunft nicht zugänglich gewesen sind — wer glaubt, diese Menschen durch Blümchenüberreichen oder durch Einführung von Fasttagen oder durch Händchenhalten oder durch ‚Gespräche von Mensch zu Mensch‘ umstimmen zu können, der ist naiv, denn er ignoriert — gleich, ob bewußt oder unbewußt — die Interessen der Kriegsindustrie... Und außerdem sind viele der Gutwilligen unter uns ausschließlich an der Aufrechterhaltung des eigenen guten Gewissens interessiert — ein sehr egozentrisches Interesse. Nein, unsere Pflichten sind ernster. Denn wir haben diejenigen, die borniert und allmächtig über das Sein oder Nichtsein der Menschheit entscheiden können, wirklich zu behindern, ihnen wirklich die Hände zu binden.“

In einem Gespräch mit FRITZ J. RADDATZ (DIE ZEIT, 22. März 1985) hat GÜNTHER ANDERS gesagt: „Schon meine ‚Thesen zum Atomzeitalter‘, die ich 1959 den Berliner Studenten nach meiner Rückkehr aus Hiroshima diktiert habe, hatten mit den Worten geschlossen: ‚Wenn ich verzweifelt bin, was geht's mich an!‘ Das ist kein ‚Prinzip Hoffnung‘. Höchstens ein ‚Prinzip Trotz‘.“

Vielleicht ist Hoffnung in der heutigen Situation zuviel verlangt. Aber solange neben der Verzweiflung auch noch Trotz aufkommt, besteht noch Grund zur Hoffnung, ist der Lebensmut vor der Übermacht erschreckender Fakten noch nicht erstickt.

Sie fördern die Verzweiflung, jene Fakten, die 330 österreichische Wissenschafter 1981 in einem offenen Brief an den damaligen Bundeskanzler BRUNO KREISKY festgehalten haben: „In den Arsenalen der Weltmächte liegen schon 60.000 Atomwaffen verschiedener Sprengkraft. Die größten Waffen entsprechen — jede einzeln — Dynamit im Gewicht von zehn Cheops-Pyramiden. Brächte man jede Sekunde eine Bombe gleich der von Hiroshima irgendwo auf der Welt zur Explosion, so könnten die Mächte damit zwei Wochen Tag und Nacht (!) fortfahren, ohne die Arsenale zu erschöpfen... Schon der Irrtum eines Menschen oder eines Computers kann den Funken liefern...“

Sie fördert die Verzweiflung, die Rede, die RONALD REAGAN 1983 in Florida hielt, in der er die UdSSR als „ein Reich des Bösen“ bezeichnete und seine Zuhörer — Vertreter verschiedener Sekten und Kirchen — mahnte, nicht die „aggressiven Impulse eines teuflischen Weltreiches“ zu vergessen.

Es fördert die Verzweiflung, wenn CDU-Generalsekretär HEINER GEISSLER in einem nach Tschernobyl verteilten Redemanuskript schreibt: „Wer der Auffassung ist, mit dem Tod sei alles zu Ende, der kann halt mit dem sogenannten Restrisiko naturgemäß weniger gut leben als derjenige, der diese irdische Existenz als eine vorläufige und gleichzeitig auf ein ganzheitliches, unendliches Ziel ausgerichtet begreift.“ (zitiert nach DER SPIEGEL, 3. 11. 1986)

Es fördert die Verzweiflung, daß GÜNTHER ANDERS auf die Frage „Sie sind wirklich vollkommen überzeugt, daß irgendein Wahnsinniger die Bombe zündet?“ antwortete: „Ja. Aber nicht ein Wahnsinniger. Sondern ein Beschränkter. Einer, der zu beschränkt ist, um sich das, was er tun könnte, also seine unbeschränkte Vernichtungsmacht, vorstellen zu können.“ (DIE ZEIT, 22. März 1985)

Es fördert die Verzweiflung, daß 1983 der koreanische Jumbo mit der Flugnummer 007 mit 266 Menschen an Bord trotz 3 Steuerungscomputern immer tiefer in russisches Gebiet geriet und abgeschossen wurde, nachdem es zu keiner Verständigung kommen konnte. Eine SPIEGEL-Serie von W. BITTORF und A. SAMPSON hat diese Tragödie ungeheuer eindrucksvoll dokumentiert. Die zeigt das Versagen hochgezüchteter Technik ebenso wie die leichte Steuerbarkeit des Völkerhasses und der Greuelpropaganda.

Es fördert die Verzweiflung, daß die Bundesrepublik Deutschland ein nuklearer Schwarzmarkt ist, auf dem z. B. Atomwaffenhilfe für Indien und Pakistan geleistet wird: „Bombengeschäfte", über die die ARD am 3. November 1986 berichtete.
Es fördert die Verzweiflung auch, daß ALBERT EINSTEIN sagte: „Die Kernspaltung hat alles verändert, nur nicht die Art unseres Denkens, und deswegen bewegen wir uns auf eine Katastrophe ohnegleichen zu."

Sonnenstaat kontra Atomstaat

DER AUSSTIEG AUS DER ATOMENERGIE IST MÖGLICH

G. ANDERS' Prinzip Trotz, die Friedensbewegung, Greenpeace, die Vereinigung Ärzte gegen den Atomkrieg: Sie alle werden letztlich ohne Chance bleiben, wenn nicht *weltweit* ein revolutionärer Umdenkprozeß in der Wirtschafts- und Energiepolitik und, damit untrennbar verbunden, bei der Sozialpolitik einsetzt. HERMANN SCHEER hat in seinem Buch „Die Befreiung von der Bombe" ebenso auf die Notwendigkeit radikaler Veränderungen in diesen Bereichen hingewiesen wie CARL FRIEDRICH VON WEIZSÄCKER, als er kürzlich bei der „Nova-Spes-Tagung" in Laxenburg bei Wien die Regulierung des internationalen Marktes, die Schaffung sozialer Gerechtigkeit im weltweiten Maßstab und den Schutz der Natur als die drei ungelösten Hauptaufgaben der modernen Welt bezeichnete.
Wir müssen also bei der Ökonomie ansetzen, um zur Ökologie und zum Frieden zu kommen, bei einer Ökonomie auf der Basis von Gerechtigkeit, bei einer friedlichen, nicht auf Eroberung ausgerichteten Ökonomie. Der entscheidende Punkt innerhalb der Ökonomie ist die Energiewirtschaft.

*Westeuropa**) ist in seiner *Stromerzeugung zu 28,5% von Kernenergie abhängig, die* COMECON-*Staaten* (Osteuropa) *nur zu 10,3%* (G. SCHILLER, Seite 129). Trotzdem ist auch in Westeuropa ein Ausstieg aus der Atomenergie ohne Komfortverzicht und ohne Schaden für die Volkswirtschaft möglich.

Während die Atomenergiebefürworter meinen, der Ausstieg schneide der Wirtschaft den Lebensnerv ab und gefährde Wohlstand und Umwelt, haben in letzter Zeit eine ganze Reihe verschiedener Forschungsinstitute Studien vorgelegt, die diese Meinung mit umfassendem Zahlenmaterial widerlegen: so z. B. das Institut für angewandte Systemforschung und Prognose (ISP) in Hannover, „Prognos", das Energiewirtschaftliche Institut der Universität Köln, das Rheinisch-Westfälische Institut für Wirtschaftsforschung (RWI), das Öko-Institut in Freiburg, das Deutsche Institut für Wirtschaftsforschung (DWI) in Berlin.

Gemeinsamer Tenor der Studien: Selbst ein sofortiger Ausstieg würde den Strompreis nur um wenige Pfennige erhöhen. Der Ausstieg ist technisch möglich und volkswirtschaftlich verkraftbar, besonders dann, wenn er längerfristig — etwa bis zum Jahr 2010 — erfolgt.

---

*) 12 Länder der UCPTE = Union pour la Coordination de la Production et du Transport de l'Electricité = Union für die Koordinierung der Erzeugung und des Transports elektrischer Energie, Stand 1984.

Es muß also ganz andere als technische und ökonomische Gründe haben, wenn Bundeskanzler HELMUT KOHL als Folgen eines sofortigen Ausschaltens „totale wirtschaftliche Verelendung und Massenarbeitslosigkeit" an die Wand malte. Diese Verelendungsthese konnten nicht einmal die Rechner der Kernforschungsanlage Jülich stützen: Für einen Ausstieg bis Anfang der 90er Jahre prognostizierten sie bloß eine Steigung des Strompreises um 2,4 bis 5,2 Pfennig, in Übereinstimmung mit anderen Studien (W. HOFFMANN, September 1986 und DIE ZEIT, 12. September 1986).
Bei einer Nutzung aller KKWs in der Bundesrepublik bis zum Ende ihrer 20jährigen Betriebszeit errechnete das Rheinisch-Westfälische Institut für Wirtschaftsforschung eine Steigerung der Strompreiskosten um 0,7 bis 3 Prozent, die Arbeitsgemeinschaft des Instituts für ökologische Wirtschaftsforschung und des Instituts für angewandte Ökologie (Ausstieg bis 2000 und später) keine Steigerung der Stromkosten.
Laut Ex-Atommanager KLAUS TRAUBE würde das sofortige Abschalten aller Atommeiler in der Bundesrepublik den Strompreis um rund 1 Pfennig pro Kilowattstunde verteuern (DER SPIEGEL, 22/1986).
Aus einer kürzlich veröffentlichten *Studie des Instituts für Systemanalyse* in Laxenburg bei Wien geht sogar hervor, daß der Stromerzeugungsmarkt für die Kernenergie ohnehin auf mindestens 3 bis 4 Jahrzehnte gesättigt ist. Der Schwachpunkt im Ausbau der Energieversorgung werde in diesem Zeitraum beim *Erdgas* liegen.
Nach dem energiewirtschaftlichen Berater der österreichischen Bundesregierung, JÖRN KANIAK, würde der *Ausstieg aus der Atomkraft die* OECD-*Länder rund 700 Milliarden DM kosten* — bei gleichzeitigem Umstieg auf fossile Energieträger. Das würde ca. 3% des Bruttosozialprodukts der OECD-Länder entsprechen und weit unter den Auswirkungen der Ölschocks von 1973 und 1979 liegen. Österreich hätte, wäre Zwentendorf in Betrieb gegangen, 36 Milliarden für den Ausstieg aus der Atomenergie aufwenden müssen (TECHNIK und UMWELT, 6/1986).
Der Ausstieg wäre auch weltweit keine Katastrophe: 374 Atomreaktoren (Stand Ende 1985) liefern nach Abzug der Umwandlungsverluste nur 2,3 Prozent des Weltenergiebedarfes. Nur in Ländern, die relativ viel Strom aus Kernenergie erzeugen — wie z. B. Frankreich — wäre der Ausstieg mit höheren Kosten verbunden (Frankreich: 11% des Bruttosozialprodukts). In der Bundesrepublik Deutschland würde er nur 3,4% des Bruttosozialprodukts kosten.

DAS SANFTE ENERGIEKONZEPT: SONNE — WIND — WASSER — ERDWÄRME — BIOMASSE — ENERGIESPAREN

Bisher wurden *in die Atomkraft rund 100 Milliarden Dollar investiert*, „mehr als in jede andere Technologie seit dem Aufbruch des Kapitalismus" (DER SPIEGEL, 1—2/1977).
Enorme Summen wurden in die *Forschung und Entwicklung* gesteckt: Für die Bundesrepublik schätzte CARL-JOCHEN WINTER von der Deutschen Forschungs- und Versuchsanstalt für Luft- und Raumfahrt die Summe 1986 auf gut *30 Milliarden Mark*. Auch M. JÄNICKE beziffert die „staatlichen Vorleistungen" an die Atomenergienutzung in der ZEIT (10. 10. 1986) mit dieser Summe. Wenn man nur Teile dieser Beträge in die alternative Energiequellen investiert hätte, würde die Welt heute anders aussehen und

man könnte mehr als 2,3 Prozent des Gesamtenergiebedarfes (Anteil der Atomenergie, Stand Ende 1985) aus ihnen decken: aus umweltfreundlichen und sanften Technologien auf der Basis von Sonnen- und Windenergie, aus Wasserkraft, Biomasse, Erdwärme und durch Energiesparen. Es gibt Fachleute, die meinen, man könnte den gesamten Energiebedarf aus diesen Quellen decken.

Zwischen 1974 und 1983 gab Bonn für „Forschung, Entwicklung und Demonstration von Wärmepumpen- und Solaranlagen zur Nutzung von Niedertemperaturwärme" 178 Millionen Mark aus — aber *7 Milliarden Mark* wurden im gleichen Zeitraum in den Schnellen Brüter in *Kalkar* gebuttert (DER SPIEGEL, 9. Juni 1986). Besonders grotesk ist die Situation in Österreich:

Aus dem *„Energiebericht und Energiekonzept 1984 der Österreichischen Bundesregierung"* (Seite 347) geht zwar hervor, daß 31% des Energieforschungsbudgets für Energieeinsparung aufgewendet wurden, aber *nur 18% für die Erforschung neuer und erneuerbarer Energiequellen.* Gleichzeitig wurden aus diesem Topf *12% für Reaktorsicherheitsforschung* ausgegeben. Und das in einem Land ohne Atomenergieproduktion! 4 Prozent wurden für Kernfusions-Forschung ausgegeben...

Entgegen allen Unkenrufen der Atomlobby ist *Sonnenenergie* auch in Mitteleuropa für den „Hausgebrauch", also für Warmwasserbereitung und als Zusatzenergie fürs Heizen, schon seit vielen Jahren wirtschaftlich. Die Amortisationszeit liegt zwischen 5 und 10 Jahren.

Die Sonne ist eine wirklich unerschöpfliche Energiequelle. Tag für Tag strahlt sie mehrere tausendmal so viel Energie auf die Erde wie derzeit weltweit verbraucht wird. Selbst im relativ sonnenarmen Mitteleuropa scheint sie bis zu rund 1.600 Stunden im Jahr. Im Jahresverlauf zeigen die Tagessummen der Globalstrahlung an wolkenlosen Sommertagen Werte bis zu 8 kWh pro Quadratmeter und Tag auf eine horizontale Fläche, im Winter 2 bis 6 kWh/m² (G. FANINGER).

Auf Österreich strahlt die Sonne jährlich eine Energiemenge von etwa 110.000 Terawattstunden (= 110 Billionen Kilowattstunden). Der derzeitige Primärenergiebedarf liegt bei 300 TWh/a, also bei nur 1/360 (F. NIESSLER, 1979).

Für Österreich gilt ebenso wie für die Bundesrepublik oder die Schweiz, was J. NITSCH und C.-J. WINTER kürzlich in der ZEIT feststellten: „Solarenergienutzung in Mitteleuropa wird immer eine Symbiose mit anderen Energieträgern eingehen müssen..." Als Partner kann sie, erklären die Autoren, Beachtliches leisten: *Bis zum Jahr 2030* könnten durch Sonnenenergie bei realistischen Annahmen *50 bis 100 Millionen Tonnen Steinkohleneinheiten* (SKE) *eingespart* werden. 100 Millionen Tonnen SKE entsprechen 25 Prozent des heutigen Energieverbrauchs in der Bundesrepublik! 1 SKE ist die Maßeinheit für den Energieinhalt von Brennstoffen. 1 kg SKE entspricht dem Heizwert von 1 kg Steinkohle bzw. 8 Kilowattstunden.

Derartige Einsparungen hält der österreichische Energie-Experte FRANZ NIESSLER schon früher für möglich: „Die direkte und indirekte Sonnenenergie-Nutzung, verbunden mit einer wohlüberlegten Energieanwendung, könnte z. B. im Jahr 2000 bereits 25% des österreichischen Energiebedarfes decken."

Zur Zeit sind in der Bundesrepublik Deutschland *über 20.000 Solaranlagen installiert.* Sie sparen 6 Millionen Liter Heizöl. Es fehlt aber (mit Ausnahme von Berlin) an entsprechender steuerlicher Förderung. Auch die relativ hohen Anschaffungskosten sind ein Problem. Kein Industrieunternehmen fertigt Kollektoren in Groß-Serie. Der Hebel müsse daher bei der finanziellen Förderung angesetzt werden, meinen kritische Beobachter zu Recht. Sonnenenergie sei eben eine Frage allgemein politischen und energiewirtschaftlichen Wollens.

Energieexperten haben längst durchgerechnet, daß Sonnenenergie, gekoppelt mit Energiesparen in der Bundesrepublik das gleiche Komfortniveau erlauben würde wie die Atomenergie — zum gleichen Preis, aber ohne das enorme Gefahrenpotential, ohne Sicherheits- und Umweltproblematik. Stoßseufzer im SPIEGEL (9. Juni 1986): „Daß die Sonnenenergie mehr ist als das Hobby einiger Öko-Techniker, daß sie auch für die Länder der nördlichen Hemisphäre eine realistische Alternative zur Atomkraft darstellt — dies blieb einem breiten Publikum bislang verschlossen. Beleg- und beweisbar ist dies schon seit einigen Jahren."

Aber nicht nur die Sonnenkollektoren, auch die *Solarzellen* sind im Kommen. BRANISLAV LALOVIC von der Universität Belgrad, einer der führenden Solarexperten Jugoslawiens, rechnet für das Jahr 1990 mit einem Preis von einem halben Dollar pro Watt (derzeit kosten die Zellen fünfeinhalb Dollar pro Watt), womit *Solarstrom voll mit dem Atomstrom konkurrenzfähig* sei (Bericht von F. NIESSLER über die 8. Belgrader Sonnenenergie-Ausstellung im September 1986).

Der amerikanische Industrieberater PAUL MAYCOCK erklärte kürzlich, daß Strom aus Solarzellen schon bei Herstellungskosten von vier Mark pro Watt Leistung wirtschaftlicher seien als Atomstrom (DER SPIEGEL, 24/1986).

Welches riesige Potential im *Energiesparen* steckt, haben nach Berichten aus dem Jahr 1986 die Dänen vor Augen geführt: Vor zehn Jahren deckten sie ihren Energiebedarf noch zu 92% aus Ölimporten, heute haben sie die Importe auf 40% gedrosselt — ohne Atomenergie!

Auf dem Weg von der Primärenergie zur Nutzenergie gehen rund 60 Prozent verloren; vor allem beim privaten Heizen, über die Verbrennungsmotoren der Autos*) sowie in veralteten Heizkraftwerken (Wirkungsgrad 30%) — zu denen übrigens auch die Atommeiler gehören — und Industrieanlagen.

Zum Energiesparen gehört daher auch die Nutzung der Kraft-Wärme-Kopplung bei kalorischen Kraftwerken, speziell in kleineren Block-Heizkraftwerken, die eine dezentrale, billigere Versorgung ermöglichen (Wirkungsgrad 90%). Rund 90% der im Haushalt verbrauchten Energie werden für Wärmeerzeugung (Heizung, Warmwasserbereitung, Kochen) gebraucht. Von dieser Energie ist durch sinnvolle Maßnahmen ein gutes Drittel leicht einzusparen. Insgesamt könnte rund die Hälfte eingespart werden. Dabei handelt es sich um entscheidende Größenordnungen, denn der Anteil der Raumheizung in der Bundesrepublik und in Österreich liegt bei etwa 40% des Gesamtenergieverbrauches. Weitere beachtliche Einsparungen lassen sich durch Wärmedämmung erreichen, wobei aber — vor allem wegen des *Radon-Problems* (siehe Seite 140 f.) — der Lüftung größte Aufmerksamkeit zugewendet werden muß.

Österreich ist in der glücklichen Lage, reichlich *Wasserkraft* zu besitzen. Der Energieforscher NORBERT WEYSS hat ausgerechnet, daß Österreich seinen gesamten Strombedarf ausschließlich aus Wasser- und Sonnenkraftwerken decken könnte (Information von G. BRUCKMANN, Universität Wien).

Während in der Bundesrepublik die Wasserkraftpotentiale bereits weitgehend genutzt sind, sind in Österreich erst etwas über 60% des nutzbaren Potentials ausgebaut. Bei den restlichen 40% werden zwar aus Gründen des Landschafts- und Naturschutzes Abstriche gemacht werden müssen. Es bleibt aber ein beachtliches Maß an Leistungsfähig-

---

*) Nach F. NIESSLER (1986) liegt der Gesamt-Energiewirkungsgrad nach Abzug aller Verluste bei der Erdölgewinnung und der Verluste beim Betrieb des Motors bei nur etwa 5 Prozent!

keit, bei dem auch die Kleinkraftwerke eine Rolle spielen können. Derzeit sind in Österreich 1.300 Kleinkraftwerke mit einer Leistung von 370 Megawatt in Betrieb. Das entspricht einem Jahresarbeitsvermögen von 2.000 Gigawattstunden (2 Milliarden Kilowattstunden). Das technisch noch nutzbare Potential wird mit 3.000 bis 4.000 GWh/a beziffert.

Österreich besitzt außerdem *geothermische Energie*, vor allem im Wiener Becken (Thermenlinie), in Vorarlberg, in Oberösterreich und der Steiermark. Ihre Nutzung liegt allerdings nicht im Interesse der Erdölgesellschaften. Diese verschließen die Bohrlöcher, aus denen z. B. im Wiener Becken jede Menge heißes Wasser sprudeln würde und Tausende Wohnungen heizen könnte, lieber mit Beton. Die technischen Probleme seien zu kompliziert... Anderswo, etwa im nahen Ungarn oder in Frankreich, sind sie lösbar gewesen.

Österreich verfügt nach einer im Bundesministerium für Wissenschaft und Forschung durchgeführten Studie auch über durchaus günstige Möglichkeiten der Nutzung von *Windenergie*. Und zwar im Marchfeld, im Wiener Becken, im nördlichen Burgenland, im Wald-, Mühl- und Innviertel, zum Teil im Weinviertel und im Gebirge. Einst stand bei der *Adamek-Hütte am Dachstein*, in 2.200 Meter Höhe, die größte Windenergieanlage Europas im alpinen Bereich. Sie speiste einen Satz Batterien für die Beleuchtung der Hütte. Vor einigen Jahren wurden Mast und Rotor wegen eines Defekts demontiert und nicht wieder aufgestellt. Der Hüttenwirt, SEPP THALLER, ein ausgezeichneter Windenergiefachmann, wurde später ebenfalls delogiert. Methode oder einfach Unfähigkeit?

In der Bundesrepublik fanden die "nuclear community" und ihre Verbündeten einen anderen Weg, um die Windenergie zu diskreditieren: „Die Bonner steckten zum Beispiel 90 Millionen Mark in das gigantische Windrad Growian, das nie funktionierte. Damit war dann bewiesen, daß auf Windenergie kein Verlaß ist." (DER SPIEGEL, 24/1986)

Experten erklärten dem Autor, Österreich könne seit vielen Jahren kleine Windenergieanlagen mit elektronischer Steuerung in Serie bauen (die manche Private schon längst mit Erfolg betreiben). „Intelligente Produkte" lassen eben manche lieber aus dem Ausland kommen...

Früher spotteten einige Energieauguren über die Energiequelle „*Biomasse*" (Holz, Stroh, Ablauge aus der Zellstoffindustrie). Heute müssen sie zur Kenntnis nehmen, daß sie sich wieder einmal irrten. Unter anderen hat ihnen AUGUST RAGGAM vom Institut für Papier-, Zellstoff- und Fasertechnik der Technischen Universität Graz vorgerechnet, daß sich nur aus den Abfällen der Land- und Forstwirtschaft, aus noch ungenützter Biomasse und aus dem Müll etwa ein Drittel der fossilen Energieträger (Öl, Gas, Kohle) ersetzen ließen.

Nach H. BEDNAR von der Universität für Bodenkultur in Wien werden in Österreich derzeit 6 Millionen Festmeter Holz (=6 Mio m^3 fester Holzmasse) im Wohnbereich verfeuert. Das entspricht zirka 60 PJ (=Petajoule=10^{15} Joule=1 Billiarde Joule). Rund 5 PJ kamen aus Altpapier und Zellstoffindustrie. 1983 (A. SCHMIDT) wurden beim finnisch-österreichischen Workshop "Energy from Wood" Berechnungen vorgelegt, nach denen für das Jahr 2000 der mögliche Beitrag der Biomasse zur österreichischen Energiebilanz mit 150 bis 200 PJ angegeben. In der Studie „Erneuerbare Energiequellen für Österreich (1981, Seite 11 f.) wird das Potential an zusätzlich nutzbarer Biomasse mit 200 PJ/Jahr angegeben.

Für die *Bundesrepublik Deutschland* liegen die Nutzungsmöglichkeiten der *Biomasse* ebenfalls günstig. Der Energiegehalt der jährlich im Land anfallenden Rückstands- und

Abfallbiomasse wird mit rund 45 Millionen Tonnen Steinkohleneinheiten angegeben. Das sind etwa 11% des heutigen Energieverbrauchs der Bundesrepublik oder soviel, wie die gegenwärtig durch Kernkraftwerke jährlich bereitgestellte Primärenergie (J. NITSCH, C.-J. WINTER, 1986). Zwar unterliegt die Nutzung einigen Einschränkungen — vor allem müßten endlich auch Katalysatoren für die Hausfeuerungen eingesetzt werden —, aber die Biomasse bleibt ein wichtiger Faktor im Alternativkonzept.
Derzeit macht der Anteil der Biomasse mit 3% und der „Alternativen" (Sonnen- und Windenergie, Wärmepumpen etc.) mit 1% insgesamt 4% des Primärenergieaufkommens in Österreich aus. Nach Berechnungen der Energiesektion des Handelsministeriums könnten sie bis 1995 einen Anteil von 7% erreichen (W. HINGST, Volkswirtschaft, Seite 84).
Das tatsächliche Potential liegt wesentlich höher. E. KÖSSLER (1981) setzt es (Geothermische Energie, Biogas, Abfälle, Stroh, Forstliche Biomasse und Wind) mit *185.000 Terajoule* an. Geht man von einem Gesamtenergieverbrauch Österreichs von 918.000 TJ (1982; Quelle: H. WALKA, 1983) aus, dann sind das *rund 20 Prozent* des Primärenergieaufkommens — Sonnenenergie und Energiesparen nicht eingerechnet!
Andere alternative Technologien wie *Wasserstoff* (Problem der hohen Explosivität) und *Brennstoffzellen* (direkte Umwandlung von Wasserstoff und Sauerstoff in Strom) könnten in Zukunft ebenfalls Bedeutung gewinnen.
Die alternativen Technologien führen nicht — wie manchmal böswillig verbreitet wird — zu Arbeitslosigkeit. Sie sind im Gegenteil ein *„großdimensioniertes Beschäftigungsprogramm"* für arbeitsintensive Klein- und Mittelbetriebe — „und dies macht den Widerstand der großindustriellen Apparate verständlich" (DER SPIEGEL, 24/1986). Demgegenüber vernichtet nach F. CAPRA (Seite 452) jedes neue Atomkraftwerk etwa 4.000 Arbeitsplätze.
Die Entscheidung Sonnenstaat kontra Atomstaat reicht weit über ökonomische Fragen hinaus. Sie ist der Angelpunkt für die gesamte Entwicklung. Eine Gesellschaft, die sich für Sonne und Sparen entscheidet, ist die unmittelbare Existenzbedrohung aus Atomkraftwerken los, sie braucht keinen Polizei- und Überwachungsstaat, sie hinterläßt ihren Nachkommen keine nicht deponierbaren Berge strahlenden Giftmülls, sondern schenkt ihnen eine Technik, die der Mensch beherrscht, nicht eine, die ihn beherrscht.

Stichwortverzeichnis

Literaturverzeichnis

A. AARKROG: Prediction models for 90-Sr in shed deciduous teeth and infant bone. Health physics, 21, 803—9, December 1971

HANS JOACHIM ADERHOLD: Radioaktivität und Waldsterben; In: Lebensschutz 7—8/1984

GÜNTHER ANDERS: Die atomare Drohung. Radikale Überlegungen. Vierte durch ein Vorwort erweiterte Auflage von „Endzeit und Zeitende", München, 1983

GÜNTHER ANDERS: Hiroshima ist überall, München 1982

GÜNTHER ANDERS: „Die Atomkraft ist die Auslöschung der Zukunft". Interview in „Psychologie Heute" 13. Jg, Heft 8, 1986

VICTOR E. ARCHER: Geomagnetism, Cancer, Weather and Cosmic Radiation. In: "Health physics" 34, 237—47, 1978

THOMAS A. ANGERPOINTNER, ELFRIEDE MROZIK: Kindersterblichkeit, kindliche Tumor- und Fehlbildungshäufigkeit in Bayern unter besonderer Berücksichtigung Kerntechnischer Anlagen. Hrsg. v. Bayerischen Staatsministerium München, September 1984

FRITZ ARNDT: Waldsterben: Kernenergie schuld an Waldschäden? In: ÖKO-TEST, November 1985

O. AXELSON: Experiences and concerns on lung cancer and radon daughter exposure in mines and dwellings in sweden. In: Z. Erkr. Atmungsorgane, 161 (3), 232—9, 1983

BEIR—REPORT I + II (III): siehe "Effects..."

M. S. BAPTISTE u. a.: Health effects associated gold rings. In: I. Am. Acad. Dermatolo. 10 (6) 1019—23, Juni 1984

TILL BASTIAN (Hrsg.): Wir werden euch nicht helfen können. Frankfurt 1983

K. BÄTJER u. a. (Autorengruppe des Projektes SAIU-Schadstoffbelastung am Arbeitsplatz und in der Industrieregion Unterweser — an der Universität Bremen): Zum richtigen Verständnis der Kernindustrie — 66 Erwiderungen. Berlin, 1978

ROLF BAUERSCHMIDT: Kernenergie oder Sonnenenergie. 1986

A. BAUMANN, D. HORVAT: The impact of natural radioactivity from a coal-fired power plant. In: Sci. Total Environ., 17 (1) 75—81, Januar 1981

J. A. BEAU, P. ISACSON, R. M. HALME, J. KOHLER: Drinking water and cancer incidence in Iowa II, Radioactivity in drinking water. In: Am. J. Epidemiol. 116 (6) 924—32, December 1982

E. G. BECK, P. SCHMIDT: Aktuelle Probleme der Innenraum-Umwelt. In: Uni-Forum Städte-Hygiene 34 (2), S. 98—101, 1983

HELMUT BEDNAR: Der Beitrag des Holzes als Energieträger in Österreich. In „Internationaler Holzmarkt", Wien, 1. 12. 1983

E. BERGER u. a.: *Systemanalyse des Gesundheitswesens in Österreich*. Eine Studie über Entstehung und Bewältigung von Krankheit im entwickelten Kapitalismus. Bd. 1, S. 359 ff.: Radioaktivität als Krankheitsfaktor — Gesellschaftliche Probleme einer expansiven Kernenergieproduktion. 2. Aufl./1978 Wien

M. BERGER u. a.: *Tägliches Atom*. Ein Ratgeber für die Zeit nach Tschernobyl. Hrsg. vom Ökologie-Institut, Wien, 1986

Bestimmung von Radon in Wohnräumen. Endbericht, Wien, August 1985. Gemeinschaftsprojekt des Österreichischen Forschungszentrums Seibersdorf, der Bundesversuchs- und Forschungsanstalt Arsenal und des Instituts für Biophysik der Universität Salzburg. Koordinator H. SORANTIN

WILHELM BITTORF: Die Waffe am Ende aller Waffen. In DER SPIEGEL, 13 + 14/1986

ENGELBERT BRODA: Eine Welt aus Plutonium? In: Naturwissenschaftliche Rundschau, Bd. 28, Heft 7, 233—239, Juli 1975, Stuttgart.

RUDOLF BRUNNGRABER: Radium. Roman eines Elementes, Berlin 1936

WERNER BURKART: Radon und seine Zerfallsprodukte in Wohnräumen: Abschätzung von Strahlenexposition und Risiko für in der Schweiz gemessene Radon-Pegel. Würenlingen, März 1984

WERNER BURKART: Strahlenexposition und Risiko durch Radon in der Innenluft schweizerischer Häuser. In „Luftverunreinigung und Gesundheit", Herbsttagung d. Schweizerischen Gesellschaft f. Sozialkunde u. Präventivmedizin, 7. u. 8. Nov. 1985 Zürich

WERNER BURKART: Strahlenexposition und Risiko durch Radon in der Innenluft schweizerischer Wohnhäuser. In: Sozial- und Präventivmedizin 31,55—59 (1986)

WERNER BURKART, SABYASACHI CHAJRABORTY: Possible health effects of energy conservation: impairment of indoor airquality due to reduction of ventilation rate. In Environment International Vol. 10, 455—461, 1984

F. CAP: Der Mensch lebte nie ohne Radioaktivität. Prähistorische Mutationen durch Strahlung. In „Die Presse" 16./17. 2. 85

F. CAP: „Was geschah in Tschernobyl?" In: Österr. Zeitschrift für Elektrizitätswirtschaft. Jg. 39, Heft 6, Juni 1986

F. CAP: Energieversorgung. Probleme und Ressourcen, Stuttgart 1981

F. CAP: Exposé für eine TV-Sendung über Radioaktivität, Brief an den Autor vom 27. 2. 1984

FRITJOF CAPRA: Wendezeit. Bausteine für ein neues Weltbild. Bern, München, Wien 1983

Chart of the Nuclides. Hrsg. v. Electric Comp. San Jose, Californien (USA) 1983

G. F. CLEMENTE, A. RENZETTI, G. SANTORI, F. STEINHÄUSLER, J. POHL-RÜHLING: Relationship between the 210-Pb content of teeth and Rn and Rn-daughters. In: Health Physics, 47 (2) 253—62, August 1984

C. R. COTHERN, W. L. LAPPENBUSCH, J. A. COTRUVO: Health effects guidance for uranium in drinking water. In: Health Phys., 44 suppl. 1, 377—84, 1983

F. T. CROSS: „Radioactivity in cigarette smoke issue". In: Health Physics, 46 (1) 205—208, 1984

MARIE CURIE (Mme P. CURIE): Die Radioaktivität. Autorisierte deutsche Ausgabe. Bd. 1, Leipzig 1911, Bd. 2, Leipzig 1912

JÜRGEN DAHL: Zur Metaphysik der Atomenergieerzeugung. Auf Gedeih und Verderb. Kommt Zeit, Kommt Unrat. Ebenhausen bei München 1977

MARCEL DROBIL: Umwelt um die Jahrtausendwende (Prognosen und Schätzungen). Hrsg. v. BI. f. Gesundheitswesen REVIEW 2/81, Wien

C. EDLING, H. KLING, O. AXELSON: Radon in homes — a possible cause of lung cancer. In: Scand. J. Work Environ. Health, 10 (1), 25—34, Feb. 1984

Effects on Population of Exposure to low Levels of Ionizing Radiation. Hrsg. v. d. National Academy of Sciences Advisory Committee on the Biological Effects of Ionizing Radiation (BEIR-Report I) Division of Medical Sciences. November 1972 (Sponsor: Department of Health, Education and Welfare and Environmental Protection Agency)

Effects on Population of Low Levels of Ionizing Radiation: 1980. Hrsg. vom Committee on the Biological Effects of Ionizing Radiations. (BEIR-Report II bzw. III) Division of Medical Sciences, Assembly of Live Sciences, National Research Council. Washington D. C. 1980

Energiebericht und Energiekonzept 1984 der Österreichischen Bundesregierung

Energie — Kernenergie — Alternativen. Fakten und Aussagen. Hrsg. v. Verband der Elektrizitätswerke Österreichs in Zusammenarbeit mit der Schweizerischen Informationsstelle für Kernenergie, Zürich, o. J.

Energiequellen und ihre Chancen: Auszug aus dem KWU-Geschäftsbericht 1973

ALBERT EINSTEIN, LEOPOLD INFELD: Die Evolution der Physik, Hamburg 1959

CONSTANCE EISENBART, GEORG PICHT (Hrsg.): Wachstum oder Sicherheit? Beiträge zur Frage der Kernenergie, München 1978

MERRIL EISENBUD: Enviromental Radioactivity. 2. Aufl., New York, San Francisco, London 1973

GERHARD FANINGER: Erneuerbare Energiequellen für Österreich. Hrsg. von der Österreichischen Gesellschaft für Sonnenenergie und Weltraumfragen (ASSA), Wien, 1981

FRIEDHELM FARTHMANN: „Erschrecken, weh tun, schockieren". In: „DER SPIEGEL" 4. 3. 1985

G. F. FUEGER: Radioaktiver Fall-out: Medizinische Aspekte. Hrsg. v. d. Fachärztekammer für Steiermark, Graz 1986
ULI FRANZ: Atommüll für China. In: DIE ZEIT 4. Oktober 1985
S. M. GERGELY, ALOIS M. GÖSCHL: Zivilschutz. Unter die Erde kriechen. In: „profil" 12. Nov. 1984
STEFAN M. GERGELY: Atomenergie: Was der Ausstieg kostet. In: Profil 23. Juni 1986
STEFAN M. GERGELY: Strahlengefahr. Österreich nach Tschernobyl. Wien 1986
NIKOLA GETOFF: Möglichkeiten der industriellen Anwendung der Strahlenchemie in Österreich. Manuskript, 1985
GLOBAL 2000. Der Bericht an den Präsidenten. Hrsg. vom Council on Environment Quality und vom US-Außenministerium. 12. Aufl., Feb. 1982, Frankfurt/Main.
HEIDE-MARIE GÖBBEL: Volksrepublik China. Atomwirtschaft und Politik. München 1980
JOHN W. GOFMAN, ARTHUR R. TAMPLIN: Poisoned Power. The Case Against Nuclear Power Plants, 1971
RALPH GRAEUB: Der Petkau-Effekt und unsere strahlende Zukunft. Gümlingen 1985
GÜNTHER GRAFFENBERGER: Angst vor schädlichen Bildschirmstrahlen. In „Die Presse", 3. 2. 1986
FRIEDRICH GRAUPE: Atomstrahlen — Mörder unter uns. In: „Neue Kronenzeitung" Mai 1986
R. H. GREINER, P. A. THUM: Lokale Tumorkontrollen und Spätreaktionen nach Pionentherapie. In: Radioonkolog. Frühjahrstagung 1986 (9. Mai 1986 Wien)
ULRICH GREINER: Die Intellektuellen und Tschernobyl: let it be. In: DIE ZEIT, 18. Juli 1986
FRANZ GREITER: Sonne und Gesundheit. Stuttgart, New York, 1984
RAINER GRIESSHAMMER, ISABELLE MÜHLEISEN: Die Bestrahlung von Lebensmitteln in der Praxis. Strahlenkonservierung 45—59, 1985
E. GRIMM, H. HIRSCH, R. RATKA, J. ROTHAMEL: Atom-Müll. Hrsg. v. ÖKO-Institut, Freiburg i. Br., 1980
HERBERT GRUHL: Der atomare Selbstmord.
GÜNTER HAAF: Wenn das Cäsium wandert. In: DIE ZEIT, 20. Juni 1986
TORSTEN HAEFFNER: Neutronengerät zur Behandlung von Oberflächentumoren. In: „Die Presse", 16./17. 2. 1985
ROSE HAGENAUER, RODERICH MAGYAR: Welt der Chemie. Wien, 1984.
M. HAIDER, M. KUNDI, P. KOHN: Richtlinien zur Gestaltung von Bildschirmarbeit. Hrsg. v. d. Gewerkschaft der Privatangestellten, Herbst 1981
H. VON HATZFELDT, H. HIRSCH, ROLAND KOLLERT: Der Gorleben-Report. Ungewißheit und Gefahren der nuklearen Entsorgung. Frankfurt/Main 1979
HERMANN VON HATZFELDT: Waldschäden durch Radioaktivität. Der Verdacht erhärtet sich: Auch Emissionen aus kerntechnischen Anlagen tragen zum Waldsterben bei. In: „DIE ZEIT", 27. September 1985
HERMANN VON HATZFELDT: Was C. F. v. Weizsäcker zur Umkehr bewog. Überzeugendes Ergebnis eines Forschungsprojekts: Kernenergienutzung ist gesellschaftspolitisch unverträglich. In: DIE ZEIT, 6. Juni 1986
WERNER HEIERLI: Überleben im Ernstfall. Physiologische Minimalanforderungen im Schutzraum, Verhalten der Zivilbevölkerung im Kriege. Solothurn 1982
WERNER HEIERLI: Nutzen von Zivilschutzmaßnahmen bei Kernkraftwerksunfällen. Manuskript 27. 5. 1986
WERNER HEISENBERG: Das Naturbild der heutigen Physiker. Hamburg, 1958
WERNER HEISENBERG: Schritte über Grenzen. München, 1971
E. HENRICH, F. SCHÖNHOFER: Umweltradioaktivität in Österreich — Ergebnisse 1980 bis 1983. Hrsg. v. Umweltbundesamt, Abt. Strahlenschutz, Wien, Beiträge Umweltschutz 4/85
ALBERT GÜNTER HERRMANN: Radioaktive Abfälle. Probleme und Verantwortung. Berlin, Heidelberg, New York, 1983
WOLFGANG HINGST: WIR und der Strom, Wien 1982
WOLFGANG HINGST: „Erst stirbt der Wald..." ORF-Dokumentation 1985

WOLFGANG HINGST: „Radioaktivität im Alltag" ORF-Sdg. FS 1, 30. 11. 1984
WOLFGANG HINGST: WIR und die Volkswirtschaft, Wien, März 1984
WOLFGANG HINGST: Zeitbombe Kosmetik. Wien, 3. Aufl. 1986
WOLFGANG HOFFMANN: Ist der Würfel gefallen? Die fortgeschrittenen Reaktoren haben auch wirtschaftlich wenig Sinn. In: DIE ZEIT, 25. Juli 1986
WOLFGANG HOFFMANN: Von Horror keine Spur. Ein Überblick über die wichtigsten Szenarien zum Ausstieg aus der Kernenergie. In: DIE ZEIT, 5. Sept 1986
WOLFGANG HOFFMANN: Von der Sintflut eingeholt. Die Beseitigung des Atommülls kommt nicht voran. In: DIE ZEIT 18. Sept. 1981
CARL VON HOHENTHAL: Gammastrahlen im Gewürzregal. Heftiger Streit um die Konservierung von Lebensmitteln. In: DIE ZEIT, 4. Mai 1984
RUDOLF HÖFER (Hrsg): Radioaktive Isotope in Wissenschaft und Forschung. Gasteiner Internationales Symposium 1986, Wien 1986
OSKAR HÖFLINGER, PEDRO WALOSCHEK: Die Welt der kleinsten Teilchen. Vorstoß zur Struktur der Materie. Reinbek b. Hamburg, 1. Aufl. Juni 1984
ICRP 26 (1977): Recommendations of the International Commission of Radiological Protection. Ann. ICRP 1, Nr. 3, Stuttgart (1978)
International Directory of Isotopes. 3. Aufl. IAEA, Wien 1964
KARL IRLWECK: Der Reaktorunfall von Tschernobyl und die Strahlungsfolgen. In: „Österreichische Ärztezeitung", 41/19 (1986)
WOLFGANG JACOBI: Radon in Häusern — Was soll man tun? In: „Strahlenschutz aktuell", 1. September 1985, Würlingen
RENATE JÄCKLE: Wie gefährlich ist geringe Radioaktivität? In: Süddeutsche Zeitung, 17. Nov. 1986
OSWALD JAHN: Bildschirmarbeit aus der Sicht des Arbeitsmediziners. Hrsg: Bundesmin. f. soziale Verw. und Kammer für Arbeiter und Angestellte für Wien
KLAUS JENS: Überlegungen zur Kernenergienutzung in Österreich. Manuskript, 1985
KLAUS JENS: Waldschäden durch fossile und nukleare Energienutzung. Manuskript. Tagung „Technik und Umweltschutz" der Bundesingenieurkammer 13. bis 15. November 1985, Wien Kongreßzentrum Hofburg
C. J. JOHNSON: Environmental and health effects of the nuclear weapons: a current evaluation. Ecol. Dis., 1, 135—52, 1982
C. J. JOHNSON: Cancer incidence in an area of radioactive fallout downwind from the Nevada Test Site. JAMA, 251 (2) 230—6, 13. Jänner 1984
ROBERT JUNGK: Heller als tausend Sonnen. Das Schicksal der Atomforscher. Bern und Stuttgart 1956
ROBERT JUNGK: Der Atomstaat. Vom Fortschritt in die Unmenschlichkeit, München 1977
TERESIA KANDLER: Verkrüppelt der Mensch vor dem Bildschirm? „dr" Nr. 5, Mai 1960
JOACHIM KAHLERT: Unheimliche Energie. Kernspaltung zwischen Bombe und Kraftwerk. Weinheim u. Basel, 1984
MARIE LUISE KALTENEGGER: Bombenstimmung in der Wüste. Gespräche mit Überlebenden. In: „Wiener", Mai 1986
WERNER KATZMANN, PETER WEISH: Nein danke. Österreich nach Tschernobyl. In: Umweltreport Österreich, hrsg. von W. Katzmann und H. Schrom, Wien 1987
MANFRED KELM: Die physikalischen und chemischen Grundlagen zur Bestrahlung von Lebensmitteln. Strahlenkonservierung 7—25, 1985
PETRA K. KELLY: Atomkraftwerke und (Kinder)Krebs. Einige Informationen. In: Versuche gegen die Hilflosigkeit. Aufsätze einer neuen Praxis für helfende Berufe; hrsg v. Christl Burkhart und Angelika Mindel. Dokumentation des Gesundheitstages Berlin 1980, Bd 6. 1981
JÜRGEN KIEFER: Biologische Strahlenwirkung. Eine Einführung in die Grundlagen von Strahlenschutz und Strahlenanwendung. Berlin, Heidelberg, New York, 1981
RUDOLF KIPPENHAHN: „100 Milliarden Sonnen. Geburt, Leben und Tod der Sterne". Überarbeitete Neuausgabe, München 1984

EGMONT R. KOCH, FRITZ VAHRENHOLT: Im Ernstfall hilflos. Katastrophenschutz bei Atomunfällen. Köln, 1986
ERICH KÖSSLER: Energiezukunft Österreichs. Vortragsmanuskript, 13. 10. 1981
U. KRAMES: Waldsterben einmal anders. In: „Wald- und Holzwirtschaft" Mai 1984, S. 73—74
ANTON KRAPFENBAUER: Luftverunreinigung — Folgewirkungen — Tendenzen der Ausweitung In: Allgemeine Forstzeitung, März 1984
A. KRAPFENBAUER: Waldsterben — es ist arg und es wird laufend ärger! In: Internationaler Holzmarkt 76/6, 21. März 1985
FRANZ R. KRUEGER: Physik und Evolution. Berlin u. Hamburg 1984
JAN LANGMAN: Medizinische Embryologie. Die normale menschliche Entwicklung und ihre Fehlbildungen. 6. Aufl. 1980, Stuttgart, New York
J. G. LAEMHORST: Die industrielle Anwendung der Lebensmitteldurchstrahlung. Strahlenkonservierung 27—44, 1985
HELMUT LINDNER: Grundriß der Atom- und Kernphysik. 15. Aufl., Leipzig, 1984
HEINZ LÖFFLER: Gefährdung des Grundwassers. In: KURIER, 6. September 1985
KONRAD LÜBBERT: Eine saubere Waffe, die nur Leben zerstört. Neutronenbombe. Frankfurt/Main 1981
ALOIS MACHALEK: Leben mit Radioaktivität. Ein Ratgeber für die Zukunft, Wien 1986
HANSWERNER MACKWITZ: „Hohe Krebsgefährdung durch Niedrigstradioaktivität. Die Hanford-Studie". Wien, Manuskript 1978
Mahlzeit = Strahlzeit? In: Konsument 12/86, Wien
HANS MANINGER: Und was nach Tschernobyl? Denkanstoß „Option S". In: „DIE PRESSE", 28./29. Juni 1986
BODO MANSTEIN: Atomares Dilemma. Frankfurt/Main 1977
BODO MANSTEIN: Strahlen. Gefahren der Radioaktivität und Chemie. Medizin und Wissenschaft im Umbruch. Ein kritisches Handbuch. Frankfurt am Main, 1977
HANNES MAYER: Waldverwüstende Immissionsschäden in Österreich, Wien, Sept. 1985
ZHORES MEDWEDJEW: Bericht und Analyse der bisher geheim gehaltenen Atomkatastrophe in der UdSSR. Hamburg, 1979
KLAUS M. MEYER-ALBICH, BERTRAM SCHEFOLD: Die Grenzen der Atomwirtschaft, München 1986
LUTZ MEZ (Hrsg.): Der Atomkonflikt. Atomindustrie, Atompolitik und Anti-Atom-Bewegung im internationalen Vergleich. Berlin 1979
D. G. MILLER: Cancer in Hiroshima: 35 years after the bomb. In: Med. Pediatr. Oncol. 12 (3), 224—227. 1984
Das Millirem-Konzept. Eine Information zum Thema Auswirkungen der radioaktiven Stoffe aus Kernkraftwerken auf Mensch und Umwelt. Hrsg. v. d. Rheinisch-Westfälischen Elektrizitätswerke AG. Essen, 1977
BERNHARD MOLTMANN: Der Fall Brasilien — „Geschäft" oder Entwicklungshilfe? In Wachstum oder Sicherheit? Beiträge zur Frage der Kernenergie, hrsg. v. C. Eisenbart und Georg Picht. München, 1978
NCRP-Report: siehe „Radiation Exposure..."
FRANZ NIESSLER: Energiepolitik. Manuskript 24. 11. 1979
FRANZ NIESSLER: Unerfüllter Traum Elektroauto? Manuskript 28. 12. 86
JOACHIM NITSCH, CARL-JOCHEN WINTER: Auch die Sonne braucht einen Anwalt. In: DIE ZEIT, 31. 10. 1986
HEINRICH NOLLER: Die zahlreichen Unfälle der Atomindustrie. In: „Die grünen Demokraten", Heft 7/8, Wien 1986
CHRISTINA PERINCOLI: Die Frauen von Harrisburg oder „Wir lassen uns die Angst nicht ausreden". Reinbek bei Hamburg, 1980
„Du Perle im Sternbild des Atoms". In: „DER SPIEGEL" Hamburg, 5. 5. 1986
RALPH OSTERMANN: Mit Kanonen auf Spatzen. Strahlenkonservierung von Lebensmitteln. „Wechselwirkung", 23. November 1984

KONRAD PFEILSTICKER: Argumente gegen eine Betrahlung von Lebensmitteln mit ionisierenden Strahlen. „Strahlenkonservierung", 61—83, 1985

H. V. PILTINGSRUD, G. L. GELS: A Study of the performance of selected instrumentation for 133-Xe personel hazard measurements in nuclear medicine laboratories. In: Health Physics, 46 (3) 627—37, März 1984

PETER PRINGLE, JAMES SPIGELMAN: Die Atombarone. Die unbekannte Geschichte des nuklearen Abenteuers. Zürich, 1983

J. POHL-RÜHLING, P. FISCHER, E. POHL: The low-level shape of dose response for chromosome aberrations. In "Late biological effects of Ionizing Radiation", Vol II, Internat. Atomic Energy Agency, Wien, 1978

Pollution and Health, Environmental radiation monitoring. Hrsg. von WHO und UNEP (United Nations Environmental Programme, London 1986

WILLIBALD PSCHYREMBEL: Klinisches Wörterbuch. Berlin, New York 1982

Radiation Exposure from Consumer Products and Miscellanous Sources. Hrsg. v. National Council on Radiation Protection and Measurements (NCRP) Washington D. C. 1. Nov. 1977

Radikal-Angriff auf das Erbgut. In: DER SPIEGEL 22/1986

Radioaktivität in Lebensmitteln. Erste Erkenntnisse und Ratschläge; zusammengestellt vom KATALYSE Institut für angewandte Umweltforschung. Frankfurt/Main 1986

Thema Kernenergie: Fragen und Antworten. Hrsg. vom Verband der Elektrizitätswerke Österreichs, Wien o. J.

THOMAS von RANDOW: Vom Fehlerbaum gefallen. Die Gefahr, bei Reaktorunfällen umzukommen, ist vergleichsweise gering. In: DIE ZEIT, 17. August 1979

THOMAS von RANDOW: Fusionsenergie. Fast nur noch ein technisches Problem... aber vielleicht wird es nie zu lösen sein... In: DIE ZEIT, 11. 2. 1977

ERWIN RASINGER: Gesundheitsgefährdungen durch Atomkraftwerke. In: Österreichische Ärzte Zeitung 12/1986, Wien

LUDWIG RAUSCH: Mensch und Strahlenwirkung. Strahlenschäden, Strahlenbehandlung, Strahlenschutz. München, Zürich 1982

ROBERT W. REID: Marie Curie. Biographie, 1. Aufl. Köln 1980

GÜNTHER REICHELT, ROLAND KOLLERT: Waldschäden durch Radioaktivität? Synergismen beim Waldsterben. Karlsruhe, 1985

JENS RAU: Westinghaus in der Klemme. Der Konzern kann seine Lieferverträge für Kernbrennstoff nicht erfüllen. In: DIE ZEIT 29. Oktober 1976

JENS REICHELT: Zur Frage des Zusammenhangs zwischen Waldschäden und dem Betrieb von Atomanlagen — Vorläufige Mitteilung. In: Forstw. Cbl. 103 (1984) 290—297, Hamburg u. Berlin

MARBOD REITHER: Die Strahlenbelastung unserer Kinder. In: Forum der Kinderheilkunde I, 1981

Rem-Sparblätter. Ein Leitfaden zur Reduzierung unnötiger Strahlenbelastung. Wien, Juni 1986

WULF-DIETRICH ROSE: Wohngifte. Handbuch zur kritischen Auswahl der Materialien für gesundes Bauen und Einrichten. Oldenburg, 1985

ANDREJ SACHAROW: Wenn die Bombe fällt. In: DIE ZEIT, 24. Juni 1983

E. L. SATTLER, W. STAHLHOFEN: Vorkommen natürlicher Radionuklide in Nahrungs- und Genußmitteln. In: „Die natürliche Strahlenexposition des Menschen. Grundlage zur Beurteilung des Strahlenrisikos", hrsg. v. K. Ahrand u. a., Stuttgart 1974

HERMANN SCHEER: Die Befreiung von der Bombe. Köln 1986

G. SCHILLER: Wasserkraft und Energiewirtschaft in Österreich, Zs. f. Energiewirtschaft 7/8 + 1986

ULRICH SCHILLER: Nach dem Atomkrieg. Die lange Nacht des nuklearen Winters.

CHRISTIAN SCHLATTER: Fakten zur allgemeinen Toxikologie und zur Kanzerogenität von 2,3,7,8-TCDD als Grundlage einer Risikovermittlung. In Chemie und Fortschritt 1/1985 — Dioxin in der Umwelt (Frankfurt/Main)

A. P. SCHMID, W. SEITZ: Die interstitielle Brachytherapie mit Iridium-192. Radioonkolog. Frühjahrstagung 1986, 9. Mai 1986, Wien

H. SCHMIER: Die Strahlenexposition in Wohnungen durch die Folgeprodukte des Radon und Thoron. Vortrag, gehalten am 30. 5. 1984 bei der Informationstagung „Strahlenschutz" im Wissenschaftszentrum Bonn.

LUKAS SCHWARZACHER: Ungehobener Schatz im Ozean. Japan forciert die Gewinnung von Uran aus Meerwasser. In: DIE PRESSE, 11. Juli 1986

MICHAEL SIEGERT: Atomunfall Tschernobyl — Point of no return. In: Profil, 1. Sept. 1986

EKKEHARD SIEKER (Hrsg): Tschernobyl und die Folgen. Fakten, Analysen, Ratschläge. Bornheim, Merten, 1. Aufl. Juni 1986

ROLF SIMEN: Schwerionenforschung bringt neue, kurzlebige Elemente. In: DIE PRESSE 18./19. Mai 1985

PAUL SLEZAK: Österreichisches Heilbäder- und Kurortebuch. Hrsg. v. BM f. Gesundheit und Umweltschutz, Red. Paul Slezak, Wien, 1975 (Korr. 1978)

„Sonne statt Kernkraft" In: DER SPIEGEL 24/1986

SPIEGEL-Report über Fremdarbeiter in Westdeutschen Atomkraftwerken: „Wallraff und der Mord auf Raten". In: DER SPIEGEL 1/1986

SPIEGEL-Gespräch mit Valentin Falin, dem Vorstandsvorsitzenden der sowjetischen Nachrichtenagentur „Nowosti" über Tschernobyl. In: DER SPIEGEL" 20/1986

Statistik 1985. Hrsg. v. d. Allg. Unfallversicherungsanstalt, Wien 1986

FRIEDRICH STEINHÄUSLER: Die Strahlenbelastung in Gebäuden durch radioaktiven Niederschlag. Manuskript 1986

Auf der Suche nach dem „Stoff X": Beschleunigen radioaktive Gase den Niedergang des deutschen Waldes? In: DER SPIEGEL 48/85

Strahlenkonservierung. Ein Beitrag zur aktuellen Diskussion der Schadstoffbelastung in Lebensmitteln. Hrsg. v. d. Stiftung Verbraucherinstitut Red. HANS JOACHIM KURSAWA-STUCKE. Berlin, Feb/1985

Die natürliche Strahlenexposition des Menschen. Grundlage zur Beurteilung des Strahlenrisikos. Hrsg v. K. AURAND u. a., Stuttgart, 1974

ERICH STEINITZ: Materie der 4. Art. Ist Plasma der „Stein der Weisen"? ORF-Dokumentation, FS 1, 19. 11. 84

Stellungnahme zum Thema „Gefährdung durch Kraftwerke" durch den Wissenschaftlichen Beirat der Bundesärztekammer. 9. Oktober 1975, Köln. In: Deutsches Ärzteblatt—Ärztliche Mitteilungen. 72 Jg. Heft 41, Seite 2821—24

HOLGER STROHM: Friedlich in die Katastrophe. Eine Dokumentation über Atomkraftwerke. 12. Aufl., Juni 1986, Frankfurt/Main

HOLGER STROHM (Hrsg): Warum auch geringe Radioaktivität lebensgefährlich ist. 1. Aufl. Juni 1986, Frankfurt/Main

HOLGER STROHM: Was sie nach der Reaktor-Katastrophe wissen müssen. 2. Aufl. Mai 1986 Frankfurt/Main

HOLGER STROHM: Wie unsere Gene bestrahlt, beschädigt und manipuliert werden. 1. Aufl. August 1986 Frankfurt/Main

M. TAKAHASHI, M. ABE: Intraoperative Bestrahlungstherapie bei der Behandlung von Strahlenresistenten Tumoren. Frühjahrstagung Radioonkologie 1986, 9. Mai, Wien

ELKE TASHIRO, JANNES KAZUOMI TASHIRO: Hiroshima — Menschen nach dem Atomkrieg. Zeugnisse, Berichte, Folgerungen. München, Nov. 1982

HARALD THURNHER: Jugend sieht das Leben pessimistisch. In: „Salzburger Nachrichten", 10. August 1985

KLAUS TRAUBE u. a.: Nach dem Super-Gau. Tschernobyl und die Konsequenzen. Reinbek bei Hamburg, 1986

Tschernobyl und die Folgen für Österreich. Vorläufiger Bericht des Umweltbundesamtes. Red. K. Kienzl, A. Riß. Wien, November 1986

„Der Tschernobyl-Job". In: „Wochenpresse", Wien, 3. Juni 1986

ERICH TSCHIRF, WERNER BAUMANN, ROBERT NIESNER, PETER VYCHYTIL: Strahlenkarte Österreichs. Hrsg v. BM. f. Ges. u. Umweltschutz, Wien 1975

ERICH TSCHIRF: Belastung durch ionisierende Strahlen bei Bildschirmarbeit. In: Belastung und Beanspruchung bei Bildschirmarbeit, Enquete 7. März 1985, Referate u. Diskussion, Hrsg BM f. soziale Verwaltung u. d. Kammer für Arbeiter und Angestellte für Wien
KATHLEEN M. TUCKER und ROBERT ALVAREZ: Stellungnahme zu den vorgeschlagenen Bestimmungen über den Einsatz von Strahlen bei der Herstellung und Bearbeitung von Lebensmitteln und im Umgang mit Lebensmitteln. Strahlenkonservierung 120—122, 1985
Die UNO-Studie Kernwaffen. München 1982
HERBERT VETTER: Zwickmühle Zwentendorf. Ein Arzt untersucht die Kernenergie. Wien, Heidelberg, 1983
GERO VOGL: Neutronenstreuung ermöglicht Materialforschung ohne Zerstörung. In: DIE PRESSE, Wien 26./27. April 1986
HELMUT VOSKA: Die Atomspaltung der Österreicher. In: „Profil“, 4. Juli 1978
„Zigarettenrauch, Radon und Lungenkrebs“. In: „DIE ZEIT“, 30. Mai 1986
Waldschäden durch Kernkraftwerke? KWU-Argumente 20. August 1985 Hrsg. v. d. Kraftwerk Union AG, Erlangen. Redaktion: K.-H. NEEB
ROBERT WALGATE, GÜNTER HAAF: Geburt in zwei Schüben. Das Edelgas Xenon verrät, wie die Erde entstand. In: DIE ZEIT, 21. Juni 1985
HORST WALKA: Entwicklungen und Trends bei den Energietechnologien in Österreich 1973—1983; Manuskript Wien, 17. August 1983
E. WANDL: Möglichkeiten der Optimierung der Strahlentherapie durch Kombination mit Radiosensitizern und Repairhemmern. In: Radioonkolog. Frühjahrstagung, Mai 1986, Wien
URS WANNER: Lufthygiene-Forderung der Präventivmedizin. Manuskript 1984
RUDOLF WEBER: Unterschätzt: Radioaktivität in der Wohnung. In: „Salzburger Nachrichten“, 30. März 1985
PETER WEISH, EDUARD GRUBER: Radioaktivität und Umwelt, 3., um ein Tschernobyl-Kapitel erweiterte Auflage, Stuttgart 1986
CARL FRIEDRICH von WEIZSÄCKER: Die friedliche Nutzung der Kernenergie. — Chancen und Risiken. In: Kern-Themen des Informationskreises Kernenergie, Bonn 1978
Work with Display Units. Proceedings. Part I and II. Stockholm 1986